Ulrich B. Müller
Studien zu Jesus und dem frühen Christentum

Beihefte zur Zeitschrift für die neutestamentliche Wissenschaft

Herausgegeben von
Matthias Konradt, Hermann Lichtenberger,
Judith Lieu, Laura Nasrallah,
Jens Schröter und Gregory E. Sterling

Band 231

Ulrich B. Müller
Studien zu Jesus und dem frühen Christentum

Herausgegeben von Wolfgang Kraus

im Auftrag der Fachrichtung Evangelische Theologie der Universität des Saarlandes

DE GRUYTER

ISBN 978-3-11-068636-4
e-ISBN (PDF) 978-3-11-059263-4
e-ISBN (EPUB) 978-3-11-059050-0
ISSN 0171-6441

Library of Congress Cataloging-in-Publication Data
A CIP catalog record for this book has been applied for at the Library of Congress.

Bibliografische Information der Deutschen Nationalbibliothek
Die Deutsche Nationalbibliothek verzeichnet diese Publikation in der Deutschen Nationalbibliografie; detaillierte bibliografische Daten sind im Internet über http://dnb.dnb.de abrufbar.

© 2019 Walter de Gruyter GmbH, Berlin/Boston
Dieser Band ist text- und seitenidentisch mit der 2018 erschienenen gebundenen Ausgabe.
Druck und Bindung: CPI books GmbH, Leck
♾ Gedruckt auf säurefreiem Papier
Printed in Germany

www.degruyter.com

Vorwort und Einführung

Am 25.3.2018 feiert Ulrich B. Müller seinen 80. Geburtstag. Aus diesem Anlass haben die Mitglieder der Fachrichtung Evangelische Theologie der Universität des Saarlandes den Herausgeber dieses Bandes beauftragt, die Aufsätze des Jubilars, die zwischen 2002 und 2014 erschienen sind, in einem Sammelband zu publizieren. Die Herausgeber der BZNW haben diesem Vorhaben bereitwillig zugestimmt, wofür Ihnen gedankt sei. Es handelt nach dem im Jahr 2003 veröffentlichten Band[1] mit Aufsätzen von Ulrich B. Müller um einen zweiten Sammelband, der einen Einblick in die Forschungen des Jubilars vermittelt.

Die Aufsätze sind um zwei Schwerpunkte gruppiert: die Jesusüberlieferung einerseits und frühchristliche Entwicklungslinien mit einem Fokus auf Paulus und die theologiegeschichtlichen Strömungen in Kleinasien andererseits.

Ulrich B. Müller hat sich in seinen Forschungen von Anfang an mit der Frage beschäftigt, wie Jesus von Nazaret sich selbst verstanden hat, von welchen Voraussetzungen her er zu begreifen sei, wie seine eigentliche Botschaft lautete und wie dies in nachösterlicher Zeit von den frühchristlichen Gemeinden weiter tradiert und interpretiert wurde. Diese Fragestellungen bilden auch in dem hier vorliegenden Aufsatzband die Leitlinie.

In seiner Dissertation, die unter dem Titel *Messias und Menschensohn in frühjüdischen Apokalypsen und in der Offenbarung des Johannes* erschien,[2] beleuchtete Ulrich Müller das Problem des Verhältnisses und des Zusammenfließens zweier frühjüdischer Konzeptionen von Rettergestalten. Ging er seinerzeit noch davon aus, dass sich in den frühjüdischen Schriften von Daniel bis zur syrischen Baruchapokalypse ein in Grundzügen konsistentes Verständnis des „Menschensohns" herausgebildet hatte, so hat er diese Voraussetzung in späterer Zeit einer grundlegenden Revision unterzogen (S. 7, Anm. 11). Wie insbesondere der erste Beitrag „Jesus als ‚der Menschensohn'" dokumentiert, geht Ulrich Müller inzwischen davon aus, dass die Menschensohn-Aussagen von Dan 7 bis syrBar sich nicht auf eine einheitliche Linie bringen lassen. Jesus habe zwar von sich selbst als „Menschensohn" gesprochen (daran konnte nachösterlich angeknüpft werden), dies aber in einem unspezifischen alltagssprachlichen Sinn gemeint: „ein Mensch wie ich", abgeleitet vom Aramäischen *bar nasha* in einem selbstreferenziellen Sinn. Ulrich Müller greift dabei auf Ergebnisse der Forschung v. a. aus dem anglo-amerikanischen Bereich zurück.

---

1 *Christologie und Apokalyptik. Ausgewählte Aufsätze* (ABG 12), Leipzig 2003.
2 Erschienen als StNT 6, Gütersloh 1972.

Die folgenden drei Beiträge fragen nach verschiedenen inhaltlichen Aspekten der Botschaft Jesu von der Gottesherrschaft.

In dem Aufsatz „Jesu Heilsverkündigung und das Problem der Gerichtsverzögerung" erörtert Ulrich Müller das Problem der Gerichtsverzögerung mit dem sich Jesus konfrontiert sah. Johannes der Täufer hatte das nahe bevorstehende Gericht angekündigt. Dieses blieb jedoch aus. Stattdessen machte Jesus selbst die Erfahrung exorzistischer Vollmacht und verstand seine Exorzismen als Überwältigung des Satans durch ihn als Gottes Bevollmächtigten. Der Jubelruf Jesu in Lk 10,18–20 stellt Jesu Handeln in den umfassenden Horizont der Ankunft der Gottesherrschaft, die mit seiner Person verbunden ist. Ulrich Müller schreibt: „Das eschatologische Gerichtshandeln Gottes hat mit der Aktion im Himmel (Satanssturz) bereits begonnen. Als der Schöpfergott ist er dabei, seine universale Heilsordnung auf Erden durchzusetzen: In Jesu Wirken ist die Gottesherrschaft – sicherlich partiell – irdische Realität geworden. Sie realisiert sich in Jesu Wundertaten an den Kranken (Lk 11,20) oder den Mahlgemeinschaften, zu denen alle geladen sind, nicht nur Zöllner und Sünder – aber doch gerade auch sie (Mk 2,15–17). Die Gastmähler verwirklichen die Aufnahme der Menschen in die Gottesherrschaft, wobei die älteste Gestalt der Seligpreisungen (Q 6,20f.) mit ihrer Zuwendung zu Armen, Hungernden und Weinenden in die Richtung eines Heilsmahles zielt. Gott der Schöpfer sorgt sich um die natürlichen Bedürfnisse der Menschen, was sie von der Sorge befreit (Q 12,22b–31) und die Gottesherrschaft suchen lässt (Q 12,31)." (S. 51)

Der Aufsatz „Die Gerichtsankündigung Q 13,34f. als authentisches Wort Jesu" stellt den Versuch dar, das Gerichtswort aus der Logienquelle, das von den meisten Interpreten mindestens teilweise als nachösterliche Aussage angesehen wird, ganz dem historischen Jesus zuzuschreiben. Ausgangspunkt dabei ist die formgeschichtliche Überlegung, dass es sich bei der Stelle um ein Unheilswort handelt, das eine Einheit darstellt (S. 55–57). In V. 35 bringt Jesus dann seine Erwartung zum Ausdruck, von Gott vollendet zu werden, wie sich das auch an anderen Stellen der Jesusüberlieferung (z. B. Mk 14,25; Lk 12,50) nachweisen lässt.

In dem Aufsatz „Jesu eschatologische Überzeugung, seine Gerichtsankündigung und die Zukunft Israels" zeigt Ulrich Müller erneut, dass Jesus von der Überzeugung geleitet war, das endzeitliche Handeln Gottes habe bereits begonnen. Dieses schließt den Aspekt des Gerichtes mit ein. Nach Lk 11,20 hat Gott angefangen, seine Heilsordnung auf Erden durchzusetzen. Wie sich dazu die Gerichtsworte Q 11,31f.; Q 13,28.29; Lk 12,49f. verhalten, wird in der Forschung diskutiert. Die Gerichtsworte setzen nach Analyse Ulrich Müllers die teilweise Erfolglosigkeit von Jesu Botschaft und die Erfahrung der Ablehnung voraus. Sie kündigen denjenigen, die die Zeichen der Zeit nicht erkennen, Unheil an. Dies wird in der Logienquelle weitergeführt (anders als in dem Beitrag zu Q 13,34f. wird hier Q 13,35b noch als Zusatz der Tradenten der Logienquelle verstanden, S. 82). Die gegenwärtige Generation Israels kommt dabei in der Verkündigung Jesu auf die Seite des Unheils zu stehen. Gleichwohl gilt: „Gottes Heilsangebot an Israel, das im Wirken des irdischen Jesu offenbar wurde, war durch den Tod Jesu nicht aufgehoben, vielmehr setzte es sich in der nachösterlichen Mission der Jünger fort (vgl. die Spruchquelle Q), auch wenn ‚dieses Geschlecht' sich weiterhin verweigerte." (S. 89)

Mit dem Aufsatz „Auferweckt und erhöht: Zur Genese des Osterglaubens" betreten wir den Boden der nachösterlichen Entwicklung urchristlicher Theologiegeschichte. Ulrich Müller fragt nach dem Ansatzpunkt für den Glauben an Jesu Auferstehung und Erhöhung und findet ihn in der Erfahrung der Jünger mit dem irdischen Jesus, die auf dem Hintergrund frühjüdischer Kategorien gedeutet wurde: „Jesu Jünger waren mit der Krisenerfahrung des Todes Jesu konfrontiert. Eben hier wird Religion in Gestalt ihrer Deutesysteme wirksam. Eine Tradition scheint besonders wirksam gewesen zu sein – jene Vorstellung, die mit der alttestamentlichen Formel vom Erscheinen Gottes verbunden ist und in 1Kor 15,3–5 der Bekräftigung der Auferweckungsaussage dient. Die visionäre Erfahrung der Jünger (Christus ‚ist erschienen') wird dabei nicht ein gesondertes Erlebnis gewesen sein, das danach erst der entscheidenden Deutung bedurft hat. Vielmehr hat man damit zu rechnen, dass vor Ostern die Deutung ‚Jesus ist auferweckt' als Möglichkeit bereitlag und in der visionären Kommunikation (‚er erschien') sich zur gewissen Überzeugung konkretisierte. Nicht ein von außen kommender Impuls wird die kreative Bewältigung der Krisenerfahrung des Kreuzestodes Jesu ermöglicht haben, sondern das besondere, ja neue Gottesverständnis, das Jesus seinen Jüngern vermittelt hat. Es geht um die Ankunft der jetzt schon geschehenden Gottesherrschaft auf Erden." (S. 94 f.) Mit der Ostererfahrung verbunden war die Vorstellung der Erhöhung Jesu zu Gott. Auch wenn die Genese der Erhöhungsvorstellung „nur ansatzweise und hypothetisch zu erschließen" sei (S. 103), stellt sie eine grundlegende Voraussetzung der Erscheinungen dar, denn nur als Erhöhter konnte Jesus den Jüngern „erscheinen" (ebd.).

In dem Aufsatz „Die Lebenswende des Apostels Paulus und seine bleibende Orientierung am Kyrios Jesus" analysiert Ulrich Müller die Aussagen zur Lebenswende des Paulus im Corpus Paulinum, um der Antwort nahezukommen, welche Primärerfahrung sich hinter den reflektierenden paulinischen Äußerungen verbirgt. 2Kor 4,6; 1Kor 9,1 Gal 1,11–16 werden dabei detailliert untersucht. Daneben fragt Ulrich Müller nach möglichen Anknüpfungspunkten für die paulinische Völkermission und findet solche in der Verkündigung der „Hellenisten" um Stephanus. Für die bleibende Orientierung am Kyrios Jesus ist schließlich die Aufnahme von Akzenten aus Joel 3,5 LXX verantwortlich, wonach „jeder, der den Namen des Kyrios anruft", gerettet wird. Die Triebfeder der paulinischen Missionsbemühungen lag daher nicht in einer Kritik an der Tora, sondern in der Geisterfahrung der frühen Anhänger Jesu, die im Anschluss an Joel 3 die Gabe des Geistes als Zeichen der Endzeit deuteten.

Mit den folgenden drei Aufsätzen „Der apokalyptische Prophet Johannes als Judenchrist", „Frühchristliche Prophetie und Johannesoffenbarung" und „‚Die Tiefen des Satans erkennen'. Überlegungen zur theologiegeschichtlichen Einordnung der Gegner in der Offenbarung des Johannes" wendet sich Ulrich Müller der weiteren Erschließung der Johannesoffenbarung zu. Ulrich Müller hat in seiner Habilitationsschrift *Prophetie und Predigt im Neuen Testament*,[3] mit dem *Kommentar zur JohOffb*[4] und durch weitere Beiträge[5] das Verständnis der Johannesoffenbarung im frühjüdisch-apokalyptischen Kontext nachhaltig gefördert.

Nachdem die judenchristliche Prägung des Autors der JohOff in der Forschung vielfach akzeptiert wird, geht es Ulrich Müller im ersten hier abgedruckten Beitrag darum, „nach der spezifischen Besonderheit zu fragen", die diese Prägung kennzeichnet (S. 144). Er geht dabei auf das Problem der endzeitlichen Gerichtsverzögerung ein, fragt nach dem Geschick Jerusalems, dem endzeitlichen Heil Israels und dem Ursprung der dualistischen Weltsicht des Sehers Johannes.

Im anschließenden Aufsatz fragt Ulrich Müller nach dem besonderen Selbstverständnis des Autors der JohOffb als Prophet – auch wenn dieser sich im ganzen Buch explizit so nicht bezeichnet. Einen entscheidenden Grund für das besondere Selbstverständnis und die Vermeidung der Selbstbezeichnung „Prophet" lässt das Sendschreiben nach Thyatira (2,18–29) erkennen. Dort wird eine einflussreiche Frau, die sich als Prophetin versteht, abwertend „Isebel" genannt. Der Seher bedient sich prophetischer Redeformen, versteht sich selbst im Kontext alttestamentlicher und frühchristlicher Prophetie, vermeidet aber bewusst die Selbstbezeichnung Prophet.

Der dritte Beitrag in diesem Zusammenhang bezieht sich auf die Frage nach den Lehren der Gegner in der JohOffb. Ulrich Müller führt dabei die Positionen der Gegnerin Isebel und ihrer Anhänger/innen auf radikalisierte, enthusiastische Interpretationen deuteropaulinischer Aussagen zurück. Nach Auffassung des Sehers ist der Satan jedoch noch nicht endgültig gestürzt und vernichtet, Christen sollen sich daher nicht unbedenklich auf die Normen griechisch-römischer

---

3 Erschienen in StNT 10, Gütersloh 1975.
4 Erschienen in ÖTK 19, Würzburg/Gütersloh ¹1984, ²1995.
5 *Übersetzung und Kommentierung der Esra-Apokalypse*, JSHRZ V/2, Gütersloh 1976; „Apokalyptische Strömungen," in: J. Becker u. a. (Hg.), *Die Anfänge des Christentums*, Stuttgart u. a. 1987, 217–254; „Apokalyptik im Neuen Testament," in: F.W. Horn (Hg.), *Bilanz und Perspektiven gegenwärtiger Auslegung des Neuen Testaments*, FS G. Strecker (BZNW 75), Berlin/New York 1995, 144–169. Nachdruck in: U.B. Müller, *Christologie und Apokalyptik*, 223–267.268–290.

Stadtgesellschaften einlassen. Erst in der noch ausstehenden eschatologischen Zukunft wird der Satan endgültig vernichtet werden (Apk 20,1–3.7–10).

Die beiden letzten Beiträge dieses Sammelbandes beziehen sich auf das Johannesevangelium und die Verhältnisse in Kleinasien in der Zeit zwischen der JohOffb und Igantius von Antiochien: „Die Heimat des Johannesevangeliums" und „Zwischen Johannes und Ignatius".

Im ersten Aufsatz geht es um die Lokalisierung des JohEv. Ulrich Müller stellt dabei enge Beziehungen zwischen dem Umgang mit Täuferkreisen in Joh 1 und Apg 19 fest, was einen Hinweis auf Kleinasien darstellt. Bezüglich der Auseinandersetzung mit dem Judentum gibt es zwischen JohEv und JohOffb erstaunliche Parallelen, was wiederum in die Asia weist.

Im letzten Beitrag dieses Bandes fragt Ulrich Müller nach dem Verhältnis des Sehers Johannes zum Autor der Ignatianen. Das Gebiet der kleinasiatischen Gemeinden und ihrer Verhältnisse steht noch einmal im Zentrum des Interesses. Dabei wird deutlich gemacht, „dass eine überraschende Nähe im Christusbild des Johannes und jenem besteht, das Ignatius bei den doketistischen Gegnern bekämpfen musste." (S. 218)

Die in diesem Band versammelten Aufsätze lassen sich als Beiträge verstehen, dem Ziel einer Theologiegeschichte des frühen Christentums näher zu kommen. Dieses Thema ist für Ulrich B. Müller ein Leitstern seiner Arbeit gewesen. Wie bereits Jürgen Becker in seiner Würdigung der Arbeiten Ulrich Müllers aus Anlass seines 70. Geburtstages betonte, findet sich hierin ein „Programmsatz" des Jubilars: Wir sollten, so schreibt Müller, „das Ziel einer Theologiegeschichte des Urchristentums intensiv verfolgen, da die bleibende Relevanz einer theologischen Position innerhalb des Neuen Testaments sachgemäß erst nach konsequenter Berücksichtigung ihrer geschichtlichen Bedingtheit und Relativität erhoben werden kann."[6]

Bei der Erstellung dieses Bandes haben viele Hände aus unserer Fachrichtung Evangelische Theologie mitgeholfen: Jan Weis hat die noch nicht digital vorliegenden Beiträge digitalisiert und anschließend vereinheitlicht. Die Aufsätze sind in ihrer ursprünglichen Fassung abgedruckt. Offensichtliche Versehen wurden stillschweigend korrigiert. Korrekturen gelesen haben die Kollegen Michael Hüttenhoff, Karlo Meyer und Martin Meiser, die Mitarbeitenden Elena Belenkaja, Christian Hild, Fabian Kracke und Christian Neddens. Das Register haben Martin Meiser und Jan Weis erstellt. Ihnen allen ist für die zuverlässige Arbeit zu danken.

---

6 U.B. Müller, *Die Geschichte der Christologie der johanneischen Gemeinden* (SBS 77), Stuttgart 1975, 9.

Stefan Selbmann vom Verlag de Gruyter hat die Druckvorlage erstellt. Ihm sei gedankt für die gute Zusammenarbeit.

Die Fachrichtung Evangelische Theologie wünscht Ulrich B. Müller zum 80. Geburtstag:
Alles Gute und ‚ad mea we-äsrim'.

Saarbrücken, im Februar 2018   Wolfgang Kraus

Inhalt

Jesus als „der Menschensohn" —— 1

Jesu Heilsverkündigung und das Problem der Gerichtsverzögerung —— 35

Jesu Gerichtsankündigung Q 13,34f. —— 55

Jesu eschatologische Überzeugung, seine Gerichtsankündigung und die Zukunft Israels —— 65

Auferweckt und erhöht
   Zur Genese des Osterglaubens —— 91

Die Lebenswende des Apostels Paulus und seine bleibende Orientierung am Kyrios Jesus —— 111

Der apokalyptische Prophet Johannes als Judenchrist
   Judenchristliche Traditionen in der Johannesoffenbarung —— 139

Frühchristliche Prophetie und die Johannesoffenbarung —— 161

„Die Tiefen des Satans erkennen ..."
   Überlegungen zur theologiegeschichtlichen Einordnung der Gegner in der Offenbarung des Johannes —— 181

Die Heimat des Johannesevangeliums —— 195

Zwischen Johannes und Ignatius
   Theologischer Widerstreit in den Gemeinden der Asia —— 217

Bibliographie Ulrich B. Müller
   (zusammengestellt von Jörg Rauber und Wolfgang Kraus) —— 237

Namensregister —— 241
Stellenregister —— 245

Jesus als „der Menschensohn"

I

Zunächst ist an die Konzeption der Deutung der synoptischen Menschensohnworte zu erinnern, die lange Zeit im deutschsprachigen Raum dominant war: „*Zusammenfassend* soll festgehalten werden, daß von den drei Gruppen der Menschensohnworte diejenige über den leidenden und auferstehenden Menschensohn am wenigsten Anspruch auf Ursprünglichkeit erheben kann. Die Worte vom irdischen Wirken wird man nicht ... als mißverstandene Aussagen über den ‚Menschen' allgemein verstehen dürfen, wie auch die Wiedergabe von ‚ich' durch ‚Menschensohn' für das damalige Aramäisch nicht belegbar ist. Die Priorität der Aussagen über das Erdenwirken läßt sich auch dadurch nicht stützen, daß die Vorstellung vom leidenden und erhöhten Gerechten herangezogen wird. Denn nur im Rahmen der Apokalyptik finden sich eindeutige Voraussetzungen für ein Verständnis des Menschensohnbegriffs, weswegen auch die Worte vom kommenden Menschensohn notwendig an den Anfang der Entwicklung gehören. Erst nachdem die Gleichsetzung des zukünftigen Menschensohns mit Jesus bereits vollzogen war, konnte der vollmächtig auf Erden wirkende Jesus ebenfalls als ‚Menschensohn' bezeichnet werden, was zuletzt auch noch auf Aussagen über sein Leiden und Auferstehen ausgedehnt wurde. Ist die Priorität der Worte vom eschatologischen Wirken des Menschensohnes geklärt, so kann ferner die Herkunft einzelner dieser Logien aus dem Munde Jesu sachlich nicht bestritten werden."[1] Als Begründung für die zuletzt genannte These sei noch auf Folgendes für Hahn u. a. wichtiges Argument verwiesen: „Immerhin ergibt sich aus den in der Urgemeinde entstandenen Menschensohnworten noch ein auffälliges Indizium für die Verwurzelung in der Verkündigung Jesu, da die Menschensohnaussagen alle in der 3. Pers. Sing. formuliert und Jesus selbst in den Mund gelegt sind; ‚Menschensohn' begegnet niemals in der Anrede oder in einer Bekenntnisformel. Diese streng durchgehaltene Stilform ist wie die Unterscheidung der Person Jesu von dem kommenden Menschensohn nicht überzeugend zu erklären, wenn man den Ursprung aller Menschensohnworte in der Urgemeinde sucht."[2] Die Kritik an dieser besonders beliebten Konzeption kann wohl am nachhaltigsten an der ihr

---

[1] F. Hahn, *Christologische Hoheitstitel* (UTB 1873), Göttingen ⁵1995, 32. Grundlegend war die Untersuchung von H.E. Tödt, *Der Menschensohn in der synoptischen Überlieferung*, Gütersloh ⁵1984.
[2] A.a.O., 38.

zugrunde liegenden Voraussetzung ansetzen, nämlich an der eben zitierten These: „ … nur im Rahmen der Apokalyptik finden sich eindeutige Voraussetzungen für ein Verständnis des Menschensohnbegriffs, weswegen auch die Worte vom kommenden Menschensohn notwendig an den Anfang der Entwicklung gehören."[3] Wenn es aber die angenommene jüdisch-apokalyptische Menschensohnvorstellung in dieser Eindeutigkeit und Geschlossenheit gar nicht gegeben hat, insofern weder in Dan 7,13f., den Bilderreden des äthHen oder 4Esr 13 ein titularer Gebrauch vorliegt, fällt die Möglichkeit dahin, dass Jesus ursprünglich titular vom Menschensohn gesprochen und eine von ihm unterschiedene Richter- oder Heilsgestalt gemeint hat. Kein jüdischer Zeitgenosse Jesu, auch nicht seine Jünger hätten Jesus ohne weiteres verstehen können, wenn er von „dem Menschensohn" gesprochen hätte, aber eine Gestalt mit dem eindeutig identifizierenden Titel „Menschensohn" so gar nicht existiert hatte im Judentum seiner Zeit.

II

Eine knappe Durchsicht muss genügen, um zu zeigen, dass „Menschensohn" nie Titel und damit klar identifizierende Bezeichnung für eine bekannte Richtergestalt gewesen ist. In Dan 7,13f. ist die Gestalt *„wie ein* Mensch(ensohn)" in der Vision wohl himmlische Repräsentationsgestalt für das „Volk der Heiligen des Höchsten", d.h. Israel. „(Einer) wie ein Mensch(ensohn)" steht dort im Gegensatz zu den sonstigen Visionsgestalten, die „wie ein Löwe", „wie ein Bär", „wie ein Panther", die Weltreiche symbolisieren. Das Auftreten des „Menschengestaltigen" ist analog den anderen Figuren durch das visionäre „Wie" umschrieben. Von einem titularen Gebrauch im Sinne eines Exklusivtitels kann keine Rede sein, zumal der undeterminierte Gebrauch des fraglichen Ausdrucks (*„ein* Mensch[ensohn]") gegen die Annahme eines Titels spricht. Dennoch wird man sagen dürfen, dass die Bezeichnung „(einer) wie ein Mensch(ensohn)" einen Hinweis auf die Identität der Gestalt geben will, wie ja auch die Bezeichnung „der Hochbetagte" eine entsprechende Deutungsmöglichkeit eröffnet (Dan 7,9.13). Zu beachten ist doch, dass die Gleichheit menschlichen Aussehens, wie sie in Dan 7,13f. zum Ausdruck kommt, auch sonst ein Kennzeichen himmlischer Gestalten ist, die im visionären Rahmen in den Bereich, der Sichtbarkeit treten. So belegt die Thronwagenvision des Ezechiel Gottes Herrlichkeit mit der Aussage „etwas wie das Aussehen eines Menschen" (Ez 1,26; ähnlich 8,2); Engelsgestalten wie Gabriel („einer wie ein Mann" Dan 8,15 bzw. „einer wie ein Mensch" Dan 10,18; vgl. 9,21; 10,5) oder Mi-

---

3 A.a.O., 32.

chael erscheinen mit dem Etikett menschlicher Gestalt (äthHen 90,14. 17.22). Dementsprechend dürfte die Benennung „(einer) wie ein Mensch(ensohn)" (Dan 7,13) die Schlussfolgerung nahelegen, dass auch hier eine bestimmte Engelsgestalt im Blick ist[4], die letztlich (in der Schlussredaktion?) Israel repräsentiert. Allerdings wird sie nicht durch einen Namen (beispielsweise Gabriel oder Michael) eindeutig identifiziert, so dass es nicht verwundert, dass bei der Rezeption von Dan 7,13f. im jüdischen Bereich ganz unterschiedliche Identifikationen bzw. Konzeptionen entstanden sind. Das deutet sich schon in der griech. Übersetzung der LXX zur Stelle an, wenn sie die himmlische Gestalt eng mit dem „Hochbetagten" verbindet, dennoch keinerlei titularen Gebrauch verrät, insofern es bei der visionären Umschreibung mit „wie ein Menschensohn" bleibt.

Letzteres gilt sicherlich für die eschatologische Richtergestalt der Bilderreden des äthHen. Begegnet die Gestalt „wie ein Mensch(ensohn)" nur kurz in der visionären Szene von Dan 7, so gewinnt die Richtergestalt der Bilderreden ganz eigentümliche, breit ausgemalte Konturen: der „Erwählte", der mit dem Menschengestaltigen identisch ist, wird vor dem „Herrn der Geister" erscheinen (äthHen 52,9), dieser wird ihn auf den „Thron der Herrlichkeit" setzen (äthHen 61,8; 62,2), Könige und Mächtige werden zittern, wenn sie jenen Menschensohn auf diesem himmlischen Thron sitzen sehen (äthHen 62,3.5). Zu beachten ist dabei, dass die Richtergestalt der Bilderreden gar nicht durch eine einheitliche Bezeichnung bestimmt ist. Die Umschreibung mit „Menschensohn" im Anschluss an Dan 7,13 taucht erst mit der Vision äthHen 46 auf. Vorher heißt die Gestalt „der Auserwählte der Gerechtigkeit und der Treue" (39,6), „Auserwählter" (40,5; 45,3) und auch im weiteren Text taucht die Bezeichnung „Auserwählter" immer wieder auf.[5] Darüber hinaus lässt sich feststellen, dass durch die Näherbestimmung der Gestalt mit Verweis auf Dan 7,13 kein titularer Gebrauch von „Menschensohn" entsteht, durch den ein bestimmtes, dazu gehörendes Rollenkonzept assoziiert wäre. Mit dem Ausdruck „Menschensohn" ist in den Bilderreden keine irgendwie

---

4 Vgl. U.B. Müller, *Messias und Menschensohn in jüdischen Apokalypsen und in der Offenbarung des Johannes* (StNT 6), Gütersloh 1972, 27.32; K. Müller, „Der Menschensohn im Danielzyklus," in: ders., *Studien zur frühjüdischen Apokalyptik* (SBAB 11), Stuttgart 1991, 229–278: 243. T.B. Slater, „One like a Son of Man in First-Century CE Judaism," NTS 41 (1995) 183–198: 192f., verweist noch auf ApkAbr 10,5: „Und der Engel kam, den er mir in der Gestalt eines Mannes gesandt hatte ...". Zu vergleichen ist auch die Figur des Engelfürsten, der anthropomorph vorgestellt ist in JosAs 14,3 u. ö.: „Und es kam zu ihr ein Mensch aus dem Himmel ...", oder die Erscheinung Gottes beim Tragiker Ezechiel 70f. („ein vornehmer Mann"). K. Koch, „Das Reich der Heiligen und des Menschensohnes," in: ders., *Die Reiche der Welt und der kommende Menschensohn*, GAufs. II, Neukirchen-Vluyn 1995, 163, sieht in „dem, der nach Dan 7,13 ‚wie ein Einzelmensch' zum göttlichen Thron heranschwebt ... ein überirdisches Wesen" (Erzengel).
5 ÄthHen 49,2.(4); 51,3.5; 52,6.9; 53,6; 55,4; 61,5.8(10); 62,1.

festgelegte Vorstellung verbunden – es sei denn, dass die Gestalt (wie jene in Dan 7,13) in irgendeiner Weise den Engeln zuzuordnen wäre, wie die Formulierung in äthHen 46,1 nahelegt: „ ... und sein Angesicht (war) voller Güte wie (das) von einem der heiligen Engel."

Gegen einen titularen Gebrauch im äthHen spricht schon, dass im äthiopischen Text drei verschiedene Wendungen gebraucht werden: „Menschensohn" (46,2.3.4; 48,2), „Mannessohn" (62,5; 69,29; 71,14) und „Sohn des Sprosses der Mutter der Lebenden" (62,7.9. 14; 63,11; 71,17 u. ö.). Entstand die Vielzahl der Ausdrücke bei einer der Übersetzungen, haben die Übersetzer den so verschieden übertragenen Originalausdruck offensichtlich nicht als geprägten Titel verstanden. Fanden sich im semitischen Original bereits drei Wendungen, dann widerspricht dies um so mehr einem titularen Gebrauch des Ausdrucks „Menschensohn".

Eine andere Beobachtung stützt diese These entscheidend. In äthHen 46,1 ff. wird die Bezeichnung der eschatologischen Gestalt der Bilderreden überhaupt neu eingeführt – durch Rekurs auf Dan 7. Auffällig ist, dass in Kap. 46 ein Engel eine lange Erklärung über die betreffende Figur abgibt, die im Anschluss an Dan 7,13 mit den Worten beschrieben wird: „Da war ein anderer, dessen Gestalt wie das Aussehen eines Menschen war." Die in Kap. 46 notwendig werdende lange Erklärung könnte den Schluss nahelegen: „Die Figur des Menschensohnes ist offenbar eine bei den Lesern nicht als bekannt vorausgesetzte Größe."[6] Will man nicht so weit gehen und vorsichtiger formulieren, so bleibt doch der Eindruck, dass mit dem Anschluss an Dan 7,13 in 46,1 keine Eindeutigkeit der Gestalt erreicht wird und der Verweis auf die Menschengestalt der Figur für die Leser nicht wirklich klarstellt, wer gemeint ist. Erst mit der weiteren Deutung in 46,3 ff. werden die Konturen der intendierten Richtergestalt fassbarer. Festzuhalten ist jedoch die schon genannte These, dass in den Bilderreden kein Titel „der Menschensohn" entsteht; denn der Ausdruck „Menschensohn" wird nach seiner Einführung in äthHen 46 „stets so verwendet, dass durch ein Demonstrativpronomen oder durch einen Relativsatz immer zurückverwiesen wird auf jene Gestalt ..."[7] Nur zweimal (62,7; 69,27) findet sich absolutes „der Menschensohn"; doch steht an beiden Stellen in den vorausgehenden Versen das demonstrative zurückverweisende „jener Menschensohn" oder genauer: „Sohn des Sprosses der Mutter der Lebendigen". Dieser mit Demonstrativpronomen gekennzeichnete Rückbezug auf die Menschengestaltigkeit der messianischen Figur fällt auch deshalb besonders auf, da die anderen Bezeichnungen der Figur wie „Gerechter", „Auserwählter" oder

---

6 M. Kreplin, *Das Selbstverständnis Jesu* (WUNT II/141), Tübingen 2001, 98.
7 A.a.O., 98.

„Gesalbter" stets absolut gebraucht sind ohne Demonstrativpronomen. Nicht einmal bei ihrer Erstverwendung werden diese Ausdrücke undeterminiert oder mit einer Erklärung eingeführt („Auserwählter": 39,6; „Gerechter": 53,6; „Gesalbter": 48,10; 52,4). Fazit: Der Ausdruck „Menschensohn" ist ein immer wieder aufgenommener Rückbezug auf die Beschreibung des Aussehens der Richtergestalt der Bilderreden (Kap. 46), und damit eher ein Gattungsbegriff und kein Exklusiv-Titel[8]. Dass mit der Bezeichnung „Menschensohn" keine durch einen bekannten und gebräuchlichen Titel festgelegte Figur im Blick ist, verrät außerdem die in dem Anhang äthHen 71 notwendig werdende Identifikation des vorher beschriebenen Menschensohnes mit der eindeutig bekannten Gestalt des Henoch. Es heißt ja 71,14 von Henoch:

> *Du* bist der Menschensohn, der zur Gerechtigkeit geboren ist, und Gerechtigkeit wohnt über *dir*, und die Gerechtigkeit des Hauptes der Tage verläßt *dich* nicht.

Dieses identifizierende „Du" bzw. „Dich" will präzisieren, was trotz der langen voranstehenden Beschreibung in den Bilderreden jüdischen Lesern immer noch nicht klar zu sein schien, wer denn die geheimnisvolle Visionsgestalt „Menschensohn" ist.[9] Die neu gefundene Antwort lautet: Henoch, nicht irgendein an-

---

[8] A.a.O., 99 mit Verweis auf M. Müller, *Der Ausdruck „Menschensohn" in den Evangelien* (AThD 17), Leiden 1984, 76f; ähnlich schon C. Colpe, „Art. ὁ υἱὸς τοῦ ἀνθρώπου," *ThWNT* 8 (1969), 403–481: 428. Vgl. auch die zusammenfassende Feststellung bei J. Schröter, *Erinnerung an Jesu Worte* (WMANT 76), Neukirchen-Vluyn 1997, 452: „Festzuhalten bleibt ... zunächst, daß in dem Ausdruck (d.h. Menschensohn) auf jeden Fall keine titulare oder messianische Komponente liegt, die bei seinem Gebrauch jeweils automatisch aktualisiert worden wäre."
[9] E. Sjöberg, *Der Menschensohn im äthiopischen Henochbuch* (SHVL 41), Lund 1946, 59, behauptet, dass der Menschensohn in gewissen Kreisen eine bekannte himmlische Realität war, nicht nur eine „visionäre, zufällige Erscheinung, die nur im Henochbuch vorkam". Er muss allerdings die Entscheidung darüber offen lassen, ob man von einem feststehenden Titel „Menschensohn" in den Bilderreden reden kann (ebd.). Er muss zugeben, dass allenfalls in 71,14, wo „der Menschensohn" ohne Demonstrativum steht, ein Titel vorliegt (a.a.O., 56); zu diskutieren wären auch 62,7 und 69,27 (a.a.O., 58). Zu 71,14 meint er: „Hier steht ‚der Menschensohn' ohne Demonstrativum ... Hier ist nämlich nicht wie in 1Hen 46,3 der Nebensatz eine Näherbestimmung des בר אנש, durch die erst gesagt wird, um was für einen בר אנש es sich handelt." (a.a.O., 56). Das Letztere ist an sich richtig; doch beweist es im Sinne Sjöbergs gar nichts. Auch ohne Demonstrativpronomen hat 71,14 zurückweisenden Charakter. Mit der Identifikationsformel an Henoch: „Du bist der Menschensohn ..." wird erklärt, wer jene himmlische Gestalt in den Visionsberichten der Bilderreden ist, nämlich der aus Gen 5,24 bekannte Henoch. Für den Verfasser von äthHen 71 bliebe jene in den Bilderreden geschilderte Gestalt ansonsten ein ungeklärtes Geheimnis. „Menschensohn" ist eben kein üblicher, im Judentum verständlicher messianischer Titel gewesen; auch die Eintragung des Begriffs der „Gesalbte" in 48.10: 52,4 spricht dafür, dass man sehr

derer, ist die entscheidende himmlische Orientierungsfigur. Die Charakterisierung der Menschengestaltigkeit der Figur im Anschluss an Dan 7 und damit die Bezeichnung „Menschensohn" hatten für den Redaktor in Kap. 71 noch keine Eindeutigkeit geschaffen. „Menschensohn" ist eben nicht Titel einer im Judentum bekannten eschatologischen Figur gewesen, mit der ein geläufiger Vorstellungszusammenhang verbunden war, der bei jüdischen Lesern vorausgesetzt werden konnte. Vom titularen Gebrauch eines Ausdrucks kann wohl „nur dann gesprochen werden, wenn bei den Adressaten eines Textes oder einer mündlichen Rede mit dem Ausdruck das zugehörige Rollenkonzept assoziiert wird."[10] Dies ist in den Bilderreden des äthHen nicht der Fall. Entsprechendes gilt für den Visionsbericht in 4Esr 13,2–13. Von der dortigen Gestalt heißt es im Anschluss an Dan 7,13: „ … und siehe, der Sturm führte aus dem Herzen des Meeres etwas wie die Gestalt eines Menschen herauf" (so nach dem syrischen Text). Anschließend wird das theophane Auftreten der Gestalt mit Bezug auf Schriftstellen wie Ps 68,3; 97,5; 104,32; Mi 1,4 geschildert (so in V. 3f.). Die Funktionen der kriegerischen Figur sind deutlich jüdisch-messianischem Denken entnommen, insofern 4Esr 13,5–11 den Kampf gegen die Fremdvölker beschreibt (vgl. PsSal 17,22–25) und 13,12–13 die eschatologische Sammlung Israels (vgl. PsSal 17,26–31). Im Blick auf das intendierte Rollenkonzept findet sich keine Übereinstimmung mit Dan 7,13 – es liegt bloße Schriftbenutzung vor; das Gleiche gilt für einen Bezug auf die Gestalt der Bilderreden des äthHen. Es verwundert danach nicht, wenn man außerdem feststellt, dass in 4Esr 13 kein titularer Gebrauch von „Menschensohn" vorliegt. Die Gestalt aus dem Meer erscheint nur *„wie* ein Mensch" (Dan 7,13). Wie in den Bilderreden wird nach der Einführung der Gestalt immer durch ein Demonstrativpronomen oder durch Relativsätze zurückverwiesen (4Esr 13,3.5.12.25). Es ist also nicht möglich, hinter dem Ausdruck „Mensch" irgendeinen Titel zu sehen. Hätte hinter lateinischem *homo* als terminologische Bezeichnung „Menschensohn" gestanden, so hätte die lateinische Wiedergabe *filius hominis* heißen müssen.

Zusammenfassend lässt sich formulieren: Die eschatologische Gestalt, wie sie in Dan 7,13, in den Bilderreden des äthHen und 4Esr 13 begegnet, ist jeweils anders geprägt und verrät kein einheitliches Rollenkonzept. In den Bilderreden wie in 4Esr 13 liegt bloße Schriftbenutzung von Dan 7,13 vor, ohne dass eine eindeutig bestimmte Vorstellung von einer Richtergestalt entstehen würde, die durch einen klar identifizierten Titel geprägt wäre. Der Schluss scheint unvermeidlich zu sein:

---

bald das Bedürfnis spürte zu klären, wer denn diese geheimnisvolle Visionsgestalt der Bilderreden eigentlich sei.
10 Kreplin, *Selbstverständnis*, 87.

„Somit ist ein apokalyptischer Menschensohn-Titel – der weithin unhinterfragte Ausgangspunkt der (deutschsprachigen) Menschensohn-Forschung – ein exegetisches Phantom, entsprungen dem religionsgeschichtlichen Forschungseifer."[11] Nur eines lässt sich vielleicht noch sagen, ohne dass dies hier ausführlich zu zeigen ist: Die Gestalt in Dan 7,13 f., die in mancherlei Hinsicht changierende Richterfigur der Bilderreden (als „der Auserwählte", als „Gesalbter" [48,10; 48,10], als Henoch [71]) und die kriegerische Gestalt aus 4Esr 13 gehören zu jenen eschatologischen Agenten Gottes, die wie sonst Michael (Dan 12,1; 1QM 17,7 f.) oder Melchisedek (11QMelch 13 f.24) in der Endzeit wirken werden.[12] Man hat damit zu rechnen, dass esoterische Kreise des Judentums in diesen Texten jeweils ihre spekulative Vorstellung zum Ausdruck bringen, ohne dass es zu einem einheitlichen Konzept kommt, das breiteren Kreisen geläufig ist. Besonders bei der Sondertradition der Henochüberlieferung, wie sie in den sog. Bilderreden fixiert ist, hat man wohl Insiderwissen vor sich, dessen weite Verbreitung im Judentum zweifelhaft ist.

Weil es für den weiteren Gang der Untersuchung wichtig wird, sei noch ein bedeutsamer Sachverhalt erwähnt: Die Richtergestalt der Bilderreden des äthHen wie auch in Dan 7,13 f. kennt kein epiphaniales Erscheinen, das sich vom Himmel auf die Erde zu bewegt; vielmehr geht es umgekehrt um sein Hinzutreten zu Gott in der himmlischen Welt, ja um ein Sich-Setzen auf den himmlischen „Thron seiner Herrlichkeit" (äthHen 69,29; 62,3.5). Dieser Sachverhalt erleichtert nicht gerade die Annahme, dass die wie auch immer geprägte Menschensohnfigur der sog. Bilderreden unmittelbaren Einfluss auf die synoptischen Parusieaussagen gehabt hat, die vom „Tag" des „Menschensohnes" handeln (Q 17,24.26 f.30). Denn dort ist gerade das vom Himmel her kommende Erscheinen des eschatologischen

---

11 Kreplin, a.a.O., 102, vgl. aber schon M. Müller, ‚Menschensohn', 77.87 f. Ich selbst revidiere damit meine eigene frühere Position, die ich in meiner Dissertation (s. o. Anm. 4) vertreten habe. Selbst J.J. Collins, „The Son of Man in First Century Judaism," *NTS* 38 (1992) 448–466, ist noch zu optimistisch, wenn er von einem „‚Son of Man' concept" spricht (466). Zwar kann man sagen: „Both figures, in different ways, appropiate imagery traditionally reserved for God: the Enochic Son of Man sits on the throne of glory, and the figure in 4 Ezra is portrayed in terms of the theophany of the divine warrior." (465) Doch erlauben gerade die „different ways" nicht den von Collins gezogenen Schluss: „The correspondences between 4 Ezra and the Similitudes point to common assumptions about the interpretation of Daniel 7 in first Century Judaism." (465 f.).
12 Melchisedek nimmt in 11QMelch 13 f.24 f. als hervorgehobenes himmlisches Wesen, als Engelsgestalt und damit als der Bevollmächtigte Gottes die Aufgabe des Richtens im Bereich der himmlischen Wesen wahr (J. Zimmermann, *Messianische Texte aus Qumran* [WUNT/2 104], Tübingen 1998, 403 f.). Abzuweisen ist dagegen die Meinung, auch 4Q 246 gehöre in diesen Zusammenhang: „4Q 246 steht nahe bei Dan 7, weist aber auch Gemeinsamkeiten mit den Weiterentwicklungen von Dan 7 in 4Esr 13 und den BR in 1Hen auf." (Gegen J. Zimmermann, a.a.O., 169).

Richters vorausgesetzt, das etwa die Bilderreden des äthHen nicht kennen. Man kann es auch allgemeiner sagen: „There were expectations of this or that figure to come from heaven and act as God's eschatological agent, but there is no evidence that any such figure was ever referred to as ‚the son of man'."[13]

III

Die folgende Überlegung schließt sich an. Wäre der Ausdruck „der Menschensohn" ein außerhalb der Jesus-Bewegung geprägter Titel, dann wäre wohl zu erwarten, dass sich in den Evangelien Bekenntnisformeln wie „Jesus ist der Menschensohn" oder „Du bist der Menschensohn" finden, wie es bei den sonstigen Titeln der Fall ist. Der Ausdruck „der Menschensohn" dagegen begegnet nur in Jesus-Logien als Selbstbezeichnung, niemals in Bekenntnisaussagen. Auch wird der Ausdruck weder attributiv noch prädikativ verwendet; Formulierungen wie „der Menschensohn Jesus", „Jesus, der Menschensohn", „ich bin der Menschensohn" fehlen. Es bleibt bei der Schlussfolgerung, dass die ntl. Menschensohn-Logien wohl nicht auf einen bereits außerhalb der Jesusbewegung geprägten apokalyptischen Hoheitstitel zurückgreifen. Doch stellt sich die Frage, wie die feste Prägung des Ausdrucks ὁ υἱὸς τοῦ ἀνθρώπου erklärt werden kann.

Ausgangspunkt weiterer Überlegungen sollen solche Menschensohn-Worte sein, die vom Erdenwirken desselben handeln und wahrscheinlich auf Jesus selbst zurückgehen. Die Bezeichnung „der Menschensohn" folgt wohl einem besonderen aram. Sprachgebrauch. Die Rede von sich selbst in der 3. Pers. ist im aram. Umfeld Jesu durchaus möglich. Eine Person kann von sich selbst in einem Satz mit „ich", „dein Knecht", „deine Magd" „jener Mann", „jene Frau" o. ä. sprechen.

---

13 L.W. Hurtado, *Lord Jesus Christ. Devotion to Jesus in Earliest Christianity*, Grand Rapids/Cambridge 2003, 296 f.; vgl. auch a.a.O., 19: „There is no evidence for a supposed pre-Christian use of the expression ‚the son of man' as a title in Jewish sources. Nor is there any evidence that the expression was used confessionally in earliest Christianity." Auch 4Esr 13,2–13 spricht nicht gegen das oben im Text zitierte Urteil von Hurtado. Der jüdische Text zeigt zwar eine Schriftbenutzung von Dan 7,13, die Gestalt ist mit theophanen Zügen ausgestattet (durch Benutzung atl. Schriftstellen) und agiert in Richtung auf die Erde. Doch findet sich weder ein titularer Gebrauch („der Menschensohn") noch kommt die Gestalt vom Himmel auf die Erde, so dass gar nicht von einer himmlischen Gestalt die Rede ist. Vielmehr führt der Sturm jene merkwürdige Erscheinung „aus dem Herzen des Meeres" herauf, wiederum eine sklavische Abhängigkeit von Dan 7, nämlich 7,2 f., wo die Unheilsgestalten der vier Tiere aus dem Meer kommen. Die Vision erweist sich als literarisches Konstrukt aus Schriftstellen, ohne dass sie den Schluss auf die Existenz einer verbreiteten jüdischen Vorstellung vom „Menschensohn" erlaubt.

Näher kommen dem Sprachgebrauch im Munde Jesu einzelne Worte, die determiniertes בר אנש = „der Mensch" im generischen bzw. indefiniten Sinne verwenden, die, griechisch wörtlich übersetzt, ὁ υἱὸς τοῦ ἀνθρώπου entsprechen würden. Zwei Belege werden immer wieder genannt: Rabbi Simeon b. Jochai (um 150 u.Z.) sagte (jSchebii 38 d):

> Ein Vogel geht nicht ohne den Willen des Himmels zugrunde, um wie viel weniger der Mensch (בר אנש).

Der Kontext dieses Satzes zeigt dabei, dass der Rabbi mit dem generalisierenden „der Mensch" gerade auch sich selbst meint. Ein weiterer Beleg steht jBer 3b:

> Rabbi Simeon ben Jochai sagte: Hätte ich auf dem Sinai gestanden, als die Thora Israel gegeben wurde, dann hätte ich den Allerbarmer gebeten, בר אנש (d. h. dem Menschen) zwei Münder zu geben, einen zum Studium der Tora und einen für den Lebensunterhalt.

Bei diesem zweiten Ausspruch wird deutlich, dass der Sprecher eine allgemeine Aussage über den Menschen macht, bei der er aber gerade sich selbst einschließt. Sein eigener Wunsch ist es eben, sich der Tora ganz widmen zu können: „ein Mensch wie er" ist gerade daran interessiert. Was nun die verschiedenen aramäischen Wendungen betrifft (z. B. בר אנ[א] und בר[א]נשא), so gilt: „ ... alle ... konnten bedeuten *der Mensch, ein Mensch, jemand.*"[14] Generische wie indefinite Bedeutung sind also anzutreffen.

Und dieser Sprachgebrauch dürfte im Hintergrund jener Sprüche im Munde Jesu stehen, in denen er in indirekter Sprechweise von sich selbst als „dem Menschensohn" redet, und zwar primär im Blick auf sein irdisches Handeln. Dabei unterscheiden sich die aramäischen Belege von dem bei Jesus vorauszusetzenden Gebrauch, insofern ihre Verwendung von „Menschensohn" nicht exklusiv auf den Sprecher bezogen ist, Jesus dagegen mit dieser Selbstbezeichnung eine gerade ihn meinende Charakterisierung benutzt. Schwierigkeiten bereitet

---

14 Zu den rabbinischen Belegen vgl. C. Colpe, υἱὸς τοῦ ἀνθρώπου, 406 (Anm. 19f.), und G. Vermes, *Jesus der Jude*, Neukirchen-Vluyn 1993, 149–152. In Aufnahme der umfangreichen Diskussion fasst M. Casey, „Idiom and Translation. Some Aspects of the Son of Man Problem," NTS 41 (1995) 164–182: 167f., den sprachlichen Befund so zusammen: „It is natural that Aramaic speakers should use בר (א)נש(א) in general statements which referred especially to themselves, or themselves and a group of associates." A.a.O., 169f. sagt er: „It was a normal term for ‚man' which an Aramaic speaker might use to speak indirectly of himself." Dabei ist wohl ohne semantischen Bedeutungsunterschied, ob der Begriff ohne Initial-Aleph (eben: בר אנש) oder damit (בר אנשא) gebraucht ist. Kritisch dazu P. Owen/D. Shepherd, „Speaking Up for Qumran, Dalman and the Son of Man. Was Bar Enasha a Common Term for ‚Man' in the Time of Jesus?," *JSNT* 81 (2001), 81–122.

allerdings der Befund, dass unmittelbar für die Zeit und den geographischen Raum von Jesu Auftreten entsprechende aramäische Belege in ausreichender Zahl zu fehlen scheinen. Dennoch gilt wohl: „Granted, we have only a few examples to work with, and the absence of any instance of the singular ‚definite' form should probably not be taken to mean that it was not used at all or could not be used."[15]

Trotz bestehender Probleme wegen der begrenzten Zahl und der Aussagekräftigkeit aramäischer Parallelbelege kommt auch J.D.G. Dunn nach kritischer Durchsicht der Forschungsdiskussion zu dem Ergebnis: „Nevertheless I think the evidence is strong enough to support the conclusion that Jesus did use Aramaic *bar ᵉnaša* „in a general and self-referential way, probably best indicated by a translation such as ‚a man like me', equivalent to the English one".[16] Hinter dem doppelt determinierten und im Griechischen sperrigen Ausdruck ὁ υἱὸς τοῦ ἀνθρώπου wird also eine entsprechende im Aramäischen übliche Rede stehen, bei der der Sprecher von sich in der dritten Person spricht, wahrscheinlich um der eigenen Person als solcher eine gewisse Zurückhaltung aufzuerlegen. Letzteres ist allerdings umstritten. Während man meint, diese Rede komme in aramäischen Texten in Zusammenhängen vor, „wo Demütigung oder Tod Thema sind" oder dort „wo bescheidene Zurückhaltung zur Vermeidung des expliziten Redens in der ersten Person führt"[17], findet sich auch die These, „Menschensohn" sei gerade feierliche Selbstbezeichnung und Umschreibung eines exklusiven „Ich", das bei Jesus auf seine Rolle als Messias designatus verweise.[18] Sachlich lässt sich Letzteres so kaum halten, sondern ist schon im Blick auf eine quasi-christologische Interpretation des eventuell aramäischen Hintergrundes von Mk 2,10 oder Lk 19,10 gesagt. Zu erwägen ist jedoch die These, Jesus wolle mit dem aramäischen Ausdruck „etwas Spezifisches von sich aussagen,"[19] wobei diese Wertung grundsätzlich davon ausgeht, dass der aramäische Ausdruck „Ausdruck einer ambivalenten Stimmung" sei: „Betonung und zugleich Zurückstellung der eigenen Person."[20] Nach Durchsicht der aramäischen Belege drängt sich der Eindruck auf: Was der fragliche Ausdruck bedeutet, ist „nicht schon aus dem lexikalisch zu erhebenden Befund von בר אנש selber" zu erheben,[21] der jedoch am ehesten den

---

15 Hurtado, *Jesus*, 302.
16 J.D.G. Dunn, *Jesus Remembered. Christianity in the Making* Vol. 1, Grand Rapids/Cambridge 2003, 760.
17 G. Vermes, *Jesus der Jude*, 151; ganz entsprechend H. Bietenhard, „Der Menschensohn – ὁ υἱὸς τοῦ ἀνθρώπου," *ANRW* II 25.1 (1982) 265–350: 302.
18 V. Hampel, *Menschensohn und historischer Jesus*, Neukirchen-Vluyn 1990, 162–164.
19 Bietenhard, „Menschensohn," 307.
20 A.a.O., 302.
21 J. Schröter, *Erinnerung*, 452.

Aspekt der Zurückhaltung impliziert. Entscheidend bleibt wohl der Kontext der synoptischen Menschensohnaussagen selbst, die auf ein aramäisches Äquivalent zurückgehen werden, wobei den Worten vom Erdenwirken Jesu besondere Bedeutung zukommt. Bei diesen liegt wohl eine Jesus kennzeichnende bzw. ihn identifizierende Selbstbezeichnung zugrunde. Das würde bedeuten: „Jesus verfremdete mit der indirekten Selbstbezeichnung ‚der Menschensohn' eine im Aramäischen übliche generische Redeweise, um in Aussagen über sich selbst seine Person zurückzunehmen."[22] Ähnlich heißt es: „As for Jesus himself, the implication is that Jesus did indeed use bar ᵉnaša in an ambiguous or *mašal*-like way, including a somewhat modest self-reference, but not as a title."[23] Als Umschreibung im Deutschen legt sich etwa „der Mensch, also auch ich" oder eher „der (bzw. ein) Mensch wie ich" nahe,[24] wobei der fragliche Ausdruck wohl die Funktion hat, den Gebrauch der ersten Person („ich") in besonderen Situationen zu vermeiden.

IV

Unter den synoptischen Logien sind wenigstens zwei zu nennen, die vom Erdenwirken „des Menschensohnes" handeln und authentisch sein dürften (Lk 7,33 f//Mt 11,18 f und Lk 9,58//Mt 8,20). Q 7,33 f lautet ursprünglich wohl so:

> Denn es kam Johannes, aß und trank nicht, und ihr sagt: Er hat einen Dämon. Es kam der Menschensohn, aß und trank, und ihr sagt: Siehe, der Mensch ist ein Fresser und Weinsäufer.

„Menschensohn" ist hier am ehesten im Sinne von „ein Mensch wie ich" verwendet,[25] wobei der Ausdruck aufgrund der personalen Antithetik einen deutli-

---

22 Kreplin, *Selbstverständnis*, 194, in kritischer Übernahme von Thesen bei M. Möller, „Menschensohn", 255–260; Bietenhard, „Menschensohn," 302.
23 Dunn, *Jesus remembered*, 746. Abzulehnen ist allerdings seine weitere These, die von ihm behauptete „self-reference" von Jesus impliziere einen bewussten Bezug auf Dan 7,13, wodurch sich Jesus durch ein Wortspiel mit dieser Schriftstelle identifiziere (a.a.O., 760). Dieser Schriftbezug lässt sich erst an relativ späten Stellen wie Mk 13,26; 14,62 festmachen (s.u.).
24 J. Jeremias, *Neutestamentliche Theologie. Erster Teil. Die Verkündigung Jesu*, Gütersloh 1971, 248f. Anm. 21.
25 Ähnlich Colpe, υἱὸς τοῦ ἀνθρώπου, 434: „Es kam Johannes, weder essend noch trinkend ... Nun kommt einer, der isst und trinkt ..." Q 7,33f. ist Teil des ursprünglichen Gesamttextes Q 7,31–34. Dabei hat das ganze Wort nur in der ursprünglichen Einheit von Gleichnis (von den launischen Kindern) und folgendem Deutespruch eine eindeutige Aussage und Pointe: Eine vergleichbare Widersprüchlichkeit prägt das Verhalten der launischen Kinder im Gleichnis wie Jesu Zeitgenossen, denen Jesu Kritik gilt.

chen Ton trägt. Jedenfalls ist vom Kontext her Jesus eindeutig die Referenz des Ausdrucks „der Menschensohn". Die Parallelität zu dem Eigennamen Johannes zeigt, dass „der Menschensohn" quasi als Name, jedenfalls als Selbstbezeichnung zu verstehen ist. Titulares „der Menschensohn" ist jedoch keineswegs gefordert, auch wenn sich Jesus als der Sprechende hier gerade von an-deren Menschen unterscheidet. Für die Ursprünglichkeit des Wortes sprechen dabei mindestens zwei Gründe: a) Der Vorwurf „Fresser" und „Säufer" ist am ehesten in der Situation des historischen Jesus zu verorten, dessen Verhalten in den Freudenmahlen mit Zöllnern und Sündern (im Gegensatz zu den Fastenbräuchen des Täufers und der Täuferjünger, vgl. Mk 2,18 ff.) zu dem entsprechenden Schimpfwort führte, b) Das Wort ist Teil eines Vergleichs Jesu mit dem Täufer, der noch nicht (wie die spätere nachösterliche Auseinandersetzung mit Johannes) von der Konkurrenz zwischen Jesus und dem Täufer und der damit verbundenen Unterordnung des Täufers unter ihn geprägt ist. In jedem Fall ist mit dem Ausdruck „der Menschensohn" eindeutig Jesus gemeint; der in dem Vergleich entstehende Gegensatz zu Johannes dem Täufer zwingt zu dieser Annahme. Entsprechendes gilt für Q 9,58:

> Die Füchse haben Höhlen und die Vögel des Himmels Nester, aber der Menschensohn hat nicht, wo er sein Haupt hinlegen kann.

Man hat versucht, in dem überlieferten Spruch ein Wort zu sehen, das volkstümlichem Pessimismus entspricht. Der Sinn sei: „Der Mensch, auf Erden heimatlos, wird den Tieren gegenübergestellt; vermutlich ein alter Weisheitsspruch, den die Überlieferung zu einem Logion Jesu gemacht hat."[26] Doch sollte man das Wort nicht aus seinem Rahmen lösen, der schon in der Q-Überlieferung die Nachfolgethematik voraussetzt. Das Wort bedarf der Situationsangabe, um als Wort Jesu überhaupt tradierbar zu sein;[27] nur in dieser ursprünglichen Verbindung dürfte es für die nachösterliche Gemeinde überhaupt von Interesse gewesen sein und wird deshalb auf den irdischen Jesus zurückgehen. Das Logion spricht in zugespitzter Weise von der Situation Jesu, die durch Armut und durch Anfeindungen provozierte Heimatlosigkeit geprägt ist. Beabsichtigt ist dabei wohl die rhetorische Pointe: Obwohl ihn eine besondere Sendung bestimmt, was Jesus mit dem Ausdruck „der Menschensohn" zurückhaltend umschreibt, im Sinne von „ein Mensch wie ich", kennzeichnet sein Auftreten eine Bedürftigkeit, die nicht einmal Tiere kennen. „Menschensohn" bezieht sich damit auf Jesus selbst; Jesus

---

26 R. Bultmann, *Die Geschichte der synoptischen Tradition* (FRLANT 12), Göttingen ¹⁰1995, 27.
27 M. Dibelius, *Die Formgeschichte des Evangeliums*, Tübingen ⁶1971(= ³1959), 159; Colpe, υἱὸς τοῦ ἀνθρώπου, 435.

spricht also entsprechend aramäischem Sprachgebrauch von sich in der 3. Pers., d. h. im Sinne einer speziell ihn meinenden Selbstbezeichnung.
Umstritten, was die Authentizität angeht, ist Lk 11,30:

> Denn wie Jona den Einwohnern von Ninive zum Zeichen wurde, so wird es (auch) der Menschensohn diesem Geschlecht sein.

Die Abweisung der vorangehenden Zeichenforderung in Lk 11,29, der verhüllte Hinweis auf Jona, das wohl vorausgesetzte Selbstverständnis Jesu als Bußprediger könnten auf Jesus selbst zurückweisen, der mit „der Menschensohn" sich selbst meint, allerdings ein ausdrückliches „Ich" vermeidet.[28] Dabei ist die futurische Aussage über den „Menschensohn" nicht im eschatologischen Sinne zu verstehen, sondern eher gnomisch. Sollte das „Zeichen des Jona" in Jonas Bußpredigt bzw. Umkehrruf zu sehen sein, der die Bußpredigt Jesu ent-spricht, so würde das Logion mit seiner futurischen Aussage nur dieses meinen: Wie Jona dereinst zum Zeichen wurde, so wird es „ein Mensch wie er", d. h. Jesus, jetzt auch sein; er wird jetzt und in Zukunft nur mit seiner Verkündigung zur Umkehr aufrufen; eine eigentliche Zeichenforderung wird er keinesfalls erfüllen. Mit dieser Aussage steht Lk 11,30 keinesfalls im Widerspruch zu Mk 8,11f., das in gleicher Weise ursprünglich sein kann wie der Verweis auf das Jonazeichen; wenn das Jonazeichen nur in der Bußpredigt Jesu besteht, wofür vieles spricht, dann bedeutet die Beschränkung auf dieses Zeichen, das nach jüdischem Verständnis eigentlich gar keines ist, sachlich dasselbe wie die kategorische Ablehnung eines (Himmels-)Zeichens überhaupt. Jesus kann beide Worte gesprochen haben – etwa bei jeweils anderer Gelegenheit.

Möglicherweise ist auch hinter der jetzigen Fassung von Mk 2,10 noch ein authentisches Logion Jesu zu erkennen. Jedenfalls scheint die Menschensohnaussage ein ursprünglich selbständig umlaufendes Einzellogion gewesen zu sein, wofür ihr Charakter als situationsübergreifendes Regelwort spricht. Für die Annahme eines selbständigen Einzelwortes dürfte auch sprechen, dass das Wort sprachlich nicht glatt in den Kontext integriert ist, wie sich am Adressatenwechsel zwischen 2,10 und 2,11 und am Anakoluth zwischen V. 10a und 10b zeigt. Was aber ist mit der Aussage des Sprechers gemeint: „Damit ihr aber seht, dass der Menschensohn Vollmacht hat, auf Erden Sünden zu vergeben ..."? Auffällig ist zunächst, dass Jesu Vollmacht nicht auf seiner Eigenschaft als „Menschensohn" gründet, insofern „das Gewicht nicht auf dem ‚Menschensohn' liegt, sondern auf

---

[28] Vgl. E. Schweizer, „Der Menschensohn. Zur eschatologischen Erwartung Jesu," in: ders., *Neotestamentica*, Zürich/Stuttgart 1963, 73, und besonders U. Luz, *Das Evangelium nach Matthäus (Mt 8–17)* (EKK I/2), Zürich u. a. 1990, 274 f.278–280.

dem über den ‚Menschensohn' Gesagten. Mit anderen Worten: Der ‚Menschensohn' tritt nicht als Argument an sich oder als Teil des Arguments auf, was der Fall wäre, wenn es sich um, einen christologischen Titel handelte."²⁹ Letzteres gilt wohl erst für die jetzige Fassung des Wortes im Kontext des MkEv. Zu beachten ist aber, dass dem Wort „Menschensohn" möglicherweise ein indefinit gemeintes בר אנש zugrunde liegt. Auf einen Einwand wie Mk 2,7 würde Jesus sinngemäß geantwortet haben: „Damit ihr erkennt, dass (nicht nur Gott im Himmel, sondern mit mir, Jesus, auch) ein Mensch auf Erden Vollmacht hat, Sünden zu vergeben …"³⁰ „Menschensohn" vermeidet dabei ein ausdrückliches „Ich", das eventuell blasphemischen Klang hätte. Zu fragen ist allerdings, wie Jesu Sündenvergebung jüdisch gedacht sein kann. Zufolge Mk 2,5 spricht Jesus dem Gelähmten nur eine bei Gott bereits geschehene Sündenvergebung zu, wenn er ihm in Form des passivum divinum Sündenvergebung zusagt. Andererseits sind Jesu Tischgemeinschaften *mit* Zöllnern und Sündern als wirkkräftige Zeichenhandlungen de facto durch die Tat vollzogene Sündenvergebung. Hier bleiben Fragen, weswegen die Authentizität des Menschensohnwortes in Mk 2,10 ungewiss bleibt.

Authentisch könnte noch Mk 10,45 sein, wo „der Menschensohn" ebenfalls als exklusive Bezeichnung für Jesus begegnet – allerdings ohne den Nachsatz vom „Lösegeld", der in der authentischen Jesustradition ohne Parallele ist.³¹ Jedenfalls darf nicht pauschal geurteilt werden, alle ἦλθεν – Sprüche seien wegen des zusammenfassenden bzw. angeblich rückblickenden Charakters nachösterlich. Mk 10,45 könnte von Jesus stammen, insofern in der ἦλθεν-Wendung aramäische Sprechweise nachwirkt, die die Bedeutung „beabsichtigen", „wollen" oder „die Aufgabe haben" besitzt.³²

Eine ganz besondere Betrachtung verlangt das Logion vom Bekennen und Verleugnen (Q 12,8f.), das in der Q-Fassung etwa so lautet:³³

---

29 M. Müller, „Menschensohn", 175.
30 Jeremias, *Neutestamentliche Theologie*, 249 f., im Anschluss an Colpe, υἱὸς τοῦ ἀνθρώπου, 433.
31 Gegen die Ursprünglichkeit des Nachsatzes spricht auch, dass die Lebenshingabe Jesu nicht im gleichen Sinne Vorbild für die Jünger sein kann wie sein Dienen. Ein Problem für die Ursprünglichkeit des ganzen Spruches Mk 10,45 könnte dann vorliegen, sollte die inhaltliche Parallele Lk 22,27 die Urform darstellen, die ohne die Erwähnung des „Menschensohnes" auskommt.
32 Vgl. J. Jeremias, „Die älteste Schicht der Menschensohn-Logien," *ZNW* 58 (1967) 159–172: 167.
33 A. Vögtle, *Die ‚Gretchenfrage' des Menschensohnproblems* (QD 152), Freiburg u. a. 1994, 16–20, kann überzeugend plausibel machen, dass Matthäus den in Q vorgefundenen Ausdruck „der Menschensohn" durch „ich" ersetzt hat (Mt 10,32), während Lukas den in Q gebotenen Text überliefert (Lk 12,8f.).

> Jeder, der sich zu mir vor den Menschen bekennt, zu dem wird sich auch der Menschensohn vor den Engeln Gottes bekennen. Wer mich aber vor den Menschen verleugnet, wird vor den Engeln Gottes verleugnet werden.

Die traditionelle, auch von H.E. Tödt vertretene Analyse lautet so: „Keine Gemeinde-Theologie würde später diese für sie befremdliche Unterscheidung zwischen der Gestalt Jesu und dem dereinstigen Richter erfunden haben."[34] Daraus soll dann folgen, dass dieses Q-Wort ein echtes Jesus-Logion enthält und darin Jesus den zukünftigen Menschensohn-Richter von seiner eigenen Person unterscheidet. Die zuletzt genannte Schlussfolgerung ist keineswegs zwingend. Der Wechsel zwischen Ich-Jesu im Vordersatz und „Menschensohn" im Nachsatz wird durchaus den Regeln semitischer Rede analog dem parallelismus membrorum entsprechen. In diesem Falle würde es sich lediglich um eine terminologische Unterscheidung zwischen dem Ich Jesu und dem Ausdruck „Menschensohn" handeln. Beide Male – im Bedingungs- wie im Folgesatz – wird die Person Jesu gemeint sein. Die Unterscheidung zwischen der 1. Pers. im Vordersatz und „der Menschensohn" im Nachsatz bedeutet dann keine Differenzierung der Personen, sondern wird nur eine Unterscheidung zwischen zwei Phasen des Wirkens derselben Person meinen. Das Wort differenziert zwischen dem irdischen Handeln Jesu und seinem Verhalten beim Endgericht. Bei der Formulierung „bekennen vor den Engeln Gottes" dürfte Jesus ursprünglich allerdings nicht als Richter, sondern als Zeuge im eschatologischen Endgericht gesehen sein.[35] Jesus wäre also gar nicht als eschatologischer Richter verstanden. Herausgehobene Personen der Geschichte, fromme Juden, sogar Nicht-Juden konnten nach jüdischer Überlieferung als Zeugen im Endgericht auftreten.[36] Diese Möglichkeit ergibt sich dann auch für Jesus, der hier wie in den Worten vom Erdenwirken von sich als „Menschensohn", also in der 3. Pers., gesprochen hat. In Lk 12,8 f. ist also ursprünglich kein jüdischer Hoheitstitel im Blick, es klingt nur eine besondere Selbstbezeichnung Jesu an jene nämlich, die in Worten vom irdischen Wirken Jesu schon erwähnt wurde. Das Logion lässt sich dann annähernd so umschreiben: Jeder, der sich zu Jesus bei seinem irdischen Wirken bekennt, zu dem wird sich „ein Mensch wie er" als Zeuge im Endgericht bekennen. Obwohl ihn also ein besonderes Sendungsbewusstsein bestimmt, vermeidet Jesus den Gebrauch der ersten Person („ich") im Nachsatz und wählt die ihn kennzeichnende Umschreibung „der Menschensohn" bzw. „ein Mensch wie ich" – wohl Ausdruck besonderer Zu-

---

[34] Tödt, *Menschensohn*, 51.
[35] R. Leivestad, „Exit the Apocalyptic Son of Man," NTS 18 (1972) 243–267: 262; Kreplin, *Selbstverständnis*, 163.
[36] Nicht-Juden: Mt 12,41f. par Lk 11,31f – Gerechte: Sap 3,8; äthHen 95,3; Jub 24,29; Dan 7,22 LXX.

rückhaltung, die keinen jüdisch bekannten Hoheitstitel benutzt. Q 12,8 f. dürfte somit ein authentisches Logion Jesu sein, das erst in der nachösterlichen Tradierung aus dem Zeugen Jesu den eschatologischen Richter machte.[37] Möglicherweise hat dieser Sprachgebrauch Jesus, der eine eschatologische Funktion für seine Person implizierte, nachösterlich dabei geholfen, „Menschensohn" zum Jesus als „der Menschensohn" christologischen Prädikat zu befördern – eine Entfaltungsmöglichkeit, die neben der anderen Entwicklung steht, die in den Worten vom „Tag des Menschensohns" zum Vorschein kommt (s. u.). Mit Verweis auf Q 12,8 f. kann man also am ehesten dem an sich einleuchtenden, aber ansonsten wenig praktikablen Grundsatz Genüge tun: „Ein Kern der Überlieferung vom erscheinenden Menschensohn beim irdischen Jesus behält Plausibilität. Denn die Genese ist ohne ihn alles in allem schwerer zu erklären."[38] Überblickt man die Zahl wahrscheinlich authentischer Menschensohnaussagen, so stellt man fest, dass keine spezifische Funktion bzw. Aufgabe mit der Bezeichnung „der Menschensohn" verbunden ist; diese scheint nur Ausdruck der Zurückhaltung des Sprechers zu sein. Jedenfalls steht Jesu Selbstbezeichnung in keinem erkennbaren Zusammenhang mit einer in der apokalyptischen Tradition bekannten Rolle.

V

Welchen Sinn hatte aber Jesu eigene Selbstbezeichnung? Folgt man der oben bereits aufgezeigten sprachlichen Herleitung, so deutet sich folgende Schlussfolgerung an: Jesus veränderte mit der indirekten Selbstbezeichnung „der Menschensohn" eine im Aramäischen übliche Redeweise, um in Worten über sich selbst seine Person zurückzunehmen. Stärker als bei sonstiger generischer oder indefiniter Rede war der Ausdruck „Menschensohn" speziell auf ihn selbst be-

---

37 Abwegig ist jedenfalls die Meinung von B. Chilton, „(The) Son of (The) Man, and Jesus," in: B. Chilton/C.A. Evans (Hg.), *Authenticating the Words of Jesus*, Boston/Leiden ⁷2002, 259–287: 272–274, „der Menschensohn" in Lk 12,8 f. habe einen deutlichen Bezug zur engelhaften Gestalt in Dan 7,13 f. Nichts spricht für die These: „Here Jesus himself picks up the image of the Son of Man as found in the book of Daniel." (280) Eine solche Annahme kann allenfalls für die christologische Transformation des ursprünglichen Q-Logions in Mk 8,38 gelten. Die Gestalt „wie ein Mensch" in Dan 7,13 und „der Menschensohn" in Lk 12,8 f. sind doch zu verschieden, insofern kein einzelnes sonstiges Bildelement aus Dan 7,13 f. in Lk 12,8 f. nachwirkt. Weder die Erwähnung der „Engel" ist direkte Nachwirkung der Schilderung in Dan 7,10, die Ausdrucksweise ist jeweils zu verschieden; noch reflektiert das präpositionale „vor" (d.h. den Engeln) jenes „vor" in Dan 7,13, wonach der Menschengestaltige „vor ihn" (Gott) geführt wird. Der Anklang erscheint viel zu formal. Die Gerichtsszene ist jeweils anders gestaltet.
38 M. Karrer, *Jesus Christus im Neuen Testament* (GNT 11), Göttingen 1998, 295.

zogen.³⁹ Dazu kommt: Jesus wird den aramäischen Ausdruck mit bestimmter Emphase gebraucht haben, um übersteigerte Erwartungen an seine Person zurückzunehmen – eine Emphase allerdings, die seinen Jüngern auffiel, so dass der Ausdruck als ihn kennzeichnende Redeweise im Gedächtnis blieb (auch nach Ostern). Eine entsprechende Korrektur „messianischer" Hoffnungen im Blick auf seine Person mag noch in Mk 8,33 erhalten sein, sofern die dortige Zurechtweisung des Petrus in die Situation des historischen Jesus weist. Diese These, die im Kontext der Gottesreich-Verkündigung noch zu verifizieren ist, steht im Widerspruch zu der Meinung, „Jesu habe den aramäischen Ausdruck בר אנש als eine Selbstbezeichnung gebraucht und damit einen hohen Anspruch für seine eigene Person als Verkündiger der anbrechenden Basileia angemeldet." Diese Sichtweise muss zugeben, dass sie sich nicht „aus der Denotation des Begriffes selbst" ergibt, sondern nur aus dem Befund, „daß mit den Menschensohn-Logien stets zentrale Aussagen über die Relevanz der Person Jesu gemacht werden."⁴⁰ Sie verkennt, dass bei einer Betrachtung, die die Entwicklung der nachösterlichen Christologie bei Worten vom Erdenwirken Jesu anknüpfen lässt und da einen Haftpunkt der christologischen Entfaltung sieht,⁴¹ keinesfalls ein generischer Sinn impliziert ist, der den Worten vom irdischen Wirken des Menschensohnes Jesu ihre besondere Bedeutung nehme, weil es angeblich Aussagen über das Wesen des Menschen schlechthin seien. Erkennt man dagegen, dass Jesus in diesen Worten den ursprünglich indefiniten oder generischen Sinn aufnimmt, ihn emphatisch gebraucht und den Ausdruck „Menschensohn" als ihn speziell meinende Selbstbezeichnung benutzt hat, so behalten Worte wie Q 7,34; 9,58 oder 12,8f. ihr besonderes Gewicht als Selbstaussagen Jesu über sich selbst; nur bleibt zu berücksichtigen, dass diese authentischen Menschensohn-Worte entsprechend ihrem aramäischen Sprachgebrauch die Tendenz haben, bei der eigenen Person angesichts der Größe der allein entscheidenden Gottesherrschaft Zurückhaltung zu üben. Denn in der Tat: Angesichts seiner Orientierung an der Macht und Größe der sich durchsetzenden Gottesherrschaft hat Jesus auf Verehrung und Glorifizierung seiner Person bewusst verzichtet. Der Menschensohn war nicht gekommen, um bedient zu werden, sondern um zu dienen (Mk 10,45). Diese Sichtweise ist durch frühere Forschung, die aber in Deutschland nur zögerlich rezipiert wird,

---

39 C.M. Tuckett, „The Son of Man and Daniel 7. Q and Jesus," in: A. Lindemann (Hg.), *The Sayings Source Q and the Historical Jesus* (BEThL 158), Leuven 2001, 371–394: 394, spricht zu Recht davon, dass Jesus mit „Menschensohn" „a very general, unspecific phrase" aufnehme, er gebrauche den aramäischen Ausdruck *bar nasch* oder *bar nascha*, um speziell auf sich selbst zu verweisen.
40 J. Schröter, *Erinnerung*, 455.
41 Der eigentliche Ausgangspunkt der christologischen Entwicklung ist die nachösterlich umgeprägte Tradition vom „Tag Jahwes", der zum „Tag des Menschensohnes" wurde (siehe unter VI).

längst vorbereitet. H. Bietenhard deutete das auch bei Jesus anzutreffende Phänomen der indirekten Selbstbezeichnung im Aramäischen so: „Das Reden von sich selbst in der 3.Pers.Sg. ist Ausdruck der Bescheidenheit und Zurückhaltung. Einerseits ist man gezwungen, von sich selbst zu sprechen, also seine Person in den Vordergrund zu stellen, andererseits … bemüht man sich auch wieder, seine Person zurückzunehmen oder zu verhüllen."[42] Die exklusive Orientierung an der Herrschaft Gottes, deren eschatologischer Repräsentant Jesus war, bedeutete, dass er Zurückhaltung übte, was sein Selbstverständnis anging. Dem widerspricht auch nicht die außerordentliche Wertung, die Jesus seinen Exorzismen gegeben hat, insofern in diesen an sich episodalen Taten das umfassende eschatologische Geschehen der Gottesherrschaft anbrechen sollte (Q 11,20). Eigentliches Subjekt der Exorzismen bleibt Gott selbst. Wenn Jesus „mit dem Finger Gottes" die Dämonen austreibt, so bedeutet dies, dass sein Handeln gleichsam in der Kraftsphäre Gottes sich ereignet. Zu beachten ist jedenfalls, dass in Q 11,20 keinesfalls das „Ich" Jesu betont wird, zumal ἐγώ textkritisch umstritten ist. Berücksichtigt man nämlich den wahrscheinlich ursprünglichen Zusammenhang mit 11,19, so will Jesus seine eigenen Exorzismen von denen anderer Exorzisten abgrenzen, sich selbst jedenfalls vom Vorwurf des Teufelsbündnisses befreien und seine Exorzismen als solche rechtfertigen, die durch die Macht Gottes geschehen. Der ganze Zusammenhang Q 11,19f. lautet ja:

> Wenn aber ich mit Beelzebub die Dämonen austreibe; eure Söhne, mit wem treiben sie sie aus? Deswegen sollen sie eure Richter sein. Wenn ich aber mit dem Finger Gottes die Dämonen austreibe, ist folglich die Gottesherrschaft zu euch gelangt.

Der erste Satz will die Gegner dadurch überzeugen, dass Exorzismen ein Wirken sind, das auch bei ihnen geschieht. „Geschähen Jesu Exorzismen im Bündnis mit Beelzebul, so würde dies auch für die jüdischen Zeitgenossen gelten. Das Austreiben ist jedoch keine dämonische Aktivität, wie Jesus im zweiten Satz im Blick auf sein eigenes Handeln ausführt. Jesus beansprucht vielmehr, dass durch ihn Gottes Macht wirkt."[43] Im Kontext umstrittener Wundertaten verweist Jesus auf sich als Werkzeug der Aktivität Gottes, mit der dieser sein Reich in der Gegenwart präsent macht. Im Gefälle der sich Lk 11,19f. abzeichnenden Argumentation gegenüber Gegnern macht Jesus keine hoheitliche Aussage über sich selbst, die einer impliziten Christologie gleichkäme, sondern legitimiert sein Handeln durch den Verweis auf Gott selbst. Gleichwohl kennzeichnet *sein* Wirken ein erstaunli-

---

42 Bietenhard, „Menschensohn," 302; s.a. G. Vermes, *Jesus*, 151.
43 M. Labahn, „Jesu Exorzismen (Q 11,19–20) und die Erkenntnis der ägyptischen Magier (Ex 8,15)," in: A. Lindemann (Hg.), *The Sayings Source Q and the Historical Jesu*, 617–633: 621.

cher Sendungsanspruch, wenn er gerade sein Tun mit dem Anbruch der Gottesherrschaft verbindet, sich selbst also als „Agenten" der Gottesherrschaft versteht. Gleichzeitig bleibt eine gewisse Zurückhaltung spürbar.[44] Dies gilt auch für ein Wort wie Mt 11,5f. par Lk 7,22f. Voran steht die Beschreibung der Endzeit in der Aufzählung der einzelnen Heilstaten, ohne dass Jesus als Subjekt der Taten Erwähnung findet. Erst am Schluss kommt er selbst explizit ins Spiel beim Wort über das Ärgernis.

Auffällig ist auch sonst, wie zurückhaltend Jesus, ohne seine eigene Person ausdrücklich zu nennen, seine und seiner Zeitgenossen Gegenwart selig preisen kann (Q 10,23f.; ähnlich Lk 17,20f.). Man hat sogar sagen können: „Jesus bringt nicht die Basileia, sondern die Basileia bringt Jesus mit sich."[45] Ohne sich selbst ausdrücklich zu erwähnen, benennt er das Verhalten ihm gegenüber als Kriterium für das kommende Gericht, indem er die Gegenwart als Zeit der Entscheidung umschreibend benennt: „Hier ist mehr als Salomo – hier ist mehr als Jona." (Q 11,31f.).[46] Eine vergleichbare Zurückhaltung deutet sich wohl auch in Q 12,8f. an, wenn zwar die Stellungnahme zu Jesus in einer Anfeindungssituation gerichtsrelevante Bedeutung erhält, Jesus selbst aber seine eigene eschatologische Zeugenfunktion nur umschreibend mit der Bezeichnung „Menschensohn" angibt.

Den deutlichsten Sendungsanspruch Jesu scheint die antithetische Einleitungsformel der sog. primären Antithesen vorauszusetzen (Mt 5,21f. und 5,27f.):

„Ihr habt gehört, daß zu den Alten gesagt wurde ... Ich aber sage euch ..."

Jesus grenzt sich hier wohl gegen eine frühere Weise der Offenbarung Gottes durch vergangene Offenbarungsmittler ab (wohl Mose), wie die Radikalisierung der Dekaloggebote zeigt. Zwei Offenbarungszeiten stehen einander gegenüber: die frühere Offenbarung an die Alten und die jetzt in der anbrechenden Gottesherrschaft durch Jesus geschehene Weisung. Hinter dem Ich Jesu („ich aber sage euch") steht nicht so sehr eine eigene messianische Autorität Jesu, sondern eine solche, die der Anbruch des Reiches Gottes setzt, das ihn zum Repräsentanten desselben macht. Der Anspruch der Formel „Ich aber sage euch" steht also nicht

---

[44] Diametral anders die Sichtweise bei M. Hengel, „Jesus der Messias Israels," in: ders./A.M. Schwemer (Hg.), *Der messianische Anspruch Jesu und die Anfänge der Christologie* (WUNT 138), Tübingen 2001, 1–80: 31.
[45] H. Weder, *Gegenwart und Gottesherrschaft* (BThSt 20), Neukirchen-Vluyn 1993, 43.
[46] Wenn G. Theissen/A. Merz, „Gerichtsverzögerung und Heilsverkündigung bei Johannes dem Täufer und Jesus," in: G. Theissen, *Jesus als historische Gestalt* (FRLANT 202), Göttingen 2003, 238–248, Lk 11,31f. auf Johannes den Täufer, nicht auf Jesus beziehen wollen, so ist dies nicht zureichend begründet.

im Gegensatz zu der ansonsten von Jesus vertretenen Zurückhaltung, was seine eigene Person angeht, sondern entspricht seinem eschatologischen Zeitbewusstsein, das die Gegenwart der Gottesherrschaft und damit auch ihn von der Vergangenheit abhebt (Q 7,28; 10,23 f.).

Ähnliches gilt für Jesu Beurteilung Johannes des Täufers. Jesus lebte in der Tat im Bewusstsein, ihn zu überbieten. Und das, obwohl dieser für ihn eine kaum zu überbietende Gestalt war, nämlich mehr als ein Prophet (Q 7,26), der größte unter den von Frauen geborenen Menschen (Q 7,28a). Dies dürfte auf den ersten Blick auf einen ungeheuren Sendungsanspruch Jesu hinweisen. Doch ist hier Vorsicht geboten. Denn auf die Positivaussage in Q 7,28a folgt sogleich die Relativierung des Täufers: Der Kleinste in der Gottesherrschaft ist größer als er (Q 7,28b). Das heißt: Jesus teilt zunächst die besondere Wertschätzung des Täufers, vor dem Hintergrund der anbrechenden Gottesherrschaft wird sie relativiert. Wenn Jesus im Bewusstsein gewirkt hat, den Täufer zu überbieten, so ist dies noch nicht Ausdruck eines speziell ihn charakterisierenden „messianischen" Sendungsanspruchs, sondern Zeichen der neuen Zeit der anbrechenden Gottesherrschaft.

Anders steht es nach Ostern. Auf Grund des Glaubens an die Auferweckung und Erhöhung Jesu durch Gott entstand eine neue Heilsbringerkonzeption, die jüdische Voraussetzungen dadurch verändert, dass sie die Bitte um das Kommen eschatologischer Rettung statt an Gott selbst an einen von ihm unterschiedenen Heilsbringer richtete, der seinerseits den Titel κύριος erhielt, der ursprünglich Gott vorbehalten war.[47] Auf diesem Umwege konnte Jesus auch zu dem himmlischen „Menschensohn" werden, dessen Wiederkunft man analog der traditionell jüdischen Parusie Gottes erwartete. Zusammenfassend lässt sich sagen: Die Bezeichnung Jesu mit dem Ausdruck „der Menschensohn" geht auf den historischen Jesus zurück. Jesus sprach von sich selbst in der 3. Pers. als „der Menschensohn", verwendete also den fraglichen Ausdruck als Selbstbezeichnung, die ihn speziell meint.[48] Erst allmählich wohl führte die Anreicherung der Selbstbezeichnung „der Menschensohn" mit eschatologischen Inhalten *nachösterlich* zu einem titularen Gebrauch des Ausdrucks „Menschensohn".

Diese Lösung berührt sich zum Teil mit dem Lösungsansatz bei G. Theißen/A. Merz:[49] „Jesus muß den Alltagsausdruck[50] emphatisch gebraucht haben, so daß er

---

[47] Vgl. U.B. Müller, „Parusie und Menschensohn," in: ders., *Christologie und Apokalyptik. Ausgewählte Aufsätze* (ABG 12), Leipzig 2003, 124–143: 128 f., im Anschluss an A. Vögtle, „Eine überholte ‚Menschensohn'-Hypothese?," in: K. Aland / S. Meurer (Hg.), *Wissenschaft und Kirche* (FS E. Lohse) (TazB 4), Bielefeld 1989, 70–95: 84 f.
[48] Kreplin, *Selbstverständnis*, 110 f., im Anschluss an R. Leivestad, „Jesus – Messias – Menschensohn," *ANRW* II 25.1 (1982) 220–264: 247.
[49] G. Theissen/A. Merz, *Der historische Jesus*, Göttingen ³2001, 479.

zu einem ‚Titel' werden konnte – etwa dadurch, daß er übergroße Erwartungen an ihn korrigierte ... Zum christologischen Titel wurde der Ausdruck ... unter anderem dadurch, daß Jesus ihn christologischen Erwartungen entgegensetzte und ihn erst damit für seine Anhänger zum geheimnisvollen Hoheitsnamen machte." Problematisch ist aber die weitere These, dass die christologische Aufwertung des Alltagsausdrucks „Menschensohn" dadurch gefordert wurde, „daß Jesus von einem zukünftigen Menschensohn sprach, der mit der eschatologischen Wende plötzlich offenbar werden sollte."[51] Dieser „visionssprachliche" Gebrauch lässt sich im Munde Jesu kaum wahrscheinlich machen, weil er für einen damaligen Juden eine unverständliche Rede implizierte, insofern der titulare Gebrauch „Menschensohn" in jüdischen Texten nicht belegt werden kann.

Eine ähnliche Kritik ist gegenüber der Position von B. Chilton zu äußern.[52] Bei Worten wie Q 9,58 sei der zugrundeliegende aramäische Ausdruck als „ordinarily generic" einzustufen, als Aussage über den Menschen überhaupt; daneben gebe es bei Jesus eine Rede über den engelhaften „Menschensohn" entsprechend Dan 7,13 f.: „It seems Jesus was smart enough to use the phrase in both ways, and scholars have not yet figured out how to put the two together." (282) Die Synthese, die Chilton versucht, bleibt höchst spekulativ. Ihr fehlt jedenfalls die entscheidende Basis: Weder existiert im Munde Jesu der bloß generische Gebrauch des fraglichen Begriffs, noch jener engelhafte analog Dan 7,13 f.

VI

Wichtig ist nun: Bei einigen Logien, die vom eschatologischen Wirken des Menschensohnes handeln, lässt sich noch erkennen, wie sie aus einem Prozess hervorgegangen sind, in dem nachösterlich die atl.-jüdische Tradition vom Kommen Gottes bzw. vom „Tag Jahwes" in besonderer Weise aktiviert und modifiziert wurde. Gemeint sind Aussagen, die vom „Tag des Menschensohnes" handeln (Lk 17,24 und Lk 17,26 f. 30). Hier ist nachösterliche Bildung wahrscheinlich, ohne dass ein Kern auf den historischen Jesus zurückgehen wird.

---

50 Gemeint ist der aus dem Aramäischen stammende generische Gebrauch (der Mensch generell) bzw. die indefinite Verwendung „einer".
51 Theissen/Merz, *Jesus*, 479.
52 B. Chilton, „Son," 280–287.

Q 17,23 f. lautet:

> Wenn sie euch sagen: Siehe, er ist in der Wüste, geht nicht hinaus; siehe, er ist in den Kammern, lauft ihnen nicht nach. Denn wie der Blitz vom Osten ausgeht und bis zum Westen leuchtet, so wird der Menschensohn (an seinem Tag) sein.

Der Sinn der Aussagen ist dieser: „Der Menschensohn" wird am Himmel erscheinen und von allen Menschen wahrgenommen werden, wie auch ein Blitz von niemandem übersehen werden kann. Es geht um die jedermann sichtbare Epiphanie „des Menschensohnes". Fraglich ist allerdings, ob die Wendung „an seinem Tag" bei Lukas ursprünglich ist, da die Handschriften P 75, B und D sie nicht bieten. Jedoch ist wahrscheinlich, dass Lukas diese Wendung hatte, da sie auf einen Q-Text zurückzugehen scheint, der ähnlich in Lk 17,30 bezeugt ist und den Mt jeweils mit παρουσία τοῦ υἱοῦ τοῦ ἀνθρώπου wiedergibt.[53] Hier klingt letztlich wohl die Terminologie vom „Tage Jahwes" an, der mit Theophaniephänomenen wie Blitz verbunden sein kann (vgl. Ps 18,15.19; Sach 9,14.16; Ps 77,18 f.). Doch was ist die genauere Aussageabsicht des ganzen Wortes? Sollten voranstehendes Mahnwort und nachfolgende Ankündigung ursprünglich zusammengehören, was nicht ganz sicher, aber doch wohl wahrscheinlich ist, weil die isolierte Ankündigung in ihrer Tendenz zweideutig bzw. ambivalent ist (Heil oder eher Unheil/Gericht),[54] so stellt das ganze Wort (wie Mk 13,21 f.) am ehesten eine frühchristliche Warnung dar, Pseudomessiassen nachzulaufen. Dafür spricht auch, dass der Historiker Josephus für die Zeit des Wirkens Jesu keine „messianischen" Propheten erwähnt, vor denen Jesus hätte warnen können. Erst Jahre nach seinem Tode – zur Zeit der frühen Gemeinde – wird dieses Problem wieder akut (z. B. Theudas oder der sog. „Ägypter"). Die messianischen Unruhen nach dem Tode des Königs Herodes sind eher eine Sache der Vergangenheit. Im Übrigen wird sich zeigen, dass sich die Rede vom „Tag des Menschensohnes" überhaupt als frühchristliche Modifikation der Erwartung des „Tages Jahwes" erklären lässt, der mit erschreckenden Theophaniezügen einhergeht (Mal 3,1f; Sach 14,1–5; äthHen 1,1.3 ff.).

Dafür spricht schon, dass bei atl.-jüdischen Theophanieschilderungen die Parusie Gottes als Bewegung von oben nach unten, d. h. vom Himmel auf die Erde erfolgen kann (Mi 1,3 f.; Jes 26,21; 63,19; Jer 25,30; Ps 18,10; 144,5; 4Esr 3,18; äthHen 1,3; AssMos 10,3). Etwa diese Szenerie setzt der Vergleich mit dem Blitz doch am ehesten voraus, wenn das Kommen des „Menschensohnes" wie der über den

---

53 Kreplin, *Selbstverständnis*, 151 Anm. 286.
54 Vgl. Tödt, *Menschensohn*, 45: „Trostwort". M. Sato, *Q und Prophetie* (WUNT11/29), Tübingen 1988, 284: weder Heil noch Unheil.

ganzen Himmel leuchtende Blitz beschrieben wird. Entscheidend aber ist das Weitere: Diese Bewegungsrichtung von oben nach unten passt gar nicht zur jüdischen Gestalt des „Menschenähnlichen", wie er in Dan 7,13 und in den Bilderreden des äthHen geschildert ist. Denn die Gestalt „wie ein Mensch" wird zu dem Hochbetagten, also Gott, gebracht, wird inthronisiert (Dan 7,14) bzw. auf den Herrlichkeitsthron gesetzt (so in den Bilderreden). Die endzeitliche Gestalt, die am „Tag des Menschensohnes" auftritt (Q 17,24), hat also vorstellungsmäßig wenig mit den jüdischen Vergleichstexten zu tun, die von einer himmlischen Herrschaftsübertragung oder Inthronisation an eine Gestalt handeln, die auch nicht „der Menschensohn" heißt, sondern nur „wie ein Mensch" erscheint. Die in der Forschung gängige Gleichsetzung des „Menschensohns" in Q 17,24 oder 17,26 f.30 mit jener Gestalt jüdischer Apokalyptik ist unbegründet. Zwar ist zunächst richtig, wenn gesagt wird, die älteste Schicht der Menschensohnworte, aufbewahrt in der Überlieferung der Logienquelle, „zitiert weder aus Dan 7 noch aus den Bilderreden des äthHen". Unberechtigt ist die weitere Schlussfolgerung: „Wohl aber bezieht sie (d.h. diese Schicht) sich auf damals allgemeine Grundaussagen zum Menschensohn. Dabei setzen diese Worte voraus, daß den Hörern nicht erklärt werden muß, welche Konnotationen beim Stichwort ‚Menschensohn' sozusagen selbstverständlich mitschwingen."[55] Es gab diese allgemein bekannten Grundaussagen zum Menschensohn im Judentum zur Zeit Jesu aber nicht; jedenfalls kennen Dan 7 und die Bilderreden des äthHen nicht jene Vorstellung, wonach sich eine Himmelsgestalt namens „Menschensohn" zur endzeitlichen Gerichtsdurchführung auf die Erde zu bewegt. Wohl aber ist diese Parusieerwartung mit der Tradition vom „Tag Jahwes" verbunden, die deutliche Theophaniezüge annehmen kann, wonach Gott von seiner himmlischen Wohnung zum Gericht auf der Erde schreitet. Ansonsten bleibt es bei der Einschätzung, dass die visionssprachliche Umschreibung „wie ein Mensch" (Dan 7,13; äthHen 46; 4Esr 13) noch lange nicht auf eine im Judentum bekannte himmlische Gestalt „Menschensohn" schließen lässt. Entsprechende Überlegungen gelten auch für Q 17,26 f.28 f.30, wo allerdings die Rekonstruktion des Q-Textes schwierig ist, wo aber mit der Studienausgabe „Die Spruchquelle Q" folgender Text als ursprünglicher Q-Text zu erschließen ist:[56]

---

55 J. Becker, *Jesus von Nazaret*, Berlin/New York 1996, 257.
56 P. Hoffmann/C. Heil, *Die Spruchquelle Q*, Darmstadt 2002. In „The Critical Edition of Q" wird eine entsprechende Rekonstruktion geboten. Der Lot-Vergleich Lk 17,28 f. stand wohl nicht schon in Q, da eine Matthäusparallele fehlt und eine Tilgung durch Matthäus nicht wahrscheinlich zu machen ist. Vgl. ansonsten unten Anm. 64.

> Wie (es geschah in) den Tagen Noahs, so wird es auch (am Tag) des Menschensohnes sein. (Denn wie sie in jenen Tagen) aßen und tranken, heirateten und verheirateten bis zu dem Tag, an dem Noah in die Arche hineinging und die Flut kam und alle wegraffte, ... so wird es auch an dem Tag sein, an dem der Menschensohn offenbar wird.

Der Tag Noahs und der Tag des Menschensohns entsprechen einander. Der Sinn ist wohl: Das gegenwärtige Geschlecht lebt vor dem Ende, achtet aber nicht auf die Zeichen der Zeit, wie Noah es getan hat. Es wird diesem Geschlecht ergehen wie den Menschen zur Zeit Noahs: Es wird umkommen, plötzlich und überraschend.[57] Vorausgesetzt ist dabei, dass Q ursprünglich singularisch vom „Tag des Menschensohnes" sprach, wie die singularische Formulierung in Mt 24,37 es nahelegt (allerdings in der spezifisch matthäischen Variante „die Ankunft des Menschensohnes") und schließlich der Abschluss des Wortes in Lk 17,30 par Mt 24,39. Wenn Lukas in 17,26 im Plural von den „Tagen" des Menschensohnes spricht, so ist dies der Redaktion des Lukas zuzuschreiben. Er hat einen länger anhaltenden Zustand im Auge, wenn er von den Tagen des Menschensohnes und also nicht von seinem plötzlichen Kommen redet. Anders der zugrunde liegende Text, wie ihn wohl Q erhalten hat: „Es geht in dem Vergleich nicht primär um den anhaltenden Zustand zur Zeit Noahs, sondern um den von den Sorglosen nicht erwarteten Einbruch der vernichtenden Flut; ihrem Einbruch entspricht das Kommen des Menschensohnes, das als plötzlicher Akt gedacht ist (Lk 17,24)."[58] So oder ähnlich ließe sich der fragliche Text in der Tat verstehen. Bei genauerem Hinsehen zeigt sich aber, dass er mit seiner pointierten Aussage nicht zur Verkündigung Jesu passt, sondern eher (wie Q 17,23f.) frühchristliche Aufnahme der Erwartung vom „Tage Jahwes" darstellt.

Zu beachten ist doch, dass der Noah-Vergleich innerhalb der Gerichtsverkündigung Jesu einen negativen Höhepunkt darstellen würde. „Das Gericht droht hier nicht mehr herausgehobenen Gruppen in Israel oder besonders auffälligen Sündern, sondern den Menschen überhaupt, die sich ... vom Gericht überraschen lassen."[59] Zwar werden auch in wahrscheinlich echten Jesusworten die Israel im besonderen geltenden Heilssetzungen Gottes ignoriert (vgl. z. B. Mt 8,1ff. par; Lk 11,3ff.). „Die Aufhebung der Heilsprivilegien Israels wird hier noch dadurch überboten, dass auch der mit Noah geschlossene Bund ignoriert oder revoziert scheint."[60] Die Radikalität des Noahvergleichs wird daran sichtbar, dass er nicht nur Gen 8,2ff.; 9,11 entgegensteht, sondern auch Jes 54,9 („gleich den Tagen

---

57 Tödt, *Menschensohn*, 46f.
58 A.a.O., 47.
59 C. Riniker, *Die Gerichtsverkündigung Jesu* (EHS.T 653), Bern u.a. 1999, 158.
60 A.a.O., 157.

Noahs ist mir diese Zeit"), wo der Verweis auf Noah eine neue Heilssetzung signalisiert. Den Menschen dieses Geschlechts, die in alltäglicher Befangenheit essen und trinken, heiraten und verheiraten und die Endzeitsituation nicht erkennen, gilt dementsprechend das unbedingte Gericht. Hier fehlt der Umkehrruf, wie ihn die bedingte Gerichtsdrohung „wenn ihr nicht umkehrt, werdet ihr alle umkommen" (Lk 13,1–5) immerhin noch implizit enthält. Das rechte Verhalten Noahs, der in die Arche hineinging, dient nur der Zeitbestimmung und wird gerade nicht im Sinne des Umkehrrufes paränetisch ausgewertet. Die Menschen dieses Geschlechts scheinen dem endzeitlichen Gericht geweiht zu sein, das hier mit dem Etikett „Tag des Menschensohnes" bezeichnet ist. Die Schlussfolgerung drängt sich auf: Diese Form pauschaler, umfassender Gerichtsdrohung lässt sich kaum in die sonstige Verkündigung Jesu integrieren. Ja – und das ist entscheidend – eine eindeutige Beziehung zu Jesu Person und Wirken fehlt dem Wort überhaupt.

Dabei ist nicht zu bestreiten, dass Jesus in scharfer Form Gericht angedroht hat. „Sachlich bedeutet das, dass das Gericht in der Botschaft Jesu als die negative Kehrseite seiner positiven Praxis und Verkündigung erscheint. Es ist die Folge der abgewiesenen Heilszuwendung ..."[61] Man kann es auch so auf den Punkt bringen: „Jesus sagt: Wer das Heil verwirft, verfällt dem Gericht."[62] Gericht und Heil sind demnach zwei Seiten einer Medaille. Beim Gerichtswort des Noah-Vergleichs fehlt jedoch jeder Hinweis auf Jesu eigentliche Verkündigung. Gerade der Vergleich mit anderen Gerichtsworten Jesu lässt die auffällige Fremdheit dieses Wortes erkennen. Das Fehlen einer Gerichtsbegründung in Gestalt eines Schuldaufweises macht den pauschalen Charakter des Unheilwortes sichtbar. Ansonsten ist meist das Verhalten gegenüber Jesus der entscheidende Aspekt der Gerichtsbegründung.[63] Eine Beziehung zu Jesu Person oder Wirken ist im Noah-Wort aber kaum erkennbar. Was den Gerichtscharakter angeht sowie das Fehlen einer Gerichtsbegründung, könnte man auf Mt 8,1ff. verweisen, wo ebenfalls das Gericht an Israel dominiert, ohne dass noch eine Begründung erfolgt; immerhin ist der Bezug zu Jesu Heilsbotschaft jedoch noch daran sichtbar, dass das Gericht an Israel auf der Folie des möglichen Heils für die Völker erscheint. Es lässt sich natürlich „auch eine Kohärenz der nicht ganz wenigen Logien behaupten, die ganz Israel

---

61 A.a.O., 459.
62 M. Reiser, *Die Gerichtspredigt Jesu. Eine Untersuchung zur eschatologischen Verkündigung Jesu und ihrem frühjüdischen Hintergrund* (NTA.NF 23), Münster 1990, 307.
63 Im Zentrum der Gerichtsbegründung steht das Verhalten gegenüber Jesu Worten (Q 6,47–49), das Verhalten gegenüber seiner Verkündigung überhaupt (Q 11,31f.), gegenüber seinen Machttaten (Q 10,13–15), seiner Person (Q12,8f.) oder der Besonderheit seines Auftretens (Q 7,31–34).

(oder ‚dieses Geschlecht') sehr definitiv mit dem Gericht konfrontieren und teilweise deutlich Ablehnungserfahrungen" Jesu reflektieren.⁶⁴

Letzteres ist bei Q 17,26 f.30 kaum oder nur in sehr allgemeiner Form feststellbar. Man muss schon, wie oben versucht, von einer alltäglichen Befangenheit der Menschen sprechen, die ein fatales Nichterkennen der endzeitlichen Stunde bedeutet. Eine eindeutige Beziehung zu Jesu Verkündigung im Sinne einer Ablehnung seiner Botschaft ergibt sich dadurch noch lange nicht. Das Kohärenzkriterium greift beim Noah-Vergleichswort nicht mehr. Da die Rede vom „Tag des Menschensohnes", die beim Noah-Wort eindeutig als Gerichtsterminus die endzeitliche Gerichtskatastrophe meint, „Menschensohn" als Hoheitstitel gebraucht, „der Menschensohn" als jüdisch-apokalyptische Richtergestalt aber kaum zu verifizieren ist, ist das Noah-Gerichtswort auch von daher, weil den jüdischen Zeitgenossen kaum verständlich, dem historischen Jesus abzusprechen.

Zwei Schlussfolgerungen sind demnach im Blick auf die Worte vom „Tag des Menschensohns" zu ziehen. Negativ: Da der Ausdruck „der Menschensohn" als bekannter apokalyptischer Hoheitstitel bei den Zeitgenossen Jesu nicht vorauszusetzen ist, sind die fraglichen Worte vom „Tag des Menschensohnes" dem irdischen Jesus abzusprechen, zumal eine Beziehung zu Person und Wirken Jesu nicht erkennbar ist, der Konvergenznachweis also misslingt. Positiv gilt aber: Wenn für das nachösterliche Urchristentum gezeigt werden kann, wie in ihm der Hoheitstitel „Menschensohn" entstanden ist, so gelingt eine traditionsgeschichtliche Verortung des fraglichen Titels „der Menschensohn". Das kann am ehesten bei den eben besprochenen Worten vom „Tag des Menschensohns" geschehen.

Wie bereits angedeutet, hat man ja zu berücksichtigen, dass in atl.-jüdischer Überlieferung vom „Tag Gottes" bzw. vom „Tag Jahwes" geredet wurde, wobei dieser Tag als Gerichtstag galt. Dabei spielt gerade auch das Stichwort „Kommen" eine wichtige Rolle; der Angesagte kommt zum Gericht. Das weist auf die alte Tradition von der Parusie Gottes zum Endgericht hin, die in der Tag-Jahwe-Verkündigung der alten Propheten wurzelt und oftmals Theophaniezüge annimmt.

---

64 Riniker, *Gerichtsverkündigung*, 299 f. Im Übrigen gilt: Bei Annahme eines in Q ursprünglichen Doppelvergleichs (Vergleich mit den Tagen Noahs sowie den Tagen Lots entsprechend Lk 17,26 f.28 f.) wird die Rückführung dieses Doppelwortes auf den historischen Jesus zu einem noch größeren Problem, als es bei dem einfachen Vergleich schon der Fall ist. Die dann refrainartige Wiederholung „und raffte alle hinweg" (Lk 17,27.29) impliziert eine derartig pauschale, ja weltumspannende Vernichtungsaussage, die nicht mit Lk 13,1–5 (konditionierte Drohung), aber auch nicht mit der Drohung in der Parabel vom Landmann Lk 12,16–20 zu vereinbaren ist. Diese Art der umfassenden Unheilsankündigungen kennt auch diese Parabel nicht.

„Fast immer begegnet dabei in den Texten das Stichwort ‚kommen'. Und schon in Mal 3,2 heißt der Tag Jahwes ‚der Tag seines Kommens'."⁶⁵

Das früheste Christentum hat nun auf Grund und in Folge des Osterglaubens diese ursprünglich auf Gott bezogene Parusietradition übernommen und vom „Kommen" des κύριος Jesus gesprochen. Ältester Beleg ist die Parusiebitte μαραναθά = „unser Herr, komm!" (1Kor 16,22; Apk 22,20), die einer ursprünglichen Theophaniebitte entspricht (vgl. Jes 63,19b – 64,1; Ps 144,5f.; 80,2f.), die nachösterlich dem erhöhten Jesus gilt.⁶⁶ Jedenfalls hat man bei μαραναθά die Bezeichnung „Herr", die ursprünglich Gott zukam, auf den erhöhten Jesus angewandt.⁶⁷ Hier entstand nachösterlich eine neue Heilsbringerkonzeption, die jüdische Voraussetzungen dadurch veränderte, dass sie die Bitte um das Kommen eschatologischer Rettung oder des Gerichts statt an Gott selbst an einen von ihm unterschiedenen Heilsbringer richtete.⁶⁸ Es hat sich längst gezeigt, dass das im Maranatha erflehte Kommen des „Herrn" Jesus sich dem eschatologischen Theophaniekonzept verdankt, wie es jüdisch etwa in äthHen 1,3 – 7.9 und AssMos 10,3 – 6 begegnet (vgl. Mi 1,3 – 5; Jes 26,21; 63,19; Ps 18,8 – 16; 144,5; Sach 14,1 – 5), nicht aber der Vorstellung, wie sie im Blick auf die Heilsgestalt der Bilderreden des äthHen sich entfaltet (dem sog. Menschensohn).⁶⁹ Die erwartete Parusie Jesu denkt an ein Kommen vom Himmel auf die Erde, wie auch die für das Heilsende ersehnte theophane Parusie Gottes in jüdischer Tradition sich als Bewegung hin zur Menschenwelt versteht. Die Bewegungsrichtung ist jeweils eine andere: beim Kyrios Jesus vom Himmel auf die Erde (analog der Theophanietradition) – beim sog. Menschensohn der Bilderreden eher entgegengesetzt als Einsetzung auf den himmlischen Thron.⁷⁰ Die im Maranatha vorausgesetzte Vorstellung hat eben gar nichts zu tun mit jener Erwartung, wie sie sich in den Bilderreden des äthHen entfaltet. Das gilt im Übrigen auch für die Parusiehoffnung, wie sie im ältesten Brief des Paulus vorausgesetzt ist. Weder in der bereits vorpaulinischen Aussage

---

65 Reiser, *Gerichtspredigt*, 171, weitere atl. Belege: 146 Anm. 54. Zur Theophanietradition, die auch die Vorstellung vom „Tage Jahwes" beeinflusst hat, vgl. Jörg Jeremias, *Theophanie* (WMANT 10), Neukirchen-Vluyn ²1977, 97 – 100.115 – 117.
66 U.B. Müller, „Parusie," 125 – 131. Zum Verständnis des Maranatha als Bitte um die endzeitliche Theophanie Jesu vgl. A. Scriba, *Die Geschichte des Motivkomplexes Theophanie* (FRLANT 167), Göttingen 1995, 190 – 193. Neben den oben genannten atl. Stellen sind noch die Theophaniebitten 3Makk 6,9 und Josephus, Ant 4,46 zu nennen. Die Theophaniebitte Jes 63,19 lautet: „Ach, dass du den Himmel zerrissest und führest herab!" Entsprechend sagt Ps 80,2f.: „Der du auf den Keruben thronst, *erscheine* ... Entbiete deine Heldenkraft, und *komm* uns zur Hilfe!"
67 Vgl. J.A. Fitzmyer, „Art. κύριος," *EWNT* 2 (²1992) 816f.
68 Vögtle, „‚Menschensohn'-Hypothese," 84.
69 U.B. Müller, „Parusie," 125 – 131. Vgl. auch Vögtle, *Die ‚Gretchenfrage'*, 115, ähnlich 121.135.176.
70 U.B. Müller, „Parusie," 127.

1Thess 1,9f., die den Sohn Gottes „aus den Himmeln" erwartet, noch in den paulinischen Parusieankündigungen 1Thess 2,19; 3,13 und bes. 4,16f., wo vom Herabsteigen des „Herrn" vom Himmel die Rede ist, findet sich Menschensohntradition analog Dan 7,13f. oder den Bilderreden des äthHen. „Die urchristliche Parusieerwartung hat ... als vorstellungsmäßigen Hintergrund am ehesten die jüdische Theophanietradition, wie sie in äthHen 1,3f. 9 und AssMos 10 vorliegt; vom Menschensohn der Bilderreden ist nirgends gesagt, daß er aus dem Himmel hervortritt, um seine eschatologische Funktion durchzuführen."[71] Für die urchristliche Parusiehoffnung ist demnach die atl.-jüdische Theophanietradition grundlegend, wie sie sich gerade auch in der Ankündigung des „Tages Jahwes" artikuliert (z. B. Ob 15; Zeph 1,14ff.; Sach 14,1ff.; Mal 3,2). Dies zeigt sich auch bei der Rede vom „Tag des Herrn", wie sie, bezogen auf Christus, im paulinischen Schrifttum auftaucht, dort aber bereits traditionell sein wird („ ... der Tag des Herrn kommt so wie ein Dieb in der Nacht", 1Thess 5,2, ansonsten 1Kor 1,8; 5,5; 2Kor 1,14; „Tag Christi": Phil 1,6.10; 2,16). „Paulus verwendet den Ausdruck ... so formelhaft, er wendet ihn so selbstverständlich auf Christus an, daß dieser Bezug als vorgegeben erscheint."[72] Deshalb liegt der Schluss nahe, dass, wie man vom „Tag des Herrn" redete und den wiederkommenden Christus meinte, man auch vom „Tag des Menschensohnes" sprechen konnte, jedenfalls in frühen judenchristlichen Kreisen, in denen Jesu Selbstbezeichnung als „der Menschensohn" bekannt war.

Die Rede vom „Tag Jahwes" scheint demnach sprachliches und vorstellungsmäßiges Vorbild geworden zu sein für die entsprechende Ankündigung vom „Tag des Menschensohnes".[73] Dies setzt allerdings voraus, wie oben bereits erwähnt, dass aufgrund des Osterglaubens die ursprüngliche Gottesprädikation „Herr", die ihrerseits den Jahwe-Namen wiedergab, auf den erhöhten Jesus bezogen war. Wenn also in synoptischen Logien vom „Tage des Menschensohnes" die Rede ist, so hat man die nachösterlich ursprünglichere Erwartung des „Herrn", bezogen auf Jesus (vgl. das Maranatha und die Paulus bereits vorgege-

---

71 A.a.O., 136.
72 W. Radl, *Ankunft des Herrn. Zur Bedeutung und Funktion der Parusieaussagen*, Frankfurt u. a. 1981, 184. Vgl. bes. G. Delling, *Zeit und Endzeit* (BSt 58), Neukirchen-Vluyn 1970, 87f. Anm. 32: „Übrigens ist nicht zu übersehen, mit welcher Selbstverständlichkeit Paulus den alttestamentlichen Begriff ‚Tag Jahwes' ... auf Christus anwendet; die Übertragung ist ... schon vorgegeben".
73 Vgl. schon Colpe, υἱὸς τοῦ ἀνθρώπου, 436, und besonders M. Sato, *Prophetie*, 285: Hinter der Rede vom „Tag des Menschensohnes" steckt wohl „die traditionell-prophetische Vorstellung des ‚Tages Jahwes als Gerichtstag' ..., der oft in einem *Vergleich* (bzw. einer Metapher) ausgedrückt wird: Der Tag Jahwes ist ,brennend wie ein Ofen' (Mal 3,19) ..." Diese *vergleichende* Rede bei Theophanieschilderungen, die eben auch beim „Menschensohn" in Lk 17,24.26f. vorkommt, findet sich häufig in atl. Darstellungen: Jes 59,19; Nah 1,6; Hab 3,4; Joel 1,15; 2,2; Sach 14,3; Mal 3,4.19.

bene Sprechweise vom „Tag des Herrn", bezogen auf Christus), aufgegriffen und modifiziert. Das bedeutet wohl: Wie bei dem Vergleichswort 1Thess 5,2: „ ... der Tag des Herrn kommt so wie der Dieb in der Nacht" ist in den Vergleichsworten Q 17,24.26f. (vgl. Q 12,39f.) vom „Tag des Menschensohnes" gesprochen.[74] Die für den irdischen Jesus charakteristische Selbstbezeichnung „der Menschensohn" wirkte bei den Jüngern insofern nach, als man mit diesem Ausdruck nicht mehr primär (wie Jesus selbst) das Wirken des Irdischen bezeichnete, sondern die Erwartung des Kommenden. „Wo Jesus als ‚der Menschensohn' bekannt war, lag die Bildung des Ausdrucks ‚Tag des Menschensohnes' nahe."[75] In Analogie oder in Entsprechung zum Titel „der Herr" für den Erhöhten entstand wohl der Titel „der Menschensohn", der in Worten vom „Tag des Menschensohnes" die zu Grunde liegende Kyrios-Erwartung aufhahm und die für den irdischen Jesus charakteristische Selbstbezeichnung „der Menschensohn" christologisch aufwertete.

Eine Brücken- bzw. Hilfsfunktion bei der christologischen Aufwertung des Ausdrucks „Menschensohn" dürfte dabei ein Wort wie Q 12,8f. gespielt haben, insofern dort bereits der historische Jesus sich selbst eine eschatologische Zeugentätigkeit beigelegt haben wird, die dann nachösterlich zur Richterfunktion verändert wurde. Durch Übernahme der prägenden „Meistersprache" Jesu gelang so eine generelle Aufwertung des Terminus „Menschensohn", der zum christologischen Titel wurde. Auch sonst haben ja Spracheigentümlichkeiten des historischen Jesus wie „(Amen), ich sage euch" oder „Abba" auf die Jünger auch nach Ostern eingewirkt.

Entsprechendes wird auch für das Menschensohnwort Mt 10,23 gelten. Es setzt wohl Verfolgungserfahrungen der judenchristlichen Mission voraus und will mit dem alsbaldigen Kommen des „Menschensohnes" Trost zusprechen. Wenn dabei von seinem „Kommen" die Rede ist, so wird ebenfalls wie bei den besprochenen Worten die Theophanietradition wirksam sein (so auch bei Lk 12,40), nicht jedoch Dan 7,13, da von einem Kommen mit den Wolken des Himmels nichts verlautet, die Bewegungsrichtung gleichfalls Dan 7,13 nicht entspricht. Es geht wieder vielmehr um jenes „Kommen", das ansonsten von der Parusie Gottes erwartet wird (z.B. Jes 66,15; Mal 3,1f., äthHen 1,3–9; AssMos 10), das hier auf den wiederkommenden Herrn Jesus übertragen ist, der den der ursprünglichen Jesustradition entstammenden Namen „der Menschensohn" trägt. Resümee: Die Rede vom „Kommen" des „Menschensohns" (Mt 10,23; Lk 12,40) wie die von seinem „Tag" (Q 17,24.26f.30) entstammt letztlich der Konzeption vom „Tag Jah-

---

74 Q 12,39f. dürfte in dieser Form nicht ursprünglich sein. Die Mahnung passt überhaupt nicht zum Gleichnis vom Einbrecher. Sie dürfte deshalb sekundär angehängt sein (zusammen mit dem Wort vom „Menschensohn"), vgl. E. Linnemann, *Gleichnisse Jesu*, Göttingen ⁵1969, 141f.
75 Kreplin, *Selbstverständnis*, 184.

wes", die längst mit der Vorstellung von der Theophanie bzw. der endzeitlichen Parusie Gottes verschmolzen ist.

Bei dem hier vorgestellten Lösungsvorschlag, der gerade in den futurischeschatologischen Menschensohnworten Q 17,24 und Q 17,26f.30 nachösterliche Bildungen sieht, die judenchristliche Aktualisierungen der Erwartung des „Tag Jahwes" darstellen, könnte zunächst stutzig machen, dass so jüdischapokalyptisch wirkende Worte dem historischen Jesus abgesprochen werden und der Prägung der nachösterlichen Gemeinde zukommen sollen. Doch sollte in einem solchen Fall Beachtung finden, dass jüdisch-apokalyptisches Kolorit auch sonst bei Jesu Gottesreich-Verkündigung zurücktritt, in der nachösterlichen Gemeinde aber wiederauflebt. Gerade die Worte vom „Tag des Menschensohnes" (Q 17,24; 17,26f.30) entsprechen dieser Tendenz, insofern sie atl.-jüdische Gerichtstraditionen vom „Tag Jahwes" christologisch aktivieren. Dies dient der besonderen Betonung der Gerichtsankündigung „gegenüber diesem Geschlecht", die für die Spruchquelle Q charakteristisch ist und die in den Kreisen, die hinter Q stehen, entfaltet wurde. Die Vergleichsworte vom „Tag des Menschensohnes" entsprechen durchaus der sonstigen Ausrichtung von Q, ja scheinen genuiner Ausdruck der für die Spruchquelle typischen Gerichtsandrohung zu sein.

Bei der bisherigen Betrachtung futurischer Menschensohnaussagen der synoptischen Tradition war kein Einfluss der Schriftstelle Dan 7,13f. festzustellen, vielmehr ließ sich der Gebrauch der Menschensohn-Bezeichnung in nachösterlichen Worten als Nachwirkung der authentischen Selbstbezeichnung Jesu erklären. So verrät etwa die Rede vom „Tag des Menschensohnes" keinerlei Berührung mit Dan 7,13f. Erst die schriftgelehrte Gemeindetradition stellte wohl einen Zusammenhang her zwischen der apokalyptischen Figur des Menschengestaltigen aus Dan 7,13f. („einer *wie* ein Mensch") und der ursprünglichen Selbstbezeichnung Jesu, die auch in einigen futurischen Menschensohnworten der nachösterlichen Gemeindetradition nachwirkte. Ein Zusammenhang mit Dan 7,13f. wird demnach nicht schon durch den Ausdruck „Menschensohn" indiziert, „sondern eine solche Beziehung geht vor allem aus dem Inhalt der Aussage hervor. Mit anderen Worten: Der Ausdruck ‚Menschensohn' kann nicht länger als sicheres Kennzeichen des Einflusses der Danielstelle gelten ..."[76] Ganz im Gegenteil! Nur wenn andere inhaltliche Gemeinsamkeiten mit Dan 7,13f. auftreten (z. B. der Verweis auf die Wolken des Himmels), lässt sich eine Abhängigkeit von dieser Schriftstelle und damit eine schriftgelehrte Bezugnahme feststellen. Dies gilt noch nicht für die Spruchquelle, da alle Menschensohnworte aus Q keine vorstellungsmäßigen Übereinstimmungen mit Dan 7 kennen. Das betrifft futuri-

---

76 M. Müller, „Menschensohn", 154.

sche Ankündigungen wie Q 12,40; 17,24.26f.30 u. 12,8f. (wie natürlich auch die Worte vom irdischen Wirken des Menschensohnes Jesu). Erst Markus überliefert Menschensohnsprüche, die einen Bezug zu Dan 7 verraten. In Mk 13,26 erinnert das Kommen mit den Wolken an Dan 7,13. Hier liegt schriftgelehrte Bezugnahme auf Dan 7 ebenso vor wie in Mk 14,62, wo zudem eine Abhängigkeit von Ps 110,1 besteht. Für die weitere Ausgestaltung der Menschensohnvorstellung im frühen Christentum ist dann jenes Stadium bedeutsam, wo vom Sitzen des Menschensohnes auf seinem Thron der Herrlichkeit die Rede ist (Mt 19,28; 25,31). Hier wird matthäische Redaktion vorliegen, die ihrerseits von der Vorstellung der Bilderreden des äthHen abhängig sein könnte, wo jenes Sitzen auf dem Herrlichkeitsthron im Blick auf die Richtergestalt der Bilderreden zentrale Aussage wird.[77] Das Gerichtsmotiv, das in Mt 19,28; 25,31; auch 13,40–43 thematisiert wird und das Ps 110,1 verpflichtet ist (so auch in den Bilderreden), wird demnach erst in relativ späten Menschensohnaussagen der synoptischen Tradition greifbar (eben MtEv). In traditionsgeschichtlich früheren Menschensohnworten, die vom zukünftigen Kommen des Menschensohnes Jesu handeln (z. B. Q 17,24.26.30) wird noch nicht davon gesprochen, dass der Menschensohn sich auf den Thron der Herrlichkeit setzt bzw. Gott ihn darauf setzt (entsprechend Ps 110,1). Der Einfluss der Menschensohnkonzeption der Bilderreden kann somit erst recht spät erfolgt sein.[78]

Ist somit ein Einwirken von Dan 7,13f. und der Heilsbringervorstellung der Bilderreden des äthHen erst in späteren Schichten der synoptischen Menschensohnvorstellung fassbar, so bestätigt sich auch in dieser Hinsicht die hier vertretene Annahme, dass die Bezeichnung „der Menschensohn" sich ursprünglich keinem apokalyptischen Gesamtkonzept verdankt, Jesus und die frühesten Christen sich auf keine im damaligen Judentum bekannte Heilsgestalt „Menschensohn" bezogen haben.

VII

Grundlegend für die Entstehung der nachösterlichen Menschensohnvorstellung war die eschatologische Erwartung des Kyrios Jesus. In Entsprechung zum Titel „der Herr" für den Erhöhten formte sich wohl der Titel „der Menschensohn", wobei die Worte vom „Tag des Menschensohnes" (analog dem „Tag des Herrn") besondere Bedeutung hatten. Gleichzeitig veränderten authentische Worte des

---

[77] J. Theisohn, *Der auserwählte Richter* (StUNT 12), Göttingen 1975, 158–182.
[78] Vgl. auch P. Hoffmann, „QR und der Menschensohn," in: F. Segbroeck (Hg.), *The Four Gospels 1992* (FS F. Neirynck), Vol. I (BEThL 100). Leuven 1992. 421–456: 454–456.

historischen Jesus, die vom irdischen Wirken desselben unter der Selbstbezeichnung „der Menschensohn" handelten, insofern ihren Charakter, als diese Bezeichnung (nach dem Vorbild der erstgenannten) zum Hoheitsnamen bzw. Hoheitstitel mutierte. Voraussetzung war allerdings der Osterglaube, der die Auferstehung und Erhöhung des Gekreuzigten implizierte.

Mit dem Bekenntnis zu dem zu Gott erhöhten Kyrios Jesus entsteht eine neue Heilsbringerkonzeption. Denn „das gesamte Judentum richtete die Bitte um das Kommen der Heilszukunft nur an Gott selbst: daß er den Messias sende u. ä. Für jede Form der zeitgenössischen Heilserwartung war es schlechthin unmöglich, die Bitte um das Kommen des Endheils statt an Jahwe an einen von diesem unterschiedenen Heilsmittler zu richten."[79] Deshalb ist es auch nicht verwunderlich, dass man im Blick auf Jesu Selbstverständnis die Entstehung der Christologie nach Ostern als einen Neueinsatz ansehen muss. Dies zeigt sich schon daran, „daß man beim μαραναθά die Bezeichnung ‚Herr', die wohl ursprünglich Gott zukam, auf den erhöhten Jesus bezog; denn in ‚unser Herr, komm!' war ‚Herr' als christologisch reflektierte Konsequenz des Osterglaubens bereits mehr als nur respektvolle Anrufung, die eine sonstige Würdeperson betreffen konnte."[80] Ist der Ruf „unser Herr, komm!" in Analogie zu sonstigen Theophaniebitten zu verstehen (vgl. Jes 63,19b – 64,1; Ps 144,5f.), so ist der auferweckte und erhöhte Jesus als im Himmel befindliche und mit gottgleicher Aktionsmacht ausgestattete Größe vorgestellt. Hier besteht ein grundsätzlicher Unterschied zwischen dem historischen Jesus, für den die Vaterunser-Bitte als Bitte an Gott charakteristisch ist: „Deine Herrschaft komme!" (Lk 11,2) und der christologisch gewendeten Anrufung „unser Herr, komm!". Dennoch sollte man den Aspekt der Diskontinuität nicht zu stark betonen. Es drängt sich doch die Vermutung auf, dass das Maranatha in der Konsequenz der Bitte des Vaterunsers liegt: „Deine Herrschaft komme!" Letzteres ist als Gebet ein Notruf zu Gott, den diejenigen äußern, „die schon auf den Geschmack der sich realisierenden Gottesherrschaft gekommen sind, und nun dem alleinwirksamen Gott … alles Zutrauen und von ihm alles erbitten …"[81] Ähnlich das Maranatha – „unser Herr, komm!" Von dem zu Gott erhöhten Jesus wird die Heilswende erfleht, die sein Kommen erwirkt. Man hat hierin geradezu „a ‚binitarian' devotional pattern" in der frühesten Gemeinde sehen wollen,[82] so sehr der monotheistische jüdische Impetus wirksam blieb (vgl. die Betonung des „einer" in 1Kor 8,6).

---

79 Vögtle, „Menschensohn-Hypothese", 84.
80 U.B. Müller, „Parusie," 130.
81 Becker, *Jesus von Nazaret*, 331.
82 Hurtado, *Jesus*, 111.134 ff.

Der Gesichtspunkt der Kontinuität zwischen dem erkennbaren Sendungsanspruch Jesu und frühester Christologie ist weniger an Aspekten impliziter Christologie bei Jesus festzumachen, so sehr das betonte „Ich" in den Antithesen oder das Verständnis seiner Exorzismen als Geschehensereignisse der Gottesherrschaft ein herausragendes Selbstverständnis verraten; wichtiger ist wohl der Aspekt evozierter Christologie bei Jesu Jüngern bzw. Anhängern. Schon vor Kreuz und Ostern wurde Jesus bei diesen im Licht „messianischer" Erwartungen gesehen, auch wenn er selbst diese zurückgewiesen haben mag (vgl. Mk 8,33). Jedenfalls gilt: „Die Entstehung der Christologie wird erst verständlich, wenn schon vorösterlich ein ... Hoheitsanspruch zur Debatte stand, der in der Auferweckung durch Gott bestätigt wurde."[83] Der titulus am Kreuz „der König der Juden" (Mk 15,26) ist eine deutliche, wenn auch missverstandene Reaktion auf messianische Erwartungen, die an Jesus herangetragen wurden. Nachösterlich konnte der jüdisch-messianische Gedanke dann sehr früh im Sohn-Gottes-Titel in umgeprägter Form Aufnahme finden (Röm 1,3f.). Eine an Jesus im Sinne einer evozierten Christologie herangetragene Erwartung wurde hier in Gestalt einer expliziten Christologie mit Jesus verbunden, wobei der zum messianischen „Sohn Gottes" Erhöhte mit dem Leidenden und Gekreuzigten identifiziert war.

Ganz anders ist der Sachverhalt beim nachösterlichen Menschensohn-Namen für Jesus. Kaum jemals begegnet der Ausdruck im Rahmen einer Bekenntnisaussage, d.h. niemals fungiert er als Inhalt eines Bekenntnisses, das von Anhängern bekräftigt wird oder als Anspruch, der von anderen bestritten wird.[84] Mit dem Begriff ist kein bestimmter Inhalt oder eine bestimmte Erwartung verbunden, insofern „der Menschensohn" in vorchristlich-jüdischen Texten kein fest etablierter Titel gewesen ist, der ein bestimmtes Rollenkonzept implizierte. Die frühe Gemeinde übernahm lediglich eine Selbstbezeichnung Jesu, die für ihn charakteristisch war, und konnte alsbald sehr unterschiedliche christologische Inhalte mit ihr verbinden, weil sie inhaltlich wenig vorgeprägt war. Es finden sich bekanntlich Jesusworte vom irdischen Wirken des Menschensohnes, vom Leiden, Sterben und Auferstehen desselben sowie vom eschatologischen Erscheinen. Ursprünglich war „der Menschensohn" nur eine Selbstbezeichnung Jesu, die in besonderen Fällen um bewusster Zurückhaltung willen die Rede in der 3. Pers.

---

[83] Theissen/Merz, *Jesus*, 480.
[84] Mk 14,61f. ist nur eine scheinbare Ausnahme, insofern dort nur der Christus- bzw. Sohn-Gottes-Titel Teil des eigentlichen Bekenntnisses Jesu ist, die Menschensohnaussage dagegen analog den sonstigen Worten vom zukünftigen Kommen desselben gebildet ist. Am ehesten ist Joh 9,35 mit der Frage „Glaubst du an den Menschensohn?" eine Bekenntnisfrage. Doch liegt hier eine Eigentümlichkeit des JohEv vor, bei der „Menschensohn" nur Ersatz für einen anderen christologischen Titel darstellt (Sohn Gottes).

dem ausdrücklichen „Ich" vorzog. Die frühe Gemeinde übernahm seine Redeweise, wobei diese nun wie ein Titel Verwendung fand.

Jesu Heilsverkündigung und das Problem der Gerichtsverzögerung

I

Über das Thema Parusieverzögerung im Urchristentum hat man in der Forschung zu Recht gründlich diskutiert.[1] Voraussetzung war die Annahme, Johannes der Täufer und Jesus seien von einer starken Naherwartung geprägt, was auch für die Urgemeinde Geltung hatte. Doch bald wurde diese Naherwartung enttäuscht und musste anderen eschatologischen Konzeptionen weichen, die mit einer Dehnung der Zeit rechneten (vgl. schon Mk 9,1; Mt 25,1–13). Gleichwohl wurde die Naherwartung immer wieder neu belebt, was sich im 1Petr, besonders aber in der Offenbarung des Johannes zeigt. Das Problem stellte sich aber nicht erst im frühen Christentum. „Schon der Täufer reagierte vielleicht auf die Verzögerung des Endes mit einer Intensivierung der Naherwartung ... Musste Jesus nach ihm neue Wege suchen, weil sich auch die Erwartung des Täufers nicht erfüllte?"[2] Wollen wir dieser Frage nachgehen, legt sich zunächst ein Blick auf das frühe Judentum nahe, das immer wieder vom Problem der Gerichtsverzögerung bedrängt wurde. Dabei zeigt sich, dass das Thema in einigen Schriften kurz anklingen kann, in anderen aber geradezu beherrschend ist.

PsSal 2,25 reagiert auf das Trauma der Eroberung Jerusalems durch Pompejus: „Zögere nicht (μὴ χρονίσῃς), o Gott, die Vergeltung auf ihr Haupt kommen zu lassen ..." SyrBar 20,5 und 48,39 versichern auf ihre Weise, dass „die Zeiten" sich nicht verzögern; kommen wird der Richter und „nicht zögern". Entsprechendes wird bereits in Jes 13,22 LXX mit demselben Verbum χρονίζειν thematisiert, das auch im Kontext frühchristlicher Parusieverzögerung Verwendung findet (Mt 24,48; 25,5).

In anderen jüdischen Schriften findet sich an zentraler Stelle eine auffällige Verbindung von drängender Naherwartung und dem irritierenden Erlebnis von Gerichtsverzögerung. Gerade das Danielbuch ist dafür ein eindrückliches Zeugnis. Angesichts des sich verfinsternden Erfahrungshorizonts taucht für die Frommen

---

[1] Vgl. E. Gräßer, *Das Problem der Parusieverzögerung in den synoptischen Evangelien und in der Apostelgeschichte* (BZNW 22), Berlin/New York ³1977; ders., *Die Naherwartung Jesu* (SBS 61), Stuttgart 1973.
[2] G. Theißen/A. Merz, „Gerichtsverzögerung und Heilsverkündigung bei Johannes dem Täufer und Jesus," in: G. Theißen, *Jesus als historische Gestalt* (FRLANT 202), Göttingen 2003, 229–253: 229.

die dringende Frage auf: „Wie lange noch gilt dieses Gesicht, dass das tägliche Opfer aufgehoben und ein Frevel der Verwüstung aufgestellt ...?"[3] (Dan 8,13). Die erste Antwort rechnet mit 1150 Tagen (8,14). Auf die erneute Frage „Wie lange (steht aus) das Ende dieser wunderbaren Dinge?"(12,6) verlängert sich die Frist auf 1290 Tage (12,11), später dann auf 1335 Tage (12,12). Angesichts dieser Verzögerung fleht der Beter: „Herr, merke auf und handle! Zögere nicht um deinetwillen, mein Gott!" (9,19).

Aufschlussreich sind in diesem Zusammenhang die Qumrantexte. In dem in die Mitte des ersten vorchristlichen Jahrhunderts zu datierenden Kommentar zum Buch Habakuk heißt es: Gott habe dem Lehrer der Gerechtigkeit die Geheimnisse der Prophetenworte kundgetan (1QpHab VII 4f.), Allerdings ist aus der Sicht des Kommentars das vom Lehrer berechnete Datum des Endes bereits verstrichen, ohne dass es eingetreten wäre:[4] „ ... die letzte Zeit zieht sich in die Länge und zögert sich hin über alles, was die Propheten gesagt haben; denn die Geheimnisse Gottes sind wunderbar" (1QpHab VII 7f.). Dieses Problem hat vorher bereits der eschatologische Midrasch 4QMidrEsch[a.b] zu bewältigen versucht, wenn er „das Ende der Tage", d.h. „ die letzte Zeitepoche der von Gott vorher geplanten, in Perioden ablaufenden Geschichte" behandelt.[5] Es galt die Irritationen zu bewältigen, die mit der Verzögerung des zu einem bestimmten Zeitpunkt erwarteten Endes auftreten mussten.[6] Mit Hilfe der Schrift, d.h. Ps 13,2f. und ihren Fragen „Wie lange noch?" hat die essenische Gemeinde ihr Problem zu formulieren versucht.[7] Es geht um die letzte Phase der Geschichte vor dem Beginn der ersehnten Heilszeit. Mit dem Rekurs wiederum auf die Schrift (Dan 11,32b.35; 12,10) hat man Antworten gefunden, die der Vergewisserung der eigenen heilsgeschichtlichen Position dienen konnten (Kol.IV 3–4).[8]

Wenige Jahre oder Jahrzehnte vor dem Auftreten Johannes des Täufers und Jesu, d.h. in den Wirren der Zeit der Herodessöhne, sieht der Verfasser der AssMos Zeit und Geschichte dem Ende zueilen. Von der schrecklichen Endperiode sagt der Verfasser: „Von da ab werden die Zeiten ihrem Ende zugehen; plötzlich (wird sich

---

[3] Vgl. die Übersetzung des schwierigen Textes bei A. Bentzen, *Daniel* (HAT 19), Tübingen ²1952, 56.
[4] A. Steudel, *Der Midrasch zur Eschatologie aus der Qumrangemeinde* (4QMidrEsch[a.b]) (STDJ 13), Leiden u.a. 1994, 204.
[5] Steudel, a.a.O., 163.
[6] A.o.O., 211.
[7] 4QMidrEsch Kol. IX 8–9 bzw. XI 8.
[8] Steudel, a.a.O., 211.

schließen) ihr Lauf, (wenn) vier Stunden (gekommen sind)" (7,1).⁹ Allerdings werden noch Rache und Zorn kommen, „wie sie nicht dagewesen sind ... von Weltbeginn an", wenn der endzeitliche Schreckensherrscher auftritt (8,1–5). Man sehnt die Heilswende herbei, die verzieht. Die Hoffnung geht dahin,¹⁰ dass das Martyrium der Söhne des Taxo, der wahren Frommen also, als Mittel tauglich ist, die endgültige Vollzahl der Gerechten zu erfüllen und damit das Gericht Gottes zu beschleunigen: „Denn wenn wir das tun und so sterben, wird unser Blut vor dem Herrn gerächt werden." (9,7). An diese Überzeugung könnte Johannes der Täufer angeknüpft haben, auch wenn seine Naherwartung ungemein dringlicher ist, ja die Zuhörer unmittelbarer mit dem drohenden Gericht Gottes konfrontiert und die Möglichkeit einer Rettung in letzter Minute aufscheint (Q 3,7–9.16–17).

In der Tat kennt Johannes eine Naherwartung, die aufs Schärfste zugespitzt ist: „Schon ist die Axt an die Wurzel der Bäume gelegt ..." (Q 3,9). Das Zeitadverb „schon" und das Bild von der Axt, die bereits an die Wurzel gelegt ist, tragen einen Zeitfaktor ein, der das Gericht Gottes unmittelbar vor sich sieht. Entsprechendes meint das Bild des gedroschenen Getreides auf der Tenne (Q 3,17). Der Bauer – gemeint ist der kommende „Stärkere" – hat bereits die Schaufel in der Hand, um sogleich mit der Trennung von Spreu und Weizen zu beginnen. Die endgültige Scheidung zwischen dem Heilsgeschick der Getauften und dem Strafgericht an allen Übrigen in „unauslöschlichem Feuer" steht unmittelbar bevor. Angesichts einer solchen Nächsterwartung des göttlichen Gerichts musste bei den Anhängern des Täufers, ja bei ihm selbst alsbald eine bedenkliche Verzögerungserfahrung einsetzen. Denn je akuter die Naherwartung, desto schmerzlicher musste die Verzögerungserfahrung ausfallen.

II

Möglicherweise ist dieses Problem in der so genannten Täuferanfrage greifbar (Q 7,18f.22f.), wobei die Matthäusversion Mt 11,2–6 am ehesten den Q-Wortlaut erhalten hat.¹¹ Dabei haben wir wohl von einer einheitlichen Fassung des Textes auszugehen (ursprüngliche Zusammengehörigkeit von Täuferfrage und Jesusantwort), da die erzählerische Exposition nicht nachträglich aus dem Wort Jesu (V.

---

9 Textrekonstruktion und Übersetzung nach E. Brandenburger, *Himmelfahrt Moses* (JSHRZ V/2), Gütersloh 1976, 74.
10 K. Erlemann, *Naherwartung und Parusieverzögerung im Neuen Testament* (TANZ 17), Tübingen/ Basel 1995, 89.
11 Vgl. F. Bovon, *Das Evangelium nach Lukas Lk 1,1–9,50* (EKK III/1), Zürich/Neukirchen-Vluyn 1989, 370: Lukas hat erweitert: „Er liebt es, Ereignisse zu veranschaulichen ..."

22f.) erschlossen sein kann, weil die Frage des Täufers und die Antwort Jesu in Spannung zueinander stehen, insofern die Täuferfrage nicht recht zur Antwort passt, weswegen die Frage auch keine zu erwartende Antwort erhält. „Hinzu kommt noch, dass das Wort Jesu in V. 22 nicht für sich stehen kann, sondern nur als Antwort auf eine Frage nach seiner Identität sinnvoll ist. Diese Inkohärenzen sprechen für ein hohes, d.h. vorösterliches Alter der Überlieferung ..."[12] Berücksichtigen wir zudem die Besonderheit der Antwort Jesu in Q 7,22, so fällt die Indirektheit auf, mit der Jesus seinen Anspruch geltend macht (er spricht in V. 22 nicht von sich in der 1. Person), wobei insbesondere die Nähe zu dem sicher authentischen Wort Q 10,23 f. auch für Q 7,22 die Ursprünglichkeit nahe legt. Beide Male geht es um das „Sehen" und „Hören" der Taten und Worte Jesu, ohne dass Jesus von sich in der ersten Person spricht. Erst in 7,23 nennt er sich selbst.

Der erste Teil der Frage des Täufers „Bist du der Kommende?" (Q 7,19) meint im lukanischen Kontext den „Stärkeren", d.h. Jesus Christus, von dem Johannes gesagt hat, er komme nach ihm (Lk 3,15–17). In der zugrunde liegenden vorösterlichen Tradition, d.h. wohl im Munde des historischen Täufers, muss diese Frage etwas anderes bedeuten; sie kann jedenfalls nicht Jesus mit dem endzeitlichen Feuertäufer in Verbindung gebracht haben. Denkbar wäre jedoch als ursprüngliche Frage, dass angesichts des Ausbleibens des Feuergerichts Johannes an Jesus die erwartungsvolle Frage nach dem endzeitlichen Boten gestellt habe, der einen Weg vor Gott bahnen solle (Mal 3,1).

Wichtig ist dabei der Zusammenhang, in dem Mal 3,1 von diesem Boten spricht,[13] weil dort das Problem der Gerichtsverzögerung, auf dem die prophetische Ankündigung basiert, einen Hinweis auch auf den Kontext der Täuferfrage geben könnte. Die Kritiker des Propheten fragen skeptisch: „ ... wo ist denn der Gott des Rechts?" (Mal 2,17). Man verlangt nach dem Gott des Gerichts, weil die Wirklichkeit des Lebens der Erwartung widerspricht, dass die religiös Gleichgültigen das Gericht Gottes zu erwarten hätten. Doch der verheißene Gott ist nicht gekommen; sein Erscheinen bleibt aus. Insofern die Gegner mit dem Verzug des Gerichts argumentieren, versucht der Prophet, gegen diese Position anzugehen. Er weist daraufhin, dass Gott ja schon dabei ist, seinen Boten zu senden, der den Weg vor ihm bahnen soll (Mal 3,1a; vgl. Jes 40,3). „Das sei das Zeichen, daß in

---

[12] M. Wolter, *Das Lukasevangelium* (HNT 5), Tübingen 2008, 278. Umstritten ist ja die Frage, ob bei der Täuferanfrage ein um das Wort Jesu gebildetes Apophthegma vorliegt. Doch gilt: „Die Schwierigkeiten, einen überzeugenden Sitz im Leben für ein von der Gemeinde gebildetes Apophthegma zu finden, sprechen ... gegen Gemeindebildung." U. Luz, *Das Evangelium nach Matthäus*. 2. Teilband (EKK I/2), Zürich/Neukirchen-Vluyn 1990, 166.
[13] A. Meinhold, *Maleachi* (BK XIV 8), Neunkirchen-Vluyn 2006, 242–248, hält wohl zu Recht Mal 2,17 + 3,1a.5 für den ursprünglichen Text, der in 3,1b–4 sekundär erweitert wurde.

kürzester Frist der Allherr selbst erscheinen werde."¹⁴ Wer dieser Bote ist, bleibt allerdings umstritten; der Prophet könnte sich selbst meinen.¹⁵ In jedem Fall will die Antwort in Mal 3,1a der Klage über die Gerichtsverzögerung wehren. Und der sekundäre Einschub von 3,1b – 4 bekräftigt mit 3,1b diese Tendenz: „ ... plötzlich zieht ein zu seinem Tempel der Herr, nach dem ihr verlangt. Und der Bote des Bundes, den ihr begehrt, siehe, er kommt, spricht der Herr Zebaoth." Die Ergänzungen in 3,1b ringen „mit einem offenbar neuerlichen Verzug der angekündigten, durch einen Vorläufer vorzubereitenden Ankunft des Gottes des Rechts"¹⁶, wobei das Adverb „plötzlich" die Vergewisserungsabsicht unterstreicht und anschließend nochmals die Ankunft jetzt des „Boten des Bundes" mit den Worten „siehe, er kommt" eingeschärft wird. Wenn der nachträgliche Schluss des ganzen Buches in Mal 3,23f. den Boten mit der Gestalt Elias identifiziert, so ist hier die Tendenz spürbar, das Ausbleiben des Eingreifens Gottes erträglich zu machen und die Zeit bis zum ersehnten Ende quasi zu überbrücken. Auf einem entsprechenden Problemhintergrund wird man die Frage des Täufers zu verstehen haben: „Bist du der Kommende ...?" (Q 7,19). Sie könnte auf die Erwartung des Mal 3,1 angekündigten Boten Gottes zielen, von dessen Kommen (nicht Gottes Kommen) der sekundäre Zusatz in V. 1b ausdrücklich sagt: „Siehe, er kommt, spricht der Herr Zebaoth."¹⁷ Entscheidend aber ist das weitere.

Die Fortsetzung der Täuferfrage: „ ... oder sollen wir auf einen anderen warten?" reflektiert (ähnlich wie Mal 2,17) die Gerichtsverzögerung – eine Erfahrung, die Johannes angesichts des von ihm angedrohten Feuergerichts zu bewältigen hatte. Bezeichnend ist dabei wohl der Ausdruck des Zweifelns, das der Konjunktiv προσδοκῶμεν vielleicht erkennen lässt.¹⁸ Es geht hier nicht um ein banales Warten, sondern um die unsichere Frage, ob sich Warten überhaupt lohnt. Die Täuferfrage steht letztlich in alter prophetischer Tradition, die immer wieder mit dem Verzug der erwarteten Gerichtswende zu kämpfen hatte und deshalb die Mahnung zum Warten und Ausharren aussprach. Ein bekannter Beleg ist Hab 2,3: „ Wenn sie verzieht (die Schauung), so warte auf sie; denn sie kommt gewiss und

---

14 K. Elliger, *Das Buch der zwölf kleinen Propheten II* (ATD 25), Göttingen ⁶1967, 206, der allerdings nur Mal 3,1b + 3,3f. für sekundär hält.
15 A.a.O., 206.208.
16 Meinhold, *Maleachi* (Anm. 13), 258.
17 Inwieweit hier wegen Mal 3,23f.; JesSir 48,10 die Eliaerwartung eine Rolle spielt, sei dahingestellt, vgl. M. Öhler, *Elia im Neuen Testament* (BZNW 88), Berlin/New York 1997, 64. Zu beachten ist gleichwohl die Meinung: Da Johannes der Täufer „sich für den letzen Propheten vor dem Endgericht hielt, liegt es nahe anzunehmen, dass er sich für den in Mal 3,1.23f. angekündigtes Elia redivivus hielt, sicher nachweisen lässt es sich aber nicht." Theißen/ Merz, *Der historische Jesus*, Göttingen ³2001, 192.
18 Vgl. B/D/R § 366.

bleibt nicht aus"[19] oder Zeph 3,8: „Darum wartet auf mich ... auf den Tag, da ich aufstehe als Zeuge." Johannes steht also nicht isoliert da, wenn man ihn mit alttestamentlichen Propheten vergleicht; denn die „prophetische Weissagung" (im Falle des Täufers die Ankündigung des Feuergerichts) stand immer schon „vor dem Problem der ‚Verzögerung', das sich bis zur Frage nach der Glaubwürdigkeit ihrer Botschaft steigern konnte."[20] Dieser Problemzusammenhang wird für die weiteren Überlegungen bedeutsam bleiben, auch wenn der Versuch, den „Kommenden" aus der Täuferfrage mit der Erwartung des Boten Gottes aus Mal 3,1.23 f. zu verbinden, hypothetisch bleibt.

III

War das Problem der Gerichtsverzögerung im Täuferkreis von Bedeutung, so ist bei Jesus von Nazaret als zeitweiligem Täuferanhänger Entsprechendes anzunehmen. Jesus hat sich von Johannes taufen lassen und damit demonstriert, dass er die Gerichtsankündigung des Täufers zunächst für sich akzeptiert hat. In der Phase seines selbständigen Wirkens hat Jesus wahrscheinlich nicht getauft (anders Joh 3,22, was allerdings 4,2 korrigiert). Man hat den Grund für diesen Verzicht in der Verzögerungsproblematik gesehen, die angesichts der akuten Naherwartung des Täufers einsetzen musste.[21] Nach dieser Meinung bot Johannes seine Taufe als symbolische Ersatzhandlung an, die die Aufrichtigkeit der Umkehr sichern sollte, weil keine Zeit mehr für ethische Taten bestand, insofern das Gericht Gottes unmittelbar bevorstand. „Wenn sich das Ende hinauszögerte, musste der innere Grund für diese symbolische Ersatzhandlung entfallen. Verzichtete Jesus vielleicht deshalb auf die Taufe, weil er überzeugt war, dass Gott den Menschen noch eine Chance und Zeit genug zur Umkehr lässt?"[22] Diese Frage weist in die zutreffende Richtung. Wie für den Täufer und andere Täuferanhänger dürfte für Jesus mit dem Ausbleiben des Feuergerichts eine Irritation eingetreten sein. Eine

---

19 Zu Hab 2,3 vgl. A. Strobel, *Untersuchungen zum eschatologischen Verzögerungsproblem aufgrund der spätjüdisch-urchristlichen Geschichte von Habakuk 2,2 ff.* (NT.S 2), Leiden/Köln 1961, 273–277. Anders als Strobel, a.a.O., 53, meint, hat die griechische Texttradition der LXX keine Person (etwa Gott) im Blick, deren Erscheinen sich verzögert, vielmehr ist es der καιρός, dessen gewisses Kommen betont wird (so W. Kraus, „Hab 2:3–4 in the Hebrew Tradition and in the Septuagint, with its Reception in the New Testament," in: J. Cook (Hg.), *Septuagint and Reception* (VT.S 127) Leiden 2009, 101–117: 106–110.).
20 H. Wildberger, *Jesaja. 2. Teilband Jesaja 13–27* (BK X/2), Neukirchen-Vluyn 1978, 524, mit Verweis auf Hab 2,3; Ez 7,7 und vor allem Ez 12,21–28; Jes 60,22.
21 Theißen/Merz, „Gerichtsverzögerung" (Anm. 2), 234–236.
22 A.a.O., 235.

völlige Neuorientierung war vonnöten, die eine bessere Erkenntnis des eschatologischen Geschichtsplan Gottes implizierte. Dabei dürfte das Ausbleiben des Feuergerichts ein erster Hinweis gewesen sein, dass Gott sein endgültiges Gerichtshandeln auf andere Weise als erwartet durchsetzen würde. Und dieser Neueinsatz geschah mit Jesu Vision vom Sturz des Satans aus dem Himmel (Lk 10,18), der anzeigte, dass das Gericht Gottes nicht verzog oder gar ausgeblieben ist, sondern ganz im Gegenteil im Himmel bereits in einem ersten Akt vollzogen ist. Jedenfalls handelt der Visionsbericht Lk 10,18 von einem zurückliegenden himmlischen Geschehen, dessen spezifischer Aussagesinn nach Klärung des ursprünglichen Kontextes deutlich wird. Es lässt sich zeigen, dass der Evangelist Lukas das überlieferte Logion seinerseits bearbeitet hat. Blickt man auf die vom Evangelisten komponierte Einheit Lk 10,17–20, so fallen zwei theozentrisch orientierte Zeilen auf, nämlich V. 18b und 20b, während der übrige Zusammenhang, besonders V. 19, eher christologisch bestimmt ist. Die theozentrisch orientierten Aussagen V. 18b und 20b zielen auf die Aussage: „Wie der Herabsturz des Satans aus dem Himmel ... auf die Heilsinitiative Gottes zurückgeht, so gilt dies nach Ausweis des Passivum divinum ἐγγέγραπται auch von der Aufnahme der angesprochenen Jünger in die himmlische Bürgerschaft."[23] Dazu steht aber in Spannung „die christologische Perspektive" in V. 19, die die Vollmacht „über alle Macht des Feindes" nicht entsprechend der Aussage von V. 18b auf die himmlische Entmachtung des Satans, sondern auf einen Hoheitsakt Jesu zurückführt.[24] In V. 19 äußert sich die lukanische Bearbeitung, die zudem den Anfang von V. 20 anfügt (V. 20a), der die Freudensäußerung der Jünger aus der Einleitung der Erzähleinheit in V. 17 aufnimmt, die ihrerseits auf Lukas zurückgeht.[25] Überliefe-

---

[23] M. Theobald, „‚Ich sah den Satan aus dem Himmel stürzen ...' Überlieferungskritische Beobachtungen zu Lk 10,18–20," *BZ NF* 49 (2005) 174–190: 179.
[24] Ebd.
[25] Der Evangelist hat das doppelgliedrige Logion so bearbeitet, „dass er seinen Kommentar nicht an das Logion angehängt, sondern diesem eingepflanzt hat", was sich an weiteren Texten als lukanische Eigenart zeigen lässt (Theobald, a.a.O. 183–185 mit Verweis auf Q 6,27f.35c–d [vgl. Mt 5,44f.] oder Q 12,51–53 [vgl. Mt 10,34f.]).
Zu beachten ist ja, dass der Visionsbericht V. 18 recht unvermittelt auf die Freudensäußerung der Jünger in V. 17 folgt. Ähnlich unvermittelt wirkt die Aussage Jesu in V. 19, die inhaltlich an V. 17 anknüpft, aber auf V. 18 nicht eingeht. V. 20a schließt mit der Korrektur der Freude der Jünger an V. 17 an und nimmt das Thema der Jüngervollmacht über die Dämonen wieder auf, das die Aussagen in V. 17 und 19 prägt. V. 20b aber formuliert die intendierte positive Aussage zur Freude der Jünger, indem der Satz als Begründung rechter Jüngerfreude einen Sachverhalt nennt, der in V. 17 und 19 fehlt und nur in V. 18b eine Entsprechung hat, nämlich im vorgängigen Handeln Gottes als Grund wahrer Freude. Diese nicht eben glatte Satzfolge bzw. Argumentation ist doch ein Indiz, dass der Evangelist geformte Tradition übernimmt und seinerseits mit V. 19.20a seinen Kommentar in die ursprüngliche Satzfolge V. 18b.20b einschiebt. Anders aber Wolter, Lukas-

rungsgeschichtlich vorgegeben[26] bleiben die beiden theozentrisch orientierten Zeilen V. 18b und 20b:

> Ich sah den Satan wie einen Blitz aus dem Himmel stürzen ...
> Freut euch, dass eure Namen im Himmel (jetzt) aufgeschrieben sind.

Die zentrale Aussage des doppelgliedrigen Logions ist klar. Es handelt vom Aufruf zum eschatologischen Jubel, weil der Satan als Ankläger der Menschen aus seiner himmlischen Position gestürzt ist (vgl. Hi 1,6–12; Sach 3,1–4; Offb 12,7–10). Die heilvolle Folge des Satanssturzes ist dabei die Aufzeichnung der Namen derer, die er vor Gott verklagte, im Buch des Lebens (vgl. Dan 12,1). Beide Aspekte meinen Ereignisse im Himmel: Dem Satanssturz aus dem Himmel entspricht die Aufnahme der Namen der Geretteten im himmlischen Bereich. Wessen Name in dem Buch eingeschrieben ist, ist jetzt frei von Schuld[27]. Das bedeutet: „Der Aufruf zum eschatologischen Jubel *jetzt* gründet ... in einer Vision Jesu, auf die er zurückblickt und deren nachhaltige Bedeutung, doch wohl für Israel, er mit dem Spruch festhalten will: Gott ist endgültig zum Heil seines Volkes entschlossen!"[28] Zwar richtet sich der Text in V. 17 und 19 nur an die Jünger Jesu; doch ist das eben die lukanische Redaktion. Im ursprünglichen Munde Jesu sind gewiss seine Zuhörer generell gemeint, d.h. Israel, zu dem sich Jesus gesandt weiss. Seine Botschaft lautet: Gott hat sich zu einem neuen Heilshandeln aufgemacht und Jesu Zuwendung gerade auch Zöllnern und Sündern gegenüber steht unter diesem Vorzeichen (Mk 2,17). In seiner besonderen Prägung passt der Aufruf zur Freude in V. 20 zur sonstigen Verkündigung Jesu; denn als Jubelruf lässt das Doppellogion eine Spruchgattung erkennen, die den Seligpreisungen formal und besonders inhaltlich vergleichbar ist (Q 6,20f.; Q 10,23f.).

---

evangelium (Anm. 12), 385, der von ausgeprägter Kohärenz des Textes spricht, ähnlich S. Gathercole, „Jesus' Eschatological Vision of the Fall of Satan: Luke 10,18 Reconsidered," *ZNW* 94 (2003), 143–163: 161–163.

26 So auch U.B. Müller, „Jesu eschatologische Überzeugung, seine Gerichtsankündigung und die Zukunft Israels," in: W. Kraus (Hg.), *Beiträge zur urchristlichen Theologiegeschichte* (BZNW 163), Berlin/New York 2009, 11–35: 14–16.

27 Der Spruch folgt alttestamentlicher Tradition, wonach Gott die Namen der Reingewaschenen und Gerechten in das himmlische Buch eintragen lässt (Jes 4,3f; vgl. Ps 69,28f.; Jub 19,9; äthHen 47,3f.; 104,1).

28 Theobald (s. Anm. 23), 182.

IV

Die Vision vom himmlischen Satanssturz hat zudem weitergehende Beziehungen zur Verkündigung Jesu. Zu erwähnen ist hier das gewiss authentische Bildwort vom „Starken" Mk 3,27:

> Niemand kann hineingehen in das Haus des Starken und seine Gefäße rauben, wenn er nicht zuerst den Starken gebunden hat ...

In Lk 10,18 und Mk 3,27 ist dieselbe Aktion Gottes gemeint, der den „Starken" gebunden hat.[29] So hat man zu Mk 3,27 mit Recht sagen können: „Wie man das Haus eines Starken dann berauben kann, wenn man ihn gefesselt hat, dringt Gott (!) in den Machtbereich des Teufels ein, nachdem er diesen gebunden hat, was hier als ein bereits eingetretenes und vermutlich mit dem Satanssturz Lk 10,18 identisches Ereignis vorausgesetzt ist."[30] Beide Worte unterscheiden sich nur darin, dass sie in unterschiedlichen Zusammenhängen argumentieren, dabei aber dieselbe Aktion Gottes zur Voraussetzung haben. Während Lk 10,18b.20b zum eschatologischen Jubelruf auffordert, weil der Satan als himmlischer Ankläger entmachtet ist, hat Mk 3,27 eine andere Zielrichtung. Das Wort gehört in den Kontext der Exorzismen Jesu und will deren eschatologische Bedeutung plausibel machen. Vor skeptischen Zeitgenossen, die zwar Jesu erfolgreiche Exorzismen gesehen haben, sie aber nicht als Erweis der bereits erfolgten Entmachtung des Satans anerkennen, betont Mk 3,27: „Erst muss der himmlische Repräsentant der Dämonenwelt, gebunden, d. h. überwältigt sein, bevor es möglich ist, das, was ihm zugeordnet ist, seinen „Hausrat", die σκεύη, zu plündern."[31] Von den gelungenen Exorzismen lässt sich zurückschließen – so die weisheitliche Argumentationsweise in Mk 3,27 – auf das primäre Geschehen: „Die Exorzismen setzen die Überwältigung des Satans generell voraus."[32] Mk 3,27 argumentiert auf dem Hintergrund einer jüdisch-apokalyptischen Heilserwartung, wonach Gott den Satan bzw. Beliar zu Beginn der Heilszeit binden wird und so die Schadensmächte

---

29 Die theozentrische Deutung von Mk 3,27 vertreten und begründen zu Recht Theobald, Lk 10,18 (Anm. 23), 189 f.; M. Ebner, *Jesus von Nazaret in seiner Zeit* (SBS 196), Stuttgart ²2004, 140–142.
30 B. Kollmann, *Jesus und die Christen als Wundertäter. Studien zu Magie, Medizin und Schamanismus in Antike und Christentum* (FRLANT 170), Göttingen 1996, 191.
31 M. Ebner, *Jesus – ein Weisheitslehrer? Synoptische Weisheitslogien im Traditionsprozess* (HBS 15), Freiburg u. a. 1998, 370. Mit dem „Hausrat" könnten die Dämonen gemeint sein oder eher die Besessenen, die der Exorzist dem Satan entreißen kann, wofür der dämonologische Gebrauch des Wortes τὰ σκεύη= „Gefäße, Hausrat" in TestNaph 8,6 spricht.
32 Ebner, a.a.O., 370.

auf Erden weichen. Die paradiesische Heilszeit setzt danach mit einem besonderen Handeln Gottes ein: „Und er (Gott) wird die Tore des Paradieses öffnen ... Und Beliar wird von ihm gebunden werden, und er wird seinen Kindern Macht geben, auf die bösen Geister zu treten ..." (TestLevi 18,10–13; ähnlich TestDan 5,10–12).[33]

Auch sonst sind die Abwesenheit des Bösen bzw. des Satans Eigentümlichkeiten des Eschaton, wobei diese Aspekte immer dominant Israel gelten (Jub 23,29; 50,5; vgl. 46,2). Jüdische Hoffnung findet dann ihren herausragenden Ausdruck in AssMos 10,1: „Und dann wird seine (d. h. Gottes) Herrschaft über die ganze Schöpfung erscheinen, und dann wird der Teufel nicht mehr sein, und die Traurigkeit *(tristitia)* wird mit ihm hinweggenommen sein."

Mit dem Ende des Teufels sind die himmlischen Weichen für den irdischen Durchbruch der Gottesherrschaft gestellt und damit das Ende der *tristitia* angesagt, womit die umfassende Bedrängnis Israels durch die Schadenseinwirkung des Teufels gemeint ist.

Es hat sich gezeigt, dass der Aufruf zum Jubel, dass der Satan als Ankläger von Gott entmachtet ist (Lk 10,18b.20b), und das Argumentationswort Jesu, das die umfassende Bedeutung seiner Exorzismen plausibel machen will (Mk 3,27), denselben Hintergrund haben, die eschatologische Entmachtung des Satans durch Gott. Meint die „Bindung" des Satans in Mk 3,27 eher ein partielles Geschehen, das seine Konsequenz auf Erden betrifft, nämlich Jesu Exorzismen, so spricht der Aufruf zum eschatologischen Jubel die grundlegende Dimension aus, die der Satanssturz hat, wenn er denn die Aufzeichnung der Namen der Geretteten im himmlischen Buch aussagt und – wie wahrscheinlich – Israel meint, dass nicht mehr Unheilskollektiv sein soll, sondern im göttlichen Gerichtshandeln ein definitives Heilsangebot erhält. In diesem umfassenden, Israel betreffenden Zusammenhang ist die Vision vom Satanssturz überliefert; seinen ursprünglichen Entstehungskontext hat der Bericht über die Vision aber in der Auseinandersetzung über die Legitimität von Jesu Exorzismen.

V

Jesus hat das göttliche Gerichtshandeln in seinem Visionsbericht beschrieben (Lk 10,18). Dabei ist festzuhalten, dass der Spruch „mit seinem Vergleich der Schnelligkeit und Auffälligkeit des Fallens des Satans mit einem leuchtenden

---

33 Rekonstruktion und Übersetzung des Textes bei J. Becker, *Die Testamente der zwölf Patriarchen* (JSHRZ III/1), Gütersloh 1980, 61 bzw. 95f.

Blitz viel eher auf ein visionäres Erlebnis als auf eine bildliche Redeweise" verweist[34]. Doch wie hat sich diese visionäre Erkenntnis Jesus vermittelt? Wir haben oben bereits die Frage erörtert, wie Jesus die Gerichtsverzögerung gedeutet hat, die mit dem Ausbleiben des Feuergerichts eingetreten ist. Jesus war zunächst von der Richtigkeit der Täuferankündigung vom unmittelbar bevorstehenden Zorngericht überzeugt. Doch hat er in einer Art Lernprozess umdenken können, als die intensive Naherwartung des Täufers fehlschlug.

Wir haben schon gesehen, wie jüdische Kreise mit der jeweiligen Verzögerungserfahrung umgegangen sind. Man konnte das Datum der Heilswende immer weiter hinausschieben (so das Danielbuch). Man konnte sich mit dem unerforschlichen Geheimnis Gottes trösten (1QpHab VII 1–8). Jesus hat wohl eine andere Schlussfolgerung aus der Gerichtsverzögerung gezogen. Wenn alles vom Gericht Gottes bedroht wird und der Vernichtung anheim fallen müsste, so ist das Bestehen der Welt Gnade. „Wenn Gott seine Sonne nach wie vor über Böse und Gute aufgehen lässt, so ist das ein Zeichen seiner Güte."[35] Doch bleibt diese Erklärung noch zu allgemein. Nötig wäre eine ganz spezifische Erfahrung, die Jesus machen konnte, die anderen verschlossen blieb. In diesem Zusammenhang hat man schon lange die Möglichkeit erwogen, Jesu Wundercharisma habe ihm die Gewissheit nahe gelegt, dass der Satan überwunden ist und eine Zeit des Heils beginnt. Man hat gemeint, „dass die Erkenntnis vom Einbruche des Reiches in ihm aufgewacht ist in und mit dem Regewerden seiner charismatischen Kräfte."[36] Jesu Exorzismen seien Handlungen gewesen, die Dämonen ohne jedwede Art exorzistischer Praktiken (wie Beschwörungsformeln, magische Riten oder Gebete) austreiben; als solche außergewöhnlichen Taten waren sie ein „eindeutiges Zeichen dafür, daß Gott selbst wieder auf Erden wirkte."[37] Und in der Tat werden wir dieser Fährte genauer nachgehen müssen, inwiefern Jesu Exorzismen ein konkreter Erfahrungshintergrund für ihn gewesen sind, die ihn zu weit reichenden Schlussfolgerungen befähigt haben. Wir sahen ja schon, dass Jesus nach Aussage von Mk 3,27 argumentiert hat, dass seine Exorzismen die Überwältigung des Satans durch Gott voraussetzen. Doch damit nicht genug! Sein Aufruf zum Jubel Lk 10,18b.20b verweist auf dieselbe Aktion Gottes, nur dass dieser Text eine andere Tätigkeit des Satans anvisiert, seine Funktion als Ankläger vor Gott. Der Jubelruf

---

[34] U.B. Müller, „Vision und Botschaft," in: ders., *Christologie und Apokalyptik* (ABG 12), Leipzig 2003, 11–14: 12f.
[35] Theißen/Merz, „Gerichtsverzögerung" (Anm. 2), 253.
[36] R. Otto, *Reich Gottes und Menschensohn*, München 1934, 83. Nach P.W. Hollenbach, „The Conversion of Jesus: From Jesus the Baptizer to Jesus the Healer," *ANRW* II 25.1 (1982) 196–219, führte die Wundererfahrung zu einer regelrechten „Bekehrung" Jesu.
[37] H. Stegemann, *Die Essener, Qumran, Johannes der Täufer und Jesus*, Freiburg u. a. 1993, 327f.

stellt die Heilswende in einen umfassenden eschatologischen Horizont. Doch wird sich zeigen, dass die visionäre Erfahrung ihren ursprünglichen Haftpunkt im Zusammenhang der gelungenen Exorzismen gehabt hat. Gerade in diesem für Jesus charakteristischen Erfahrungsbereich konnte sich die Überzeugung verdichten, dass der Satan entmachtet ist, wobei jüdisch-apokalyptische Deutungsmuster hilfreich waren.

VI

Besonderes Gewicht hat in diesem Zusammenhang Jesu Antwort auf die Täuferanfrage Q 7,18f.22f., obwohl oder gerade weil die Antwort Jesu die Exorzismen explizit gar nicht erwähnt. Der Text dürfte auf vorösterlicher Überlieferung basieren und in V.22f. ein authentisches Jesuwort enthalten (s. o.). Dieses Wort geht auf die Frage des Täufers nach Jesu Identität „Bist du der Kommende ...?" nicht ausdrücklich ein, insofern die katalogartige Aufzählung der Heilstaten gar nicht Jesus als Subjekt derselben nennt, sondern sich darauf beschränkt, prophetische Heilsverheißungen als in der Gegenwart erfüllt zu proklamieren (Jes 26,19; 29,18; 35,5f.; 42,7.18; 61,1–3). Erst im Schlusssatz „Selig, wer an mir keinen Anstoß nimmt!" bringt Jesus sich selbst ins Spiel und lässt erkennen, dass er selbst der irdisch Handelnde ist. Gleichwohl ist bedeutsam, dass er sich nicht als eigentlichen Urheber ansieht. Die Heilstaten sind Manifestationen der anbrechenden Heilswende, die ihren Ursprung bei Gott haben, worauf gerade der eindrucksvolle jüdische Paralleltext verweist 4Q 521, wo entsprechende Heilstaten Gott selbst als Subjekt nennen. Es geht dort um Gottes ewige Königsherrschaft, aufgrund derer er eschatologisch handeln wird: „Er wird Erschlagene heilen und Tote wird er lebendig machen; Armen wird er frohe Botschaft verkünden ..."

Die Zurückhaltung Jesu, sich selbst als Handelnden zu benennen und Gott als Urheber vorauszusetzen, dürfte in der Tat als Indiz dafür gelten, das diese Machttaten für ihn ein Hinweis waren, dass Gott selbst die Heilswende eingeleitet hat. Der deutliche Verweischarakter der aufgezählten Heilsereignisse ist offenkundig. Ob diese allerdings bzw. sein Wundercharisma Jesu ganz spezielle Überzeugung hervorgerufen habe, dass der Satan von Gott entmachtet ist und gerade deshalb die Heilszeit beginnt,[38] ist zunächst unsicher. Denn eine erkennbare Eigenart der Machttaten in Q 7,22, die speziell eine Revision der Schadenseinwirkung des Satans oder der Dämonen nahe legen könnten, ist nicht gegeben. Anders wäre es, wenn Dämonenaustreibungen genannt wären, die als

---

[38] Vgl. Theißen/Merz, *Der historische Jesus* (Anm. 17), 197.

Hinweis auf das Ende des Satans Geltung hätten. Doch ist für Jesu Antwort auf die Täuferanfrage auffällig, dass Exorzismen nicht explizit genannt sind. Man kann diesen Sachverhalt damit zu erklären versuchen, dass der Text keine „summarische Bestandserhebung" intendiere,[39] was sicher richtig ist; auch könnten bei den erwähnten Krafttaten die Exorzismen mitgezählt sein. Andererseits wäre die ausdrückliche Erwähnung von Exorzismen in Jesu Antwort auf die Täuferanfrage wohl geradezu kontraproduktiv gewesen, den Fragesteller zu überzeugen, wenn man bedenkt, wie umstritten die Exorzismen Jesu in seiner Umgebung waren. Wir brauchen ja nur den Vorwurf von Gegnern zu beachten, die Jesus vorwerfen: „Er hat Beelzebul und mit dem Herrscher der Dämonen treibt er die Dämonen aus" (Mk 3,22; vgl. Q 11,15).

In der Tat ist das Fehlen der Exorzismen in der Antwort Jesu zunächst nicht sicher zu erklären. Allerdings dürfte der Schlusssatz der Antwort „Selig ist, wer nicht Anstoß nimmt an mir", der gerade in direktem Anschluss an die Aufzählung der Heilstaten erfolgt, in der Hinsicht zu denken geben, dass der mögliche Anstoß gerade angesichts der Krafttaten aktuell werden konnte. Und dabei kommen die Exorzismen in erster Linie in Frage. Dementsprechend wird man sagen können, dass die Seligpreisung, die ja eine Drohung ausspricht, auch für den Vorwurf des Teufelsbündnisses gelte: Wer an Jesus wegen seiner Exorzismen Anstoß nimmt, läuft Gefahr, sein Heil zu verwirken. Grundsätzlich gilt ja: „Der Streit um Jesu Exorzismen war bestimmt kein einmaliges Ereignis, sondern ein Vorgang, der Jesu Wirken über einen längeren Zeitraum hin ... überschattete."[40]

Jesus musste auf diese Problemlage antworten. Dazu sind eine Reihe von Einzel- und Doppelsprüchen überliefert: die Sprüche von der Königsherrschaft und vom Haus (Mk 3,24 – 26), das Bildwort vom Starken (Mk 3,27) und die klare Aussage von der Gottesherrschaft, die in den Exorzismen Raum gewinnt (Q 11,19 – 20). Dabei unterscheidet sich der Doppelspruch Mk 3,24 – 26 von den anderen dadurch, dass diese davon überzeugt sind, dass Gott mit der Entmachtung des Satans die Dämonenherrschaft im Ansatz längst gebrochen hat, insofern der „Starke" gebunden (Mk 3,27) und die Gottesherrschaft irdisch bereits angekommen ist (Q 11,19 – 20). Mk 3,24 – 26 dagegen argumentiert so, „als ob der fortdauernde Bestand des dämonischen Reiches ganz selbstverständlich sei und durch

---

39 J. Becker, *Jesus von Nazaret*, Berlin/New York 1996, 138. Dass der Sprecher die Heilstaten bewusst auswählt und dementsprechend bestimmte Handlungen eventuell weglässt, zeigt sich daran, dass die Aussage von Jes 61.2, „einen Tag der Vergeltung" auszurufen, als Gerichtsankündigung hier fehlt. Dass die Exorzismen nur deswegen fehlen, weil die prophetischen Verheißungen des AT Exorzismen nicht erwähnen, ist möglich, aber wohl nicht wahrscheinlich.
40 M. Hengel, „Der Finger und die Herrschaft Gottes in Lk 11,20," in: R. Kieffer/J. Bergman (Hg.), *La Main de Dieu. Die Hand Gottes* (WUNT 94), Tübingen 1997, 87 – 106: 96 f.

die Erfahrung auch noch bestätigt würde."⁴¹ Denn bezogen auf den Beelzebulvorwurf, besagt Mk 3,24–26 lediglich: Wenn Jesus mit dem Herrn der Dämonenwelt paktieren würde, um Dämonen auszutreiben, dann führe er einen Kampf im eigenen Haus bzw. im eigenen Herrschaftsbereich mit der Konsequenz, dass das Dämonenreich zerfallen würde.⁴² Genau dies ist aber nicht der Fall: Das Dämonenreich besteht ja weiterhin.⁴³ Der Vorwurf gegen Jesus soll sich im Lichte von Mk 3,24–26 als hinfällig erweisen.

Von einer Entmachtung des Satans ist in Mk 3,24–26 überhaupt noch nicht die Rede. Erst der Einzelspruch Mk 3,27 bringt diesen Gedanken ein, wenn er von der „Bindung des Starken" spricht. Am ehesten lässt sich dieser Unterschied dann erklären, wenn man in Mk 3,24–26 eine Argumentation Jesu sieht, die noch nicht von der Überzeugung geprägt ist, dass des Satans Macht bereits erledigt ist. Mk 3,24–26 wäre danach ein frühes Argument Jesu, mit dem er sich gegen den Beelzebulvorwurf wehrt. Der Text würde zeigen, dass Jesu Exorzismen bereits vor seiner visionären Einsicht Lk 10,18 umstritten waren und zu ersten Reaktionen seinerseits geführt haben (Mk 3,24–26).

Mk 3,27 setzt Jesu grundlegende Einsicht über die Entmachtung des Satans voraus (die „Bindung des Starken"). Ähnlich steht es bei Lk 11,19f. Und doch zeigen diese argumentierenden Worte Jesu, dass erfolgreiche Exorzismen nicht eo ipso geeignet waren, den Beginn der eschatologischen Heilswende Skeptikern gegenüber zu demonstrieren; sie setzen ja die bleibende Kritik an Jesu Exorzismen voraus.

VII

Die religiöse Bewertung von Exorzismen war offenbar höchst umstritten. Man konnte diese Handlung als unerlaubte Magie betrachten, als mit der Kraft eines fremden Gottes (Beelzebul) vollzogene Krafttaten.⁴⁴ Andererseits konnte man in den gelungenen Dämonenaustreibungen eschatologische Erwartungen als erfüllt ansehen und Gott selbst an Werke: „Und Beliar wird von ihm (Gott) gebunden

---

41 Ebner, *Jesus von Nazaret* (Anm. 29), 139.
42 A.a.O., 138f.
43 Ganz ähnlich argumentiert U. Luz, *Das Evangelium nach Matthäus* (Anm. 12), 255, mit Bezug auf den zu Mk 3,24–26 parallelen Text Mt 12,25f.: „Inhaltlich sind V. 25f. ... schwierig, weil ja Jesus nach seinen eigenen Andeutungen das Reich des Satans zerstörte (vgl. Lk 10,18; Mk 3,27), aber in diesem Logion emphatisch in einer rhetorischen Frage die fortdauernde Existenz des satanischen Reichs voraussetzt."
44 Vgl. Ebner, *Jesus von Nazaret* (Anm. 29), 131–137.

werden, und er wird seinen Kindern Macht geben, auf die bösen Geister zu treten"
(TestLev 18,12; ähnlich TestDan 5,10 – 12; TestSim 6,5 f.).[45] Die Entscheidung zwischen den beiden höchst konträren Sichtweisen, die Jesus für sich getroffen hat, liegt letztlich in seinem Visionsbericht Lk 10,18 vor, auch wenn der Jubelruf angesichts der himmlischen Entmachtung des Satans (Lk 10,18b.20b) nicht explizit Satan als Herrscher der Dämonen meint, gleichwohl aber das endzeitliche Ende seiner Macht grundsätzlich impliziert ist (vgl. AssMos 10,1). Doch ist der Begriff Entscheidung zwischen den gegensätzlichen Deutungsmustern problematisch, weil viel zu modern. Bei einer visionär vermittelten Einsicht, wie Jesus sie gewonnen hat, wird man berücksichtigen, dass reflektierende Deutung wie gerade auch kontigentes Widerfahrnis eine wesentliche Rolle beim Zustandekommen der Vision spielen. „Visionen arbeiten ja generell innerhalb eines traditionellen Symbolsystems und mutieren diese Elemente zu einer neuen Konfiguration."[46]

Das in Lk 10,18 vorausgesetzte Symbolsystem handelt von der endzeitlichen Entmachtung des Satans durch Gott (AssMos 10,1), die primär das Ende seiner Funktion als Ankläger vor Gott bedeutet. In der Sachaussage stimmt dabei Lk 10,18 insofern mit Mk 3,27 überein, als beide Male vom gegenwärtig bereits geschehenen Ende des Satans die Rede ist. „Was in Lk 10,18 als Vision versprachlicht ist, wird in Mk 3,27 über die Metaphorik der Plünderung aus erfolgreich verlaufenen Exorzismen *logisch* erschlossen."[47] Eine wesentliche Rolle bei der visionär vermittelten Erkenntnis wird dabei jener jüdischen Erwartung zugekommen sein, wie sie in den Text XII (s.o.) belegt ist, wonach die endzeitliche Entmachtung Beliars bzw. Satans bedeutet, dass den Kindern Gottes Macht über die bösen Geister geschenkt ist.

Die eschatologische Entmachtung des Satans umfasst gleichwohl beide Aspekte: einmal sein Ende als himmlischer Ankläger – zum anderen seine Depotenzierung als Herrscher der Dämonen, was sich für Jesus in den gelungenen Exorzismen erweist. Für jüdisches Denken sind beide Aspekte nicht streng voneinander getrennt.[48] Für Jesus konnte sich die Überzeugung von der „Bindung des

---

45 Rekonstruktion und Übersetzung des Textes nach Becker, *Testamente* (Anm. 33), 61.
46 S. Vollenweider, „Ostern – der denkwürdige Ausgang einer Krisenerfahrung," in: ders., *Horizonte neutestamentlicher Christologie* (WUNT 144), Tübingen 2002, 105 – 123: 115.
47 Ebner, *Jesus* (Anm. 31), 371.
48 In der Offb 12,10 – 12 zugrunde liegenden jüdischen Tradition sind beide Aspekte sogar unmittelbar verbunden: von Satan als Ankläger vor Gott ist in V. 10 die Rede, von seiner Schadenseinwirkung auf der Erde im Wehe-Ruf in V. 12. Jub 10,8; 23,29; 50,5 handeln von der Verderben bringenden Aktion des Fürsten der Geister Mastema bzw. des Satans. Jub 1,20 (Belchor); 48,15.18 (Mastema) handeln zudem von seiner Funktion als Ankläger vor Gott. TestLev 18,12; TestDan 1,7; 5,6 f. setzen die Unheil bewirkende Tätigkeit Beliars voraus, während TestLev 5,6; TestDan 6,2

Starken" (Mk 3,27) zur grundlegenden Anschauung vom himmlischen Sturz des Satans steigern (Lk 10,18).

Zudem setzt die volkstümliche Dämonologie voraus, dass dämonische Wesen, von Lichtphänomenen (Meteoren) begleitet, in die Tiefe stürzen (vgl. TestSal 20,16 f.).[49] Das kontingente Widerfahrnis, das die Vision Lk 10,18 generieren half, mag also in einem entsprechenden Erlebnis (dem Fall eines Meteors, der einem Blitz glich) bestanden haben und eine neue Konfiguration, d. h. eine grundlegend neue Einsicht provoziert haben: Der Satan ist wie ein Blitz aus dem Himmel gestürzt; Gott hat ihn als himmlischen Ankläger entmachtet und darüber hinaus seiner Macht über die dämonischen Schadensmächte dieser Welt beraubt. Deshalb sieht Jesus sich durch visionäre Einsicht berechtigt, gegenüber Gegnern die Legitimität seiner Exorzismen, ja die eschatologische Bedeutung derselben zu betonen: „Wenn ich aber mit dem Finger Gottes die Dämonen austreibe, dann ist die Gottesherrschaft bei euch angekommen" (Lk 11,20). Das bedeutet: Mit der von Jesus verkündigten Gottesherrschaft ist „die irdische Präsenz des Himmlischen" gemeint; es geht ja darum, „dass eine im Himmel bereits bestehende Wirklichkeit in den Exorzismen Jesu irdische Realität gewinnt."[50] Was AssMos 10,1 verheißen hat, ist Wirklichkeit geworden.

VIII

Bei unseren Überlegungen hat sich gezeigt, dass der ursprüngliche Erfahrungshintergrund der Vision vom Satanssturz im Kontext der Auseinandersetzung um die Legitimität von Jesu Exorzismen zu suchen ist. Doch ist der Visionsbericht selbst in einem anderen Kontext tatsächlich überliefert, nämlich als Begründung für den Aufruf zum eschatologischen Jubel, weil der Satan als himmlischer Ankläger gestürzt ist (Lk 10,18b.20b). Die Heilswende hat definitiv begonnen – eine Überzeugung, die für Jesus endgültig klarstellte, dass die Gerichtsverzögerung aufgrund des Ausbleibens des Feuergerichts als neue Chance, als Gnadenangebot Gottes zu deuten ist. Mag dieser Aspekt angesichts der erlebten Gerichtsverzögerung anfänglich als bloße Möglichkeit von Jesus wahrgenommen sein, so haben die gelungenen Exorzismen das ihre dazu beigetragen, die bloße Möglichkeit zur

---

immerhin von einem Engel reden, der für Israel bittend eintritt, was doch bedeutet, dass Beliar als anklagender Gegenspieler vorausgesetzt wird.

49 Vollenweider, „‚Ich sah den Satan wie einen Blitz vom Himmel fallen' (Lk 10,18)," in: ders., a.a.O. (Anm. 46), 71–87: 77 f.

50 Wolter, „‚Was heisset nu Gottes reich?'," in: ders., *Theologie und Ethos im frühen Christentum* (WUNT 236), Tübingen 2009, 9–30: 22.

Gewissheit werden zu lassen. Doch konnte dies nur gelingen, weil die visionäre Erkenntnis als kontingentes Geschehen dieses leistete, das Symbolsystem der endzeitlichen Entmachtung des Satans durch Gott auf Jesu Exorzismen zur Anwendung zu bringen. Vor allem aber hat die visionär vermittelte Einsicht Jesu beim Sturz des Satans an dessen Rolle als Ankläger vor Gott gedacht, weswegen Jesus seine Zuhörer zum eschatologischen Jubel auffordern konnte. Für jüdische Überzeugung sind ja beide Bereiche, in denen der Satan Unheil bringend tätig werden konnte, wie wir gesehen haben, nicht streng voneinander geschieden.[51] Gleichwohl ist zu beachten, dass der Sturz des Satans als himmlischer Ankläger für Jesus auf einen ungleich umfassenderen Horizont abzielt als die „Bindung" des Satans (Mk 3,27) und damit die Austreibung der Dämonen. In der visionären Einsicht in die himmlische Entmachtung des Satans findet sich letztlich also der entscheidende Grund, warum Jesus seine Verzögerungserfahrung so ganz anders als jüdische Zeugen, nämlich als Heilswende für Israel deuten konnte, insofern sich mit der Entmachtung des himmlischen Anklägers der Blick auf den gnädigen Schöpfergott, der sich seiner Geschöpfe erbarmt, neu öffnete.[52]

IX

Das eschatologische Gerichtshandeln Gottes hat mit der Aktion im Himmel (Satanssturz) bereits begonnen. Als der Schöpfergott ist er dabei, seine universale Heilsordnung auf Erden durchzusetzen: In Jesu Wirken ist die Gottesherrschaft – sicherlich partiell – irdische Realität geworden. Sie realisiert sich in Jesu Wundertaten an den Kranken (Lk 11,20) oder den Mahlgemeinschaften, zu denen alle geladen sind, nicht nur Zöllner und Sünder – aber doch gerade auch sie (Mk 2,15–17). Die Gastmähler verwirklichen die Aufnahme der Menschen in die Gottesherrschaft, wobei die älteste Gestalt der Seligpreisungen (Q 6,20f.) mit ihrer Zuwendung zu Armen, Hungernden und Weinenden in die Richtung eines Heilsmahles zielt. Gott der Schöpfer sorgt sich um die natürlichen Bedürfnisse der Menschen, was sie von der Sorge befreit (Q 12,22b–31) und die Gottesherrschaft suchen lässt (Q 12,31).

Doch gilt es hier innezuhalten und die Problematik von Jesu Wirken zu beachten, der er als Repräsentant bzw. Agent der Gottesherrschaft ausgesetzt war. Wenn er die himmlische Entmachtung des Satans ansagte, so bedeutete diese Gerichtsaussage gleichzeitig eine Heilsansage an Israel. Doch stand Israel in

---

51 Vgl. Anm. 48.
52 Zum Einfluss schöpfungstheologischer Traditionen vgl. J. Becker, Jesus (Anm. 39), 155–168.

Gefahr, durch die Reserve gegenüber Jesu Botschaft sich dem Repräsentanten der Gottesherrschaft zu verweigern, sich also zu versagen, Jesu „Wirken als den eschatischen Einbruch der Gottesherrschaft in die Unheilswirklichkeit Israels anzuerkennen."[53] Einerseits ist mit dem Anbruch der Gottesherrschaft die Schwelle zur eschatologischen Heilswende erreicht, so dass von Jesu Wirken der Satz gilt: „ ... siehe, hier ist mehr als Salomo" – „ ... siehe, hier ist mehr als Jona" (Q 11,31f.). Andererseits aber zeigt der unmittelbare Kontext dieser Worte, dass sie der Begründung der Gerichtsansage dienen, weil „diese Generation" sich dem Umkehrruf Jesu verschlossen hat. Zwar hat das eschatologische Gerichtshandeln Gottes das Heil Israels als Ziel. Aber Jesu Zeitgenossen haben sich zum großen Teil abgewandt, weswegen er in den Wehe-Worten gegen die galiläischen Städte (Q 10,13–15) Unheil und Gericht zu verkünden hat. Die Unheilsdimension göttlichen Gerichtshandelns scheint für Jesus gegen Ende seines Wirkens angesichts der erfahrenen Ablehnung dominant geworden zu sein, auch wenn er an der grundsätzlichen Heilsverheißung an Israel festhält, wenn er seinen Jüngern zusagt, über die zwölf Stämme Israels Recht zu sprechen (Q 22,28.30).

Von dieser Unheilsperspektive handelt wohl auch Lk 12,49f., ein Logion allerdings, dessen Interpretation umstritten ist:[54]

> Feuer auf Erden anzuzünden, bin ich gekommen,
> und wie wünschte ich, dass es schon brenne ...

Es geht um Jesu Sendungsauftrag, das Gerichtshandeln Gottes denen gegenüber in Gang zu bringen, die sich dem Heilsangebot der Gottesherrschaft verschlossen haben, wobei Feuer wohl Gerichtsmotiv ist wie bei Johannes dem Täufer (Q 3,16f.).[55] Jesu Gerichtsansage hat das anzukündigen, ja in prophetischem Vorgriff in Gang zu bringen, was letztlich Aufgabe des Feuerrichters, d.h. Gottes ist (Q 3,16f.). Es geht hier nicht um ein zukünftiges Wirken Jesu, sondern um sein gegenwärtiges, wobei das Gerichtsfeuer gemeint ist, wie alttestamentlich-jüdische Paralleltexte zeigen.[56] Hier an das Pfingstgeschehen (Apg 2,3) oder die nach-

---

53 Wolter, „Gottes reich" (Anm. 50), 26.
54 G. Delling; „Βάπτισμα βαπτισθῆναι," in: ders., *Studien zum Neuen Testament und zum hellenistischen Judentum*, Ges. Aufsätze, Göttingen 1970, 236–256; Müller, „Jesu eschatologische Überzeugung" (Anm. 26), 11–35: 29–32, und U. Luz, „Warum zog Jesus nach Jerusalem?," in: J. Schröter/R. Brucker (Hg.), *Der historische Jesus* (BZNW 114), Berlin/New York 2002, 409–427 halten Lk 12,49f. für wahrscheinlich authentisch (Luz jedoch eher zögerlich). Anders Wolter, *Lukasevangelium* (Anm. 12), 467–469.
55 Müller, „Jesu eschatologische Überzeugung" (Anm. 26), 29f.
56 Jes 30, 27.30; 66,15f.24; Joel 2,3; Obd 18; Nah 1,6; Ez 30,14–16; Mal 3,19; PsSal 15,4f.

pfingstliche Christusverkündigung zu denken, legt sich angesichts der semantischen Konnotierung von „Feuer" (= Vernichtung) nicht nahe.[57] Wie Lukas das Logion verstanden hat, ist eine andere Frage.

Bei der Interpretation ist auf den Kontrast in der Bildsprache von V. 49a und 49b zu achten, um das Verhältnis zwischen Jesu Tätigkeit und derjenigen Gottes, ausgedrückt durch das Passivum divinum, zu bestimmen. Es geht um die Spannung zwischen dem Einsatz Jesu und der umfassenden Realisierung durch Gott: Jesu Aufgabe ist es, das Gerichtsfeuer auf Erden anzuzünden (V. 49a) – sein Wunsch geht dahin, dass es lichterloh brennen möge, weil Gott es seinerseits umfassend entfacht hat (V. 49b). Thematisiert ist also die Spannung zwischen Jesu punktuellem Wirken in seinen Gerichtsworten und dem endgültigen Gericht Gottes. Die Bedeutung von ἀνήφθη im Sinne der noch ausstehenden Vollendung durch Gott ergibt sich auch aus der Parallelität mit dem entsprechenden Verbum τελεσθῇ in V. 50, wo es um den endgültigen Vollzug der „Taufe" an Jesus geht. Das heißt also: Das umfassende Gericht Gottes steht noch aus, in Jesu Unheilsansage wird es jedoch in prophetischem Vorgriff initiiert. Darin entspricht Lk 12,49 im Prinzip dem, was Lk 11,20 als Funktion Jesu bestimmt, dass gerade in seinem Wirken die Gottesherrschaft ankommt, dementsprechend aber auch das Unheil göttlichen Gerichtsfeuers, sofern die Menschen sich dem Heil versagen.

Schwierig zu verstehen ist die Fortsetzung des zitierten Wortes in Lk 12,50, die Jesu Gerichtsauftrag auf der Erde mit der Verpflichtung parallelisiert, ein „Untertauchen" auf sich zu nehmen,[58] das er dringlich herbei wünscht: „ ... wie drängt es mich, bis es (endlich) vollzogen ist." Es geht um das Verlangen Jesu, das Gott das „Untertauchen" an ihm vollzieht (vgl. das Passivum divinum τελεσθῇ).[59] Beide Male, beim „Feuergericht" wie dem „Untergetauchtwerden" geht es um ein vergleichbares Motiv, wobei die Aussagen von V. 49 (Feuer) und V. 50 (bedrohliche Wasserflut) einander „zu einer Einheit" ergänzen, so dass man sagen konnte, das „Feuer" sei „ein Gerichtsgeschehen, in das Jesus selbst einbezogen ist,"[60] etwa durch die Möglichkeit seines Todes. Beide Male handelt es sich letztlich um eine

---

57 Anders Wolter, *Lukasevangelium* (Anm. 12), 469. Gegen die These, dass derselbe Zeitraum wie in Lk 12,51 im Blick sei, nämlich die Zeit zwischen der Vollendung der „Taufe" Jesu und seinem zukünftigen Kommen, spricht, dass kein nachösterlicher Bezug zu erkennen und Lk 12,49f. zunächst als isoliertes Wort zu interpretieren ist.
58 „Untertauchen" ist wohl eine Metapher für „das Versinken des Menschen im Unheil" (so Delling, „Βάπτισμα βαπτισθῆναι" [Anm. 54], 245).
59 Es geht hier nicht um die Angst vor dem Geschehen, sondern darum, dass Gott es möglichst schnell vollziehen möge (so zu Recht Wolter, *Lukasevangelium* (Anm. 12), 469).
60 Delling, a.a.O., 250, auch Luz, „Warum" (a.a.O., 54), 424f.

besondere Konkretisierung dessen, was die zweite Vaterunser-Bitte von Gott erfleht: „Deine Herrschaft komme!"(Lk 11,2).[61]

Lk 12,49f. ist sicherlich ein schwieriges Wort der Jesustradition. Zum Schluss sei nur die Frage gestellt, ob nicht auch dieses Wort unter dem drängenden Einfluss der Erfahrung von Gerichtsverzögerung steht. Geht dieses Wort auf den historischen Jesus zurück (wie wahrscheinlich), so ist es am ehesten gegen Ende seines Wirkens formuliert, als sich die Verweigerung seiner Zeitgenossen immer düsterer abzeichnete. Die Vaterunser-Bitte „Deine Herrschaft komme!" konnte im Blick auf „diese Generation" dann den dringlichen Wunsch nach dem Feuergericht provozieren: „ ... wie wünschte ich, dass es schon brenne!" Johannes der Täufer hatte den Feuerrichter angekündigt, dieses Gericht war nicht gekommen. Jesus hat den Anbruch göttlichen Gerichthandelns proklamiert als neue Chance für Israel, „diese Generation" aber hatte sich verweigert. Der Druck immer neuer Verzögerungserfahrung würde ein Wort wie Lk 12,49f. verständlich machen, so schwierig es uns heute erscheinen mag. Gleichwohl ist festzuhalten, dass der Kreis der Jünger Jesu dazu ausersehen war, Jesu Botschaft weiterzutragen, ja in der vollendeten Gottesherrschaft das Heilsmahl mit Jesus zu feiern (Mk 14,25) und die zwölf Stämme Israels zu richten (Q 22,28.30).

---

[61] Dieser wahrscheinliche Kontext zeigt, dass Jesu Wunsch in Lk 12,50 weder Ausdruck von Todessehnsucht noch Resignation ist. Der Satz „ ... wie drängt es mich, bis es (endlich) vollzogen ist" ist eher Artikulation der Ungeduld, dass die Vollendung der Gottesherrschaft noch aussteht. Grundlegend bleibt wohl die Überzeugung Jesu, dass er selbst als Repräsentant der Gottesherrschaft der Vollendung entgegen geht – und sei es durch seinen Tod hindurch. Dafür spricht die parallele Aussage Jesu in Lk 13,32, die im Kern authentisch sein dürfte: „ ... am dritten (Tag) aber werde ich vollendet." Das Passivum divinum τελειοῦμαι sowie der große Unterschied zu nachösterlichen Passionssummarien in Lk 13,32 dürften dafür sprechen (Becker, *Jesus* [Anm. 29], 415f.), besonders die Tatsache, dass es unmöglich erscheint, einen plausiblen nachösterlichen Sitz im Leben für Lk 13,31f. zu ermitteln (Kollmann, *Jesus* [Anm. 30], 188).

Jesu Gerichtsankündigung Q 13,34 f.

Das Jerusalemwort Lk 13,34 f. par. Mt. 23,37–39, das Teil der Spruchquelle Q ist (Q 13,34 f.), gehört zu den Gerichtsworten, die man meist dem historischen Jesus abspricht und der nachösterlichen Gemeinde zuweist. Andererseits hat man in dem Ausspruch „ein so horrendes Gerichtswort" gesehen, das man allenfalls in jüdischer, nicht aber in christlicher Tradition für denkbar gehalten hat.[1] Eine Rückführung auf den historischen Jesus kam nicht in Frage; denn „eine derart tiefgehende Distanzierung von Jerusalem und dem Tempel ist ... aus der Verkündigung Jesu sonst nicht belegt."[2] Dieses Urteil folgt wohl derjenigen Forschungsrichtung, die apodiktische Gerichtsaussagen Jesus absprechen wollte. Zu beachten ist gleichwohl, was für eine jüdische Herkunft des Wortes zu sprechen schien, „das völlige Fehlen typisch christlicher Aussageelemente zumindest in V. 34–35a."[3] Diese Feststellung könnte sich am Ende als ein Argument erweisen, das eine Herkunft des Jerusalemwortes aus dem Munde des historischen Jesus nahe legt. Besondere Schwierigkeiten, einen solchen Nachweis zu führen, werden sich allerdings im Blick auf V. 35b ergeben. Denn bei dieser Ankündigung meint man im besonderen sagen zu können: „Vers 35b kann kaum vom irdischen Jesus formuliert sein."[4] Jesus müsste dann von seiner Parusie in der 1. Person Singular gesprochen haben, was ganz ungewöhnlich sei.[5] Diese wenigen Hinweise lassen bereits erkennen, mit welchen Schwierigkeiten eine sichere Erkenntnis des Jerusalemwortes belastet ist.

I

Bevor wir auf die inhaltlichen Probleme des Textes näher eingehen, sei die Frage der Einheitlichkeit des Jerusalemwortes erörtert. Sie stellt sich hauptsächlich angesichts des Problems, ob der Neueinsatz in V. 35b mit der Formel „ich sage euch aber" ursprünglich zum Gerichtswort gehört oder nachträglich hinzugefügt

---

[1] O.H. Steck, *Israel und das gewaltsame Geschick der Propheten* (WMANT 23), Neukirchen-Vluyn 1967, 237.
[2] Steck, a.a.O., 54.
[3] Steck, a.a.O., 56.
[4] P. Hoffmann, *Studien zur Theologie der Logienquelle* (NTA NF 8), Münster 1972, 176 mit Verweis auf Steck, a.a.O., 55.
[5] Vom Sehen bei der Parusie ist in der synoptischen Tradition in Bezug auf den Menschensohn, nicht auf Jesus in der 1. Person die Rede.

wurde, etwa von frühchristlicher Tradition.⁶ Dagegen spricht aber das vorliegende sprachliche Formschema, das gegen eine sekundäre Hinzufügung plädieren lässt.⁷ Die Satzstruktur (λέγω δὲ ὑμῖν, οὐ μή ... ἕως ...) scheint immer auf eine vorher genannte Situation zurückzuweisen, was sich z.B. an Mt 5,25f. oder Mt 10,23a und b zeigen lässt (auch Joh 13,38). Wichtiger aber ist die erkennbare Gattungsstruktur des ganzen Gerichtswortes, die für Einheitlichkeit spricht. Der Parallelismus „allgemeine Begründung" des Gerichtswortes (Anklage) in V. 34a – „besondere Begründung" (Anklage) in V. 34b und „allgemeine Ankündigung" in V. 35a – „besondere Ankündigung" des Gerichts in V. 35b entspricht „dem Idealtyp des Unheilswortes."⁸ Dementsprechend verlangt die besondere Begründung des Gerichtswortes mit der Anklage des Sprechers „wie oft habe ich deine Kinder sammeln wollen ..., aber ihr habt nicht gewollt" eine besondere Reaktion des Sprechers, die in V. 35b mit den Worten einsetzt „ich sage euch aber ..."

Wer aber ist der Sprecher? Man hat gemeint, hier spreche „ein übergeschichtliches Subjekt", d.h. die Weisheit. Das Subjekt von ποσάκις ἠθέλησα umgreife „einen weiteren Zeitraum als den des Erdenwirkens Jesu"; außerdem differenziere das ganze Wort nicht bei der Anrede, sondern rede „Jerusalem", „deine Kinder" und „ihr" als ein Tatsubjekt an, eben die übergeschichtliche Weisheit.⁹ Dagegen hat man zu Recht eingewandt: Die präsentischen Partizipien „charakterisieren Jerusalem zunächst in allgemeiner Weise; der Tempuswechsel (Aorist) in V. 34b zeigt jedoch an, dass der Sprecher nun zu einer persönlichen Erfahrung mit Jerusalem übergeht." Ποσάκις bezieht sich nicht auf die ganze Geschichte Jerusalems; es bezeichnet nur „die wiederholten Versuche des Sprechers in der Gegenwart ..."¹⁰ Dieser sieht sein Geschick nur in Analogie zu dem der Propheten, „nicht aber, weil er als ein übergeschichtliches Subjekt sich mit dem Geschick der Propheten und Gesandten identifiziert."¹¹ Mit dem Sprecher ist Jesus gemeint, sei es im Rückblick der nachösterlichen Gemeinde, die die Ablehnung Jesu durch die Kinder Jerusalems reflektiert, sei es der historische Jesus, der selbst die Anklage sowie die Gerichtsankündigung formuliert. Letztere unterscheidet

---

6 Z.B. E. Haenchen, „Matthäus 23," in: ders., *Gott und Mensch*, Ges. Aufsätze, Tübingen 1965, 29–54, 48; E. Lohse, „Art. Σιών κτλ.," in: *ThWNT* VII (1964) 291–338: 328.
7 Ch. Riniker, *Die Gerichtsverkündigung Jesu* (EHS.T 653), Bern 1999, 405f.
8 M. Sato, *Q und Prophetie* (WUNT II/29), Tübingen 1988, 157f. Ich selbst revidiere meine Meinung, die ich zum sekundären Nachtragscharakter von V. 25b vorgetragen habe: U.B. Müller, „Jesu eschatologische Überzeugung, seine Gerichtsankündigung und die Zukunft Israels," in: W. Kraus (Hg.), *Beiträge zur urchristlichen Theologiegeschichte* (BZNW 163), Berlin/New York 2009, 11–35: 27f.
9 Steck, *Israel* (s. Anm. 1), 53f.
10 Hoffmann, *Logienquelle* (s. Anm. 4), 173f.
11 A.a.O., 174.

deutlich zwischen der allgemeinen Ankündigung in V. 35a, die Gottes Gericht gegenüber dem Tempel ausspricht (Passivum divinum ἀφίεται): „Siehe, euer Haus wird euch (zum Unheil) verlassen werden" und der besonderen Ankündigung V. 35b, die (wie in V. 34b) den Sprecher von sich selbst reden lässt: „Ich sage Euch aber: Ihr werdet mich nicht sehen, bis (der Tag) kommen wird, an dem ihr sagt: Gepriesen (sei), der kommt im Namen des Herrn."

II

Bei der Frage nach der Ursprünglichkeit des Gerichtswortes im Munde des historischen Jesus sind wir auf die inhaltliche Problematik verwiesen, inwiefern die Aussagen des Wortes mit der sonstigen Verkündigung Jesu konvergieren oder doch eher in die nachösterliche Situation gehören. V. 34a nimmt die Vorstellung vom gewaltsamen Geschick der Propheten auf und überträgt sie auf Jerusalem, wobei die Charakterisierung Jerusalems, das die Propheten tötet und die Gesandten steinigt, keinen historischen Rückblick meint, sondern eine grundsätzliche Wesensaussage macht (vgl. die Präsenspartizipien).[12] Erst V. 34b blickt auf die besondere Vergangenheit des Sprechers zurück. Dabei offenbart sich eine gewisse Spannung zu einer nachösterlichen Perspektive.[13] Der Tod Jesu scheint hier nicht vorausgesetzt zu sein. Jedenfalls ist er in V. 34 nicht in die Kette der Prophetenmorde eingeordnet, und die besondere Anklage in V. 34b zielt nur auf die Verweigerung der Kinder Jerusalems, d. h. Israels, gegenüber der Werbung des Sprechers. Zu prüfen ist noch, ob die besondere Ankündigung V. 35b den Tod Jesu impliziert. Ehe dies geschieht, ist zu untersuchen, wie die spezielle Anklage des Sprechers die Vorstellung der endzeitlichen Sammlung des Gottesvolkes aufnimmt und ihrerseits charakteristisch umgestaltet: „Wie oft wollte ich deine Kinder sammeln ... und ihr wolltet nicht." Gewiss liegt hier ein Anklang an die vielfach bezeugte Hoffnung vor, Gott werde sein Volk aus der Zerstreuung unter den Völkern sammeln (z. B. Neh 1,8–9; Ez 11,16–17); doch geht es dem Gerichtswort nicht um die Aufhebung der Diasporasituation, vielmehr ist die innerisraelitische Situation im Blick.[14] Diese besondere Umprägung der vorgegebenen Tradition deutet sich schon in Jes 56,3–8 an, wo es um die Öffnung der Jahwegemeinde für die Verschnittenen und Fremden geht, die bisher nach Dtn 23,2–9 keinen Zutritt hatten; Jes 56,8 enthält die Verheißung, „daß Jahwe die

---

12 M. Wolter, *Das Lukasevangelium* (HNT 5), Tübingen 2008, 497.
13 G. Theißen/ A. Merz, *Der historische Jesus*, Göttingen 1996, 378.
14 E. Rau, *Von Jesus zu Paulus. Entwicklung und Rezeption der antiochenischen Theologie im Urchristentum*, Stuttgart u. a. 1994, 31.

Versprengten Israels sammeln wird: er ‚sammelt' Israel auch aus denen, die bisher nicht dazugehören konnten."¹⁵ Ähnliches meint Mi 4,6 f. In dieser Tradition steht wohl auch ein Logion aus der Jesustradition, das Jesu Wirken als „Sammeln" bezeichnet und seine Nachfolger eben dazu auffordert: „Wer nicht mit mir ist, ist gegen mich. Wer nicht mit mir sammelt (συνάγων), der zerstreut." (Q 11,23) Dieses Wort dürfte authentisch sein.¹⁶ Ja, man hat sogar gemeint: „Das Q-Logion verrät, daß Jesus sein Wirken als ‚Sammeln' der ‚zerstreuten' Söhne Israels verstanden hat ... als Zusammenführung von Sündern und Gerechten, als Reintegration der verirrten und verlorenen Schafe in das Gottesvolk."¹⁷ In der Tat wird man den Versuch wagen dürfen, das Sammeln des Sprechers von Q 13,34 f. (ἐπισυνάγειν) in dieser Traditionslinie zu deuten und hier ein charakteristisches Bestreben des historischen Jesus zu sehen. Das Finden des Verlorenen ist ein entscheidender Aspekt seiner Sendung und damit auch seiner Sammlung Israels (Q 15,4–5a.7; 15,8–10), wofür andererseits auch die Symbolhandlung der Einsetzung des Zwölferkreises als Repräsentanten des endzeitlichen Gottesvolkes spricht (Mk 3,14), die auf die Sammlung ganz Israels und seine eschatologische Neukonstituierung als Heilsvolk zielt.

Gleichwohl findet sich ein Einwand gegen die Echtheit von Q 13,34 f. in dem Bedenken: Wie hätte Jesus sagen können, er habe oftmals „deine Kinder" (d. h. Jerusalems) sammeln wollen. Die Synoptiker kennen nur eine Reise Jesu nach Jerusalem; sein Wirken konzentrierte sich auf Galiläa.¹⁸ Doch greift dieser Einwand nicht wirklich, weil er einseitig „deine Kinder" mit den Bewohnern Jerusalems identifiziert. „Schon Paulus wusste, dass das vielmehr die Kinder Israels, die Israeliten sind (Gal 4,25). So kann also der Text schlicht und einfach bedeuten, dass sich der Sprecher (Jesus), intensiv und ausdauernd um die Kinder Israels bemüht hat ..."¹⁹ Auch der Tempel („euer Haus") ist das „Haus" aller Israeliten, nicht nur der Jerusalemer. Ansonsten bietet sich eine besondere Erklärung an, warum das Gerichtswort mit den Worten „Jerusalem, Jerusalem" einsetzt, obwohl Israel als Ganzes gemeint ist. Einmal lässt die Erwähnung Jerusalems den Gedanken an Israel überhaupt assoziieren. So können beispielsweise „Jerusalem" und „Israel" gleichbedeutend nebeneinander stehen (PsSal 11,1.7.8; Klgl

---

15 C. Westermann, *Das Buch Jesaja. Kapitel 40–66* (ATD 19), Göttingen 1966, 252. Vgl. besonders W. Kraus, *Das Volk Gottes. Zur Grundlegung der Ekklesiologie bei Paulus* (WUNT 85), Tübingen 1996, 19–22. 42–44.
16 Vgl. J. Becker, *Jesus von Nazaret*, Berlin/New York 1996, 392 f.
17 Rau, *Jesus* (s. Anm. 14), 32 mit Verweis auf Lk 15,11–32 und Q 15,4–5a. 7.
18 Vgl. U. Luz, *Das Evangelium nach Matthäus*, Bd. 3: Mt 8–17 (EKK I/3), Zürich/Neukirchen-Vluyn 1997, 380.
19 Riniker, *Gerichtsverkündigung* (s. Anm. 7), 419.

2,1.5ff.13). Dabei ist mit der Möglichkeit ernsthaft zu rechnen, dass das Gerichtswort mit der Ankündigung, dass Gott den Tempel verlassen wird, in Jerusalem gesprochen ist, wofür schon die inhaltliche Nähe zum Wort gegen den Tempel Mk 13,2b bzw. Mk 14,58 spricht.[20]

V. 35a enthält die Gerichtsankündigung in allgemeiner Form: „Siehe, euer Haus wird euch (zum Unheil) verlassen." Der Gebrauch des Passivum divinum ἀφίεται bedeutet: Gott wird „euer Haus", den Tempel verlassen (zu dieser verbreiteten Vorstellung vgl. Ez 10,18f.; 11,23 JosBell 6,299; syrBar 8,2). An sich heißt der Jerusalemer Tempel nicht „unser" bzw. „euer Haus", sondern „Haus Gottes" oder ähnlich. Dieser Befund widerspricht aber nicht der Annahme, dass hier der Tempel gemeint ist. Die Redeweise „euer Haus" bedeutet eine Zuspitzung der drohenden Ankündigung des Gerichts: „Aus dem Haus Gottes wird ‚euer Haus'."[21] Wegen der schon erwähnten Nähe zu Mk 13,2b bzw. 14,58 ist diese Gerichtsdrohung durchaus dem historischen Jesus zuzutrauen.

III

Doch wie steht es mit der Fortsetzung der Gerichtsankündigung in V. 35b: „Ich sage euch aber: Ihr werdet mich nicht sehen, bis (der Tag) kommen wird, an dem ihr sagt: Gepriesen (sei), der kommt im Namen des Herrn." Dabei nimmt man an: „Vers 35b kann kaum vom irdischen Jesus formuliert sein."[22] Als Argument gilt etwa: Denkt man bei dem Begrüßungsruf an die Parusie, so steht man vor der Schwierigkeit, dass nicht nachweisbar ist, dass Jesus „von seiner Parusie gesprochen hat."[23] Zu prüfen ist also, in welcher Weise der Sprecher, der im Ich-Stil redet, von seiner Wiederkunft handelt. Vorausgesetzt ist im Gerichtswort, dass der Angekündigte mit dem Abgewiesenen (vgl. V. 34) identisch ist.

Problematisch ist in diesem Zusammenhang die These, dass die Gerichtsankündigung Jesus mit dem himmlischen Menschensohn identifiziert, wie er in den Bilderreden des äthHen geschildert ist. Aufgrund der (angeblichen) Parallele äthHen 62,5f. und der Ansage des Logions, das nur vom Gericht über Jerusalem spricht, hat man bei V. 35b „an die Begrüßung des zum Gericht kommenden Menschensohnes" gedacht, „der Jerusalem verurteilen wird. Dann werden sie Jesus als den Menschensohn erkennen und anerkennen müssen."[24] Fraglich ist

---

20 U.B. Müller, „Jesu Überzeugung" (s. Anm. 8), 29.
21 Wolter, *Lukasevangelium* (s. Anm. 12), 498.
22 Hoffmann, *Logienquelle* (s. Anm. 4), 176.
23 Steck, *Israel* (s. Anm. 1), 55.
24 Hoffmann, *Logienquelle* (s. Anm. 4), 178; vgl. auch Wolter, *Lukasevangelium* (s. Anm. 4), 499.

allerdings, ob die in V. 35b geäußerte Erwartung irgendetwas mit der jüdischen Menschensohnvorstellung zu tun hat. Dies gilt auch für die spezielle These, Q 13,35b setze analog der in äthHen 71 geschilderten Entrückung Henochs Jesu Entrückung zum Menschensohn voraus.[25] Die Entscheidung darüber hat durchaus Konsequenzen für die Echtheitsdiskussion des Gerichtswortes. Denn „die religionsgeschichtlichen Analogien von äthHen 71 ... legen ... die Vermutung nahe, daß erst die Anhänger Jesu so die eschatologische Bedeutsamkeit des ihnen durch den Tod entrissenen Meisters betont haben."[26]

Zweifellos richtig ist die Annahme, dass die Ankündigung „ihr werdet mich nicht sehen" den Gedanken der Entrückung des Sprechers bedeutet. „Nicht mehr sehen", „nicht mehr da sein" o. ä. ist ein geläufiger Entrückungsbegriff (z. B. Gen 5,24; Ri 6,21; 13,21; 2Kön 2,12; Tob 12,21; TestHi 39,12). Er drückt aus, „was die Entrückung negativ für die Zurückgebliebenen bedeutet."[27] Er schließt aber noch keinesfalls die Erwartung der himmlischen Erhöhung ein, wie sie äthHen 71,14 zum Ausdruck bringt: Henoch, dessen Entrückung Gen 5,24 erstmals erwähnt, wird in äthHen 71,14 zum himmlischen Menschensohn inthronisiert (vgl. die Inthronisationsformel 71,14 analog Ps 2,7). Entsprechende Erhöhungsvorstellungen setzt die Ankündigung Q 13,35b aber kaum voraus; auch dass die Wiederkunft Jesu als himmlischer Menschensohn zugrundeliegt, stellt eine Überinterpretation des Textes dar. Näher liegt doch die These, dass für die Wiederkunft bzw. das Wieder-Erscheinen Jesu eine irdische Szenerie in Frage kommt. Denn es geht ja um eine Begegnung Jesu mit denen, die sich Jesu Sammlung Israels – eben auf Erden – widersetzt haben. Sie werden nach der Zeit seiner Abwesenheit ihn mit den Worten von Ps 118,26 begrüßen müssen. Doch für ihre Rettung ist es dann zu spät. Die Begrüßungsszene, die dem zu erwartenden Gericht vorausgeht, ist doch wohl irdisch positioniert, auch wenn dies nicht mit letzter Sicherheit zu sagen ist.[28]

Die Entrückungsvorstellung, die das Gerichtswort in Q 13,35b aktualisiert, ist im Kontext der jüdischen Konzeption von Entrückung und eschatologischer

---

25 D. Zeller, „Entrückung zur Ankunft als Menschensohn (Lk 13,34bf.; 11,29f.)," in: *À cause de l'évangile* (FS J. Dupont) (LeDiv 123), Paris 1985, 513–530: 517.519. In seinem späteren Aufsatz D. Zeller, „Jesus, Q und die Zukunft Israels," in: A. Lindemann (Hg.), *The Sayings Source Q and the Historical Jesus* (BEThL 158), Leuven 2001, 351–369, geht der Autor auf die Menschensohnproblematik in Q 13,34f. nicht ein.
26 Zeller, „Entrückung" (s. Anm. 25), 519.
27 Zeller, „Entrückung" (s. Anm. 25), 515.
28 1Sam 13,10 könnte ein Beispiel für die vorausgesetzte Szenerie darstellen: „ ... und Saul ging hinaus ihm (Samuel) entgegen, um ihn zu begrüßen." Möglicherweise geht es um die Form der feierlichen Einholung eines Würdenträgers, wie es auch Judith 5,4; vgl. Mt 25,16 voraussetzt.

Funktion zu sehen,[29] ohne dass es der ganz spezifischen Ausprägung von äth-Hen 71 mit ihrer Menschensohnidee bedarf. Die Entrückung ist dabei als auszeichnendes Sonderschicksal verstanden. Henoch wird entrückt als ein Zeichen der Gotteserkenntnis (Sir 44,16), Elia, weil er für das Gesetz eiferte (1Makk 2,59). Das Wissen um das Sonderschicksal dieser Gestalten führte dazu, ihnen eine besondere eschatologische Funktion zuzuschreiben. Der Bote, der nach Mal 3,1 Gott den Weg bahnen soll, wird in Mal 3,23 f. mit dem entrückten Elia identifiziert, der vor dem drohenden Gericht Gottes das Herz der Väter den Söhnen und das Herz der Söhne den Vätern zuwenden soll. Zufolge Sir 48,9 f. ist Elia aufgrund seiner Entrückung dazu bestimmt, den Zorn Gottes, bevor er entbrennt, zu beschwichtigen. Nach 4Esr 6 wird von allen entrückten Männern Ähnliches wie Mal 3,23 f. erwartet. Baruch soll am Ende der Zeit zum „Zeugnis" werden (syrBar 13,3), Henoch soll „zeugen" über alle Menschen „bis zum Tage des Gerichts" (Jub 4,24).

Interpretiert man die Ankündigung Q 13,35b im Kontext der jüdischen Konzeption von Entrückung und eschatologischer Funktion – unabhängig von der Menschensohnidee analog äthHen 71 – legt sich sehr wohl die Möglichkeit nahe, der historische Jesus selbst habe diese Ankündigung gesprochen. Denn diese setzt wohl noch keine Erhöhungsvorstellung voraus, wie sie nachösterlich gebildet wurde (vgl. das Maranatha als Artikulation des Erhöhungsglaubens, bei dem der Titel „Herr", der eigentlich nur Gott zukam, auf den erhöhten Jesus Anwendung fand oder Röm 1,3 f.; Phil 2,9 ff.).

Bei seiner Wiederkunft werden ihm diejenigen, die Jesu Sammlung bzw. Sendung ablehnend gegenüberstanden, mit der Huldigung gegenübertreten: „Gepriesen (sei), der kommt im Namen des Herrn!" Jesus kommt wieder „im Namen", d. h. im Auftrage Gottes[30] und damit als dessen einzigartiger Gesandter. Dies steht durchaus im Einklang mit dem erkennbaren Selbstverständnis des historischen Jesus. Jesus treibt „mit dem Finger Gottes", d. h. mit seiner Kraft, die Dämonen aus (Lk 11,20). Er bewirkt als Agent bzw. Repräsentant der Gottesherrschaft deren punktuelle Realisierung auf Erden. Er identifiziert damit sein eigenes Wirken als konstitutiven Aspekt ihrer irdischen Durchsetzung. Ja, er scheint mit seiner Gerichtsrede das endzeitliche Gerichtsfeuer in Gang zu setzen, wie es Lk 12,49 andeutet und Q 10,13–15 mit den Weherufen gegen die die galiläischen Städte beispielhaft demonstriert.[31] Schon in seinem bisherigen Wirken ist Jesus der Repräsentant der Gottesherrschaft; als dieser wird er zurückkehren, wie es der

---

29 G. Haufe, „Entrückung und eschatologische Funktion," in: *ZRGG* 13 (1961) 105–113; U.B. Müller, *Messias und Menschensohn in jüdischen Apokalypsen und in der Offenbarung des Johannes* (StNT 6), Gütersloh 1972, 184–187.
30 Vgl. H. Bietenhard, „Art. ὄνομα κτλ.," in: *ThWNT* V (1954) 242–283, 258–261.
31 Zur Interpretation der beiden Texte vgl. Müller, „Jesu Überzeugung" (s. Anm. 8) 23–25. 29–32.

jüdischen Konzeption „Entrückung und eschatologische Funktion" entspricht. Eine (himmlische) Erhöhung ist für seine Wiederkunft gar nicht notwendig, insofern Q 13,34f. den Kreuzestod Jesu wohl noch gar nicht kennt und damit den Erhöhungsgedanken als Rechtfertigung des Getöteten gar nicht braucht (vgl. dagegen etwa Röm 8,34). Die Ankündigung des Sprechers „Ihr werdet mich nicht sehen, bis ..." setzt zwar die Möglichkeit des Todes Jesu voraus. Insofern der Sprecher aber mit seiner Entrückung rechnet, sieht es so aus, „als ob sein Tod hier ‚absichtlich übersprungen' werde."[32] Ist dies richtig, stellt sich natürlich die Frage: „Wo ... hätte man so etwas im Urchristentum getan? ... Hätte die Gemeinde hier nicht deutlicher gesprochen, und vielleicht auch auf die Auferstehung als Zeichen seiner Rechtfertigung verwiesen?"[33] Von der Entrückung Jesu ist in urchristlicher Sicht zwar auch sonst gelegentlich die Rede – in Kontexten allerdings, die an anderer Stelle die Erhöhung ausdrücklich bezeugen.[34] Q 13,34f. als ursprünglich selbständiges Gerichtswort scheint ohne diesen Aspekt auszukommen, weil der jüdische Zusammenhang von Entrückung und eschatologischer Funktion den Erhöhungsgedanken nicht benötigt (z. B. Mal 3,24f.; Sir 48,9f.).

IV

Dem Fehlen spezifisch christlicher Aussageelemente entspricht andererseits die Erkenntnis, dass die Zukunftsaussage in Q 13,35b durchaus mit einigen Worten konform geht, die mit guten Gründen dem historischen Jesus zuzuweisen sind.[35] Insbesondere gilt dies für Mk 14,25: „Amen, ich sage euch: Ich werde vom Gewächs des Weinstocks nicht mehr trinken bis zu jenem Tag, an dem ich es neu trinken werde in der Gottesherrschaft." Das Wort ist mehr als eine Verzichterklärung; es ist eine andeutende Todesaussage und zugleich eine Vollendungsverheißung. „Jesus verstand seinen erwarteten Tod also nicht als Infragestellung seiner Botschaft und Hoffnung. Daß die endzeitliche Gottesherrschaft sich weiter durchsetzen wird, bleibt von seinem Tod unberührt, weil mit ihr Gott selbst am Werk ist."[36] Wichtig ist dabei, dass Mk 14,25 sowohl inhaltlich als auch formal mit Q 13,35b verwandt ist. Die besondere sprachliche Konstruktion οὐ μὴ ... ἕως ...

---

[32] Riniker, *Gerichtsverkündigung* (s. Anm. 7), 423, mit Verweis auf Zeller, „Entrückung" (s. Anm. 25) 518.
[33] Riniker, *Gerichtsverkündigung* (s. Anm. 7), 423.
[34] Vgl. Mk 2,20 und Apg 3,21 als vorgegebene Traditionen. Das MkEv kennt natürlich die Erhöhung Jesu (14,58), die Apg ebenfalls (2,32f.).
[35] Vgl. die Hinweise bei Riniker, *Gerichtsverkündigung* (s. Anm. 7), 427, bes. Anm. 651.
[36] Becker, *Jesus* (s. Anm. 16), 419.

taucht hier wie dort auf. Jeweils geht es um eine negative Aussage, die befristet Geltung hat („bis"). Die inhaltliche Übereinstimmung zeigt sich daran, dass der andeutenden Umschreibung des möglichen Todes („ihr werdet mich nicht sehen" – „ich werde nicht mehr trinken ...") eine Vollendungsverheißung folgt. Der Standpunkt des Sprechers ist offensichtlich jeweils vor dem negierten Ereignis, das nur andeutend umschrieben wird. Alles Gewicht trägt allein die Zukunftsaussage.

Eine ähnliche Struktur und einen vergleichbaren Inhalt hat der schwierige Text Lk 12,50: „ ... mit einer Taufe muss ich getauft werden, und wie drängt es mich, bis sie (endlich) vollzogen ist."[37] Wieder erfolgt eine umschreibende Todeserwartung, die eine Befristung erhält (ἕως), wobei die ungeduldige Erwartung auf den Vollzug der „Taufe", d. h. die Durchführung göttlichen Gerichtshandelns zielt, in das Jesus durch die Möglichkeit seines Todes einbezogen ist, das aber die Vollendung desselben impliziert. Hier kommt keine Todessehnsucht (die Erwartung der „Taufe") zum Ausdruck, sondern vielmehr das Verlangen, dass Gott sein Gerichtshandeln vollendet: einmal durch das Gerichtsfeuer auf Erden Lk 12,49 – sodann an Jesus selbst 12,50. Der Wunsch nach der Vollendung des göttlichen Gerichtshandelns ist dabei eine Konkretion der Vaterunser-Bitte „Deine Herrschaft komme" (Lk 11,2). Man wird wohl nicht fehlgehen in der Annahme, dass diese Erwartung der Vollendung göttlichen Gerichtshandelns letztlich auch die Rehabilitierung des Repräsentanten der Gottesherrschaft Jesus impliziert.

V

Wem gegenüber ist das Gerichtswort Q 13,34f. gesprochen worden, wenn unsere Analyse richtig ist, hier spreche der historische Jesus? Man denkt: Aufgrund der Anrede „Jerusalem, Jerusalem" kommen zunächst einmal die Bewohner Jerusalems bzw. das unbußfertige Israel in Frage, das sich Jesu Sammlung des Gottesvolkes verschlossen hat. Jesu eschatologische Überzeugung war ja von der Erwartung geprägt, dass Gott das Heil seiner Herrschaft im Rahmen eines umfassenden Gerichtshandelns durchsetzen wird.[38] Dabei ist vorausgesetzt, dass dieses Gericht sich als Heil oder Unheil für die Menschen, d. h. Israel, auswirkt, je nachdem diese Jesu Botschaft von der ankommenden Gottesherrschaft annehmen oder sich verweigern. Wie andere Gerichtsworte (z. B. Q 10,13 – 15) verweist Q

---

[37] Zur Interpretation des schwierigen Wortes Lk 12,49f. vgl. die Interpretation bei Müller, „Jesu Überzeugung" (s. Anm. 8), 29 – 32.
[38] M. Wolter, „‚Gericht' und ‚Heil' bei Jesus von Nazareth und Johannes dem Täufer," in: ders., *Theologie und Ethos im frühen Christentum* (WUNT 236), Tübingen 2009, 31– 63: 44.61.

13,34 f. auf das Ende von Jesu Wirken in Israel, als die Verweigerung „dieser Generation" sich abzuzeichnen schien. Man muss daher nicht mit der Möglichkeit rechnen, dass die tatsächlich intendierten Adressaten unseres Gerichtswortes gar nicht mehr primär die angeklagten Bewohner Israels sind, weil der Kontakt ihnen gegenüber bereits abgebrochen ist. Sie wären nur mehr die fiktiven Adressaten, *über* die geredet wird, während die eigentlichen Adressaten im Jüngerkreis zu suchen sind.[39] Ihnen gegenüber dient das Wort der Vergewisserung und Stabilisierung ihrer Nachfolge angesichts der Verkündigung der Gottesherrschaft. Wie andere Gerichtsworte auch konnte dieses Wort zum Durchhalten ihrer Heilsorientierung motivieren. Der Ausblick auf den Tag, da die Verweigerer den wieder kommenden Jesus mit den Worten begrüßen *müssen:* „Gepriesen, der kommt im Namen des Herrn!" konnte für die Jünger Jesu ein Stimulans sein, an ihrer Heilsorientierung dem Repräsentanten der Gottesherrschaft gegenüber festzuhalten.

---

39 Vgl. zu dieser Unterscheidung Wolter, a.a.O. (s. Anm. 38), 47 f. 54 f. 57.

Jesu eschatologische Überzeugung, seine Gerichtsankündigung und die Zukunft Israels

Will man Jesu eschatologische Überzeugung bestimmen, ist man alsbald mit der Frage konfrontiert, ob Jesus ein Apokalyptiker gewesen ist. Man kann sie mit Ja beantworten, „wenn man unter Apokalyptik ... einfach die spezifische, aus der prophetischen Eschatologie hervorgegangene Eschatologie des Frühjudentums versteht."[1] Ein wenig konkreter wird die Auskunft, wenn man meint: „Jesus steht in der Tradition der frühjüdischen Eschatologie; er hat mit dem Täufer manches gemeinsam, und die Ablehnung seiner Botschaft hat ihn ... zu einer verstärkten Betonung des Gerichtsgedankens geführt."[2] Mit diesem Urteil deutet sich die Annahme einer Entwicklung in Jesu Wirken an, die man auch mit dem Stichwort „galiläische Krise" bezeichnet hat.[3] Aufgrund seiner Untersuchungen zur Auseinandersetzung Jesu mit den Pharisäern hat E. Rau „die Notwendigkeit einer Neuaufnahme der Frage nach dem Leben Jesu" betont und dabei „die Hypothese zweier Phasen des Wirkens Jesu" vertreten.[4] Eine größere Zahl von Gerichtsworten Jesu setzen eine Ablehnung seiner Verkündigung voraus,[5] die eine Zuspitzung des Konflikts mit Israel verraten, wie sie am Anfang seines Wirkens nicht vorlag.

Von besonderer Bedeutung für das Wirken Jesu ist wohl die visionäre Erfahrung über die himmlische Entmachtung des Satans, die der Visionsbericht Lk 10,18 schildert.[6] Hier findet sich am ehesten der Anstoß für die besondere Akzentuierung in der eschatologischen Anschauung Jesu. Man hat deshalb Jesu Vision vom Satanssturz als „Schlüsselerlebnis" bezeichnet.[7] Doch gilt es hier genauer nachzufragen, um zu präzisieren, worin denn das Besondere dieser visionären Erfahrung bestanden hat, was also von nachhaltiger Wirkung für Jesu Auftreten gewesen ist. Man hat zudem – unter dem Eindruck zweier Phasen im Wirken Jesu – der optimistischen Anfangsverkündigung unter dem Vorzeichen

---

1 M. Reiser, *Die Gerichtspredigt Jesu* (NTA NF 23), Münster 1990, 312.
2 Reiser, *Gerichtspredigt* 313 bzw. 214.
3 F. Mussner, „Gab es eine ‚galiläische Krise'?," in: P. Hoffmann u.a. (Hg.), *Orientierungen an Jesus*, FS J. Schmid, Freiburg u.a. 1973, 238–252.
4 E. Rau, *Jesus – Freund von Zöllnern und Sündern*, Stuttgart u.a. 2000, 159.
5 Q 7,31–35; 10,13–15; 11,31f.; 13,28f.; 13,34f.
6 U.B. Müller, „Vision und Botschaft. Erwägungen zur prophetischen Struktur der Verkündigung Jesu," in: ders., *Christologie und Apokalyptik* (ABG 12), Leipzig 2003, 11–41.
7 M. Ebner, *Jesus von Nazaret in seiner Zeit* (SBS 196), Stuttgart ²2004, 107f.

des himmlischen Satanssturzes eine Unheilsprophetie Jesu gegenübergestellt, die eher der Linie seines Lehrers Johannes entspricht: „Es scheint so, als habe Jesus am Ende seines Auftretens erneut eine biographische Wende vollzogen."[8] Gegenüber einem solchen Entwicklungsdenken ist jedoch die Kontinuität in Jesu eschatologischer Überzeugung zu betonen. Sie ist von der Erwartung geprägt, dass Gott das Heil seiner Herrschaft im Rahmen eines umfassenden Gerichtshandelns durchsetzen wird. Die besagte Kontinuität bedeutet allerdings nicht, Jesus habe sein Verhalten gegenüber seinen Zeitgenossen, d. h. Israel, im Verlaufe seines Auftretens nicht verändert. Insofern ist die Annahme zweier Phasen seines Wirkens durchaus diskutabel. Umstritten ist dabei vor allem, wie Jesus die eschatologische Zukunft Israels gesehen hat.

Bei dem Versuch, Jesu eschatologische Überzeugung zu charakterisieren, wird der Blick auf das frühjüdische Umfeld Jesu hilfreich sein, dem er als zeitweiliger Anhänger Johannes des Täufers angehörte. Beide prägte eine bestimmte Naherwartung, wobei für Jesus wohl gilt, dass mit dem himmlischen Satanssturz ein Endereignis bereits stattgefunden hat (Lk 10,18). Dies unterscheidet ihn nicht nur vom Täufer, sondern auch von anderen Vertretern jüdischen Denkens, die die Heilswende sehnlichst erwarteten.

I

Akute Endzeitstimmung prägt das frühe Judentum in immer neuer Weise. Angesichts des sich dramatisch verfinsternden Erfahrungshorizonts taucht im Danielbuch die drängende Frage auf: Wie lange noch? „Wie lange noch gilt dieses Gesicht, dass das tägliche Opfer aufgehoben und ein Greuel der Verwüstung aufgestellt ist ...?" (Dan 8,13). Die erste Antwort rechnet mit 1150 Tagen (8,14). Auf die erneute Frage durch einen Engel in Dan 12,6 verlängert sich die Frist auf 1290 Tage (12,11), später dann auf 1335 Tage (12,12).

Vor der Mitte des 1. Jahrhunderts v. Chr. ist wohl die „Epistel Henochs" geschrieben (äthHen 92–105). Sie enthält die Wehe-Rufe über die Sünder und Trostreden an die Gerechten. Obwohl die Schrift keinen Zeitplan über das Gerichtsende bietet, betont sie immer wieder die Bedrohlichkeit des Gerichts für die Sünder, indem sie wiederholt die angedrohte Vernichtung mit dem Zeitfaktor „schnell" bzw. „plötzlich" versieht (94,1.6.7; 95,6; 96,1.6; 97,10; 98,16).[9] Die

---

[8] Ebner, *Jesus*, 190.
[9] Vgl. G.W.E. Nickelsburg, *1Enoch 1* (Hermeneia), Minneapolis 2001, 425.

"Schnelligkeit" oder "Plötzlichkeit" des Gerichts ist dabei zum Topos geworden,[10] das Gerichtsende ist sehnlichster Wunsch, aber wohl keine unmittelbare Erwartung.

Die AssMos, die nur noch mit einer kurzen Regierungszeit der Söhne des Herodes rechnet, sieht Zeit und Geschichte stärker dem Ende zueilen. Ein Schreckensherrscher, dessen Bild der syrische König Antiochus IV. abgibt, gehört zum Szenario der Zeit vor dem Ende. Jedenfalls sieht sich der Verfasser in der Endperiode, von der er sagt: "Von da ab werden die Zeiten ihrem Ende zugehen; plötzlich (wird sich schließen) ihr Lauf, (wenn) vier Stunden (gekommen sind)." (7,1). Angesichts dieser noch andauernden Bedrohungssituation sollen die Frommen fasten und sich anschließend absondern, was am Beispiel eines Mannes mit Namen Taxo erzählerische Entfaltung findet (AssMos 9): Es gilt lieber zu sterben, als Gottes Gebote zu verletzen: "Denn wenn wir das tun und so sterben, wird unser Blut vor dem Herrn gerächt werden" (9,7). Dementsprechend schildert die Schrift unmittelbar darauf die eschatologische Heilswende, die mit dem Anbruch der Herrschaft Gottes und dem Ende des Teufels in der ganzen Schöpfung einsetzt (AssMos 10).

Anders steht es bei der Gerichtspredigt Johannes des Täufers. Was die Heilswende angeht, bleibt seine Aussage sehr zurückhaltend (Q 3,17). Seine Predigt richtet sich vor allem an solche Juden, die dem Ruf zur Umkehrtaufe noch nicht gefolgt sind (Q 3,7–9), die der Heilssetzung der Abrahamskindschaft vertrauen, ohne zu erkennen, dass diese längst verwirkt ist, das vorfindliche Israel sich also als Unheilskollektiv darstellt. Die überlieferten Drohworte wenden sich an solche Zeitgenossen, die aufgrund einer überholten Daseinsgewissheit ("Abrahamskindschaft") dem "kommenden Zorn" zu entkommen meinen. Doch "schon ist die Axt an die Wurzel der Bäume gelegt" – das Zorngericht Gottes steht unmittelbar bevor. Ähnlich verhält es sich in Q 3,16b. Die dortige Ankündigung hat wohl dieselben intendierten Adressaten wie Q 3,7–9. In noch zugespitzterer Weise geht es darum, wie man dem "kommenden Zorn" entrinnen kann. Johannes wirbt für seine Wassertaufe als letzter Möglichkeit dem Vernichtungsgericht der Feuertaufe zu entgehen.

II

Jesus von Nazaret hat sich der Wassertaufe des Johannes unterzogen (Mk 1,9) und damit demonstriert, dass er die Gerichtsrede des Propheten Johannes für sich

---

10 Nickelsburg, *1Enoch 1*, 461 f.

akzeptiert hat. Er folgt der Position des Täufers: „Gott wird in Kürze mit Hilfe eines endgültigen Gerichtshandelns seine universale Heilsordnung auf Erden durchsetzen."[11] Wie lange Jesus zum Täuferkreis gehört hat, ist unbekannt. Jesus selbst hat wahrscheinlich nicht getauft (entgegen der Joh 3,22 erwähnten Notiz, die allerdings 4,2 korrigiert). Man hat den Grund für diese Haltung in der Verzögerungsproblematik sehen wollen, die mit der akuten Naherwartung des Täufers eingesetzt haben dürfte. Angesichts seiner Überzeugung, dass die Axt schon an die Wurzel der Bäume gelegt ist, bot Johannes nach dieser Meinung die Taufe als symbolische Ersatzhandlung an, die die Aufrichtigkeit der Umkehr sichern sollte, weil keine Zeit mehr für ethische Taten bestand. „Wenn sich das Ende hinauszögerte, musste der innere Grund für diese ... Ersatzhandlung entfallen. Verzichtete Jesus vielleicht deshalb auf die Taufe, weil er überzeugt war, dass Gott den Menschen noch eine Chance und Zeit zur Umkehr lässt?"[12] Diese Frage lässt sich nicht mit Sicherheit beantworten. Gleichwohl ist mit dem Stichwort Verzögerungsproblematik ein wichtiger Hinweis gegeben. Für den Täuferschüler Jesus musste mit dem Ausbleiben des Feuergerichts, das Johannes angekündigt hatte, eine Irritation eintreten. Eine Neuorientierung war nötig, die eine bessere Einsicht in Gottes eschatologischen Heilsplan ermöglichte. Dabei dürfte das Ausbleiben des Feuergerichts für Jesus ein erster Hinweis gewesen sein, dass Gott sein endgültiges Gerichtshandeln auf andere Weise durchsetzen würde. Und diese Neuorientierung geschah mit Jesu Vision vom Satanssturz aus dem Himmel (Lk 10,18). Dass hier am ehesten der Ursprung seines besonderen Selbstverständnisses greifbar ist, ergibt sich, wenn der ursprüngliche Aussagekontext des Visionsberichts geklärt ist.

Aufgrund überlieferungsgeschichtlicher Beobachtungen zu Lk 10,18 – 20 lässt sich zeigen, wie der Evangelist Lukas das ihm bereits überlieferte Logion bearbeitet hat. Zunächst fallen zwei theozentrisch orientierte Zeilen auf, V.18b und 20b: „Wie der Herabsturz des Satans aus dem Himmel ... auf die Heilsinitiative Gottes zurückgeht, so gilt dies nach Ausweis des Passivum divinum ἐγγέγραπται auch von der Aufnahme der angesprochenen Jünger in die himmlische Bürgerschaft." Damit konkurriert aber „die christologische Perspektive" in der mittleren Passage V. 19, die die Vollmacht „über alle Macht des Feindes" nicht auf die himmlische Entmachtung des Satans, sondern auf einen Hoheitsakt Jesu zu-

---

[11] M. Wolter, „‚Gericht' und ‚Heil' bei Jesus von Nazareth und Johannes dem Täufer," in: J. Schröter / R. Brucker (Hg.), *Der historische Jesus* (BZNW 114), Berlin/New York 2002, 355 – 392: 368.
[12] G. Theißen / A. Merz, „Gerichtsverzögerung und Heilsverkündigung bei Johannes dem Täufer und Jesus," in: G. Theißen, *Jesus als historische Gestalt* (FRLANT 202), Göttingen 2003, 229 – 253: 235.

rückführt.[13] Hier spricht sich die lukanische Redaktion aus, die zudem den Anfang von V. 20 anfügt, der die Äußerung der Jünger aus der ganzen Einleitung der Perikope in V. 17 aufgreift, die ihrerseits auf Lukas zurückgeht. Überlieferungsgeschichtlich vorgegeben bleiben die beiden theozentrisch orientierten Zeilen (V. 18b.20b):

> Ich sah den Satan wie einen Blitz aus dem Himmel stürzen. Freut euch, dass eure Namen im Himmel (jetzt) aufgeschrieben sind!

Der Evangelist Lukas hat das ganze Logion in der Weise bearbeitet, „dass er seinen Kommentar nicht an das Logion angehängt, sondern diesem eingepflanzt hat,"[14] was sich an weiteren Beispielen zeigen lässt, wo Lukas in gleicher Weise Q-Spruchmaterial aufgefüllt hat.[15]

Welchen Aussagesinn hat das ursprüngliche Logion? Es geht um einen Aufruf zum Jubel, weil der Satan als Ankläger der Menschen aus seiner himmlischen Position entfernt ist (vgl. Hi 1,6–12; Sach 3,1–4; Offb 12,7–10). Die Konsequenz des Satanssturzes ist dabei die Aufnahme der Namen aller derer, die er vor Gott verklagte, in das Buch des Lebens.[16] Beide Aspekte meinen Ereignisse im Himmel: Dem Sturz des Satans <u>aus</u> dem Himmel korrespondiert die Aufnahme der Namen <u>im</u> himmlischen Bereich. Für die zum Jubel Angerufenen hat sich bereits erfüllt, was Dan 12,1 verheißt: „Doch in jener Zeit wird dein Volk gerettet werden, jeder, der sich aufgezeichnet findet in dem Buch." Man wird nicht fehlgehen in der Annahme, dass der Aufruf zum Jubel das Heil Israels meint: „Gott ist ... zum Heil seines Volkes entschlossen."[17] Dabei ist vorausgesetzt: Wer in dem Buch aufgeschrieben steht, ist jetzt frei von Schuld. Alttestamentliche Tradition kennt die Vorstellung eines himmlischen Buches, in das Gott die Namen der Reingewaschenen und deshalb Gerechten eintragen lässt (Jes 4,3f.; vgl. aber auch Ex 32,32f.; Ps 69,28f.; Jub 19,9; äthHen 47,3f.; 104,1) – ein Vorgang, den der Aufruf zur Freude als im Himmel bereits vollzogen voraussetzt. Lk 10,20 lässt deshalb den eschatologischen Jubel erklingen, wie ihn die Prophetie formuliert hat (Zeph 3,14–17; vgl. Jes 12,6; Sach 2,14). Gott hat sich zu einem neuen Heilshandeln aufgemacht, und Jesu Zuwendung gerade auch zu Zöllnern und Sündern steht unter diesem Vorzeichen (z.B. Mk 2,17).

---

13 M. Theobald, „‚Ich sah den Satan aus dem Himmel stürzen ...' Überlieferungskritische Beobachtungen zu Lk 10,18–20," *BZ NF* 49 (2005), 174–190: 179.
14 Theobald, „Beobachtungen," 183.
15 Z.B. Q 6,27f.35cd; Q 12,51.53; Q 15,4–5a.7.
16 Hiermit modifiziere ich meine Meinung, die ich einst in U.B. Müller, „Vision und Botschaft" (Anm. 6) vertreten habe.
17 Theobald, „Beobachtungen" (Anm. 13), 182.

Das Logion Lk 10,18.20b passt in seiner besonderen Prägung zur sonstigen Verkündigung Jesu; denn als Aufruf zum Jubel zeigt das Logion eine Spruchgattung, die den Seligpreisungen formal wie inhaltlich vergleichbar ist (Q 6,20f.; 10,23f.). Jesus proklamiert in den Makarismen, dass Gott jetzt ein neues Erwählungshandeln veranstaltet. Gleichwohl ist von vornherein wichtig, wie Jesu Zeitgenossen sich zu diesem Heilsangebot stellen. Einerseits gilt, dass in Jesu Wirken sich die eschatologische Heilswende abzeichnet (Q 7,22), andererseits heißt es (Q 7,23):

> ... selig ist, wer an mir nicht Anstoß nimmt.

Wer Jesu Botschaft annimmt, wird auf die Heilsseite zu stehen kommen; wer sich ihr verschließt, verwirkt die Rettung. Darin besteht Übereinstimmung mit der Botschaft Johannes des Täufers. Dennoch signalisiert Jesu Logion Lk 10,18.20b grundlegend Neues: Israel ist nicht mehr Unheilskollektiv, sofern es das Heilsangebot annimmt.

Die Vision vom himmlischen Satanssturz Lk 10,18 hat aber noch weitergehende Bedeutung, die der Aufruf zur Freude in 10,20b nicht unmittelbar zum Ausdruck bringt. Dieser konzentriert sich auf die Heilsaussage, wonach die Namen der Angesprochenen im Himmel aufgezeichnet sind. Doch meint die Entmachtung des Satans darüber hinaus, dass die dämonischen Schadensmächte auf Erden weichen müssen. Jüdische Tradition handelt von Gott, der Beliar binden wird, und „er wird seinen Kindern Macht geben, auf die bösen Geister zu treten." (TestLevi 18,12). Gott wird siegreich Krieg gegen Beliar führen, und „die Gefangenen wird er Beliar abnehmen." (TestDan 5,10f.). In diesem umfassenderen Sinne hat Jesus den himmlischen Satanssturz interpretiert, wenn er „mit dem Finger Gottes" die Dämonen austreibt (Lk 11,20). Jedenfalls hat Jesus das himmlische Geschehen dahingehend gedeutet, dass die in der Sphäre Gottes bereits gesetzte Realität sich zum Durchbruch auch auf der Erde anschickt.[18] Es erfüllt sich, was jüdische Hoffnung so formuliert (AssMos 10,1):

> Und dann wird seine (d.h. Gottes) Herrschaft über seine ganze Schöpfung erscheinen und dann wird der Teufel nicht mehr sein, und die Traurigkeit wird mit ihm hinweggenommen sein.

Mit dem Satanssturz sind die himmlischen Weichen für den irdischen Durchbruch der Gottesherrschaft gestellt und damit das Ende der *tristitia* (AssMos 10,1) angesagt, womit nicht so sehr die subjektive Befindlichkeit, sondern die umfassende

---

[18] Müller, „Vision und Botschaft" (Anm. 6), 14.

Bedrängnis der Menschen durch die Schadenseinwirkung des Teufels gemeint ist.[19] Das bedeutet für Jesus: Mit der von ihm verkündeten Gottesherrschaft ist „die irdische Präsenz des Himmlischen" gemeint; es geht ja darum, „daß eine im Himmel bereits bestehende Wirklichkeit in den Exorzismen Jesu irdische Realität gewinnt."[20] (Lk 11,20). Im Kontext seiner Überzeugung vom himmlischen Sturz des Satans vermag er seine Dämonenaustreibungen als integralen Bestandteil der Realisierung der Gottesherrschaft zu begreifen (Lk 11,20).

Und wahrscheinlich liegt in dieser aufgrund der Vision gezogenen Konsequenz eine Innovation jüdischen Denkens vor, wonach in seinem Handeln sich das punktuell verwirklicht, was im Himmel ewige Realität ist. Jesu Zeitgenossen haben das wohl als anstößig empfunden, wenn man bedenkt, wie Jesus bemüht ist, zweifelnden oder ablehnend reagierenden Menschen nahe zu bringen, dass seine Exorzismen nicht im Bündnis mit Beelzebul erfolgen, sondern „mit dem Finger Gottes" als Anbruch der Gottesherrschaft geschehen (Q 11,19f.). Entsprechende Überlegungen ergeben sich bezüglich des gewiss authentischen Bildworts von der Bindung des „Starken" (Mk 3,27). Es setzt Gott als Subjekt voraus,[21] der den „Starken" gebunden hat, und hat somit den Sturz des Satans (des „Starken") im Blick; zugleich steht es in sachlichem Zusammenhang mit Jesu Exorzismen.[22] Mk 3,27 sagt:

> Niemand kann hineingehen in das Haus des Starken und seine Gefäße rauben, wenn er nicht zuerst den Starken gebunden hat.

Vor einem anscheinend zweifelnden Publikum, das zwar Jesu erfolgreiche Exorzismen zur Kenntnis nimmt, sie aber nicht als Erweis der bereits erfolgten Entmachtung des Satans und damit als Ausdruck der Gottesherrschaft anerkennt, betont das Wort: „Erst muß der himmlische Repräsentant der Dämonenwelt ‚gebunden', d. h. überwältigt sein, bevor es möglich ist, das, was ihm zugeordnet ist, seinen ‚Hausrat' ... zu plündern."[23] Das Wort Mk 3,27 aktiviert damit eine weisheitliche Klugheitsregel, wonach man den zweiten Schritt nicht vor dem ersten

---

19 J. Becker, *Jesus von Nazaret*, Berlin/New York 1996, 109, Anm. 13.
20 M. Wolter, „‚Was heißet nu Gottes reich?'," *ZNW* 86 (1995), 5–19: 14.
21 B. Kollmann, *Jesus und die Christen als Wundertäter* (FRLANT 170), Göttingen 1996, 191; M. Ebner, *Jesus – ein Weisheitslehrer? Synoptische Weisheitslogien im Traditionsprozess* (HBS 15), Freiburg u. a. 1998, 371f.; Theobald, Beobachtungen (Anm. 13), 189f.; anders Becker, *Jesus*, 231.
22 Der futurische Schlusssatz in Mk 3,27 „und dann wird er das Haus ausplündern" ist wie Mk 2,20 christliche Adaption des Spruches, die ihre spätere Praxis im Blick hat.
23 Ebner, *Jesus* (Anm. 21), 370. „Gefäße" (bzw. „Hausrat") sind hier wohl die Besessenen, die der Exorzist der Verfügung des Satans entreißen kann (vgl. TestNaph 8,6: Wer das Gute nicht will, den wird der Teufel bewohnen „wie sein eigenes Gefäß". Ähnlich ApkMos 16 und 26.)

tun darf, will man Erfolg haben. Von den erfolgreichen Exorzismen lässt sich zurückschließen – so die Argumentation – auf das primäre Geschehen, das die Dämonenaustreibungen überhaupt ermöglicht hat: „Die Exorzismen setzen die Überwältigung des Satans generell voraus."[24]

An dieser Stelle ist einem möglichen Missverständnis zu begegnen. Die eben erwähnte Argumentationstendenz von Mk 3,27 könnte zu der Schlussfolgerung verleiten, Jesus selbst habe sein besonderes Sendungsbewusstsein allein aufgrund der Erfahrung gewonnen, dass die Dämonen weichen und Kranke gesund werden, nicht aber als Folge der Vision vom Satanssturz.[25] Und in der Tat – der Spruch vom Starken geht davon aus, dass Jesus besondere Exorzismen gelungen sind und dies die Annahme des Satanssturzes nahe legt. Diese Aussagetendenz ergibt sich aber nur aufgrund der besonderen Frontstellung, bei der sich Jesus gegenüber zweifelnden Zeitgenossen verteidigen will. Dabei argumentiert Jesus, wie gesagt, mit Hilfe einer Klugheitsregel, die nahelegt, dass die geschehenen Exorzismen als grundlegenden ersten Schritt die Entmachtung des Satans voraussetzen. Das Wort hat somit eine Art apologetischer Zielrichtung. Es gibt aber keinen Hinweis, wie Jesus selbst sein besonderes Verständnis der Heilswende gewonnen hat. Das ursprüngliche Logion Lk 10,18.20b ist demgegenüber aussagekräftig: Der Visionsbericht vom Satanssturz ist die grundlegende Basis für den Aufruf zum eschatologischen Jubel angesichts der von Gott initiierten Heilswende. Nur darum konnte Jesus des Schluss ziehen – und ein vorgegebenes jüdisches Denkmodell bot die sprachlichen Möglichkeiten – die göttliche Entmachtung des Satans zeige an, dass die Gottesherrschaft auch irdisch Raum gewinnt in seinen Exorzismen. Denn in AssMos 10,1 ist das Ende des Satans Konsequenz der Gottesherrschaft, gleichzeitig aber auch die Voraussetzung, dass mit dem Ende des Satans die irdische Bedrängnis aufhört. Ganz ähnlich handelt TestLevi 18,10–14 vom zukünftigen Anbruch der Heilszeit, bei dem Beliar von Gott gebunden, d. h. entmachtet wird, und somit Gottes Kinder, d.h. Israel, Macht über die bösen Geister auf Erden erlangen (vgl. auch TestSim 6,6).[26] Die Deutung seiner gelungenen Exorzismen als „mit dem Finger Gottes" gewirkt und somit integraler Bestandteil der anbrechenden Gottesherrschaft ist also sachlich wohl ein zweiter Schritt, der den ersten, die visionär vermittelte Gewissheit, voraussetzt (Lk 10,18).

---

24 Ebner, *Jesus*, 370.
25 Vgl. aber P.W. Hollenbach, „The Conversion of Jesus: From Jesus the Baptizer to Jesus the Healer," *ANRW* II 25/1 (1982), 196–219; Becker, *Jesus* (Anm. 19), 132f.
26 Dieses Denkmodell setzt kein streng dualistisches System voraus, wie es etwa in 1QM (Gott versus Beliar) und wohl auch TestDan 5,10–13 formuliert ist, wie ja auch Jesus in seiner sonstigen Verkündigung nicht eigentlich dualistisch, sondern eher monistisch denkt (vgl. Becker, *Jesus* [Anm. 19], 132f. 222–224).

Ist diese Schlussfolgerung richtig, ist die Vision vom Satanssturz gleichwohl kein isoliertes „Schlüsselerlebnis", sondern intendiert eine Erkenntnis, die möglicherweise einen längeren Verlauf voraussetzt, wozu gelungene Exorzismen gehört haben können, aber ebenso die Notwendigkeit, angesichts der Verzögerung des göttlichen Gerichts, das der Täufer angekündigt hatte, die Zeitsituation eschatologisch neu zu deuten. Doch bleibt es bei der Einsicht in die grundlegende Bedeutung der Visionserfahrung Jesu, die allererst die spezifische Wertung seiner Exorzismen ermöglichte.

III

Das eschatologische Gerichtshandeln Gottes hat im Himmel mit dem Satanssturz eine eindeutige Markierung geschaffen. Dabei lässt sich zeigen, inwiefern sich dieses Gericht als Heil oder Unheil für die Menschen, d. h. konkret Israel, auswirkt, je nachdem diese Jesu Botschaft von der Gottesherrschaft annehmen oder sich ihr verweigern.

Ist mit dem Sturz des Satans der Ankläger der Menschen entmachtet und ruft Jesus deshalb die Menschen zum Jubel darüber auf, dass Gott zu ihrem Heil entschlossen ist (Lk 10,18.20b), so findet dieses Geschehen seine besondere irdische Konkretion in Jesu Hinwendung zu Zöllnern und Sündern (Mk 2,17) als geradezu exemplarischen Vertretern des verlorenen Israel. Dabei versucht er mit den Gleichnissen vom verlorenen Schaf und der verlorenen Drachme seine Zuhörer mit der metaphorischen Überzeugungskraft der Sprache für die Einsicht zu gewinnen, dass Gott selbst das verlorene Israel sucht. In Lk 15,4f. = Mt 18,12f. ist der Hirte, der ein verirrtes Schaf nicht aufgibt, der sich zudem über das gefundene Schaf freut, der allein Handelnde; ähnlich steht es bei der Frau, die von zehn Drachmen eine verloren hat: Sie sucht bis sie sie gefunden hat und ruft zur Mitfreude über das Gefundene auf (Lk 15,8f.). Die Zuhörer der Gleichnisse werden dem ganz natürlichen Verhalten des Hirten wie der Frau zugestimmt haben. So aber haben sie zu Jesu Gleichnisrede Ja gesagt und sind mit der Gottesherrschaft, die Jesus vertritt in Beziehung gekommen: „Denn sie verstehen: Gott hat sich nach ihnen auf die Suche gemacht, sie gerade gefunden und freut sich über die erfolgreiche Suche."[27] Da aber für die Zuhörer Jesus derjenige ist, der den Anbruch der Gottesherrschaft ansagt, erfahren sie seine Hinwendung zu Zöllnern und Sündern als Einladung in die Gottesherrschaft. So betrachtet erweisen sich die beiden Gleichnisse in Lk 15 als Konsequenz und erzählerische Konkretisierung

---

27 Becker, *Jesus* (Anm. 19), 175.

dessen, was sich Jesus angesichts der Vision vom Satanssturz erschlossen hat und zum Aufruf führte: „Freut euch, dass eure Namen (jetzt) im Himmel aufgeschrieben sind!" (Lk 10,20). In der Parabel vom verlorenen Sohn Lk 15,11–32 kommt der Aspekt der Freude doppelt zum Ausdruck: im Ruf zur Freude über den heimgekehrten jüngeren Sohn (V.23f.) und in der Proklamation einer neuen Ordnung der Gottesherrschaft gegenüber dem Älteren, der sich zu verweigern droht: „Man musste doch (einfach) feiern und sich freuen ..." (V. 32).

Bei der Schilderung des älteren Sohnes, der seine Leistungen gegenüber dem Vater aufzählt (Lk 15,29), wird man unwillkürlich an den Pharisäer erinnert, der Gott gegenüber seine vorbildliche Gesetzesfrömmigkeit betont und sich vom Zöllner abgrenzt (Lk 18,11f.). Und in der Tat: Im Gegenüber von jüngerem und älterem Sohn in Lk 15 findet sich eine wohl nicht zufällige Analogie von Zöllner und Pharisäer in Lk 18,10–14a. Während allerdings die Parabel Lk 15,11ff. die Einladung zum Mitfeiern gegenüber dem älteren Sohn offen hält, ja der Vater um ihn wirbt (V. 32), ergeht in Lk 18,10–14a die Reaktion Jesu dem Pharisäer gegenüber als Verurteilung (V. 14a): „Ich sage euch: Dieser ging gerechtfertigt hinab in sein Haus, jener nicht." Bei der Gestalt des älteren Sohnes in Lk 15 hat die Parabel wohl eine Frömmigkeitshaltung im Blick, die der der Pharisäer entspricht, der „Gerechten" also, um die Jesus hier wirbt. Umso mehr muss die Abgrenzung auffallen, die das Urteil in Lk 18,14 ausspricht. „Die alternativlose Grundsätzlichkeit des jeweiligen Standpunktes wird am ehesten verständlich, wenn man annimmt, dass Lk 15,11–32 früher gesprochen worden ist als Lk 18,10–14a. Das Gleichnis vom Vater und seinen beiden Söhnen ist dann einer Phase des Wirkens Jesu zuzuordnen, in der dieser hoffte, seine pharisäischen Kontrahenten für sich zu gewinnen. ... Das Gleichnis vom Pharisäer und Zöllner ... spiegelt demgegenüber wider, dass die Hoffnung von Lk 15,11–32 trog."[28] Zahlreiche Parallelen in der Jesusüberlieferung unterstützen diese Schlussfolgerung, einmal was die Werbung um die sog. Gerechten angeht, als auch ihre Verurteilung durch Jesus.[29] Den Endpunkt dieser Auseinandersetzung markiert dann ein polemisches Wort wie Mt 21,31: „Amen, ich sage euch: Zöllner und Dirnen werden vor euch in die Gottesherrschaft eingehen", sofern man nicht doch eher wegen des zugrunde liegenden Semitismus übersetzen muss: Diese „werden in die Gottesherrschaft eingehen, ihr nicht."[30] Dies wäre eine genaue, auch sprachliche Parallele zu Lk 18,14a: „ ... jener nicht." Sachlich gehören hierher jene Wehe-Rufe gegen die Pharisäer, die mit einer gewissen Wahrscheinlichkeit authentisch sind, was bei Q

---

28 Rau, *Jesus* (Anm. 4), 120.
29 Rau, *Jesus* (Anm. 4), 100ff bzw. 122ff.
30 J. Jeremias, *Neutestamentliche Theologie. Erster Teil: Die Verkündigung Jesu*, Gütersloh 1971, 118f.

11,42.39b.44 der Fall sein dürfte.[31] Obwohl das prophetische „Wehe" ursprünglich eine Ankündigung bzw. eine Preisgabe an das Gericht Gottes beinhaltet, sind diese Wehe-Rufe „als letzte, vom Gericht her motivierte Umkehrrufe" zu interpretieren.[32] Denn eine Gerichtsankündigung fehlt; anstelle der begründenden Denn-Sätze wäre such eine Ansage des Gerichtsvollzugs denkbar gewesen. Die Einschätzung als Umkehrruf unterstützt auch das Vorkommen eines Mahnwortes im Kontext des Wehe-Rufs (Mt 23,26 par).

IV

Das eschatologische Gerichtshandeln Gottes hat für Jesus bereits begonnen. Er hat den Satan wie einen Blitz vom Himmel stürzen sehen. Gott wird seine umfassende Heilsordnung auf Erden durchsetzen. Jesus ermuntert seine Zuhörer, Gott im Gebet darum anzugehen, in Gestalt seiner weltordnenden Theophanie einzuschreiten und seine Königsherrschaft zu vollenden: „Deine Herrschaft komme!" (Lk 11,2).[33] Gleichwohl muss Jesus feststellen, dass viele Zuhörer überhaupt nicht realisieren, was die Stunde geschlagen hat, dass Gott zu seinem endgültigen Gerichtshandeln entschlossen ist, dabei Israel eine umfassende Heilsmöglichkeit eröffnet hat: „Freut euch, dass eure Namen (jetzt) im Himmel aufgeschrieben sind." (Q 10,20b). Wie Johannes der Täufer sieht er sich genötigt, eine letztlich indifferente Öffentlichkeit, die sich mit dem Blick auf vermeintlich noch größere Sünder in Sicherheit wiegt (die von Pilatus getöteten Sünder etwa), mit Verweis auf das bevorstehende Gericht zur Umkehr zu bewegen (Lk 13,1–5). Auffällig ist ja, dass die Umkehrforderung „Wenn ihr nicht umkehrt, werdet ihr alle genau so umkommen." (Lk 13,3.5) nicht durch das neu verkündete Heil motiviert ist, sondern durch das drohende Gericht. Jesus sieht seine Zeitgenossen, die die bedrohliche Gerichtssituation nicht erkennen, in ähnlicher Verlorenheit wie Johannes der Täufer seine Adressaten: „ ... wer hat euch weisgemacht, ihr würdet dem kommenden Zorn entfliehen. Bringt Frucht, die der Umkehr entspricht!" (Q 3,7f.). Die Umkehr ist letzte Rettungsmöglichkeit.

---

31 Mt 23,23–27 hat wohl die ursprüngliche Reihenfolge der Weherufe in Q erhalten. Für die umstrittene Authentizität der betreffenden Worte spricht sich mit guten Gründen Ch. Riniker, *Die Gerichtsverkündigung Jesu* (EHS.T 653), Frankfurt a.M. u.a. 1999, 97–133 aus. Rau, *Jesus* (Anm. 4), 126–143, setzt die Ursprünglichkeit voraus.
32 Riniker, *Gerichtsverkündigung*, 132.
33 Zum Theophaniegedanken, der hinter den beiden ersten Vaterunser – Bitten als Theophaniebitten steht vgl. U.B. Müller, „Auferweckt und erhöht. Zur Genese des Osterglaubens," *NTS* 54 (2008), 201–220: 206–209.

Wahrscheinlich hat Jesus diese seine Gerichtsdrohung gegenüber seinen Anhängern bzw. Zuhörern begründet oder besonders gerechtfertigt. Dies mag deswegen nötig gewesen sein, weil seine anfängliche Verkündigung sich wohl auf das für ihn und seine Zuhörer Neue konzentrierte, die Heilsansage der anbrechenden Gottesherrschaft. Weil viele sich diesem Zuspruch verweigerten, sah Jesus sich genötigt, den Unheilsaspekt göttlichen Gerichtshandelns zu betonen und plausibel zu machen. Jedenfalls scheint dies der Sinn der Parabel Lk 13,6–9 zu sein. Bei näherem Hinsehen zeigt die Parabel zunächst dieselbe Pointe wie Lk 13,1–5, nur dass die Aussage metaphorisch im Blick auf einen unfruchtbaren Feigenbaum formuliert ist.[34] Wie ein Feigenbaum, dessen Unfruchtbarkeit schon erwiesen scheint, doch ausnahmsweise noch einmal Schonung erfahren kann, falls er aber auch dann nicht Frucht trägt, abgehauen wird, so werden alle umkommen, die nicht zur Umkehr bereit sind. Beachtlich ist bei der Parabel jedoch die Dialogisierung auf der Bildebene.

Der Weinbergbesitzer der Parabel muss schon drei Jahre lang feststellen, dass der Feigenbaum, der in seinem Weinberg steht, keine Frucht trägt. Zu seinem Weingärtner sagt er deshalb: „Hau ihn ab, was saugt er noch das Land aus?" Es kommt zur Fürsprache des Weingärtners: „Herr, lass ihn noch dieses Jahr, bis ich um ihn herum gegraben und Dünger gelegt habe!" Er erwägt die Möglichkeit: „Und wenn er in Zukunft Frucht bringen sollte ...", ohne allerdings den Nachsatz auszuführen, vielmehr in Gestalt einer Aposiopese den Satz abzubrechen, was Ausdruck der Erregung sein dürfte,[35] was durch die übliche Übersetzung: „... vielleicht bringt er in Zukunft Frucht" verdeckt wird. Der Weingärtner schließt mit der bedrohlichen Erklärung: „Wenn aber nicht, wirst du ihn (den Feigenbaum) abhauen." Die Reaktion des Weinbergbesitzers wird nicht mehr erzählt, vielmehr überlässt die Parabel dem Zuhörer die Schlussfolgerung: Wie der Feigenbaum abgehauen wird, so werden alle umkommen, die nicht umkehren.

Man hat nun gefragt: Dient die Einführung der Gestalt des Weingärtners in der Parabel nur dem Ziel, die Schilderung dramatischer zu gestalten?[36] „Oder steht mehr dahinter – verbirgt sich hinter dem fürbittenden Gärtner ... Jesus selbst?"[37] Dem ist das alte Argument dagegen zu halten: Wie konnte man verkennen, dass die Parabel Lk 13,6–9 nur dieses Warnungswort 13,1–5 unterstützen und rechtfertigen will?[38] Die Hörer der Parabel Jesu „sollen auf einem ganz fern liegenden

---

34 Die Sprache der Parabel ist weitgehend vorlukanisch, vgl. J. Jeremias, *Die Sprache des Lukasevangeliums* (KEK Sonderband), Göttingen 1980, 227f.
35 BDR § 454,4 und 482.
36 Vgl. J. Jeremias, *Die Gleichnisse Jesu*, Göttingen [7]1965, 170.
37 Ebd.
38 A. Jülicher, *Die Gleichnisreden Jesu 2. Teil*, Darmstadt 1976 (= Tübingen [2]1910), 441.

Gebiet, wie es die Behandlung eines unfruchtbaren Feigenbaums ist, das Urteil fällen: ‚Dann muss er eben abgehauen werden'", um ihrerseits überführt zu sein, dass für sie das Entsprechende gilt: die endgültige Katastrophe, wenn sie nicht umkehren.[39] Dabei gilt es zu beachten: Die Notwendigkeit, die Botschaft von Lk 13,1–5 mit der erzählerischen Kraft der Parabel 13,6–9 für die Zuhörer plausibel zu machen, ja zu rechtfertigen, liegt für Jesus wohl in der von ihm selbst, besonders aber von den Zuhörern (auch seinen Anhängern) empfundenen konsequenten Härte dieser Botschaft, die angesichts der Indifferenz bzw. Verweigerung der Adressaten, die Gerichtsdrohung (analog der Johannes des Täufers) aufgreift.

V

Jesu Gerichtsworte setzen die teilweise Erfolglosigkeit der Botschaft Jesu und damit die Ablehnungserfahrung voraus und stellen das Unheilsgeschick derer fest, die sich der Heilsperspektive seiner Botschaft, ja seiner Person verschlossen haben (z. B. Q 11,31f.; 13,29.28).[40] Man hat sie als Drohworte verstehen wollen; gleichwohl sind auch Jünger als Hörer vorauszusetzen, die die Worte überliefert haben. Diesen gegenüber vermitteln solche Worte die Überzeugung, dass „diese Generation", die sich Jesu Botschaft verweigert hat, der Verurteilung im Gericht entgegen geht; die Jünger Jesu aber konnten diese Worte „zum Durchhalten ihrer Heilsorientierung" motivieren.[41]

Anders steht es bei den Wehe-Worten gegen Chorazin und Bethsaida (Q 10,13f.), zu denen noch das Wehe-Wort gegen Kapernaum gehört (Q 10,15). Die Echtheit dieser Worte ist wahrscheinlich; denn „die Polemik gegen Israel unter ‚positiver' Berufung auf heidnische Städte, der angesprochene geographische Bereich und das eschatologische Wunderverständnis sprechen für Jesus."[42] Die Worte heben sich von urchristlichen Israel-Predigern (etwa der Spruchquelle Q) deutlich ab, insofern gar nicht ganz Israel angesprochen wird. „Vor allem aber würde die Ablehnung Jesu im Rückblick auf sein Leben kaum ihren Höhepunkt in Kapernaum finden, sondern in Jerusalem als Ort seiner Hinrichtung."[43] Die Worte scheinen den Abschluss von Jesu eher erfolgloser Tätigkeit in Galiläa vorauszusetzen.

---

39 Jülicher, *Gleichnisreden*, 442.
40 Vgl. E. Rau, „Q-Forschung und Jesusforschung," *ETL* 82 (2006), 373–403: 390f.
41 Wolter, „Gericht und Heil" (Anm. 11), 378f. 382.
42 Ch. Riniker, *Gerichtsverkündigung Jesu*, (Anm. 31), 328.
43 G. Theißen, *Lokalkolorit und Zeitgeschichte in den Evangelien* (NTOA 8), Freiburg/Göttingen 1989, 54.

Das Wort gegen Chorazin und Bethsaida beginnt mit dem Wehe-Ruf (Q 10,13a), dem die Begründung in Gestalt des Schuldaufweises folgt (Q 10,13b). 10,14 enthält die Unheilsankündigung. Dass 10,13f. eine ausdrückliche Unheilsansage bringt, unterscheidet dieses Wehe-Wort von den Wehe-Rufen gegen die Pharisäer, denen eine solche Gerichtsankündigung gerade fehlt (Q 11,39–48). An Q 10,13f. schließt sich die Gerichtsrede gegen Kapernaum an, die einen ursprünglichen Zusammenhang mit den Wehe-Rufen gegen Chorazin und Bethsaida voraussetzt, wobei die Fortsetzung mit „und du, Kapernaum ..." als variierende Weiterführung des vorangehenden Wehe-Rufes sinnvoll ist.[44] Die Verurteilung Kapernaums fällt noch schroffer aus als diejenige der beiden vorher genannten Orte. Q 10,15 ist eigentlich nur eine Unheilsansage ohne Begründung. Die einleitende rhetorische Frage: „ ... wirst du etwa zum Himmel erhöht werden?" will Kapernaum durch die sarkastische Anspielung auf das heidnische Babel (Jes 14,13.15) bloßstellen. Q 10,15 ist damit ausschließliche Unheilsansage: Statt in den Himmel erhöht, wird Kapernaum von Gott an den „Ort der Qual" hinabgestürzt werden.[45]

Wem gegenüber sind die Worte gesprochen worden? Man hat nun gesagt: Die Wehe-Rufe sind eher Worte *über* diese Städte. Ihre Bewohner sind nicht mehr als die fiktiven Adressaten, weil diese Worte den definitiven Abbruch der Kommunikation mit ihnen voraussetzen. Die tatsächlich intendierten Adressaten seien aber die realen Hörer, d. h. der Jüngerkreis Jesu, nicht mehr die Bewohner dieser Städte, zu denen der Kontakt bereits abgebrochen ist. Die fraglichen Worte dienen der Vergewisserung und Stabilisierung der realen Hörer im Jüngerkreis Jesu, um die von der Ablehnung Jesu ausgehende Verunsicherung unter seinen Anhängern aufzufangen.[46] Weil die Wehe-Rufe sicher in Gegenwart von Jüngern Jesu ausgesprochen wurden, werden sie in der Tat auch diese genannte Funktion gehabt haben. Ihre eigentliche Intention aber liegt letztlich woanders.

Man wird doch wohl vom Machtcharakter prophetischer Unheilsworte reden müssen, die wie in alttestamentlicher Prophetie auch bei Jesus Unheil bewirken bzw. in Gang setzen sollen (vgl. Jes 9,7; Jer 5,14; 6,11f.; Ez 12,25.28; Jes 55,10f.). Es liegt hier wahrscheinlich eine Entsprechung vor: Wie Jesus sein punktuelles Heilshandeln als entscheidenden Bestandteil der Durchsetzung der Gottesherrschaft verstand (Lk 11,20), so beansprucht er auch für seine Gerichtsrede bzw. Unheilsansage, dass er damit Gottes Gerichtshandeln wiederum punktuell voll-

---

44 Riniker, *Gerichtsankündigung* (Anm. 31), 315.
45 M. Sato, *Q und Prophetie* (WUNT II 29), Tübingen 1988, 131f. Richtig Reiser, *Gerichtspredigt* (Anm. 1), 215: „Hier wird mit absoluter Autorität das Urteil des eschatologischen Richters verkündet."
46 Wolter, „Gericht und Heil" (Anm. 11), 379f. 385.

zieht. Wenn Jesus in Q 10,13 f.15 für die drei galiläischen Orte Unheil ankündigt, so geschieht dies deshalb, weil die dortigen Bewohner sich geweigert haben, „sein Wirken als den eschatologischen Einbruch der Gottesherrschaft in die Unheilswirklichkeit Israels zu identifizieren."[47] Jesu Worte in Q 10,13 f.15 markieren in der Tat das endgültige Ende der Kommunikation mit den galiläischen Orten und signalisieren, was man die „galiläische Krise" genannt hat.[48]

VI

Auch Lk 13,31 f. deuten im Blick auf andere Motive eine Abkehr Jesu aus Galiläa an, wenn Jesus, vor Nachstellungen seines Landesfürsten Herodes Antipas gewarnt, antwortet:

> Geht und sagt diesem Fuchs: Siehe, ich treibe Dämonen aus und vollbringe Heilung heute und morgen. Aber am dritten Tage bin ich am Ziel.

Die Bedrohung durch den Fürsten hindert Jesus nicht daran – trotz der Erinnerung an die Hinrichtung Johannes' des Täufers durch diesen – sein Werk in der ihm gegebenen Zeit durchzuführen; dann aber – so seine Überzeugung – wird ihm von Gott der Abschluss seines Wirkens gesetzt, ist er am Ziel. Lk 13,31 f. könnte ein Ausweichen aus Galiläa bedeuten. Warum Jesus anschließend (?) zum Passa-Fest nach Jerusalem zog, ist damit noch nicht gesagt. Doch wird Jesus nicht allein deshalb zum Fest gezogen sein, „wie es ganz Israel durch ewige Satzung vorgeschrieben ist" (Tob 1,6 f.), sondern er hat „seinen möglichen Tod bewusst in Kauf genommen oder ihn sogar gewollt."[49] Diese alte These ist vor allem durch Jesu auffälliges Verhalten in Jerusalem wahrscheinlich gemacht,[50] seine Zeichenhandlung im Tempel (Mk 11,15–16) und die Ankündigung seiner Zerstörung (Mk 13,2 bzw. 14,58) – Handlungen, von denen Jesus wissen konnte, dass sie die tödliche Gegenreaktion der Tempelaristokratie provozieren mussten. Man hat gemeint: „Die Symbolhandlung der so genannten ‚Tempelreinigung' wird durch die Tempelprophetie interpretiert: Es ging hier nicht um eine Reform des Tempels innerhalb der gegenwärtigen Geschichte, sondern um sein Verschwinden mit

---

47 Wolter, „Gottes Reich" (Anm. 20), 15.
48 Mußner, „Galiläische Krise" (Anm. 3).
49 U. Luz, „Warum zog Jesus nach Jerusalem?," in: J. Schröter / R. Brucker (Hg.), *Der historische Jesus* (BZNW 114), Berlin/New York 2002, 409–427: 421.
50 Vgl. A. Schweitzer, „Das Messianitäts- und Leidensgeheimnis (1901)," in: ders., *Ges. Werke* V, München o. J., 335 f.

dieser vergehenden Welt."⁵¹ Gerade die in Mk 11,15 – 16 beschriebenen Handlungen lassen sich wohl als zeichenhafte Verunmöglichung des Tempelkultes verstehen.⁵² Jedenfalls ist die Tempelprophetie eine Unheilsansage, die mit der Tempelzerstörung einen Aspekt eschatologischen Gerichts an Israel initiiert. Damit gewinnt Jesu Sendung eine besondere Kontur, die er mit den Worten grundsätzlich formulieren kann (s. u.) (Lk 12,49):

> Feuer auf der Erde anzuzünden bin ich gekommen,
> und wie wünschte ich, dass es schon brenne ...

Wie Jesus mit seinem Heilshandeln punktuell bei der Realisierung der Gottesherrschaft engagiert ist (Lk 11,20), so sieht er sich andererseits auch gesandt, das Feuer göttlichen Gerichts auf Erden in Gang zu bringen. Jesus mochte zum Schluss gekommen sein, Israel besitze im Tempel das Fundament seiner religiösen Selbstgewissheit (vgl. die Abrahamskindschaft bei Johannes dem Täufer), während es sich dem Heil der von Jesus verkündeten Gottesherrschaft verschlossen hat. So konnte er dem Tempel das Ende durch göttliches Gerichtshandeln ansagen,⁵³ wie er es im Falle der galiläischen Städte bereits getan hatte (Q 10,13 f.15).

Dieser Sichtweise Jesu dürfte das Logion Q 13,34 f. entsprechen. Es stellt ein Gerichtswort dar, das aus Lagehinweis als Anklage (V. 34), der Ankündigung des Unheils (V. 35a) und einer weiteren Ankündigung besteht (V. 35b). In der Anklage V. 34 nimmt die erste Anrede Jerusalem in ihrer vergangenen Geschichte in den Blick: „Jerusalem, Jerusalem, die die Propheten tötet und steinigt, die zu ihr gesandt sind ..." Mit der zweiten Anrede, unterschieden durch den Tempuswechsel (Aorist), kommt der Sprecher zu seiner eigenen Erfahrung: „ ... wie oft habe ich deine Kinder sammeln wollen ..., aber ihr habt nicht gewollt." Der Sprecher stellt sich mit der ersten Anrede in eine Reihe mit den Propheten: wie jene wurde er abgewiesen. Er bezieht sich auf sie, „weil er sein Geschick in Analogie zu dem der Propheten und Gesandten versteht, nicht aber weil er als ein übergeschichtliches Subjekt sich mit dem Geschick der Propheten und Gesandten identifiziert."⁵⁴ Die

---

51 G. Theißen / A. Merz, *Der historische Jesus*, Göttingen ³2001, 381.
52 Vgl. nur K. Paesler, *Das Tempelwort Jesu. Die Traditionen von Tempelzerstörung und Tempelerneuerung im Neuen Testament* (FRLANT 184), Göttingen 1999, 244 f. Zur möglichen Bedeutung von Sach 14,20 f. als Hintergrund der „Austreibung" der Händler siehe W. Kraus, *Der Tod Jesu als Heiligtumsweihe* (WMANT 66), Neukirchen-Vluyn 1991, 207 – 209.
53 Die Gestalt des Tempelwortes ist wohl nicht mehr sicher rekonstruierbar. Besonders Paesler, Tempelwort, 87 – 91. 256 – 261, sieht in Mk 13,2b das ursprüngliche Wort Jesu, während Mk 14,58 bereits christologisch umgeformt sei. Andererseits spricht für eine ursprünglich zweiteilige Ansage (wie Mk 14,58), dass sich aus ihr Joh 2,19 und ThEv 71 besser erklären lassen.
54 P. Hoffmann, *Studien zur Theologie der Logienquelle* (NTA NF 8), Münster 1972, 174.

Anklage V. 34 meint bei dem hier sprechenden „Ich" den menschlichen Propheten Jesus, nicht die übergeschichtliche Gestalt der „Weisheit".

Die Unheilsansage V.35 verkündet, stilgemäß eingeleitet mit „siehe": „Siehe, euer Haus wird euch (zum Unheil) verlassen werden." Hier liegt ein Passivum divinum vor: Gott wird das „Haus" verlassen. „Haus" könnte die Stadt Jerusalem bezeichnen (äthHen 89,50 f.56; 90,28 – 30); wahrscheinlich aber ist der Tempel gemeint, insofern „Haus Gottes" bzw. „Haus" alttestamentlich das Heiligtum meint (z. B. Ex 23,19; Ri 18,31; 2Sam 12,20; 1Kön 8,16 – 21.31 ff.; aber auch Apg 7,47). Wenn nun Gott den Tempel verlässt, ist sein Schicksal besiegelt (vgl. Ez 10 f.). JosBell 6,299 f. bezeugt diese Vorstellung, und syrBar 8,2 formuliert bündig den Grund der Zerstörung des Tempels durch die Römer: „ ... er (Gott), der das Haus bewahrte, hat es verlassen." Berücksichtigt man den Zusammenhang zwischen Anklage V.34 und Unheilsansage V. 35a, ergibt sich die Aussage: Aus der Ablehnung, die Jesus von den Kindern Jerusalems erfahren hat, resultiert die Unheilsprophetie gegenüber dem Tempel als Heiligtum Israels.

Was aber bedeutet die Fortsetzung in V. 35b, eingeleitet durch die Formel „ich sage euch"? Man hat hier einen inhaltlichen Neuansatz sehen wollen, da V. 35b weit über V.35a hinausweist.[55] Jedenfalls ist zu berücksichtigen: „Vers 35a umschreibt in passiver Aussage Gottes Gericht an der Stadt, Vers 35b dagegen lässt den Sprecher ... von sich selbst sprechen. Die Aussage greift also nicht auf die Gerichtsankündigung, sondern auf die Ablehnung Jesu zurück ..."[56] Das ist auffällig. V. 35b scheint etwas nachtragen zu wollen, was nach der Anklage bezüglich der Ablehnung Jesu als Gerichtsansage als erstes zu erwarten gewesen wäre: die explizite Erwähnung jener, die sich Jesu Werbung verweigert haben (V. 34b).

In der Tat: Auf den ersten Blick überrascht die Gerichtsaussage gegen den Tempel nach der in V. 34 formulierten Anklage. Diese betrifft die Weigerung der Angeredeten, der Sammlung Jesu zu folgen: „ ... ihr habt nicht gewollt." Man würde als erste Gerichtsaussage die Erwähnung jener Verweigerer erwarten, die dem Gericht verfallen. Das geschieht nicht sofort, sondern erst nach der Aussage über den Tempel. Das wirkt nachgetragen – als Ergänzung, weil V. 35a dies noch nicht erwähnt hat.

Natürlich macht die vorliegende unmittelbare Aufeinanderfolge von Anklage und Gerichtsankündigung der Tempelzerstörung Sinn, wenn man erkennt, dass der Tempel und sein Kult Israels Heilszuversicht garantiert und die Zerstörung desselben das Heilsvertrauen in Frage stellt. Dieser Sachverhalt lässt auch vermuten, welche besonderen Implikationen die Anklage enthält. Der Sprecher wirft

---

55 Paesler, *Tempelwort* (Anm. 52), 251.
56 Hoffmann, *Studien* (Anm. 54), 178.

Jerusalem und damit Israel vor, sein Heilsvertrauen auf den Tempel zu gründen, nicht aber seinem Versuch einer Sammlung („der Kinder Jerusalems") angesichts der anstehenden Gottesherrschaft Folge zu leisten. Das entspricht im Prinzip der Täuferanklage, sich auf die Abrahamskindschaft zu verlassen, statt Werke der Umkehr zu vollziehen. Sieht man Anklage (13,34) und erste Gerichtsansage (13,35a) in dieser Weise, erscheint ihre Abfolge als plausibel. Gleicherweise aber erweist sich V. 35b als Nachtrag, weil die Tradenten der Gerichtsrede V. 34.35a eine explizite Erwähnung der Angeredeten in der Gerichtsankündigung V. 35a vermissten, was dann V. 35b nachholt. Entsprechendes gilt für die Erwähnung Jesu in der Gerichtsansage, der ja das Subjekt der Anklage in V.34 ist und dessen christologische Karriere man in V. 35b nachträgt.

Q 13,34.35a wird doch wohl ein authentisches Wort Jesu sein, V. 35b dagegen christlicher Zusatz der Q-Tradenten. Dass sich V. 35b kaum als christlicher Zusatz abtrennen lässt, weil die ausführliche Anklage V. 34 eine entsprechende breite Gerichtsankündigung erfordert einschließlich V. 35b[57], leuchtet nicht ein; denn die Unheilsansage an den Tempel V. 35a ist gewichtig genug, um als Folge der Anklage überzeugend zu sein. Ein Haupteinwand gegen die Echtheit von Q 13,34f. liegt in dem Bedenken: Wie hätte Jesus sagen können, er habe oftmals „deine Kinder" (d.h. Jerusalems) sammeln wollen; sie aber hätten nicht gewollt? Die Synoptiker kennen schließlich nur eine Reise Jesu nach Jerusalem; sein Wirken konzentrierte sich aber auf Galiläa.[58] Doch ist dieser Einwand problematisch, weil er zu einseitig „‚deine', nämlich Jerusalems ‚Kinder', mit den Einwohnern Jerusalems identifiziert. Schon Paulus wusste, dass das vielmehr die Kinder Israels, die Israeliten sind (Gal 4,25). So kann also der Text schlicht und einfach bedeuten, dass sich der Sprecher (Jesus) intensiv und ausdauernd um die Kinder Israels bemüht hat ..."[59] Auch der Tempel („euer Haus") ist eher das „Haus" aller Juden als nur der Jerusalemer. So können beispielsweise „Jerusalem" und „Israel" gleichbedeutend nebeneinander stehen (PsSal 11,1.7.8).[60]

Gleichwohl drängt sich eine Erklärung auf, warum die Gerichtsrede Jesu einsetzt mit den Worten: „Jerusalem, Jerusalem ...", obwohl Israel als ganzes gemeint ist: „ ... wie oft habe ich deine Kinder sammeln wollen". Nicht nur die Tatsache, dass die Erwähnung Jerusalems den Gedanken an Israel überhaupt assoziieren lässt, erklärt den Sachverhalt, sondern die schlichte Erkenntnis, dass

---

57 D. Zeller, „Jesus, Q und die Zukunft Israels," in: A. Lindemann (Hg), *The Sayings Source Q and the Historical Jesus* (BEThL 158), Leuven 2001, 351–369: 358 Anm. 29.
58 Vgl. U. Luz, *Das Evangelium nach Matthäus (Mt 18–25)* (EKK I/3), Neukirchen-Vluyn u.a. 1997, 380.
59 Riniker, *Gerichtsverkündigung* (Anm. 31), 419.
60 So auch z.B. Klgl 2,1.5 ff.13; Bar 4,4–8.30–37.

die Gerichtsrede mit der Ankündigung, dass Gott den Tempel verlassen wird, wohl in Jerusalem gesprochen ist. Q 13,34.35a redet konkret die Jerusalemer an, meint aber gleichzeitig die weitgehende Verweigerung Israels gegenüber Jesu Botschaft. Dass damit zwei Gerichtsworte gegen den Tempel auf Jesus zurückgehen, Mk 13,2b bzw. 14,58 und Q 13,34.35a braucht nicht weiter zu erstaunen. Sie stimmen in ihrer Grundaussage überein und machen umso deutlicher, dass die Tempelaristokratie sich genötigt sah, gegen Jesus vorzugehen.

VII

Der Vollzug göttlichen Gerichtshandelns hat mit dem himmlischen Satanssturz begonnen, der das Heil derer meint, die jetzt im Himmel aufgeschrieben sind (Lk 10,18b.20b). Er realisiert sich punktuell auf Erden, wenn Jesus mit dem Finger Gottes Dämonen austreibt (Lk 11,20). Er setzt sich mit der prophetischen Unheilsansage gegen die galiläischen Städte fort, besonders aber in den Worten gegen den Tempel. Von dieser Unheilsperspektive handelt wohl Lk 12,49f., ein Wort allerdings, dessen Interpretation Probleme bereitet:

> Feuer auf Erden anzuzünden, bin ich gekommen,
> und wie wünschte ich, dass es schon brenne ...

Das Wort umschreibt anscheinend Jesu Sendungsauftrag, göttliches Gerichtshandeln gegenüber denen in Gang zu bringen, die sich dem Heilsangebot der Gottesherrschaft verschlossen haben, wobei „Feuer" Gerichtsmotiv ist wie bei Johannes dem Täufer (Q 3,16). Dabei ist nicht nur die Ankündigung des Gerichts gemeint, sondern ihr in der Gegenwart von Jesu Wirken bereits anhebender Vollzug. Ja, man wird die Aussage doch wohl dahingehend zuspitzen dürfen, dass Jesu Sendung mit ihrer Gerichtsansage ansatzweise das in Gang bringt, was nach Johannes dem Täufer Aufgabe des „Feuerrichters", d. h. Gottes ist (Q 3,16). Dabei ist auf den Kontrast in der Bildsprache von Vor- und Nachsatz V. 49a und V. 49b zu achten, um das Verhältnis zwischen Jesu Tätigkeit und derjenigen Gottes, ausgedrückt durch das Passivum divinum, zu bestimmen. Es geht um die Spannung zwischen dem Einsatz Jesu und der Vollendung durch Gott: Jesu Aufgabe ist es, das Gerichtsfeuer auf Erden anzuzünden (V. 49a) – sein Wunsch geht dahin, dass es lichterloh brennen möge, weil Gott es seinerseits umfassend entfacht hat (V. 49b). Thematisiert ist also die Spannung zwischen Jesu punktuellem Wirken in seinen Gerichtsworten und dem endgültigen Gericht Gottes. Die Bedeutung von ἀνήφθη im Sinne der noch ausstehenden Vollendung durch Gott ergibt sich auch aus der Parallelität mit dem entsprechenden Verbum τελεσθῇ in V. 50, wo es um den endgültigen Vollzug der „Taufe" an Jesus geht. Das heißt also: Das umfassende eschatologische Gericht Gottes steht noch aus, in Jesu Unheilsansage, in seinen Gerichtsworten wird es jedoch punktuell in prophetischem Vorgriff initiiert. Darin entspricht Lk 12,49 im Prinzip dem, was Lk 11,20 als Funktion Jesu bestimmt, dass gerade in seinem Wirken die Gottesherrschaft ankommt, dementsprechend aber auch das Unheil göttlichen Gerichtsfeuers, sofern die Menschen sich dem Heil versagen. „Feuer anzünden" hat dabei eine metaphorische Komponente, wie schon prophetische Texte des AT sie enthalten (z. B. Jes 30,27f.; 66,15f.; Nah 1,6; Ez 21,36; Mal 3,19).

Schwierig zu verstehen ist die Fortsetzung des zitierten Wortes in Lk 12,50, die Jesu Gerichtsauftrag auf der Erde mit der Verpflichtung parallelisiert, ein „Untertauchen" auf sich zu nehmen,[61] das er dringlich herbeiwünscht: „ … wie drängt es mich, bis es endlich vollzogen ist." Es geht um das Verlangen Jesu, dass Gott das „Untertauchen" bei ihm vollzieht (vgl. das Passivum divinum τελεσθῇ).[62] Die Parallelität von V. 49 und 50 zeigt sich formal darin, dass jeweils ein Aussagesatz mit einem persönlichen Ausruf, eingeleitet durch eine Fragepartikel, kombiniert ist. Inhaltlich erweist sich der Text wohl als zusammengehöriger Doppelspruch[63], der Jesu Sendung mit dem Gerichtsfeuer charakterisiert und Jesu Geschick dabei als einen Aspekt desselben ansieht. Es geht um Jesu Wunsch, dass Gott sein Gerichtshandeln vollendet, sei es an den Erdenbewohnern (V.49), sei es auf geheimnisvolle Weise an Jesus selbst (V. 50). Beide Male handelt es sich letztlich um eine besondere Konkretisierung dessen, was die zweite Vaterunser-Bitte von Gott erfleht: „Deine Herrschaft komme!" (Lk 11,2). Beide Male, beim „Feuergericht" wie dem „Untergetaucht-werden" geht es um ein vergleichbares Motiv, wobei die Aussagen von V. 49 (Feuer) und V.50 (bedrohliche Wasserflut) einander „zu einer Einheit" ergänzen, so dass man sagen konnte, das „Feuer" sei „ein Gerichtsgeschehen, in das Jesus selbst einbezogen ist"[64], etwa durch die Möglichkeit seines Todes. Lk 12,50 wäre allerdings nicht die letzte Aussage Jesu über sein Geschick gewesen, wie die Ankündigung Mk 14,25 zeigt, die gleichzeitig eine verhüllte Todesansage wie eine Vollendungsverheißung darstellt.

---

61 „Untertauchen" ist wohl eine Metapher für „das Versinken des Menschen im Unheil" (so G. Delling, „Βάπτισμα βαπτισθῆναι," in: ders., *Studien zum Neuen Testament und zum hellenistischen Judentum*, Ges. Aufsätze, Göttingen 1970, 236–256: 245, mit Verweis auf Aussagen über die Wasserflut als Metapher für die Bedrängnis des Beters in 2Sam 22,5; Ps 69,2f; 42,8).
62 M. Wolter, *Das Lukasevangelium* (HNT 5), Tübingen 2008, 469. Es geht hier nicht um die Angst vor dem Geschehen, sondern darum, dass Gott es möglichst schnell vollziehen möge.
63 So mit Recht Delling, Βάπτισμα (Anm. 61), 246–250.
64 Delling, a.a.O. 250. Ihm folgend Luz, „Warum zog Jesus" (Anm. 49), 424f.

Umstritten ist die Frage, ob Lk 12,49f. als ganzes ein authentisches Jesuswort darstellt.[65] Dafür spricht ein Doppeltes. Beide Ausrufsätze (V. 49b und 50b) drücken das Verlangen aus, Gott möge sein Gerichtshandeln vollenden; sie entsprechen inhaltlich der Vaterunser-Bitte an Gott: „Deine Herrschaft komme!" Darüber hinaus passt V. 49 insofern zur Verkündigung Jesu, als die Aussage wie Lk 11,20 voraussetzt, dass Gott sein endgültiges Gerichtshandeln durch den Repräsentanten der Gottesherrschaft durchsetzen will. Die Aussagen unterscheiden sich nur darin, dass Lk 11,20 implizit davon ausgeht, die Zuhörer würden Jesu Verkündigung vom weltordnenden Handeln Gottes annehmen und deshalb auf der Heilsseite zu stehen kommen, Lk 12,49 dagegen das Gerichtsfeuer als Reaktion auf die Verschlossenheit kennt, die das vorfindliche Israel in weiten Kreisen dem Heilsangebot der Gottesherrschaft gegenüber gezeigt hat.

Trotz dieser Argumente bleibt besonders Lk 12,50 ein schwierig zu deutendes Wort. Entscheidend aber könnte die Erkenntnis sein, dass die Ausrufe in den beiden parallelen Nachsätzen V. 49b und 50b, die den Wunsch nach dem baldigen Vollzug göttlichen Gerichtshandelns zum Ausdruck bringen (aber nicht die Angst davor explizieren in V.50b), nicht im christlichen Sinne christologisch akzentuiert sind. Sie erwarten wie die zweite Vaterunser-Bitte Jesu das Eingreifen Gottes, nicht dasjenige Christi als des kommenden Herrn (vgl. das Maranatha). Lk 12,49f. ist deshalb als Jesuswort verständlich, nicht als urchristliche Bildung. Das Wort weist (wie wohl die authentischen Gerichtsworte Jesu) ans Ende seines irdischen Wirkens, als die Ablehnung seiner Botschaft immer deutlicher zu werden schien.

VIII

Jesu Gerichtsreden gegen die galiläischen Städte oder den Tempel in Jerusalem sind geprägt von der grundsätzlichen Überzeugung, Gott würde mit Hilfe eines endgültigen Gerichtshandelns seine universale Ordnung auf Erden durchsetzen, nur dass für die davon betroffenen Menschen ein unterschiedliches Geschick einhergeht. In Jesu Perspektive bedeutet die Vision vom Satanssturz, dass der himmlische Ankläger entmachtet und Gott zum Heil seines Volkes entschlossen ist (Lk 10,18.20b). Doch setzen die genannten Gerichtsreden voraus, dass das vorfindliche Israel sich dem Heil der Gottesherrschaft weitgehend verweigert hat. Angesichts dieser Diskrepanz drängt sich die Frage geradezu auf, wie Jesu das

---

65 Vgl. dazu Luz, „Warum zog Jesus", 422–425. Die Deutung des „Feuers" auf den Geist des Pfingstgeschehens (Apg 2,3) und damit die nachösterliche Bildung von 12,49 ist nicht wahrscheinlich, da „Feuer" hier negativ im Sinne des Gerichtsgeschehens konnotiert ist (vgl. aber Wolter, *Lukasevangelium* [Anm. 62], 469).

eschatologische Schicksal Israels gesehen hat. Bei dem Versuch einer Antwort hat man von der Berufung des Zwölferkreises der Jünger auszugehen, der sicherlich eine vorösterliche Erscheinung ist, der Initiative Jesu entstammt (Mk 3,14f.) und im Osterbekenntnis 1Kor 15,3–5 bereits vorausgesetzt ist. Bedeutungsvoll ist dabei die Zwölfzahl, die auf die Vorstellung von Israel als Zwölf-stämmevolk Bezug nimmt. Wenn Jesus zwölf Jünger in die besondere Nachfolge ruft, so soll diese Zeichenhandlung signalisieren, dass Jesu Heilsbotschaft ganz Israel zugedacht ist. Israel aber hat sich zum großen Teil verweigert, wie die genannten Gerichtsreden erkennen lassen.

Eine Antwort auf das sich stellende Problem könnte das allerdings höchst umstrittene Israel-Logion geben, das wohl den Schluss der Spruchquelle bildet, dessen Rückführung auf den historischen Jesus allerdings nicht sicher ist und dessen Heils- oder Unheilsaussage über Israels Geschick davon abhängt, ob man das entscheidende Verbum mit „richten" oder „herrschen" zu übersetzen hat (Q 22,28.30):

> Ihr ..., die ihr mir nachgefolgt seid, werdet ... auf Thronen sitzen und die zwölf Stämme Israels richten.

Vor einer Überbewertung des Israel-Logions für die Frage nach Israels Zukunft warnt die Einsicht, dass das Logion primär eine Verheißung für die Jünger und deren eschatologische Vollmacht macht, weniger den Ton auf die Folge für Israel legt. Andererseits ist nicht zu leugnen, dass doch wohl die Sammlung der zerstreuten Stämme vorausgesetzt scheint: Sie sind das Gegenüber der Jünger Jesu, die über sie herrschen bzw. sie richten werden. Doch muss man beim „Richten" der Jünger gar nicht so alternativ interpretieren. Es muss nicht ein Strafgericht sein. Berücksichtigt man die Aufgabe des Messias, Israel zu sammeln und die Stämme des Volkes zu richten (PsSal 17,26.43), meint das fragliche Verbum „ein königliches Regieren in Gerechtigkeit, das die Möglichkeit des Richtens einschließt, aber grundsätzlich positiv zu verstehen ist."[66] Dieser Deutung des Logions auf eine königliche Herrschaft der Jünger hat man die Interpretation entgegengehalten, wonach im Israel-Logion die Vorstellung vom apokalyptischen

---

[66] G. Theißen, „Gruppenmessianismus. Überlegungen zum Ursprung der Kirche im Jüngerkreis," in: ders., *Jesus als historische Gestalt* (FRLANT 202), Göttingen 2003, 255–281: 267, ähnlich H. Roose, *Eschatologische Mitherrschaft. Entwicklungslinien einer urchristlichen Erwartung* (NTOA 54), Göttingen/Fribourg 2004, 53–57.

Gericht der Gerechten über die Ungerechten aufgegriffen sei, was letztlich im Sinne eines Strafgerichtes zu verstehen wäre.[67]

Dieser Deutung des fraglichen Verbums κρίνειν ist aber zu widersprechen, insofern zahlreiche Septuaginta-Stellen die Bedeutung „Recht verschaffen" oder „Durchsetzen der Rechtsordnung Gottes" in Israel aufweisen.[68] Im übrigen könnte die Verbindung von Stämmen Israels und Thronen in Q 22,28.30 durch Ps 122,5 bedingt sein.[69] Denn nach Ps 122,4 wallfahren die Stämme nach Jerusalem: „ ... dort standen Throne zum Gericht, Throne des Hauses Davids." (122,5). Das hier erwähnte Gericht ist kein Strafgericht, sondern bringt Frieden und Heil für Israel (V. 6–9). Q 22,28.30 dürfte auf dem Hintergrund von Ps 122 deshalb eine Heilsaussage für die Jünger Jesu enthalten, die für das Eschaton die Durchsetzung der Rechtsordnung unter den Stämmen Israels sichern. Ob dieses Wort dem historischen Jesus zuzusprechen ist, ist unsicher. Ob es nur „wegen des kompensatorischen Charakters" Jesus abzusprechen ist,[70] leuchtet nicht ein (vgl. Lk 12,8 f.). Ein Problem bleibt aber die sachliche Differenz gegenüber den Gerichtsreden gegen die „galiläischen Städte" (Q 10,13–15) oder „diese Generation" (Q 7,31–34; 11,31 f.). Doch ist dieser mögliche Widerspruch nicht überzuberwerten; denn der Ausdruck „diese Generation", der die Generation vor dem eschatologischen Ende meint, lässt sich nicht einfach mit Israel als ganzem identifizieren. Die Erinnerung an die Patriarchen Abraham, Isaak und Jakob in Q 13,29.28 oder die jüdischen Märtyrer ist zudem ein Hinweis auf ein ganz anderes Israel als das gegenwärtige, das sich Jesus verweigert hat, d. h. das Israel der vollendeten Gottesherrschaft.[71]

---

67 Z.B. D. Zeller, „Jesus, Q und die Zukunft Israels," in: A. Lindemann (Hg.), *The Sayings Source Q and the Historical Jesus* (BEThL 158), Leuven 2001, 351–369: 363.
68 Bezogen auf den König: Ps 71,2 LXX; bezogen auf die Gestalt der Richter in Israel: LXX Ri 3,10; 10,2.3; 12,7.9.14; 15,20a; 1Reg 4,18; für den Makkabäer Jonathan 1Makk 9,73.
69 Theißen, „Gruppenmessianismus" (Anm. 66), 268.
70 Zeller, „Zukunft Israels" (Anm. 67), 364.
71 Q 13,29.28 bereitet allerdings erhebliche Interpretationsprobleme. Ursprüngliche Q-Formulierung dürfte dabei in Mt 8,12 erhalten sein. „Die Söhne des Reiches" in Mt 8,12 ist trotz Mt 13,38, wo der Ausdruck wiederkehrt, nicht matthäische Redaktion, vielmehr scheint Matthäus den Ausdruck in 13,38, angeregt durch 8,12, wiederaufzunehmen, allerdings in anderer Bedeutung, jetzt bezogen auf die Christen. In Lk 13,28 erweist sich die Anrede in der 2. Person „ihr" als redaktionell, weil durch den Kontext bedingt, in den das Wort durch Lukas zum Zweck der durchgehenden Anrede in der 2. Person eingefügt ist. Ist also die Mt-Fassung am ehesten die ursprüngliche Q-Fassung und geht das Wort in dieser Form auf Jesus zurück, sind „die Söhne des Reiches" nur die fiktiven Adressaten, über die geredet wird. Die wirklich intendierten Adressaten dürften die Jünger Jesu sein, die tatsächlichen Zuhörer der Rede Jesu (vgl. dazu Wolter, „Gericht und Heil" [Anm. 11], 382). Der Ausdruck „die Söhne des Reiches" meint dabei Israel, das der eigentliche bzw. ursprüngliche Ansprechpartner der von Jesus proklamierten Gottesherrschaft ist. Doch will das Wort nicht (als prophetisches Machtwort) Israel dem eschatologischen Unheil

Der mögliche Widerspruch würde ganz entfallen, falls das Israel-Logion zeitlich vor jenen Gerichtsreden gesprochen wäre, die ans Ende der Wirksamkeit Jesu gehören und auf die weitgehende Ablehnung reagieren. Doch ist dies unwahrscheinlich, weil das Israel-Logion die eschatologische Zusage an die Jünger aufgrund ihres lange bewiesenen Beharrens in der Nachfolge Jesu zu machen scheint.

In der Tat könnte die Verheißung an die Jünger gerade in den letzten Tagen Jesu erfolgt sein. Jesus selbst hat mit Mk 14,25 eine verhüllte Todesprophetie ausgesprochen, gleichzeitig aber eine Vollendungsansage für seine Person gemacht, die seine Teilnahme am eschatologischen Mahl der vollendeten Gottesherrschaft impliziert. Er hat für sich mit einer neuen Tischgemeinschaft im Eschaton gerechnet. In diesem sachlichen und auch zeitlichen Kontext wird die Verheißung an die Jünger im Israel-Logion ihren Ort haben. Sie konkretisiert dann im Blick auf den Zwölferkreis, was die Verheißung Lk 12,8 für diejenigen aussagt, die sich zu Jesus vor den Menschen bekannt haben. Sie ordnet und bestimmt die zukünftige Rolle der Jünger – sozusagen als testamentarische Verfügung. Dabei ist eines noch gesondert zu beachten: Hat Jesus trotz möglichen Todes seine Teilnahme am eschatologischen Heilsmahl der Gottesherrschaft erwartet (Mk 14,25), dann hat er selbstverständlich auch mit Mahlgenossen gerechnet. Das werden nicht nur die Patriarchen und jüdische Märtyrer gewesen sein (vielleicht auch Angehörige der Völker Q 13,29.28), sondern gerade die Jünger und ihr Gegenüber, das eschatologische Israel, auch wenn dies menschliche Vorstellungskraft sprengen mochte.

Die eschatologische Heilswende, die der Visionsbericht Lk 10,18 anzeigt, ist trotz aller Widerstände für Jesus unaufhaltsam. Dass dies auch für die Zwölf galt, beweist der nach Jesu Hinrichtung alsbald entstehende Osterglaube, wonach Christus auferweckt wurde am dritten Tag, erschienen dem Kephas und den Zwölfen (1Kor 15,3–5). Jesus hatte die Jünger aufgefordert, um das Kommen der Gottesherrschaft zu beten (Lk 11,2), d. h. Gott um die Verwirklichung der endgültigen Heilswende zu bitten, die sich im Zuge seiner eschatologischen Theophanie realisieren würde. Diese Theophaniehoffnung blieb für die Jünger trotz des Todes Jesu wirksam. Ja, sie erfüllte sich auf ganz überraschende Weise, wenn der Osterglaube die erwartete Theophanie Gottes in Gestalt der Christophanie Jesu

---

preisgeben, wie dies wohl die Gerichtsworte an die galiläischen Städte beabsichtigen, da es gar nicht unmittelbar an Israel gerichtet ist. Es will eher die Verunsicherung von Jüngern Jesu abfangen, die sich angesichts der Ablehnung Jesu durch Israel einstellen musste. Ihnen wird durch den Blick auf das drohende Unheilsgeschick Israels indirekt bestätigt, dass sie durch die Annahme der Botschaft Jesu auf der Heilsseite zu stehen kommen.

erfuhr.[72] Jesus hatte sich den Jüngern als der entscheidende Repräsentant der Gottesherrschaft gezeigt, wenn er „mit dem Finger Gottes" die Dämonen austrieb (Lk 11,20). Bekannte sich Gott aber zu seinem irdischen Agenten, indem er ihn trotz Tod rehabilitierte, dann konnte dies in den Augen der Jünger bedeuten, dass mit Ostern der irdische Repräsentant der Gottesherrschaft zum himmlischen avancierte. Gottes Heilsangebot an Israel, das im Wirken des irdischen Jesus offenbar wurde, war durch den Tod Jesu nicht aufgehoben, vielmehr setzte es sich in der nachösterlichen Mission der Jünger fort (vgl. die Spruchquelle Q), auch wenn „dieses Geschlecht" sich weiterhin verweigerte.

---

72 Näheres dazu U.B. Müller, „Auferweckt und erhöht" (Anm. 33), 201–220.

Auferweckt und erhöht

Zur Genese des Osterglaubens

Die Frage nach der Entstehung des Osterglaubens ist ein historisch schwer lösbares Problem, insofern die Aussagen über Jesu Auferstehung und Erscheinung sich als „ein urchristliches Proprium" erweisen, das sich religionsgeschichtlich nicht einfach erklären lässt.[1] So zeigen die ältesten Formulierungen von Jesu Auferweckung keine direkte Verbindung mit der jüdischen Überzeugung von der endzeitlichen allgemeinen Totenauferweckung, wie man meint.[2] Besonders bei den in der alten Glaubensformel 1Kor 15,3–5 erwähnten Erscheinungen des Auferstandenen ist zu fragen, ob hier nicht „ein religionsgeschichtliches Unikat" vorliegt.[3] Jedenfalls bieten antike Texte aus griechisch-römischem Bereich keine Parallelen zu Erscheinungen Verstorbener, die eine Auferstehung bestätigen.[4] Auch für jüdische Tradition ist ein entsprechender Zusammenhang kaum präformiert. Im Traumgesicht 2Makk 15,12–16 erscheinen der (verstorbene) Hohepriester Onias und der Prophet Jeremia als Fürbitter vor Gott, letzterer in hoheitlichem Glanz. Doch zeigt die Vision, „daß sie bei Gott sind, nicht aber, daß sie auferweckt wurden".[5]

Diese Einwände sind insgesamt ernst zu nehmen. Die Erscheinungen des Auferstandenen mögen „ein religionsgeschichtliches Unikat" sein. Doch befreit diese Einsicht den Exegeten nicht von der Aufgabe, die traditionellen Voraussetzungen zu untersuchen, die zu diesem einzigartigen (aber deshalb noch nicht analogielosen) Geschehen geführt haben, das in dem Bekenntnis gipfelt: „Der Herr ist wirklich auferweckt und dem Simon erschienen" (Lk 24,34).

Zu diesen Voraussetzungen gehört sicherlich die Besonderheit des Wirkens des historischen Jesus. Es besteht wohl „kein prinzipieller Unterschied zwischen einem vorösterlichen Jesus und seiner nachösterlichen Deutung" und „die Aussagen über seine Auferstehung und Erhöhung basieren auf Erfahrungen, die von seinem irdischen Wirken ausgegangen sind."[6] Bei den vorösterlichen wie den nachösterlichen Überlieferungen über Jesus geht es jeweils um den erinnerten

---

1 M. Karrer, *Jesus Christus im Neuen Testament* (GNT 11), Göttingen 1998, 36.
2 Karrer, *Jesus Christus*, 29.
3 D. Zeller, „Erscheinungen Verstorbener im griechisch-römischen Bereich," in: R. Bieringer et al. (Hg.), *Resurrection in the New Testament*. FS J. Lambrecht, (BEThL 165), Leuven/Paris 2002, 1–19: 1.
4 Zeller, „Erscheinungen", 4.19.
5 Zeller, „Erscheinungen", 1.
6 J. Schröter, *Jesus von Nazaret. Jude aus Galiläa – Retter der Welt* (BG 15), Leipzig 2006, 299.

bzw. gedeuteten Jesus („the remembered Jesus") und so auch bei den letzteren um die Nachwirkung des irdischen Jesus: „Auferstehung" ist dann „the crystallization of that impact."[7] Gleichwohl stellt sich die dringliche Frage, warum die Jünger angesichts des Kreuzestodes Jesu die Sache Jesu nicht aufgegeben haben.[8] Eine Antwort wird sich nur finden lassen, wenn die Verkündigung Jesu selbst Hinweise gibt, warum Jesu Jünger die Krisenerfahrung des Todes Jesu bewältigen konnten.

I

Bei der Frage nach der Entstehung des Osterglaubens ist man auf die alte vorpaulinische Glaubensformel 1Kor 15,3–5 verwiesen, die neben der Aussage von der Auferweckung Jesu den Erscheinungshinweis bietet: Christus „erschien dem Kephas, dann den Zwölfen." Am ehesten ist hier der Schlüssel zur Erkenntnisfrage zu finden, wie denn die mit Ostern gelungene Bewältigung der Krisenerfahrung des Kreuzestodes Jesu erfolgt ist.[9]

Man wird der anerkannten Zweiteilung des Textes der Glaubensformel folgen können. Zwei zentrale Aussagen („gestorben" – „auferweckt") werden durch kurze Feststellungen ergänzend bestätigt („begraben" – „erschienen dem Kephas"). Dabei soll die Begräbnisaussage nicht nur die Realität des Todes Jesu bestätigen, die ja von niemandem bestritten wurde. Sie hat eine Art Brückenfunktion

---

7 J.D.G. Dunn, *Jesus Remembered. Christianity in the Making*, vol. 1; Michigan/Cambridge 2003, 827. In der Diskussion mit N.T. Wright stellt J.D. Crossan heraus, dass gerade der irdische Jesus und seine eschatologische Verkündigung jenen „leap of faith" des Osterglaubens ermöglicht haben, nicht das Schicksal des Leichnams Jesu, so in dem Beitrag N.T. Wright and J.D. Crossan, „The Resurrection. Historical Event or Theological Explanation? A Dialogue," in: *The Resurrection of Jesus. J. D. Crossan and N. T. Wright in Dialogue* (Minneapolis 2006), 16–47, bes. 26.33.
8 Die besondere Todesart Jesu, die Kreuzigung, musste nicht jene deprimierende Wirkung auf die Jünger gehabt haben, wie man meint, wenn man auf die zeitgenössische Deutung von Dtn 21,23 verweist, wonach ein Gekreuzigter von Gott verflucht sei. Die Kreuzigung impliziert nicht automatisch den Gedanken der Verfluchung. Wenn fromme Juden durch die Römer gekreuzigt wurden, dachte man nicht an Verfluchung (*AssMos* 6,9). Gleiches gilt für jene Frommen, die sich zur Beschneidung bekannten und vom endzeitlichen Widersacher gekreuzigt wurden (*AssMos* 8,1). Vgl. dazu U.B. Müller, *Die Entstehung des Glaubens an die Auferstehung Jesu* (SBS 172), Stuttgart 1998, 10.
9 Die sog. partizipialen Gottesprädikationen (Röm 4,24; 8,11a.b; 2Kor 4,14; Gal 1,1; Kol 2,12b), die als sehr alte Osterüberlieferung gelten, lassen nicht erkennen, wie die Gemeinden zu solchem Bekenntnis veranlasst wurden.

zwischen der Todes- und der Auferweckungsaussage.¹⁰ Sie wird der Überzeugung der Jünger gerecht, dass es sich bei der Auferweckung um die leibliche Auferstehung aus dem Grab handelt,¹¹ ohne dass die Formel eine unmittelbare Anspielung bzw. einen direkten Reflex der erzählten Überlieferung des leeren Grabes enthält (Mk 16,1–8).¹² Zentral ist die Auferweckungsaussage, die aufgrund der Grundstruktur der Glaubensformel durch den Verweis auf die Erscheinungen eine Bestätigung findet.

Nach verbreiteter Meinung ist ὤφθη mit Dativ der Person deponential im Sinne „er ließ sich sehen" – „er erschien" zu deuten. Die Wendung greift den biblischen Ausdruck für das Erscheinen Gottes oder seines Boten (Engels) auf (z. B. Gen 12,7; 17,1; 18,1; 35,9; Ex 3,2; Ri 6,12; 13,3) und enthält gerade in der LXX ein stark visuelles Element (so aber schon in MT: Gen 18,1–15; 32,31; 33,10), was auf den Gebrauch und den Sinn der Glaubensformel eingewirkt haben wird.¹³ Das visuelle Moment ist gerade auch beim neutestamentlichen Gebrauch des Erscheinungsbegriffes vorhanden, wenn Paulus in 1Kor 15,8 sagt: Christus „erschien auch mir", während 1Kor 9,1 dasselbe Geschehen umschreibt: „Habe ich nicht Jesus, unseren Herrn, gesehen?"

Umstritten ist, in wieweit der Ausdruck „er erschien" aufgrund seiner Aufnahme des traditionellen Theophanie- bzw. Epiphaniebegriffs einen bewusst theonomen Inhalt besitzt. „Er erschien" impliziere bereits die Erhöhung in den Himmel und zwar „zu einem höchst aktionsmächtigen Status."¹⁴ Dagegen scheint zu sprechen, dass allein der fragliche Ausdruck diesen Schluss nicht erlaubt, da dieser als Epiphaniebegriff Erscheinungen verschiedener Art bezeichnen kann.¹⁵ Gleichwohl legt der in der Formel auftauchende Gebrauch des Perfekts bei ἐγήγερται die Schlussfolgerung nahe, dass der Auferweckte als der gegenwärtig Le-

---

10 M. Hengel, „Das Begräbnis Jesu bei Paulus und die leibliche Auferstehung aus dem Grabe," in: F. Avemarie / H. Lichtenberger (Hg.), *Auferstehung – Resurrection*, (WUNT 135), Tübingen 2001, 119–183: 131.
11 Hengel, „Begräbnis", 176.
12 D. C. Allison, *Resurrecting Jesus. The Earliest Christian Tradition and Its Interpreters*, New York/London 2005, 299–337, betont, dass die Annahme des leeren Grabes für die frühen Christen historisch vorausgesetzt ist. Ohne Kenntnis des leeren Grabes hätten die Erscheinungen nicht zum Glauben an die Auferweckung Jesu, sondern eher zur Annahme der Entrückung geführt. In seinem großen Werk N.T. Wright, *The Resurrection of the Son of God* (Minneapolis 2003) betont Wright die theologische Bedeutung der leiblichen Auferstehung Jesu und die Historizität des leeren Grabes.
13 P. Hoffmann, *Der Glaube an die Auferweckung Jesu in der neutestamentlichen Überlieferung. Studien zur Frühgeschichte der Jesus-Bewegung* (SBAB 17), Stuttgart 1994, 188–256: 215f.
14 A. Vögtle / R. Pesch, *Wie kam es zum Osterglauben?*, Düsseldorf 1975, 58.
15 Zeller, „Erscheinungen", 3.

bende und damit doch als der Erhöhte bekannt wird und als dieser den Jüngern „erscheint".¹⁶ Wegen des visuellen Moments, das die sprachliche Form „er erschien" in 1Kor 15,3–8 enthält, erscheint der verbreitete Rückschluss auf visionäre Erfahrungen der Jünger als berechtigt. Allerdings regt sich hier insofern Widerstand, als gesagt wird: „Die ‚Erscheinungen' des Auferstandenen müssen für die ersten Zeugen eine über bloße Visionen hinausgehende, ‚einzigartige' ... Qualität besessen haben."¹⁷ Dieser Einwand wird in gewissem Sinne richtig sein, wenn man bedenkt, dass die Erscheinungen für die Jünger wohl die Schau des in leiblicher Gestalt Auferstandenen bedeutet haben, wie die Begräbnisaussage, die parallel zur Erscheinungsaussage steht, nahe legt (1Kor 15,3–5). Gleichwohl liegt bei diesem kritischen Verweis auf „bloße" Visionen wohl ein Missverständnis dessen vor, was mit den als Visionen verstandenen Erscheinungen gemeint ist. Bei den besonderen Erfahrungen der Jünger wird man nicht streng getrennt von „bloßen" Visionen einerseits und eventuellen theologischen Schlussfolgerungen andererseits sprechen dürfen. „Wir sind von vornherein gehalten, ‚Vision' (als ‚Widerfahrnis') und ‚Deutung' (als ‚Interpretation') in einem komplexen Feld zusammenzusehen ... Visionen arbeiten ja generell innerhalb eines traditionellen Symbolsystems und mutieren diese Elemente zu einer neuen Konfiguration."¹⁸ Das heisst dann: Schon bei der Entstehung von visionärer Kommunikation sind bestimmte Deutekategorien mitbeteiligt, die menschliche Erfahrungen strukturieren helfen. Eine Deutung tritt nicht erst wie etwa beim Traum nachträglich an die Vision heran, sondern ist schon bei ihrem Zustandekommen mit im Spiel.¹⁹ Jesu Jünger waren mit der Krisenerfahrung des Todes Jesu konfrontiert. Eben hier wird Religion in Gestalt ihrer Deutesysteme wirksam. Eine Tradition scheint besonders wirksam gewesen zu sein – jene Vorstellung, die mit der alttestamentlichen Formel vom Erscheinen Gottes verbunden ist und in 1Kor 15,3–5 der Bekräftigung der Auferweckungsaussage dient. Die visionäre Erfahrung der Jünger (Christus „ist erschienen") wird dabei nicht ein gesondertes Erlebnis gewesen sein, das danach erst der entscheidenden Deutung bedurft hat. Vielmehr hat man damit zu rechnen, dass vor Ostern die Deutung „Jesus ist auferweckt" als Möglichkeit bereitlag und in der visionären Kommunikation („er erschien") sich zur gewissen Überzeugung konkretisierte.

Nicht ein von außen kommender Impuls wird die kreative Bewältigung der Krisenerfahrung des Kreuzestodes Jesu ermöglicht haben, sondern das beson-

---

[16] A. Lindemann, *Der Erste Korintherbrief* (HNT 9/I), Tübingen 2000, 331f.
[17] Hengel, „Begräbnis Jesu", 177.
[18] S. Vollenweider, „Ostern – der denkwürdige Ausgang einer Krisenerfahrung," in: ders., *Horizonte neutestamentlicher Christologie* (WUNT 144), Tübingen 2002, 105–123: 115.
[19] Vollenweider, „Ostern", 115.

dere, ja neue Gottesverständnis, das Jesus seinen Jüngern vermittelt hat. Es geht um die Ankunft der jetzt schon geschehenden Gottesherrschaft auf Erden. Für Jesus selbst wird die Vision vom himmlischen Satanssturz der Anstoß gewesen sein, die sich abzeichnende Heilswende zu verkünden. Jedenfalls kann er seinen Zuhörern zurufen (Lk 10,18+20b):[20]

> Ich sah den Satan wie einen Blitz aus dem Himmel stürzen ...
> Freut euch, das eure Namen im Himmel (jetzt) aufgeschrieben sind.

Die Jünger haben angesichts der Heilswende mit ihren Augen und Ohren sehen und hören können, was die in der Gegenwart bereits anbrechende Gottesherrschaft an Heil bedeutet (Q 10,23 f.). Die Seligpreisungen Q 6,20 f. sprechen Armen, Hungernden und Weinenden gegenwärtig zu, dass die Gottesherrschaft ihre Not aufheben wird. Jesu Exorzismen gelten ihm als hier und jetzt ankommende Realisierung der Herrschaftsmacht Gottes, und als diese, d.h. „mit dem Finger Gottes" (Ex 8,15) gewirkt, macht er sie seinen Zeitgenossen evident (Lk 11,20). In Jesu Gastmählern mit den Marginalisierten, mit Zöllnern und Sündern, erfolgt deren Aufnahme in die Gottesherrschaft. Mit der erzählerischen Vermittlung der Gleichnisse bringt Jesus die Gottesherrschaft den Menschen durch die Kraft der Sprache nahe. Mit dem Anbruch der Basileia Gottes ist das ganz Neue, die Schwelle zur eschatologischen Heilswende erreicht, so dass der Satz gilt: „Siehe, mehr als Salomo ist hier" – „Siehe, mehr als Jona ist hier." (Q 11,31–32). Zusammenfassend lässt sich feststellen: „Von fundamentaler Bedeutung war jener alle Negativität überwältigende Überschuß an Heilsgewinn, der in Jesu Worten und Taten zum Ausdruck kam, insofern in ihnen Gottes eschatologischer Herrschaftsantritt Gestalt annahm, so sehr angesichts aller Widerstände und Zweideutigkeiten dieser Unheilswelt das Reich Gottes der Vollendung erst noch entgegenging."[21] Damit aber ist bereits in Jesu Auftreten eine kreative Spannung

---

20 Zu dieser Rekonstruktion des ursprünglichen Jesuswortes vgl. M. Theobald, „‚Ich sah den Satan aus dem Himmel stürzen ...' Überlieferungskritische Beobachtungen zu Lk 10,18–20," *BZ NF* 49 (2005), 174–190.

21 Müller, *Entstehung*, 69 f. Die vorliegende Untersuchung konzentriert sich auf die Protophanie vor Kephas und den Zwölfen (1Kor 15.3–5). Daneben existiert eine alte Tradition von der Auffindung des leeren Grabes durch die Frauen um Maria Magdalena (Mk 16,1–8; Joh 20,11–18). Danach wären diese Frauen die ersten Zeuginnen der Auferstehung. Zu bedenken ist etwa das folgende Argument: „It is far likelier that a prominent role of women, particularly of Mary of Magdala, was later suppressed, than that such a tradition was a later accretion" (A.J.M. Wedderburn, *Beyond Resurrection* [London 1999], 60). Diese Sondertradition ist jedoch historisch nur schwer aufzuhellen, auch wenn ernsthafte Gründe für die Historizität des leeren Grabes sprechen (Allison, *Resurrecting Jesus*, 299–337). Wäre Maria Magdalena erste Erscheinungszeugin, so wäre

mitgesetzt, die in besonderer Weise zur Auflösung kommen musste. Der kreative „Überschuss" an Heil in der hereinbrechenden Gottesherrschaft wird der eigentliche Grund sein, der das Ostergeschehen ermöglichte.

II

Anhand von Lk 11,20 zeigt sich beispielhaft Jesu Überzeugung, dass mit seinen in der Macht Gottes gewirkten Exorzismen die Gottesherrschaft bei den Menschen angelangt ist. Durch den Gebrauch des Verbums ἔφθασεν betont Jesus geradezu „den Epiphaniecharakter" der Gottesherrschaft „hier und jetzt in seinem exorzistischen Handeln", wobei der Verweis auf den „Finger Gottes", die je punktuelle Form dieser Ankunft unterstreicht.[22] In Jesu Handeln ist die Gottesherrschaft schon „mitten unter euch", wie es in Lk 17,21 heißt. In bezeichnendem Kontrast dazu lauten die beiden ersten Bitten des Vaterunsers (Lk 11,2):[23]

> Geheiligt werde dein Name,
> es komme deine Herrschaft!

Gerade bei der zweiten Bitte geht es um die endgültige Durchsetzung der Gottesherrschaft, wobei wohl beide Du-Bitten wegen ihrer Parallelität eschatologisch ausgerichtet sind. Wichtig ist das Folgende: Jesus redet von der Gottesherrschaft so, dass er sie zum Subjekt von Verben der Bewegung macht: Sie ist „angekommen" (Lk 11,20) bzw. „genaht" (Mk 1,15). Besonders gilt dies von der zweiten Du-Bitte „Es komme deine Herrschaft", die wegen ihrer für Jesus charakteristischen Redeweise („Gottesherrschaft" mit einem Verb der Bewegung) keinesfalls dem historischen Jesus abzusprechen ist. Dabei wird man damit zu rechnen haben, dass bei der zweiten Bitte Theophanietradition wirksam ist,[24] ob man an Theophanieschilderungen denkt (z. B. *äthHen* 1,3–9; 25,3; *AssMos* 10,3.7; *Sib* 3,49.91) oder an ausdrückliche Theophaniebitten (s. u.). Beim „Kommen" der Gottesherrschaft in Jesu Gebet handelt es sich um dieselbe weltordnende Bewegung wie beim „Herabkommen" oder „Einschreiten" Gottes zur Theophanie, nur dass Jesus

---

von Belang, dass gerade die Frau, die den Heilsgewinn der Gottesherrschaft körperlich erfahren hat, weil von Jesus von Besessenheit exorzistisch geheilt (Lk 8,2), dass gerade sie trotz des Todes Jesu den Glauben an die Macht der Gottesherrschaft durchgehalten hat.

22 M. Hengel, „Der Finger und die Herrschaft Gottes in Lk 11,20," in: R. Kieffer / J. Bergmann (Hg.), *La Main de Dieu. Die Hand Gottes*, Tübingen 1997, 87–106: 104.

23 Die Kurzform von fünf Bitten in Lk 11,2–4 ist im Vergleich mit der Langform Mt 6,9–13 authentisch.

24 J. Becker, *Jesus von Nazaret*, Berlin/New York 1996, 144 f.

als Subjekt der Bewegung seinen Zentralbegriff „Gottesherrschaft" gebraucht. Eine entscheidende Besonderheit von Jesu Gebet, das ansonsten in der Gebetssprache Israels formuliert, liegt auch darin, dass die Bitte um das Kommen der Gottesherrschaft dominant voransteht und nicht wie beim Achtzehngebet ein Aspekt neben anderen im endzeitlichen Drama darstellt *(11. Berakha)*. In Jesu Gebet sind alles andere und damit die folgenden Wir-Bitten ins Licht der sich realisierenden Gottesherrschaft getaucht, um deren Vollendung man betet.[25]

Für die Interpretation der Bitte „Es komme deine Herrschaft" ist entscheidend, dass ausdrückliche Theophaniebitten belegt sind, wenn etwa Ps 80,2–3 (ähnlich Ps 144,5–8; Jes 63,19–64,1) formuliert:[26]

> Der du auf den Keruben thronst, erscheine ...
> Entbiete deine Heldenkraft und komm uns zur Hilfe!

Von Gott, dessen herrliche Königsherrschaft gepriesen wird (1QM XII 7), erbittet man (1QM XII 10–12):

> Erhebe dich, Held ... Erfülle dein Land mit Herrlichkeit und dein Erbteil mit Segen!

In 3Makk 6,9.12.15 ist die Theophaniebitte dreifach gestaltet:

> Erscheine eilends ... – sieh jetzt drein – das mach nun wahr!

Die genannten Theophaniebitten (vgl. noch Ps 7,7; 82,8) sprechen nicht explizit von der Gottesherrschaft. Dennoch besteht eine innere Strukturverwandtschaft zwischen ihnen und Jesu Bitten, insofern es jeweils um die heilsentscheidende Wende geht. Dahinter steht die Anschauung, wonach Gericht und Rettung für Israel im Sinngefüge bzw. der Gattung Theophanie Darstellung finden. Gott „kommt", „erhebt sich", „steigt herab", um weltordnend einzuschreiten (z.B. Ps 18,8–16; Mi 1,3–6; Hab 3,3–15; *äthHen* 1,3–8; 1,9; *AssMos* 10,3–10).[27] Gottes Kommen bewirkt die entscheidende Wende (Sach 2,13–17; Mal 3,1–5). In diesen

---

[25] Becker, *Jesus*, 333f. Das Vaterunser Jesus abzusprechen, weil angeblich unspezifisch jüdisch, ist unzureichend begründet (gegen K. Müller, „Das Vater-Unser als jüdisches Gebet," in: A. Gerhards / A. Doeker / P. Ebenbauer (Hg.), *Identität durch Gebet*, Paderborn u. a. 2003, 159–204.)
[26] Jörg Jeremias, *Theophanie. Die Geschichte einer alttestamentlichen Gattung* (WMANT 10), Neunkirchen-Vluyn 1977, 129–130.
[27] Vgl. dazu A. Scriba, *Die Geschichte des Motivkomplexes Theophanie* (FRLANT 167), Göttingen 1995.

Kontext gehört die Bitte „Es komme deine Herrschaft", was besonders die erwähnten Theophaniebitten nahe legen.

Wahrscheinlich besteht auch ein Zusammenhang mit der Verkündigung Johannes des Täufers. Dieser erklärt: „ ... der nach mir kommt, ist stärker als ich." (Q 3,16). Der „Stärkere" ist wohl Gott selbst,[28] dessen Kommen Johannes ansagt, als dessen Wegbereiter er sich versteht (Lk 1,16–17; 1,76). Der Angesagte kommt zum Gericht, so wie Mal 3,2 vom Tag Jahwes als „Tag seines Kommens" handelt.

Wenn Jesu Gebet Theophanietradition aufnimmt, ja seine Anhänger auf diese Heilstheophanie einstimmt, musste das deren eschatologische Erwartung stimulieren. Gleichwohl setzt die Bitte um das Kommen, d. h. die Vollendung der Gottesherrschaft voraus, dass ansonsten das Erleben der Menschen in Jesu Umgebung von Defiziterfahrungen geprägt war, wie gerade die Wir-Bitten voraussetzen. Den punktuellen Realisierungen der Gottesherrschaft in Jesu Wirken kontrastierte die übrige übermächtig erscheinende irdische Realität, die Jesu Anspruch in Frage stellte. Jesus versuchte angesichts dieser Problematik, mit der metaphorischen Kraft der Sprache zu antworten. Die Gleichnisse von der selbstwachsenden Saat (Mk 4,26–29), vom Senfkorn (Mk 4,30–32; Q 13,18–19) und vom Sauerteig (Q 13,20–21) reflektieren den Kontrast zwischen unscheinbarem, gefährdet erscheinendem Anfang und großem Ende, wobei Jesu punktuelles Wirken als integraler Bestandteil von Gottes eschatologischem Kommen verständlich wird[29] und gleichzeitig die Gewissheit über die große Heilswende bei den Zuhörern Gestalt gewinnt.

Die Bitte um das Kommen von Gottes universaler Herrschaft mit dem ihr eigenen Spannungsmoment sollte über Jesu Tod hinaus wirkmächtig bleiben. Es drängt sich ja die Annahme auf, dass der Flehruf um die Parusie μαραναθά (1Kor 16,22; Did 10,6) = „unser Herr, komm!" (Offb 22,20) in der geschichtlichen Konsequenz des Gebets Jesu liegt – „geradezu als christologische Umformung der Bitte des Unser Vater (Lk 11,2b) begreifbar."[30] Jedenfalls ist das μαραναθά der Urgemeinde vom Theophaniegedanken bestimmt, und zwar im Sinne der Heilstheophanie.[31] Die frühe Urgemeinde nahm danach Jesu Bitte um das Kommen der Gottesherrschaft auf, wie sie auch die ἀββά-Anrede Gottes auf neue Weise rezi-

---

28 M. Reiser, *Die Gerichtspredigt Jesu* (NTA NF 23), Münster 1990, 171f; Scriba, *Theophanie*, 211.
29 M. Wolter, „‚Was heisset nu Gottes reich?'," *ZNW* 86 (1995), 5–19: 14–15.
30 E. Brandenburger, „Art. Gericht Gottes III," *TRE* 12 (1984) 472; U.B. Müller, „Parusie und Menschensohn," in: ders., *Christologie und Apokalyptik* (ABG 12), Leipzig 2003, 124–143: 128.
31 Brandenburger, „Gericht Gottes", 472. Maranatha ist wegen der bedeutungsgleichen Wendung in Offb 22,20 imperativisch zu übersetzen, vgl. J. A. Fitzmyer, „New Testament Kyrios and Maranatha and Their Aramaic Background," in: ders., *To Advance the Gospel*, Cambridge 1998, 218–235.

pierte (Röm 8,15; Gal 4,6). Die Bitte Jesu um das theophane Kommen der Gottesherrschaft mutierte mit Ostern zur Bitte um Christophanie „Unser Herr, komm!" Dies war allerdings nur möglich, weil bereits vorösterlich ein besonderer Sendungsanspruch Jesu aktuell war, der mit Ostern eine Bestätigung erfuhr und zu christologischen Konsequenzen führte.

III

Will man Jesu Sendungsanspruch präzisieren,[32] ist man zunächst auf eine negative Feststellung verwiesen. Jesus hat wahrscheinlich keinen messianischen Titel des Judentums auf sich bezogen, weil weder „Messias" noch „Menschensohn" seinem Selbstverständnis entsprochen haben. Demgegenüber gilt: Jesus nahm für sich in Anspruch, nicht nur der Heilsbote der Gottesherrschaft zu sein, sondern er identifizierte sein eigenes Wirken als Bestandteil ihrer Durchsetzung.[33] Insofern hat er als der Repräsentant der Gottesherrschaft zu gelten: Die im Himmel bestehende Realität gewann in seinen Exorzismen irdische Wirklichkeit (Lk 11,20). Das bedeutet jedoch, dass Jesus etwas für sich reklamiert, was frühjüdischer Basileia-Erwartung an sich fremd ist.[34] Dabei betont er: „Siehe, hier ist mehr als Salomo ... siehe, hier ist mehr als Jona." (Q 11,31–32). Es geht bei diesem zunächst unbestimmt klingenden „Hier", das Zurückhaltung des Sprechers signalisieren könnte, nicht nur um die andringende Gottesherrschaft, sondern gerade auch um seine eschatologisch handelnde Person, die mehr ist als jede Gestalt vorangegangener Heilsgeschichte. Als Repräsentant der Gottesherrschaft formuliert Jesus zudem ethische Weisungen, die mit der antithetischen Einleitungsformel „Ich aber sage euch" sich von dem abgrenzen, was zu den „Alten" gesagt ist, d. h. faktisch von der Tora des Mose (Mt 5,21–22; 5,27–28). Besonders auffällig ist das nicht-responsorische Amen („Amen, ich sage euch ..."), das einer Aussage unbedingte Autorität verleiht (z. B. Mk 8,12; 14,25). Weil Jesus mehr ist als ein Prophet, überschreitet seine Sprache geläufige prophetische Redeformen wie die Botenformel „So spricht Jahwe".[35] Man hat deshalb mit verschiedenen Formen evozierter Christologie zu rechnen, bei den Jüngern etwa (Mk 8,29) oder den Festpilgern beim Einzug in Jerusalem (Mk 11,9–10).

---

32 Vgl. dazu J. Frey, „Der historische Jesus und der Christus der Evangelien," in: J. Schröter / R. Brücker (Hg.), *Der historische Jesus* (BZNW 114), Berlin/New York 2002, 273–336: 299–323.
33 Wolter, „Gottes reich", 14.
34 Wolter, „Gottes reich", 14.
35 M. Hengel, „Jesus der Messias Israels," in: M. Hengel / A.M. Schwemer (Hg.), *Der messianische Anspruch Jesu und die Anfänge der Christologie* (WUNT 138), Tübingen 2001, 1–80: 73.

Andererseits ist Jesus auf entschiedenen Widerspruch gestoßen, wie die Vollmachtsforderung von Gegnern verrät, die ein Zeichen verlangen (Q 11,16; 11,29), das er verweigert (Mk 8,11–12). Jesu Gerichtsworte, die auf die Ablehnung seiner Botschaft reagieren, stehen in einem drohend eschatologischen Kontext (z. B. Q 10,13–14; Q 11,31–32; Q 13,28–29). Er hatte schärfste Reaktionen zu erwarten, wenn seine Aktionen wie die Symbolhandlung der sog. Tempelreinigung (Mk 11,15–18) und seine Prophetie gegen den Tempel (Mk 13,2 bzw. 14,58) authentisch sind. Wahrscheinlich gehört beides zusammen: „Es ging hier nicht um eine Reform des Tempels innerhalb der gegenwärtigen Geschichte, sondern um sein Verschwinden mit dieser vergehenden Welt."[36] Ist dies richtig, bestätigt sich die bisherige Einschätzung. Jesus weiss sich und sein Wirken als Teil des Endgeschehens, in dem er eine entscheidende Rolle spielt.

Gerade die Tempelprophetie steht in einem gesteigerten eschatologischen Zusammenhang, gleicherweise Worte Jesu, die implizit auf seinen möglichen Tod Bezug nehmen, gleichzeitig aber seine Rehabilitierung durch Gott und seine Vollendung in der Gottesherrschaft ankündigen (Lk 13,32 und Mk 14,25). Gleichwohl hat Jesu Tod die Jünger in eine elementare Krise gestürzt, wofür die Jüngerflucht (Mk 14,50) als Ausdruck von größter Irritation einen deutlichen Hinweis gibt. Jesu Jünger waren „in ihrer ganzen Existenz betroffen. Es war dies eine Situation, die, wie die Analogien in der Religionsgeschichte zeigen, bei einer entsprechenden psychischen Disposition und in einem entsprechenden Milieu zu visionären Erfahrungen führen kann."[37]

IV

Das Osterbekenntnis formuliert: Christus „ist auferweckt am dritten Tage ..., erschienen dem Kephas, dann den Zwölf" (1Kor 15,3–5). Im Osterbekenntnis begegnet immer schon interpretierte Erfahrung, wobei symbolische Deutesysteme nicht erst nachträglich an eine Vision herantreten, sondern schon am Entstehen derselben beteiligt sind. Doch taucht hier eine Schwierigkeit auf: „Kein Beleg des Auferstehungsglaubens in Israel um die Zeitenwende kombiniert diesen mit der Erwartung, der Verstorbene/Erstandene erscheine ihm verbundenen Personen."[38] Die Erscheinungen Jesu als des Auferstandenen wären insofern ohne geschichtliche Analogie und historisch deshalb nicht begreifbar.

---

36 G. Theissen / A. Merz, *Der historische Jesus. Ein Lehr- und Arbeitsbuch*, Göttingen 2001, 381; ähnlich Schröter, *Jesus*, 282–285.
37 Hoffman, „Glaube", 251.
38 Karrer, *Jesus Christus*, 35.

Aus dieser Sackgasse führt die Erkenntnis heraus: Im Kontext ihrer Erwartung der endgültigen Gottesherrschaft erhofften Jesu Jünger die baldige Theophanie ihres Gottes – eine Hoffnung, die in den letzten Jerusalemer Tagen sich steigerte bzw. in Gefahr stand zusammenzubrechen. Geschichtliches Geschehen folgt keiner absoluten Zwangsläufigkeit, sondern ist für Überraschungen gut. Das heißt: Jesu Jünger erfuhren diese Theophanie auf eine neue Weise in Gestalt der Christophanie ihres Herrn. Es gehört zum Kontingenzcharakter geschichtlichen Geschehens, dass a) Jesu Botschaft und der durch ihn geweckte Glaube noch in drohendem Scheitern getragen hat, b) die Reduktion kognitiver Dissonanz in der Weise gelang,[39] dass die Theophanieerwartung der Jünger im Rahmen des Symbolsystems jüdischer Hoffnung einen vorgezeichneten Weg fand, die Theophanie Gottes in Gestalt der Christophanie Jesu zu erfahren. Zu erinnern ist dabei an die bedeutsame Kontinuität der Theophanieerwartung von Johannes dem Täufer über Jesus bis zur Urgemeinde. Johannes kündigte das Kommen des „Stärkeren" an, womit Gott gemeint war (Q 3,16b); Jesus betete zu Gott „Es komme deine Herrschaft" und die Urgemeinde erflehte „unser Herr komm!" (μαραναθά 1Kor 16,22; Offb 22,20), wobei mit der Anrufung „Herr" ein Prädikat begegnet, das Jesus mit Jahwe zusammenstellt[40] und Jesu himmlische Erhöhung voraussetzt. Als Erhöhter konnte er den Jüngern erscheinen.[41]

Dass mit der Ostererfahrung bald die Überzeugung von Jesu Erhöhung mitgedacht war, legt auch folgende Überlegung nahe. Die in der Glaubensformel 1Kor 15,3–5 gebrauchte Wendung „er erschien" entspricht dem visionären Kommunikationstyp Erscheinung, wie er in der alttestamentlichen Theophanie – bzw. Epiphanieformel begegnet.[42] Nimmt man die Bezugnahme auf das AT ernst, dann kommt der Auferstandene vom Himmel auf die Erde herab, um nach der Begegnung mit den Jüngern wieder aufzusteigen.[43] Auch wenn man nicht sicher wissen kann, dass die Ostertradition die vorgegebenen visionären Sprachmuster genau einhält, also die Austauschbarkeit visionärer Kommunikationsformen vorliegt (etwa mit der Vision im engeren Sinne, vgl. 1Kor 15,8 mit 1Kor 9,1), bleibt es bei der

---

39 Vgl. G. Theissen, *Die Religion der ersten Christen. Eine Theorie des Urchristentums*, Gütersloh 2000, 71–81.
40 Das Judentum war dazu übergegangen, Jahwe als „Herrn" zu bezeichnen, vgl. Fitzmyer, „New Testament Kyrios", 218–235; ansonsten M. Rösel, *Adonaj – warum Gott ‚Herr' genannt wird* (FAT 29), Tübingen 2000, 225f, 229f.
41 Lindemann, *Erster Korintherbrief*, 332.
42 B. Heininger, *Paulus als Visionär. Eine religionsgeschichtliche Studie* (HBS 9), Freiburg u.a. 1996, 46–51.
43 Heininger, *Paulus*, 194 mit Verweis auf Gen 17,1–22; 35,9.13 und Ri 6,11f.21; ähnlich 2Makk 3,24–34.

Erkenntnis, dass „das Kommunikationsmuster Erscheinung ... von Anfang an den Rahmen für das Osterzeugnis des Petrus (und der Zwölf) bildete (1Kor 15,5; vgl. auch Lk 24,34)."[44]

Dabei ist ein Gesichtspunkt noch gesondert zu betrachten, wenn man präzisieren will, welche spezifische Bewandtnis den Erscheinungen bei der Entstehung des Osterglaubens zukommt. Wie oben ausgeführt, hat die Begräbnisaussage in 1Kor 15,4 eine Brückenfunktion zwischen der Todes- und der Auferweckungsaussage. Sie signalisiert, dass es sich beim Glauben an die Auferweckung Jesu um die leibliche Auferweckung handelt. Für Kephas und die Zwölf werden die Erscheinungen deshalb die Schau des in leiblicher Gestalt Auferstandenen gewesen sein. Nur als so geartete Schau sind sie für die Jünger wirklicher Ausdruck des Osterglaubens, d. h. nur so wird erklärlich, warum die Jünger die Erscheinungen Jesu mit Auferstehungsbegrifflichkeit interpretiert haben.[45]

Auffallend ist, dass der Osterglaube alsbald und spontan hervorbricht, wofür die Überlieferung „auferweckt am dritten Tag" spricht, auch wenn die Zeitangabe nicht genau zu verstehen ist und sich nicht auf die Erscheinungen bezieht. Erklärlich ist diese Spontaneität nur dann, wenn im Jüngerkreis schon vor und angesichts des Todes Jesu die Frage nach seinem Sendungsanspruch so dringlich, sei es zweifelnd oder bejahend im Vordergrund stand, dass eine Lösung des Problems unausweichlich wurde. Man hat zu recht gemeint: „Die Entstehung der Christologie wird erst verständlich, wenn schon vorösterlich ein ... Hoheitsanspruch zur Debatte stand, der in der Auferweckung durch Gott bestätigt wurde."[46] Dieser Sachverhalt lenkt noch einmal die Aufmerksamkeit auf das außergewöhnliche Sendungsbewusstsein Jesu als des eschatologischen Repräsentanten der Gottesherrschaft. Gerade Jesu Ankündigung gegen Ende seines Wirkens in Galiläa Lk 13,32: „ ... am dritten Tag (d. h. übermorgen) bin ich am Ziel"[47] und besonders seine Vollendungsverheißung Mk 14,25 werden Jesu Jünger vor die Frage nach Jesu endgültigem Geschick gestellt haben. Mk 14,25, gesprochen wohl in der Situation des letzten Mahles angesichts des drohenden Todes, vermag eine neue Tischgemeinschaft für ihn in der vollendeten Gottesherrschaft auszusagen, die ihm eine besondere Position beim eschatologischen Heilsmahl zubilligt:

> Amen, ich sage euch: Nicht mehr werde ich vom Gewächs des Weinstocks trinken bis zu jenem Tag, an dem ich es neu trinken werde in der Gottesherrschaft.

---

44 Heininger, *Paulus*, 211.
45 Allison, *Resurrecting Jesus*, 299–337.
46 Theissen/Merz, *Jesus*, 480.
47 Zur Übersetzung vgl. W. Bauer, *Griechisch-deutsches Wörterbuch*, Berlin/New York 1988, Sp. 1615; zur Frage der Authentizität von Lk 13,32 vgl. Becker, *Jesus*, 415 f.

Zu Jesu Verständnis seines Wortes hat man gefragt: „Hat Jesus erhofft, daß er wie die einst gestorbenen Erzväter (Mt 8,11 par) trotz seines Todes am letzten Heilsmahl in der Gottesherrschaft teilnehmen kann?"[48] Entsprechendes dürften Jesu Jünger erwogen haben, zumal jüdischer Glaube die Auferstehung der Erzväter erwartet hat *(Testjud* 25,1; *TestBenj* 10,6). Die innere Lage der Jünger vor und nach Jesu Tod wird in einer ähnlichen Weise diffus gewesen sein, wie es die sicher legendarische Emmausgeschichte beschreibt (Lk 24,13–35). „Sie reden miteinander und suchen den Sinn des scheinbar ganz unbegreiflichen Geschehens zu ergründen ..." Sie sind nicht sofort bereit, „das scheinbare Ende" Jesu und ihrer Hoffnungen als Gegebenheit hinzunehmen ..."[49] Sie haben mit der Möglichkeit seiner Auferstehung rechnen dürfen, wenn sie denn Jesu Ankündigung Mk 14,25 und die Erwartung seiner dort vorausgesetzten göttlichen Rehabilitierung nicht aufgeben wollten.

Tatsächlich bedeutet der Osterglaube entsprechend 1Kor 15,3–5 die grundlegende Wende: Jesus „erschien" den Jüngern sowohl als leibhaft Auferweckter als auch himmlisch Erhöhter. Dabei haben die Erscheinungen des Erhöhten die entscheidende Funktion. Sie vor allem waren in der Lage, den vorher nur als Möglichkeit gedachten Glauben an Jesu Auferweckung zur gewissen Überzeugung zu transformieren. Erkennbar ist dies noch an der sprachlichen Struktur der Glaubensformel 1Kor 15,3–5, bei der der Verweis auf die Erscheinungen die Auferweckungsaussage bestätigt, ja wohl den sicheren Auferweckungsglauben erst ermöglicht.

Entscheidend wichtig ist von daher die Gewissheit von Jesu himmlischer Erhöhung; denn nur als Erhöhter konnte er den Jüngern „erscheinen". Gleichwohl ist die Genese dieser Erhöhungsvorstellung nur ansatzweise und hypothetisch zu erschließen. Sie hat wohl ihren Ansatzpunkt in Jesu eschatologischem Sendungsbewusstsein als dem entscheidenden Repräsentanten der Gottesherrschaft. Bekannte sich Gott zu seinem irdischen Agenten, indem er ihn trotz Tod letztgültig rehabilitierte, dann konnte dies in den Augen der Jünger bedeuten, dass mit Ostern der irdische Repräsentant der Gottesherrschaft zum himmlischen avancierte.

Der vorliegende Versuch, den mit Ostern inaugurierten Auferstehungs- und Erhöhungsgedanken zu verstehen, der in der Christophanie vor den Jüngern seinen Ausdruck fand, bedarf der religionsgeschichtlichen Verifikation im Kontext jüdischen Glaubens. Gefordert ist ein religiöses Symbolsystem, das die Jünger instandsetzte, den getöteten Jesus als Auferstandenen und zu Gott Erhöhten zu

---

48 Becker, *Jesus*, 419.
49 H. v. Campenhausen, *Der Ablauf der Osterereignisse und das leere Grab* (SAHW. PH 4), Heidelberg 1977, 46.

erfahren. Notwendig ist also ein Deutesystem, das beide Aspekte in jüdischer Tradition anbot und gleichzeitig eine Affinität zur Verkündigung Jesu mit ihrer Theophanieerwartung in sich barg.

V

Die oben genannten Bedingungen erfüllt ansatzweise der ansonsten im Blick auf Jesu Botschaft eindrückliche Text 4Q521.[50] Hier geht es um Gottes ewige Königsherrschaft, aufgrund derer er eschatologisch handelt: „Er wird Erschlagene heilen und Tote wird er lebendig machen; Armen wird er Frohbotschaft verkünden" (Fragm. 2 II Zeile 12), wobei im letzten Teilsatz ein Zitat von Jes 61,1 vorliegt wie bei Jesus in Q 7,22. Es geht um neues, Bisheriges übersteigendes Handeln Gottes – um „Wunder, die (noch) nicht geschehen sind" (Fragm. 2 II Zeile 11).[51] Gott begegnet als der, „der die Toten seines Volkes lebendig macht" (Fragm. 7, vgl. 1Sam 2,6; Dtn 32,39).

Weiterführend ist vor allem das Danielbuch, insofern es am klarsten die Auferstehungszusage als Realisierung der Königsherrschaft Gottes begreift. Zugleich ergeht diese Zusage in einer konkreten Bedrohungslage für den Glauben der Frommen in Israel, die einerseits die existentielle Ursprungssituation des Auferstehungsglaubens erhellt, andererseits eine Krisenlage darstellt, die derjenigen der Jünger angesichts der Hinrichtung Jesu entspricht, so dass ein Vergleich möglich wird. Im Lichte einer Verheißung wie Dan 12,1–3 konnten diese die Glaubenskrise, die der Tod Jesu zunächst auslösen musste, am ehesten bewältigen. Im Kontext ihrer intensiven Theophanieerwartung, die ein alsbaldiges Eintreffen der endgültigen Heilswende erhoffte („es komme deine Herrschaft" Lk 11,2), konnte eine Verheißung, wie sie Dan 12,1–3 formuliert, zum Schlüsselerlebnis für die Jünger in der Weise werden, dass sie nicht nur die Überzeugung von der Auferweckung Jesu ermöglichte, sondern am Ende sogar die seiner himmlischen Erhöhung. Die urchristlichen Auferstehungsaussagen, allen voran 1Kor 15,3–5, zeigen zwar keine direkten terminologischen Anklänge an Dan 12; dennoch finden sich entscheidende Gemeinsamkeiten im jeweiligen Denken, das ein Krisenbewältigungskonzept darstellt, das die Todesgrenze im Sinne jenseitiger Wirklichkeit übersteigt.

---

50 Vgl. dazu J. Zimmermann, *Messianische Texte aus Qumran* (WUNT II/104), Tübingen 1998, 343–89.
51 Zimmermann, *Texte*, 362.

Im Danielbuch wird das Thema „Königsherrschaft Gottes" durchgängig entfaltet.[52] Grundlegend erscheint es in Dan 2,44; 3,33; 4,31 und hat in 6,27 eine zusammenfassende Form gefunden: „ ... sein Reich ist unzerstörbar und seine Herrschaft ohne Ende." Auch im zweiten Teil des Danielbuches, den Visionen Kap. 7–12, steht das Thema im Zentrum, jetzt zugespitzt im Dualismus der tiergestaltigen Repräsentanten irdischer Mächte und dem ganz anderen Reich des „Volkes der Heiligen des Höchsten" (7,27). Die Übereignung der Herrschaft an dieses ist in 7,22 mit dem „Kommen" des „Alten der Tage" verbunden, in 7,9–10 und 7,13–14 grundgelegt im Rahmen einer Theophanie im Himmel, die das „Kommen" des Menschensohngleichen schildert.

In Dan 7 konzentriert sich die angedeutete Theophanie auf den himmlischen Bereich. Die Fortsetzung epiphanen Geschehens erfolgt in Dan 10. Hier begegnet eine Botensendung (10,5–6), die an Ez 1,26–27 erinnert, woran sich der Bericht über eine himmlische Kriegsszene anschließt (10,12–14.20–21). Die himmlische Gestalt, die der Seher in 10,5–6 schaut, offenbart ihm, dass Michael ihm (Gabriel) im himmlischen Kampf zu Hilfe gekommen ist (V. 13), was sich in 10,20–21 wiederholt, wenn von der Hilfe des himmlischen Fürsten Michael, der Israel repräsentiert, die Rede ist. Gott greift in diesem Vorstellungszusammenhang nicht unmittelbar in das Weltgeschehen ein, sondern handelt durch einen ihm untergeordneten Mandatar, der endgültig zum Heil Israels wirkt, nämlich „der mit dem ‚Menschensohn' identifizierte Michael", was der Zusammenhang von Dan 7 und 12 nahe legt.[53]

Die in Dan 10,12–21 angedeutete himmlische Kriegsszene zwischen den Völkerengeln und Michael, der Israel vorsteht, findet ihre Fortsetzung in 12,1–3, das die Schlussszene zu den himmlischen Kämpfen darstellt. Mit dem Auftreten des „großen Fürsten" Michael greift Dan 12,1–3 besonders auf 10,21b zurück, womit der Text andeutet, dass „inzwischen Michael die ... himmlische Entscheidung zugunsten Israel erzwungen hat."[54] Dementsprechend heißt es in Dan 12,1a:

> Aber in jener Zeit wird auftreten Michael, der große Fürst, der eintreten wird für die Kinder deines Volkes ...

Die zitierten Satzteile signalisieren, dass Michael mit seinem Auftreten in das folgende eschatologische Gerichtsgeschehen involviert ist. Damit scheint er eine entsprechende Schwellenfunktion wahrzunehmen wie die Gestalt des Men-

---

52 O. Plöger, *Das Buch Daniel* (KAT 18), Gütersloh 1965, 174–178.
53 S. Beyerle, *Die Gottesvorstellungen in der antik-jüdischen Apokalyptik* (JSIS 103), Leiden/Boston 2005, 160.
54 Plöger, *Daniel*, 170.

schensohngleichen in Dan 7,13–14,⁵⁵ mit dem er für den Endverfasser im Danielbuch wohl identisch ist.⁵⁶ Die durch das Auftreten Michaels bewirkte Auferstehung der Toten ist so beschrieben (12,2):

> Und viele von denen, die im Staubland schlafen, werden erwachen, die einen zum ewigen Leben, die anderen [...] zur ewigen Schmach.

Der Ausdruck „erwachen" sichert noch nicht die individuelle Auferstehung; in Jes 26,19 ist dies noch nicht gemeint. Die Unterscheidung „die einen zum ewigen Leben" – „die anderen zur ewigen Schmach" zielt jedenfalls auf eine jenseitige Wirklichkeit. Besonders aber legt der Kontext mit seinem zeitgeschichtlichen Hintergrund (Dan 11,31–45) es nahe, in 12,2 die individuelle Auferstehung anzunehmen. In der hellenistischen Religionsverfolgung „musste das nun auftretende ‚Paradox' des Tun-Ergehen-Zusammenhangs aufgearbeitet werden, das darin bestand, dass ausgerechnet die Tora-Fürchtigen ermordet wurden, während Apostaten am Leben blieben .... Die Bewältigung dieser Krise ... konnte ausschließlich durch eine Transzendierung der gewaltsam zu Tode Gekommenen erfolgen."⁵⁷

In Dan 12 initiiert nicht Gott selbst die eschatologische Wende zum Heil, sondern sein Mandatar Michael, der zum eschatologischen Gerichtsgeschehen auftritt. Dabei ergibt sich in Dan 12 eine Verhältnisbestimmung zwischen dem Auftreten Michaels und der Auferstehung, die ansonsten der traditionellen Beziehung zwischen der Theophanie Gottes und der Heilswende entspricht (*AssMos* 10; *äthHen* 1,3–8; 25,3). Das visionär geschaute Auftreten Michaels fungiert als Heilermöglichung, die Auferstehung als Heilsverwirklichung. Damit erreicht die Darstellung des Danielbuches in Kap. 12 ihren Höhepunkt, der durch die (teilweise nur angedeutete) Theophanie in Dan 7,22 (bzw. 7,13–14) und die Angelophanie in 10,20–21 vorbereitet ist. Insofern also das Danielbuch bzw. eine davon abhängige und damit übereinstimmende Erwartung zielgerichtet auf die Heilszusage der endzeitlichen Auferstehung zuläuft, konnte sie gerade die Jünger Jesu mit ihrer Theophaniehoffnung stimulieren, Jesu Geschick im Lichte dieser Verheißung zu deuten.

---

55 K. Koch, „Das Reich der Heiligen und des Menschensohns," in: ders., *Die Reiche der Welt und der kommende Menschensohn* (Ges. Aufsätze Bd. 2), Neukirchen-Vluyn 1995, 140–172: 163.
56 J.J. Collins, *Daniel: A Commentary on the Book of Daniel* (Hermeneia), Minneapolis 1993, 304–310.318f.
57 Beyerle, *Gottesvorstellungen*, 263; vgl. auch A. Chester, „Resurrection and Transformation," in: F. Avemarie / H. Lichtenberger (Hg.), *Auferstehung – Resurrection*, 47–77.

VI

Es hat sich bereits abgezeichnet: In der trostlos erscheinenden Situation der Toragläubigen angesichts gewaltsamer Hellenisierungstendenzen bot die Auferstehungszusage die Möglichkeit, an der Souveränität des jüdischen Gottes festzuhalten, der für die Frommen, insbesondere für die zu Tode Gekommenen, die Todesgrenze zu ewigem Leben durchbrechen konnte. Diese Durchbrechung bedurfte des außergewöhnlichen Eingriffs, vermittelt durch den „großen Fürsten" Michael (Dan 12,1–3). Es war dies die aktuelle Lösung in einer konkreten geschichtlichen Situation (so auch *äthHen* 90,33). Anders steht es bei späteren Zeugnissen der Auferstehungshoffnung, als diese für bestimmte Kreise des Judentums (die Pharisäer etwa) zur gültigen Lehrüberlieferung sich verdichtet hatte, nicht aber als neu entfaltetes Krisenbewältigungskonzept Toragläubigen helfen konnte. *TestJud* 25,4 verrät noch die Verwurzelung in aktueller Verfolgungssituation, während andere Texte zur Vorstellung allgemeiner Totenauferstehung tendieren (z.B *äthHen* 51,1; *4Esr* 7,32; *syrBar* 42,8; 50,2).

Die im Danielbuch vorausgesetzte Problemlage der Frommen lädt durchaus zu einem Vergleich mit der Krisensituation ein, in der sich Jesu Jünger angesichts des Todes Jesu befunden haben. In Dan 11,33–35 heißt es von den „Weisen", sie werden Vielen zur Einsicht verhelfen; „aber sie werden zu Fall kommen durchs Schwert und durch Flammen ..." Gerade die Frommen erhalten durch die Auferstehung Anteil an der Herrlichkeit der himmlischen Welt (Dan 12,3). Als Beispiel begegnet der Seher Daniel (Dan 12,13). Die Auferstehungszusage richtet sich damit an konkrete Einzelne. Das heißt aber, dass der Verfasser des Danielbuchs den „tröstlichen Zuspruch, der Jes 26,20 in einem ähnlichen Zusammenhang dem ganzen Volk gilt, auch auf sein persönliches Schicksal bezogen hat."[58] Gerade in Dan 12,13 liegt also ein gewisser Ansatzpunkt dafür vor, warum die Jünger beim Glauben an Jesu Auferweckung das Ereignis der endzeitlichen Auferweckung mit einem Einzelnen, eben Jesus, verbinden konnten. Mit Dan 12 bzw. einer verwandten, davon abhängigen Erwartung bot sich ein überzeugendes Symbolsystem an, das die Krisenerfahrung aufzuarbeiten geeignet war, dass gerade ausgezeichnete Fromme, im Falle Jesu gar der eschatologische Repräsentant der Gottesherrschaft getötet war. Jesus hat die Jünger zur Gebetsbitte aufgefordert: „Es komme deine Herrschaft!" Zum semantischen Profil der „Königsherrschaft Gottes", wie es in Dan 2,44; 3,33; 6,27 anklingt und in eschatologischer Konkretion in Dan 12 offenkundig ist, gehört die Hoffnung auf die Auferstehung der Frommen in Israel.

---

[58] Plöger, *Daniel*, 173.

Dass diese Hoffnung sich erfüllte und von den Jüngern im Medium visionärer Kommunikation wahrgenommen wurde, verdankt sich einmal dem „Überschuss" an Heilserfahrung, die Jesu Jünger mit seinem Wirken in der sich realisierenden Gottesherrschaft gemacht haben, besonders aber seinem Sendungsanspruch, der entscheidende Repräsentant der Gottesherrschaft zu sein. Gott würde zu seinem Repräsentanten stehen, der sogar angesichts seines drohenden Todes die Gewissheit vermittelte, am baldigen Festmahl der endgültigen Gottesherrschaft teilzuhaben (Mk 14,25).

Der Osterglaube verdichtete sich in den Erscheinungen, die für die Jünger die himmlische Bestätigung waren, dass ihre Hoffnung nicht getrogen hat. Die sprachliche Struktur der Glaubensformel 1Kor 15,3–5 zeigt deutlich, dass die Aussage „er erschien" und damit die Erfahrung der Erscheinung den Glauben an Jesu Aufweckung gewiss machte. Dabei hat man anzunehmen, „dass die Jünger Jesu, die ja von der Erwartung des nahen Gottesreiches getragen waren, in der Auferweckung Jesu den Anbruch des Eschaton erblickten"[59] – in der Perspektive der Jünger der Beginn der endzeitlichen Totenauferstehung.

Entscheidend waren also die Erscheinungen des Erhöhten. Doch bereitet es Schwierigkeiten, die Genese der ältesten Erhöhungsvorstellung zu rekonstruieren, wenn man aus guten Gründen nicht bereit ist, sofort Ps 110,1 dafür heranzuziehen.[60] Denn die christologische Interpretation von Ps 110,1: „Es sprach Jahwe zu meinem Herrn: Setze dich zu meiner Rechten ..." setzt mit der Anrede „mein Herr" für Jesus bereits doch wohl dessen Erhöhung voraus und ermöglicht nicht erst den Glauben an diese, sondern präzisiert auf dieser Basis Jesu Hoheitsstellung eben „zur Rechten Gottes" (Röm 8,34), um schließlich seine besondere Hoheitsposition gegenüber den Engeln zu bestimmen (1Petr 3,22; Hebr 1,13). Gleichwohl bieten sich zwei Denkmöglichkeiten an, die Überzeugung von Jesu himmlischer Erhöhung zu erklären:

a) Die Jünger erwarteten ursprünglich den endgültigen Anbruch des Reiches Gottes. Entsprechend jenem Symbolsystem, das sich in Dan 12.1–3 im Kontext der

---

59 D. Zeller, „Die Entstehung des Christentums," in: *Christentum I. Von den Anfängen bis zur Konstantinischen Wende*, Stuttgart u. a. 2002, 61. Entsprechend jüdischer Auferstehungserwartung beschränkte sich urchristlicher Glaube nicht auf Jesus allein, sondern schloss die „in Christus" sind ein (1Kor 15,23). Diese Periodisierung ist in jüdischer Tradition deutlich angelegt (TestBenj 10,6–10): „Dann werdet ihr sehen Henoch, Noah und Sem und Abraham und Isaak und Jakob auferstehen zur Rechten mit Jubel. Dann werden auch wir auferstehen, jeder zu seinem Stamm ... Dann werden auch alle auferstehen, die einen zur Herrlichkeit, die anderen zur Entehrung."
60 Anders M. Hengel, „‚Setze dich zu meiner Rechten!' Die Inthronisation Christi zur Rechten Gottes und Psalm 110,1," in: M. Philonenko (Hg.), *Le Trône de Dieu*, (WUNT 69), Tübingen 1993, 108–194.

Auferstehungszusage abzeichnet, erscheint nicht Gott selbst, sondern sein himmlischer Mandatar tritt auf. Jesu Jünger erfahren die ursprünglich erhoffte Theophanie in Gestalt der Christophanie ihres Herrn, wobei das visionäre Kommunikationsmuster Erscheinung die Priorität besitzt, was der Ausdruck ὤφθη nahe legt (1Kor 15,3–5). Man erinnere sich: Visionen arbeiten im Rahmen eines vorgegebenen Symbolsystems (hier Dan 12) und mutieren dessen Elemente zu einer neuen Konfiguration. Das heisst: In der visionären Imagination der Jünger rückt Jesus in die Funktion des himmlischen Mandatars Gottes. Das ist schon deshalb möglich, weil bereits Jesu irdischer Sendungsanspruch ihn in ausgezeichneter Weise mit der Durchsetzung der Gottesherrschaft verband. Dies bedeutet aber nicht, dass er zum Völkerarchonten wie Michael wird. Er wird ungleich mehr als das: Er wird der κύριος, dessen Wiederkunft man dann in der Aramäisch sprechenden Urgemeinde erflehte: „Unser Herr, komm!" (= μαραναθά 1Kor 16,22). Hier greift jene Überbietungstendenz, die schon das Selbstverständnis des Irdischen prägte: „Siehe, mehr als Salomo ist hier" – „siehe, mehr als Jona ist hier." (Q 11,31–32). Im Maranatha wird dabei das älteste Stadium des Christologisierungsprozesses erkennbar.[61]

Befremdlich mag zunächst wirken, dass bei dieser Überlegung Jesus sowohl Objekt (die Heilswende bewirkt seine Auferstehung) als auch Subjekt (Jesus initiiert die Heilswende) sein soll, wenn man an die in Dan 12,1–3 vorausgesetzte Heilskonzeption denkt. Bei näherem Zusehen löst sich das Befremden aber auf. Man hat eben davon auszugehen, dass zunächst die Hoffnungsmöglichkeit aufkam: Der gekreuzigte Jesus ist auferweckt. Im Blick auf Jesu Anspruch, der entscheidende irdische Repräsentant der Gottesherrschaft zu sein, konnte – sachlich ein zweiter Schritt – die Überzeugung sich durchsetzen: Er ist himmlisch erhöht, ja der himmlische Mandatar Gottes. Als solcher konnte er den Jüngern „erscheinen" und damit die vorher noch unsichere Hoffnung auf Jesu Auferweckung gewiss machen, was der bestätigenden Funktion des ὤφθη in der Glaubensformel 1Kor 15,3–5 entspricht.

b) Das Judentum konnte dem unschuldig Leidenden die Rechtfertigung bzw. Erhöhung durch Gott zusprechen (Jes 52,13; 53,12). Ja, der Gerechte kann nach seinem Tod zur himmlischen Sphäre erhöht und der Schar der „Heiligen" d. h. der Engel eingegliedert werden (Weish 5,5 und 5,15–16). Das Fragment 4Q491 spricht

---

61 Der Maranatha-Ruf hat keinen Bezug zur sog. Menschensohnvorstellung der Bilderreden des *äthHen*. Es geht bei diesem Bittruf um die Parusie Christi, also sein Kommen vom Himmel auf die Erde. Beim sog. Menschensohn ist die Bewegungsrichtung eine ganz andere. Er wird vor dem „Herrn der Geister" erscheinen (52,9); dieser wird ihn auf den „Thron der Herrlichkeit" im Himmel setzen (äthHen 61,8; 62,2). Es gib kein Herabkommen des Menschensohnes der Bilderreden auf die Erde (Müller, „Parusie", 124–143, bes. 126f. 134).

von einem (ansonsten rätselhaften) Menschen (?), von dem es heisst: „ ... zu den Elim werde ich gerechnet." „Das ist freilich noch keine zureichende Analogie für die singuläre Würde, die die frühe Gemeinde Jesus zuschrieb ..."[62] Besonders ergibt sich von diesen Texten keine erkennbare Brücke zur Vorstellung von der Auferstehung Jesu, so dass die Erklärung mit dem Dan 12 zugrundeliegenden Symbolsystem den Vorrang verdient. Freilich ist nicht auszuschließen, dass die Erhöhung des Gerechten, wie sie Weish 5 konzipiert, im Nachdenken der Jünger Jesu eine Rolle spielte und ihre Orientierung an Dan 12,1–3 im Sinne des Erhöhungsgedankens beeinflusste.

Die Glaubensformel 1Kor 15,3–5 prädiziert Jesus als den „Christus". Der entscheidende Ansatzpunkt für die Aufnahme des Hoheitstitels „Gesalbter" wird in der Hinrichtung Jesu als „König der Juden" liegen (Mk 15,26). Diesem Urteil konträr entgegen bekannten die Jünger Jesus als den „Gesalbten", dessen irdische Sendung durch die göttliche Auferweckung und Erhöhung legitimiert war. In der Konsequenz dieser pointierten Aufnahme messianischer Tradition liegt dann die (bereits vorpaulinische) Glaubensaussage, wonach Jesus, „der geboren ist aus dem Samen Davids", eingesetzt wurde zum Sohn Gottes „seit/aufgrund der Auferstehung der Toten" (Röm 1,3–4). Dabei wirkt bei der Formulierung in Röm 1,3–4 die Überzeugung nach, die die Auferweckung Jesu als Geschehen der endzeitlichen Totenauferstehung begreift.

Dass Ostern ursprünglich als Auftakt der Endereignisse galt, verraten weitere Indizien. Die Rückkehr der Jünger aus Galiläa, wo die Ostererscheinungen wohl stattgefunden haben, hat ihren Grund in der Anschauung derselben, dass entsprechend jüdischer Erwartung die Endereignisse sich auf die Heilige Stadt Jerusalem konzentrieren würden. Dementsprechend erfahren sie dort auch das ekstatische Sprachphänomen der Glossolalie, was urchristliche Tradition als Pfingstereignis deutet und als Erfüllung prophetischer Verheißung interpretiert (Joel 3,1–5 zitiert in Apg 2). Die johanneische Tradition ihrerseits schaute Ostern und Pfingsten zusammen, insofern die Erscheinung des Auferstandenen und Geistempfang unmittelbar verbunden sind (Joh 20,22).

---

[62] Zeller, „Entstehung", 64.

Die Lebenswende des Apostels Paulus und seine bleibende Orientierung am Kyrios Jesus

Von der Lebenswende des Paulus ist im Neuen Testament mehrfach die Rede, in der Apostelgeschichte dreimal, wobei Kapitel 9 den Vorgang in erster Linie als Bekehrung, d. h. als eine individuelle „Lebenswende" beschreibt, „durch die der ehemalige Christenverfolger zum Christusverkündiger wird",[1] während Kapitel 22 und 26 den Aspekt der Berufung zur Mission bei den Heiden betonen, wobei Paulus zum Zeugen des Auferstandenen wird (22,15–21; 26,16–20). Einen historisch authentischen Bericht über die Lebenswende des Paulus wird man bei Lukas allerdings nicht erwarten, insofern legendarische Züge bei einem Autor, der Jahrzehnte nach dem Ereignis schreibt, nicht überraschen können. Zudem differieren die drei Berichte in vielen Einzelheiten voneinander, was die Problematik noch verschärft.

Anders stellt sich der Sachverhalt dar, wenn man das Selbstzeugnis des Paulus befragt, der mehrfach auf seine Lebenswende zu sprechen kommt. Hier erwartet man am ehesten eine Antwort darauf, was Paulus vor Damaskus erfahren hat. Doch ist auch hier Vorsicht geboten. Schon die Frage, wie Paulus selbst das Geschehen verstanden hat, als Bekehrung oder als Berufung, ist umstritten. Man konnte das Ereignis sachgemäß auf die Kurzformel bringen: „Paul was converted to what he had persecuted."[2] Dieser Satz erinnert sehr stark an die Überzeugung frühchristlicher Gemeinden, die seine Kehre so deuten: „Der uns einst verfolgte, verkündet jetzt den Glauben, den er einst zu zerstören suchte." (Gal 1,23). Doch zeigt sich, dass die erwähnte Alternative (Bekehrung – Berufung) etwas Künstliches an sich hat.[3] Gerade wenn man die Lebenswende des Paulus „as conversion *from* a zealous determination to defend Israel's Torah-defined boundaries" ansieht, gleichzeitig „as conversion *to* fulfil Israel's eschatological mission to the nations" wird deutlich, dass beide Aspekte nicht voneinander zu trennen sind, sondern auf dasselbe hinauslaufen.[4] Ein Streit über die Begriffe führt ebenfalls nicht weiter.

---

[1] J. Roloff, *Die Apostelgeschichte* (NTD 5), Göttingen 1981, 144.
[2] J.D.G. Dunn, „Paul's Conversion. A Light to Twentieth Century Disputes," in: J. Ådna u. a. (Hg.), *Evangelium, Schriftauslegung, Kirche* (FS P. Stuhlmacher), Göttingen 1997, 77–93: 91.
[3] Ebd. 91 – Zu der genannten Alternative vgl. auch J.D.G. Dunn, *The Theology of Paul the Apostle*, Grand Rapids (MI) 1998, 353.
[4] Dunn, „Conversion" (s. Anm. 2), 92.

Bezeichnet man die Lebenswende des Apostels als Berufung, so folgt man am ehesten einem Sprachgebrauch, den Paulus selbst wählt, wenn er sich als „berufenen Apostel" bezeichnet (Röm 1,1; 1Kor 1,1), wenn er von Gott redet, der ihn berufen hat (Gal 1,15), oder wenn er von seinem Apostolat (ἀποστολή) spricht (1Kor 9,2; Röm 1,5) bzw. dem des Petrus (Gal 2,8). Gleichwohl stellt sich die Frage, welchen spezifischen Inhalt sein Widerfahrnis vor Damaskus gehabt hat, welches möglicherweise visionäre Erlebnis ihn damals zu seiner Kehrtwende bewogen hat. Eine erfahrungsadäquate Beschreibung seiner Lebenswende ist auch bei Paulus nur bedingt zu finden, „denn Paulus äußert sich darüber *explizit* nur fragmentarisch. Alle Aussagen über seine Damaskuswende, die wir den Briefen entnehmen können, sind aus der rückblickenden Sicht des Apostels geboren und stellen deshalb eine spätere reflektierende Verarbeitung dar."[5] Trotz dieser Einschränkung ist der Versuch zu machen, durch kritischen Vergleich der verschiedenen Äußerungen des Paulus zu erschließen, „welche Primärerfahrung sich hinter der gebotenen Reflexion jeweils verbirgt."[6]

I

Beginnen wir mit der vielleicht spätesten Äußerung des Paulus (2Kor 4,6), so stoßen wir auf sehr konträre Stellungnahmen der Forschung. So findet sich die These, dass in 2Kor 4,6 „die erfahrungsadäquateste Beschreibung der paulinischen Damaskusvision" vorliegt, deren Kern sich in der aus dem gesamten Kontext 2Kor 3,7–4,6 ergebenden Aussage erschließt, „in dem Wechsel der δόξα τοῦ θεοῦ von dem Angesicht des Mose auf das Christi."[7] Doch hat man dieser Meinung entgegengehalten, dass 2Kor 4,6 so stark von seinem Kontext abhängig sei, „dass es sozusagen dieser Kontext gewesen sein könnte, der Paulus eine Dimension des Damaskuserlebnisses verdeutlicht hat, die er so möglicherweise vorher noch gar nicht gesehen hat."[8] Letzteres dürfte in der Tat in gewissem Sinne der Fall sein. Auffällig ist ja der von Paulus beabsichtigte Gegensatz zwischen dem vergänglichen Glanz der Herrlichkeit auf dem Angesicht des Mose (2Kor 3,7.13) und dem

---

[5] W. Kraus, *Zwischen Jerusalem und Antiochia. Die „Hellenisten", Paulus und die Aufnahme der Heiden in das endzeitliche Gottesvolk* (SBS 179), Stuttgart 1999, 96.
[6] Ebd.
[7] M. Reichardt, *Psychologische Erklärung der paulinischen Damaskusvision?* (SBB 42), Stuttgart 1999, 211.
[8] I. Broer, „Die Erscheinung des Auferstandenen vor Paulus bei Damaskus," in: M. Bachmann / B. Kollmann (Hg.), *Umstrittener Galaterbrief* (BThSt 106), Neukirchen-Vluyn 2010, 57–93: 77.

Antlitz Christi als bleibender Ort der Heilsmacht Gottes (4,6).⁹ Während bei den Gegnern des Paulus „der Gott dieses Äons" die Gedanken verblendet hat, so dass sie das Leuchten des Evangeliums von der Herrlichkeit Christi nicht sehen (4,3 f.), beansprucht Paulus, nicht sich selbst zu verkündigen, sondern Jesus Christus als „Herrn", welcher das Abbild Gottes ist (4,4), womit der Dienst des Mose hinfällig wird.

Dabei hat 2Kor 4,6 grundlegende Bedeutung, indem der Vers die entscheidende Begründung liefert, weswegen Paulus sagen kann, nicht sich selbst zu verkünden, sondern Jesus Christus als κύριος (4,5). Dieser Grund, von dem Paulus in V. 6 spricht, liegt in der Vergangenheit, als Gott ihn erleuchtet hat, was Paulus in Analogie zur Lichtschöpfung Gottes als dem ersten seiner Schöpfungswerke ansieht. Es heißt ja – unter Berufung auf Gen 1,3: Gott, der sprach: „Aus Finsternis soll Licht aufstrahlen" – „er ist aufgestrahlt in unseren Herzen,"¹⁰ d. h. im Innern der Person des Paulus mit dem Ziel, (durch das Evangelium vgl. 4,4) aufleuchten zu lassen die Erkenntnis „der Herrlichkeit Gottes auf dem Antlitz (Jesu) Christi." Dieses vergangene und offensichtlich einmalige Geschehen meint die Berufung des Paulus, die allein gewährleistet, dass er eben nicht sich selbst verkündet, sondern allein Jesus Christus als „Herrn" (4,5).

Was Paulus in 2Kor 4,6 schildert, dürfte sich in der Tat auf seine Berufung beziehen; denn der Akt der Erleuchtung, von dem V. 6 spricht, kann als Reflex seiner Ostererfahrung gelten, „da der Übergang von der Finsternis zum Licht zu den festen Topoi der Bekehrungssprache gehört."¹¹ Gleichwohl ist hier noch zu differenzieren. Fragt man, ob in 2Kor 4,6 eine erfahrungsadäquate Beschreibung des Damaskusgeschehens vorliegt, so zeigt der Vergleich mit den zeitlich früheren Aussagen des Paulus über seine Berufung (1Kor 9,1; 15,8), dass er „seine Ostererfahrung zunehmend, wenn wir den zeitlichen Aspekt miteinbeziehen, als *inneres Erlebnis* einstuft."¹² Dieser Aspekt fehlt in 1Kor 9,1; 15,8 und könnte sich ansatzweise, wie noch zu diskutieren ist, in Gal 1,16 erweisen. Er findet sich sicherlich in 2Kor 4,6, wenn das Berufungsgeschehen als Aufstrahlen Gottes „in

---

9 E. Gräßer, *Der zweite Brief an die Korinther*, Bd. 1: 2Kor 1,1–7,16 (ÖTK 8/1), Gütersloh/Würzburg 2002, 158, im Anschluss an F. Zeitlinger, *Krieg und Friede in Korinth. Kommentar zum 2. Korintherbrief, Teil II: Die Apologie*, Wien 1997, 155.
10 Λάμπειν ist beide Male, im Zitat wie in der Sachaussage, intransitiv zu verstehen (Ch. Wolff, *Der zweite Brief des Paulus an die Korinther* [ThHK 8], Berlin 1989, 87, Anm. 187; Gräßer, 2Kor (s. Anm. 9), 158. „In unseren Herzen" bezieht sich nicht auf alle Christen, sondern ist Apostelaussage wie schon in 2Kor 4,1–3 und 3,1 ff. Paulus formuliert in 2Kor vielfach pluralisch, wenn er von sich spricht. 2Kor 7,3 zeigt zudem, dass die Wendung „in unseren Herzen" für Paulus selbst steht.
11 B. Heininger, *Paulus als Visionär* (HBS 9), Freiburg 1996, 204, mit Verweis auf Apg 26,17 f.; Röm 2,19; 1Thess 5,4 f.; Eph 5,8; Kol 1,12 f. bzw. JosAs 8,10; TestGad 5,7; TestBenj 5,3.
12 Heininger, *Visionär* (s. Anm. 11), 209.

unseren Herzen" beschrieben ist. Immerhin scheint „jenes innere Erlebnis Pauli eine gewisse Bildqualität" besessen zu haben,[13] wenn von der „Herrlichkeit Gottes auf dem Angesicht (Jesu) Christi" die Rede ist. Vor allem aber ist festzuhalten, dass Paulus bei der Verteidigung seiner Predigt darauf insistiert, dass sich seine Verkündigung Jesu Christi als κύριος der Erleuchtung durch Gott verdankt. Die Erkenntnis Jesu als des erhöhten κύριος dürfte sich als authentische Erfahrung des Damaskusgeschehens erweisen, ohne dass von 2Kor 4,6 her über den ursprünglichen Modus dieser Erfahrung eine Auskunft möglich wird.

Zur ursprünglichen Offenbarungseinsicht gehört jedoch nicht der Gegensatz, den Paulus in 2Kor 3–4, polemisch argumentierend, aufbaut zwischen dem Angesicht des Mose, das die Herrlichkeit Gottes als eine vergängliche spiegelt (3,7), und dem Antlitz Christi als bleibender Ort der Heilsmacht Gottes. Dieser Gegensatz ergibt sich sicherlich als Ergebnis der Auseinandersetzungen, die Paulus mit seinen Gegnern in Korinth führt, ohne dass ein Bezug zum Damaskusgeschehen erkennbar ist. Denn die grundsätzliche Kontrastierung Mose – Christus, „alter Bund" – „neuer Bund" (2Kor 3,14) ist eben nicht schon Thema der Lebenswende des Paulus bei seiner Berufung, sondern späteres Ergebnis der Kontroverse mit Gegnern, die anscheinend Mose in besonderer Weise geschätzt haben.

Ähnliches gilt sicherlich auch von der Polemik des Paulus gegenüber Judaisten in Phil 3, wobei schon der Beginn der scharfen Argumentation in Phil 3,2–4a zeigt, dass der Text aus der späteren Situation des Kampfes gegen Judaisten zu verstehen ist. Hier wird grundsätzlich gegen die Forderung nach Beschneidung gegenüber Heidenchristen vorgegangen, weil die Agitatoren den religiösen Status der von Paulus missionierten Heiden wohl als den von „Gottesfürchtigen" aufgefasst haben, denen mit der Beschneidung der entscheidende Schritt zum Eintritt in die wahre Heilsgemeinde fehlt. Der argumentative Rückblick des Apostels auf seine Wende zum Vertreter der Gerechtigkeit aus dem Glauben in 3,4b-11 will in seinem zweiten Teil (V. 7–11) die exemplarische Bedeutung der eigenen Wende für die Philipper aufzeigen. Die Leser sollen das persönliche Geschick des Paulus, seine Wende weg von der Gesetzesgerechtigkeit, auf sich beziehen und sich so als solche verstehen, für die der Gesetzesweg der Gegner als erledigte Sache erscheint. Dabei ist die extrem zugespitzte Antithese „Alles, was für mich Gewinn war, das habe ich wegen des Christus für Verlust gehalten ... Seinetwegen ließ ich mich um das alles bringen ..., damit ich Christus gewinne ..." (3,7f.) nur aus der Kontroverse mit Gegnern über die Geltung des jüdischen Gesetzes zu verstehen: Auf der einen Seite steht die eigene Gerechtigkeit, nämlich die aus dem Gesetz – auf der anderen jene, die durch den Glauben

---

13 Ebd.

an Christus kommt (3,9). Es zeigt sich jedoch, dass der Jude Paulus bei seiner Lebenswende vor einer andersartigen Alternative stand, die zwar die Beschneidung von Heiden berührte, nicht jedoch die Geltung des Gesetzes ganz grundsätzlich tangierte. Immerhin lässt Phil 3,8 diesen Kern noch erkennen: „... ich halte auch alles für Verlust wegen der überragenden Erkenntnis Christi Jesu, *meines* Herrn." Dieser Satz erinnert deutlich an die Aussage, die Paulus in 2Kor 4,5f. macht, wenn er von „der Erkenntnis der Herrlichkeit Gottes auf dem Antlitz Christi" spricht, die seine Verkündigung Jesu als *„Herrn"* überhaupt ermöglichte. Genau bei dieser Erkenntnis liegt der entscheidende Punkt, der die Lebenswende des Paulus ausmacht. Auch nach Phil 3,8 bewirkte die Berufungserfahrung den Umsturz bisherigen Selbstverständnisses, insofern daraufhin Christus Jesus „*mein* Herr" wurde, was bedeutet, dass Phil 3,8 auf die persönliche Lebenswende hinweist („mein Herr" statt sonst immer „unser" bzw. „euer Herr"). Die neue Erkenntnis betrifft die Christologie. Der Kyrios gewinnt lebensbestimmende Bedeutung für Paulus.

II

Auch in Gal 1 steht die Darstellung der Damaskuserfahrung des Paulus ganz im Zeichen der Kontroverse mit judaistischen Gegnern in den Gemeinden. Aufgrund der Infragestellung der Legitimität seines Apostolats durch die Gegner sieht sich Paulus von der ersten Zeile seines Briefes an genötigt, die gottunmittelbare Herkunft seines Evangeliums und damit die Autorität seiner Verkündigung zu begründen: Er ist „Apostel nicht von Menschen her noch durch einen Menschen, sondern durch Jesus Christus und Gott, den Vater ..." (Gal 1,1). Dementsprechend betont Paulus in 1,12, dass er das Evangelium „nicht von einem Menschen empfangen habe" noch sei er (durch einen Menschen) „belehrt worden", vielmehr habe er es empfangen „durch eine Offenbarung Jesu Christi". Aufgrund der Parallelität von Gal 1,12 und 1,15f., wo Paulus betont, dass Gott selbst ihm seinen Sohn geoffenbart hat, liegt es nahe, bei der „Offenbarung Jesu Christi" einen Genitiv des Objekts anzunehmen.

Wenn Paulus schon im Briefeingang (Gal 1,1; vgl. 1,17) auf dem Aposteltitel insistiert, der auf der Beauftragung durch Jesus Christus und Gott selbst basiert, greift er mit dem Apostelanspruch einen Begriff auf, der kaum in die vergangene Berufungssituation weist. Man hat doch zu Recht gefragt: „Konnte der bisherige Verfolger Paulus, der zwar von der christlichen Verkündigung das Entscheidende wußte ..., auch vom urchristlichen Apostolat ... so viel wissen, daß er sich alsbald an der für ihn richtigen Stelle in diesem Apostolat einordnete? Konnte der eben Berufene, eben Beauftragte ohne Kontakte mit denen, die vor ihm Apostel waren

(Gal 1,17), sich in ihren Kreis einfügen?"[14] Man wird daher zu unterscheiden haben „zwischen der Beauftragung des Paulus zu [seiner] Verkündigung ... und dem apostolischen Rang, den Paulus zwar in der Konsequenz jener Beauftragung, aber geschichtlich gesehen erst später beanspruchte."[15] Paulus wird den Titel Apostel nicht sofort auf sich und seine Wirksamkeit übertragen haben.[16] Die interessantesten Spuren führen nach Antiochia. Dort konnte Paulus (zusammen mit Barnabas?) „den Apostolat des Gemeindemissionars mit der Erfahrung seiner einzigartigen Christophanie verbinden. Insofern waren beide nicht ‚nur' Gesandte der antiochenischen Gemeinde, sondern zugleich ... Boten des Auferstandenen."[17]

Bei seiner Lebenswende, von der Paulus in Gal 1 spricht, handelt es sich um seine Berufung durch Gott selbst: Es gefiel (εὐδόκησεν) Gott, „seinen Sohn in mir (oder: mir) zu offenbaren, damit ich ihn unter den Völkern verkündigen sollte ..." Was faktisch wohl eine Vision des „Herrn" war (1Kor 9,1), interessiert hier nicht, sondern allein das Handeln Gottes. Paulus geht es um die in Gal 1,15f. formulierte grundsätzliche Aussage, nicht darum, durch die Verwendung des Verbums ἀποκαλύπτειν die Art und Weise seines Offenbarungsempfangs (sei es Vision oder auch Audition) mitzuteilen. Umstritten ist in diesem Zusammenhang, ob ἐν ἐμοί gleichbedeutend mit dem entsprechenden Dativobjekt zu verstehen[18] oder die Offenbarung bewusst als innerliches Erlebnis dargestellt ist.[19] Den Ausschlag könnte der Kontext im Galaterbrief geben. Das „in mir" entspricht Gal 2,20 („Christus lebt in mir") oder 4,6 („Gott hat den Geist seines Sohnes in unsere Herzen gesandt"). Paulus würde dann in 1,15f. seine Berufung als einen inneren Vorgang charakterisieren. Das entspräche der Sicht seiner Berufungserfahrung, wie er sie in 2Kor 4,6 beschreibt, wonach Gott „in unseren Herzen" aufgestrahlt ist, so dass es zur Erkenntnis von der Herrlichkeit Gottes auf dem Antlitz Christi gekommen ist. Das hieße gleichzeitig, dass Paulus seine Damaskuserfahrung zu-

---

14 Ch. Dietzfelbinger, *Die Berufung des Paulus als Ursprung seiner Theologie* (WMANT 58), Neukirchen-Vluyn 1985, 145.
15 Dietzfelbinger, ebd.
16 J. Frey, „Paulus und die Apostel. Zur Entwicklung des paulinischen Apostelbegriffs und zum Verhältnis des Heidenapostels zu seinen Kollegen," in: E.-M. Becker / P. Pilhofer (Hg.), *Biographie und Persönlichkeit des Paulus* (WUNT 187), Tübingen 2005, 194–227: 206.
17 Frey, „Paulus" (s. Anm. 16), 208.
18 Vgl. dazu BDR § 220,1; D. Lührmann, *Das Offenbarungsverständnis bei Paulus und in paulinischen Gemeinden* (WMANT 16), Neukirchen-Vluyn 1965, 79, Anm. 1.
19 H.D. Betz, *Der Galaterbrief* (Hermeneia), München 1988, 144; Heininger, *Visionär* (s. Anm. 11) 200; Ch. Strecker, *Die liminale Theologie des Paulus* (FRLANT 185), Göttingen 1999, 104–106.

nehmend, „wenn wir den zeitlichen Aspekt miteinbeziehen, als inneres Erlebnis einstuft",[20] wofür vieles spricht.

Angesichts der von den Gegnern ausgehenden Bestreitung seines Apostolats muss Paulus die Gottunmittelbarkeit seines Evangeliums mit möglichst schwerwiegenden Argumenten rechtfertigen. Deshalb bringt er seinen besonderen Anspruch in Gal 1,15 f. auch dadurch zum Ausdruck, dass er seine Berufung in Parallele setzt zu der göttlichen Berufung alttestamentlicher Propheten. Gott, „der mich von meiner Mutter Leib an ausgesondert hat", berührt sich mit Jes 49,1.5, die Sendung zu den Völkern nimmt Jes 49,6 auf. Die von Gott ausgehende Initiative bei seiner Berufung steht in Gal 1,15 f. in einer Weise im Vordergrund wie an keiner anderen Stelle in den Briefen, wo Paulus vom Damaskusereignis spricht.[21] Und dazu eignet sich der Begriff ἀποκάλυψις entschieden besser als der einer Vision o. ä., „bringt er doch nicht nur Christus, sondern auch Gott selbst ins Spiel."[22] Was nun den Inhalt der Damaskusoffenbarung angeht, betont Paulus mit dem Gottessohn-Titel stärker als an den anderen Stellen (1Kor 9,1; 15,8) „den besonderen Erwählungscharakter Jesu und dessen besonderes Verhältnis zu Gott."[23]

Alle diese Eigentümlichkeiten der Berufungsdarstellung in Gal 1,12.15 f. sind situationsbedingt durch die Notwendigkeit des Apostels, die Legitimität seines Evangeliums und seiner Sendung zu den Völkern zu verteidigen. Sie geben wenig Anlass zur Annahme, Paulus könne hier ein Interesse haben, das lange zurückliegende Ereignis der Berufung in der ursprünglichen Erlebnisweise, also erfahrungsadäquat, wiederzugeben. Eher dürfte gelten, er beschreibe den Offenbarungsvorgang inzwischen wie an der Parallelstelle 2Kor 4,6 als „inneres Erlebnis", wobei alle Initiative bei Gott selbst liegt, der ihn berufen hat.

Die Schilderung des Offenbarungsvorgangs verdankt sich also der Situation, in der Paulus den Galaterbrief schreibt. Das bedeutet aber nicht, dass der Rückblick auf seine vorchristliche Vergangenheit in Gal 1,13 f. nur adressatenorientiert erfolgt – ohne Detailinformation über das Spezifische seiner damaligen Lage. Dass Paulus aufgrund seines ehemaligen „Wandels im Judentum", d. h. im aktiven „Bejahen und Verwirklichen jüdischer Identität"[24] weiter ging als seine jüdischen Altersgenossen, entspricht einfach der historischen Realität und wird

---

20 Heininger, *Visionär* (s. Anm. 11), 209.
21 Broer, „Erscheinung" (s. Anm. 8), 88.
22 A.a.O. 82.
23 A.a.O. 88. „Dass die ... Sohn-Gottes-Christologie biographisch in seiner Berufungserfahrung verwurzelt ist" (so K. Haacker, *Paulus, der Apostel*, Stuttgart 2008, 99) ist also nicht mit Gal 1,15 f. zu begründen, wenn dies bedeuten soll, schon in der unmittelbaren Damaskussituation habe der Titel Sohn Gottes die entscheidende Rolle gespielt.
24 K. Haacker, *Paulus. Der Werdegang eines Apostels* (SBS 171), Stuttgart 1997, 86, Anm. 109.

durch den entsprechenden Rückblick in Phil 3,5f. gestützt. Das Problem der Tora klingt also durchaus an, doch nur mit begrenzter Zielrichtung: Mit seiner Lebenswende lehnte sich Paulus auf „against his previous zeal for the law ..., but primarily in its boundary–defining role, that is, as separating Jew from Gentile."[25] Zudem fällt ein „lack of justification language"[26] in Gal 1,11ff. auf, was nicht gerade günstig für die verbreitete Annahme ist, die paulinische Rechtfertigungslehre bereits mit der Lebenswende des Paulus verbinden zu wollen. Auch Phil 3 hilft da nicht weiter, insofern sich die dortigen Aussagen zur Gerechtigkeit aus dem Glauben primär der Auseinandersetzung mit judaistischen Gegnern verdanken. Die Berufung des Paulus erweist sich jedenfalls nicht unmittelbar als Ursprung seiner Theologie.[27] Es wird also bei der Einsicht bleiben müssen, dass Gal 1 zwar Aussagen über die Position des Paulus als Verfolger der „Gemeinde Gottes" macht, Paulus aber aufgrund der situationsbedingten Ausrichtung von Gal 1 die eigene Lebenswende hinsichtlich ihres Offenbarungsgehalts nur begrenzt aufzuhellen beabsichtigt (Rechtfertigung seines durch Gott selbst legitimierten Apostolats). Anders wäre es, würde der Rückblick auf die Berufung des Paulus Überzeugungen enthalten, die ganz unabhängig von der Briefsituation sind und der bleibenden Position des Apostels entsprechen, also die durchgehende Kontinuität seines religiösen Erlebens darstellen. Träfe dies zu etwa im Blick auf sein christologisches Verständnis (vgl. 1Kor 9,1), stünde zu erwarten, dass diese Überzeugung auch seine Lebenswende geprägt hat, ja in ihr ihren Ursprung hat.

III

Bei der Berufung des Paulus wird man statt von einer inneren Erleuchtung doch eher von einem von außen zustoßenden Widerfahrnis ausgehen müssen. Zwar ist zuzugestehen, dass diese Annahme zunächst einmal der Darstellung in Apg 9,3–6 zu verdanken ist; sie wird aber auch durch die früheste Selbstaussage in 1Kor 9,1 unterstützt. Sprachlich folgt Paulus in 1Kor 9,1 „Habe ich nicht Jesus, unseren Herrn gesehen?" der Kommunikationsform der Vision im engeren Sinne wie in den alttestamentlichen Visionsberichten (z. B. 1Kön 22,19–22; Am 9,1; Jes

---

25 Dunn, *Theology* (s. Anm. 3), 353.
26 H. Räisänen, „Paul's Call Experience and His Later View of the Law," in: ders., *The Torah and Christ* (SFEG 45), Helsinki 1986, 55–92, 67.
27 Gegen Dietzfelbinger, *Die Berufung* (s. Anm. 14) 114–116; P. Stuhlmacher, „‚Das Ende des Gesetzes'. Über Ursprung und Ansatz der paulinischen Theologie," *ZThK* 67 (1970), 14–39: 30; Frey, Paulus und die Apostel (s. Anm. 16) 221f., Anm. 106.

6,1).²⁸ Bei 1Kor 9,1 ist also zu beachten, dass Paulus „wörtliche Anleihen bei der Sprache visionärer Prophetie und Apokalyptik" nimmt, allerdings auf eine anschaulich konkrete Visionsschilderung verzichtet.²⁹ Die Besonderheit von 1Kor 9,1 (im Unterschied zu Gal 1,15f.) liegt in der Erzählperspektive: Paulus beschreibt das Ereignis hier ganz aus seinem Blickwinkel, mit ihm als Subjekt („habe ich nicht gesehen?") und mit „Jesus, unserem Herrn" als Objekt. Das mag auch damit zusammenhängen, dass seine Formulierung sich mit alter Osterüberlieferung der Evangelien berührt: Mk 16,7 kommt in Frage, besonders aber Joh 20,18, wo Maria Magdalena sagt: „Ich habe den Herrn gesehen." und Joh 20,25, wo die Jünger berichten „Wir haben den Herrn gesehen." Auch Apg 9,27 folgt vorgegebener Überlieferung: Barnabas erzählt den Jüngern, „wie er (Paulus) auf dem Weg den Herrn gesehen ... habe."

Man hat nun gemeint, die Wahl der Sprachform einschließlich des Kyrios-Titels sei unter pragmatischen Gesichtspunkten erfolgt, und dabei auf den Zusammenhang mit 1Kor 8,5f. und besonders 9,14 verwiesen, wo Paulus auf eine Anordnung des κύριος abhebt, dass diejenigen, die das Evangelium verkünden, vom Evangelium leben sollen. Doch ist ein derart enger Kontext speziell dieser Stellen mit 1Kor 9,1 durchaus fraglich.³⁰ Anders als in 9,1 ist der Kyrios-Titel in 9,14 (wie in 7,10) auf den irdischen Jesus bezogen (vgl. Lk 10,7). Entscheidend ist vielmehr der unmittelbare Zusammenhang der vier rhetorischen Fragen in 1Kor 9,1, wo die dritte Frage die zweite begründet: Paulus ist Apostel, insofern er „Jesus, unseren Herrn" gesehen hat, wobei der Aposteltitel steht, der wohl nicht in die ursprüngliche Berufungssituation gehört (s. o.), inzwischen aber schon lange (seit Antiochia?) das Selbstbewusstsein des Paulus prägte. Die vierte Frage verweist die Leser auf sein „Werk im Herrn": Als vom „Herrn" berufener Sendbote hat er die Gemeinde gegründet. Die vier rhetorischen Fragen haben ihre grundlegende Basis in der Schau des κύριος: „Habe ich nicht Jesus, unseren Herrn, gesehen?" Offensichtlich geht es um den erhöhten „Herrn", der Paulus österlich erschienen ist, wie mit dem visionären Kommunikationstyp Erscheinung in 1Kor 15,8 gesagt wird. In beiden Fällen, in 1Kor 9,1 und 15,8, handelt es sich sprachlich um Möglichkeiten visueller Kommunikation zwischen irdischem und himmlischem Bereich, die beide den visionären Aspekt des Geschehens zum Ausdruck bringen. Inhaltlich bietet 1Kor 9,1 allerdings den Vorteil, dass Paulus hier mitteilt, in welcher hoheitlichen Position er Jesus gesehen hat, als κύριος, während er in 1Kor 15,8 dies

---

28 Zur Unterscheidung visionärer Kommunikationsformen vgl. Heininger, *Visionär* (s. Anm. 11) 39–43.175–179.
29 Ebd. 189.
30 Gegen Heininger, *Visionär* (s. Anm. 11) 185f.; Broer, „Erscheinung" (s. Anm. 8) 66f.

nicht in gleicher Weise tut, sondern sich das Subjekt des Offenbarungsgeschehens (Χριστός) durch die Osterüberlieferung vorgeben lässt.

Auffällig ist, dass Paulus in der Perfektform ἑόρακα vom Sehen des κύριος spricht; sie bringt zum Ausdruck, „dass das vergangene Geschehen eine bis in die Gegenwart hineinreichende Nachwirkung hat."[31] Das betrifft zunächst einmal Paulus selbst bei seiner Berufung zum Missionar bei den christlichen Gemeinden wie Korinth, die sein „Werk im Herrn" sind, wie 1Kor 9,1 betont. Diese Erfahrung wird ihn später bei seinem Handeln bestimmen (s. u.), wenn er den κύριος dreimal anfleht, ihn von seiner satanisch gewirkten Krankheit zu befreien, er aber die bleibend gültige Antwort des „Herrn" erhält (wieder in der Perfektform: εἴρηκεν): „Genug ist für dich meine Gnade ..." (2Kor 12,8f.). Dieses spätere Offenbarungsgeschehen macht deutlich, welch bleibende Bedeutung der κύριος Ἰησοῦς für das persönliche Erleben des Apostels hat. Offensichtlich besteht für Paulus im Rahmen seiner Sendung eine durchgehend enge Beziehung und Fixierung auf den „Herrn", was sich am ehesten mit seiner Berufungserfahrung erklärt, bei der er den „Herrn" gesehen hat.

Genau dieser Sachverhalt verbindet Paulus aber auch mit der von ihm gegründeten Gemeinde. Denn der κύριος prägt das gottesdienstliche Leben der Gemeinde, wenn Paulus und die Korinther gemeinsam „den Namen unseres Herrn Jesus Christus anrufen" (1Kor 1,2), wenn sie sich also mit der Akklamation „Herr ist Jesus" ihm als dem von Gott Erhöhten unterstellen (1Kor 12,3; Phil 2,10f.; Röm 10,9), ja möglicherweise seine baldige Parusie mit dem Ruf erflehen: μαρὰν ἀθά = „unser Herr, komm!" (1Kor 16,22).[32] Jedenfalls wird die Gemeinde schon im Proömium mit einer Art „eschatologischem Vorbehalt" konfrontiert, wenn Paulus sie als solche bezeichnet, die warten „auf die Offenbarung unseres Herrn Jesus Christus" (1Kor 1,7).[33]

Mit diesen Bemerkungen dürfte deutlich geworden sein: Die Orientierung an der Hoheit des κύριος bestimmt die persönliche Frömmigkeit des Paulus, aber gerade auch das gottesdienstliche Leben der Gemeinde, so dass man vom Kyri-

---

31 Ch. Wolff, *Der erste Brief des Paulus an die Korinther* (ThHK 7), Leipzig 1996, 189 mit Verweis auf BDR § 342,3; so auch A. Lindemann, *Der Erste Korintherbrief* (HNT 9/I), Tübingen 2000, 201.
32 Das Letztere bleibt unsicher, wenn man an die enthusiastischen Tendenzen in der Gemeinde denkt (vgl. 1Kor 4,8). Doch könnte das finale Element, das in 1Kor 11,26 („bis dass er kommt") doch wohl erhalten ist, dafür sprechen, dass die korinthische Gemeinde (bzw. Gruppen in ihr) die Parusie erfleht hat.
33 Vgl. G.D. Fee, *The First Epistle to the Corinthians* (NIC), Grand Rapids² (MI) 1988, 42; A. Lindemann, *1Kor* (s. Anm. 31), 31.

oskult sprechen konnte.³⁴ Diese Beobachtungen legen auch die Annahme nahe, dass 1Kor 9,1 am ehesten der ursprünglichen Erfahrung des Paulus entspricht, die sich ihm als visionäre Schau des κύριος einprägte. Sicherlich meint Paulus dabei in 1Kor 15,8, wo er denselben Sachverhalt wie 1Kor 9,1 sprachlich mit dem visionären Kommunikationstyp Erscheinung zum Ausdruck bringt, bedingt durch die Überlieferung 1Kor 15,3–5, dass für ihn die Erscheinung des Auferstandenen identisch gewesen ist mit der Schau des „Herrn".

Für 1Kor 9,1 als adäquate Wiedergabe der Berufungssituation spricht außerdem, dass auch in 2Kor 4,5 f. der Hoheitstitel κύριος für die Berufung bestimmend ist; denn Paulus verkündet Jesus Christus gerade deshalb als „Herrn", weil Gott selbst ihn bei seiner Lebenswende erleuchtet hat, so dass er „die Herrlichkeit Gottes auf dem Angesicht Christi" erkannte. Phil 3,8 kann dies insofern bestätigen, als die Lebenswende des Paulus die Erkenntnis Christi Jesu zum Inhalt hatte, und zwar ist dieser seitdem „mein Herr" (statt sonst „unser Herr").

IV

Gal 1 enthält die ausführlichste, weil am stärksten reflektierte Darstellung seiner Berufung, die Paulus bietet, um seinen Apostolat nicht durch Menschen vermittelt, sondern durch Gott selbst gewirkt auszuweisen. Diese Sichtweise verdankt sich der späten Situation, in der Paulus den Brief schreibt, und lässt sich nicht unmittelbar auf das ursprüngliche Geschehen vor Damaskus zurückführen. Immerhin erfahren wir einige Einzelheiten, die historisch zur Voraussetzung seiner Berufung gehören. Paulus erwähnt seinen ehemaligen Wandel im Ἰουδαϊσμός, „dem Bejahen und Verwirklichen jüdischer Identität";³⁵ er war ein besonderer „Eiferer" für die Überlieferungen seiner Väter und verfolgte deshalb „die Gemeinde Gottes", die er zu zerstören suchte (Gal 1,13 f.). Durch die „Offenbarung", die er erfuhr, sah er sich durch Gott selbst berufen, das Evangelium unter den Heiden zu verkündigen. Später hörten christliche Gemeinden in Judäa: „Der uns einst verfolgte, verkündigt jetzt den Glauben, den er einst zu zerstören suchte." (Gal 1,23). Diejenigen, die Paulus einst verfolgte, sucht man zu Recht in der Gruppe der Griechisch sprechenden Judenchristen, der „Hellenisten" also (Apg 6); denn nach der Darstellung der Apostelgeschichte bleibt die Aramäisch sprechende Urgemeinde von den Verfolgungen, bei denen Paulus beteiligt war, ver-

---

34 E. Rau, „Der urchristliche Kyrioskult und die Bekehrung des Paulus," in: P. Stolt u. a. (Hg.), *Kulte, Kulturen, Gottesdienste. Öffentliche Inszenierung des Lebens* (FS P. Cornehl), Göttingen 1996, 156–171.
35 Haacker, *Werdegang* (s. Anm. 24), 86, Anm. 109.

schont. Das besondere Konfliktpotenzial, das die „Hellenisten" für den gesetzesstrengen Juden Paulus boten, lag in deren Haltung gegenüber der Tora: Sie verwischten „die unaufgebbaren Grenzen zwischen dem Heilsvolk Israel und den übrigen Völkern. Wer auch nur in einigen Fällen die Taufe gleichsam zum Ersatz für die Beschneidung hochstilisierte, war ein Verächter des Gesetzes ..."[36] Allerdings gilt es hier zu differenzieren zwischen der anfänglichen Position der „Hellenisten" in der Stephanusgruppe zu Jerusalem, die durch Kultkritik gegenüber dem Tempel Anstoß erregte (Apg 6,13f.), und ihrer Haltung nach der Vertreibung aus Jerusalem. Jedenfalls bietet die Apostelgeschichte „keinen Anhaltspunkt dafür, daß schon die Stephanusgruppe selbst damit begonnen hätte, den Unterschied zwischen Israel und den Völkern zu nivellieren. Sie bietet jedoch drei Textkomplexe, aus denen die sukzessive Öffnung der Gemeinde gegenüber den Heiden nach der Vertreibung der ‚Hellenisten' aus Jerusalem hervorgeht."[37] Gemeint ist zunächst die Samaritanermission des Philippus, der nach Apg 6,5 ursprünglich zum Siebenergremium der „Hellenisten" gehört hat (Apg 8,4–25). Samaritaner konnte man als am Rande des Judentums stehende „Häretiker" betrachten,[38] bei denen als Beschnittenen die Bescheidungsfrage nicht akut war. Einen Schritt weiter führt die Taufe des Gottesfürchtigen aus Äthiopien (Apg 8,26–40). Nach der Darstellung der Apostelgeschichte ist sie von „paradigmatischer Bedeutung" für die Begründung und den Vollzug der Mission an Nichtjuden.[39] Der dritte Schritt wird in Apg 11,19–26 beschrieben: die Verkündigung des Evangeliums gegenüber Heiden in Antiochia.

Zur Mission des Philippus gehört auch der Gang an die Mittelmeerküste, was Lukas nur kurz erwähnt (Apg 8,40). Hier dürfte Philippus allmählich zur gesetzeskritischen Heidenmission übergegangen sein, wobei dies „zunächst den Verzicht auf die Forderungen der Beschneidung und die Beobachtungen des Ritualgesetzes bedeutete."[40] Lukas wird den Vorgang vereinfachen, „wenn er ausdrücklich erst Antiochien als Ort dieses neuen Schritts nennt (Apg 11,20)."[41]

---

36 J. Becker, *Paulus. Der Apostel der Völker* (UTB 2014), Tübingen ³1998, 69. Wenn Paulus sich im Rückblick als „Eiferer" für die väterlichen Überlieferungen bezeichnet, so lässt dies an Pinchas (Num 25,7–13) oder Elia (1Kön 18,40) denken. „His motivation was that of earlier heroes of zeal. It was directed against the Hellenist Christians because they were seen to threaten Israel's distinctiveness and boundaries." Dunn, *Theology* (s. Anm. 3), 352.
37 Kraus, *Jerusalem und Antiochia* (s. Anm. 5), 55.
38 M. Hengel / A.M. Schwemer, *Paulus zwischen Damaskus und Antiochien. Die unbekannten Jahre des Apostels* (WUNT 108), Tübingen 1998, 146.
39 Roloff, *Apostelgeschichte* (s. Anm. 1), 139.
40 Hengel, *Zur urchristlichen Geschichtsschreibung*, Stuttgart ²1984, 70.
41 R. Riesner, *Die Frühzeit des Apostels Paulus. Studien zur Chronologie, Missionsstrategie und Theologie* (WUNT 71), Tübingen 1994, 97.

Auch Damaskus wird von den „Hellenisten" missioniert worden sein, auch wenn die Apostelgeschichte darüber nichts berichtet. Inwiefern Paulus schon in Jerusalem an Verfolgungen gegenüber den „Hellenisten" beteiligt war (Apg 8,1–3), ist wegen der Bemerkung in Gal 1,22 zwar umstritten, aber doch wahrscheinlich. Denn auf die Verfolgertätigkeit des Paulus ist die Aussage von V. 22 wohl nicht bezogen. V. 22f. besagt ja, dass Paulus nur in der Zeit seines Wirkens als Christusapostel den judäischen Gemeinden nicht persönlich bekannt geworden ist.[42] Jedenfalls hat die Verfolgung nur die Griechisch sprechenden Judenchristen, die „Hellenisten" also, im Visier, die längst dazu übergegangen waren, vor allem Gottesfürchtige ohne die Beschneidungsforderung zum Christusglauben zu bekehren.

Man hat nach der Möglichkeit biblischer Legitimation für die grenzenüberschreitende Verkündigung der „Hellenisten" gesucht und insbesondere in Jes 19,16–25; 45,20–25; 66,18–24 und Am 9,11f. LXX eine Veränderung im bisherigen Gottesvolk-Konzept festgestellt: Danach werden in der Endzeit Heiden in das Gottesvolk Israel aufgenommen oder diesen gleichgestellt.[43] Insbesondere erhebt sich die Frage, ob sich im Neuen Testament eine solche Anknüpfung an entsprechende Texte des Alten Testaments nachweisen lässt, die eine Entgrenzung der Gottesvolk-Thematik kennen.[44] Dies mag z. B. bei Apg 15,14–18 der Fall sein, wo in V. 16–18 mit LXX-Zitaten aus Am 9,11f. und Jes 54,21 begründet wird, dass Gott die Heiden zum Gottesvolk berufen hat, denn „Gott hat von Anfang an darauf gesehen, aus den Heiden ein Volk für seinen Namen zu gewinnen." (Apg 15,14). Das Zitat von Am 9,11f. LXX zielt zunächst auf die Wiederaufrichtung Israels (Apg 15,16); diese hat zum Ziel die Einbringung der Heiden (15,17f.): „ ... damit auch die übrigen Menschen den Herrn suchen und alle Heiden, über die mein Name ausgerufen ist, spricht der Herr, der dies ausführt, was von Ewigkeit bekannt ist." Diese Zitatkombination, die die Integration der Heiden in das Gottesvolk Israel zum Ausdruck bringt, dürfte Lukas bereits vorgelegen haben.[45] Ob ihr Inhalt der

---

42 K.-W. Niebuhr, *Heidenapostel aus Israel. Die jüdische Identität des Paulus nach ihrer Darstellung in seinen Briefen* (WUNT 62), Tübingen 1992, 59. „Infolge seiner Abreise nach Syrien und Kilikien blieb Paulus den judenchristlichen Gemeinden Judäas persönlich unbekannt", d. h. Paulus konnte bei seinem 14-tägigen Aufenthalt in Jerusalem „nicht an ihren Zusammenkünften teilgenommen ... haben." Betz, *Galaterbrief* (s. Anm. 19), 157.
43 Kraus, *Jerusalem und Antiochia* (s. Anm. 5), 72–74. W. Kraus, *Das Volk Gottes. Zur Grundlegung der Ekklesiologie bei Paulus* (WUNT 85), Tübingen 1996, 16–44.
44 Zum Folgenden Kraus, *Jerusalem und Antiochia* (s. Anm. 5), 75–80.
45 So z. B. G. Lohfink, *Die Sammlung Israels. Eine Untersuchung zur lukanischen Ekklesiologie* (StANT 39), München 1975, 59, Anm. 142; A. Weiser, *Die Apostelgeschichte. Kapitel 13–28* (ÖTK 5/2), Gütersloh/Würzburg 1985, 373.

Position der „Hellenisten" entspricht und (neben anderen alttestamentlichen Texten: Sach 2,14 f.; Jes 56,3–8) die im Alten Testament belegte Vorstellung einer zukünftigen Erweiterung des Gottesvolkes als motivierend für die Praxis der „Hellenisten" belegt[46], wird wohl zutreffen. Entscheidend aber scheint für diese zu sein, dass sie Integrationsaussagen des Alten Testaments christologisch interpretierten und auf den Kyrios Jesus bezogen, wie dies vor allem auf Joel 3,5 LXX in Apg 2,21 und Röm 10,12 f. zutrifft (vgl. auch Jes 45,23b LXX in Phil 2,10 f.).

V

Für Paulus hat das Bekenntnis zu Jesus als dem κύριος lebensentscheidende Bedeutung, und Entsprechendes dürfte sich auch für den Kreis der „Hellenisten" zeigen. Seine Lebenswende verdankte er dem κύριος, wenn er sagt: „Bin ich nicht Apostel? Habe ich nicht Jesus, unseren Herrn, gesehen?" (1Kor 9,1). Die Konsequenz seiner visionären Erfahrung war, dass er der Anerkennung des κύριος unter den Menschen Raum schaffen wollte. Das bezeugt der unmittelbare Kontext des zitierten Wortes: „Seid ihr nicht mein Werk im Herrn? ... mein Apostolatssiegel seid ihr im Herrn." Das bedeutet dann: „Paulus hat den gesehen, den er und die Korintherinnen und Korinther gemeinsam als ‚ihren' Kyrios anerkennen."[47] Und diese Anerkennung erfolgte urchristlich in Gestalt der gottesdienstlichen Akklamation κύριος Ἰησοῦς, bei der sich die Bekennenden Jesus als ihrem Herrn unterstellen (1Kor 1,2; 12,3; Phil 2,11; Röm 10,9; vgl. Apg 9,14.21), wobei sich das rettende Anrufen des κύριος zum ersten Mal in der Taufe vollzog (Apg 2,38; 22,16).

Überhaupt zeigt der Zusammenhang von Röm 10,8–13, wie Paulus bei seiner Argumentation, die eigentlich das Problem der eschatologischen Errettung ganz Israels zum Thema hat, Traditionselemente aufgreift, die in die früheste christliche Gemeinde weisen. So kann er in Röm 10,9 zusammenfassen, was nicht erst für diesen Brief Geltung hat, sondern sich der frühesten Überlieferung verdankt. Denn das überlieferte „Wort des Glaubens, das wir verkünden" (10,8) bezieht sich auf die traditionelle Akklamation „Herr ist Jesus" sowie den Inhalt der sog. Pistisformel „Gott hat ihn (Jesus) von den Toten auferweckt" (vgl. 1Thess 1,10b; Gal 1,1; 2Kor 4,14; Röm 4,24b; 8,11a.b). Sieht man diese Grundelemente frühchristlichen Glaubens (Röm 10,9) und berücksichtigt man den erkennbaren Zusam-

---

[46] Kraus, *Jerusalem und Antiochia* (s. Anm. 5) 79 f. Andererseits meint Räisänen, „Paul's Conversion and His View of the Law," NTS 33 (1987), 404–419: 415: „I suggest that the Hellenists displayed a liberal attitude towards parts of the law, which they reinterpreted in spiritual or ethical terms."
[47] Rau, „Kyrioskult" (s. Anm. 34), 161.

menhang mit der Selbstaussage des Paulus über seine Schau Jesu als des κύριος (1Kor 9,1), die ja seine Akklamation überhaupt ermöglichte, so dürfte die Schlussfolgerung plausibel sein, dass die Schau des κύριος „ihn von der Wahrheit dessen überzeugte, was Pistisformel und Kyrios-Akklamation behaupten: Jesus ist aus Toten auferweckt worden, und er ist der Kyrios, der als solcher anerkannt werden will."[48]

In diesem Zusammenhang weiterführend erscheint ein Blick auf die sich an Röm 10,9 anschließenden Ausführungen in 10,12 f., bei denen Paulus Formulierungen verwendet, die traditionell sind, die sich also nicht erst dem gegenwärtigen Kontext verdanken. Es geht um Argumentationen, die mit dem Thema von Röm 9–11 nicht ursprünglich zu tun haben, sondern wohl in die Anfänge der missionarischen Wirksamkeit des Paulus, ja der „Hellenisten" verweisen. Auffällig ist zunächst, dass Röm 10,12 plötzlich vom Juden und dem Griechen handelt, obwohl (abgesehen von 9,24) in Röm 9–11 immer von Israel die Rede ist, weil dessen eschatologisches Geschick thematisiert wird; dazu gehört auch, dass nur hier vom Griechen gesprochen wird und nicht wie sonst von den Völkern (9,24.30; 11,11–13.25). Wichtiger noch ist die Tatsache, dass in 10,12 die Gleichheit des Juden wie des Griechen eine ausschließlich positive Wertung erfährt, in Röm 3,22 f. dagegen negativ akzentuiert erscheint: „Alle haben gesündigt ..." „Kein Unterschied zwischen Jude und Grieche" ist anscheinend eine Art Programmwort, das Paulus in unterschiedlichen Zusammenhängen gebraucht, wobei der eigentliche, weil ursprüngliche Kontext in Röm 10,12 f. zu finden ist, der in seiner universalen Weite, die im Herrsein des κύριος über „alle, die ihn anrufen" gründet, sein Zentrum hat. Diese Universalität ist bereits in Röm 1,16 neu akzentuiert, wenn von einem Zuerst des Juden, d.h. von einem Vorrang der dem Juden zuteil gewordenen Heilszusagen die Rede ist (Röm 3,1 f.). Umso mehr muss der Satz „Kein Unterschied zwischen Jude und Grieche" auffallen, der eben keine Einschränkung erfährt, sondern isoliert, für sich genommen, eine grundlegende Heilsaussage impliziert, in der Argumentation von Röm 10 dagegen der Anklage gegen Israel dienstbar gemacht wird: Es ist alles geschehen, damit Israel wie die Heiden zum Glauben kommen konnte, Israel aber hat sich zum großen Teil verweigert.

Wie schon in Röm 10,9 bemüht Paulus in 10,12 f. längst vorgegebene Tradition, wenn er zur Begründung der These „*Kein* Unterschied zwischen Jude und Grieche" sagt: „ ... denn ein und derselbe ist Herr *aller*, der reich ist für *alle*, die ihn anrufen." Die These „Jesus ist ‚κύριος aller'" hat nicht zufällig in der Missionsrede

---

[48] Rau, „Kyrioskult" (s. Anm. 34), 162.

des Petrus vor dem Gottesfürchtigen Kornelius eine deutliche Parallele (Apg 10,36).⁴⁹

Von Jesus Christus heißt es dort: „Dieser ist Herr aller" (πάντων κύριος),⁵⁰ einschließlich der in Apg 10,35 genannten Nichtjuden.

Die allem zugrundeliegende Begründung für die These „Kein Unterschied (διαστολή) zwischen Jude und Grieche" liegt aber in der nachhaltigen Wirkung von Joel 3,5 LXX: „Und es wird sein: *Jeder* (πᾶς), der den Namen des κύριος anruft, wird gerettet werden", wobei der Satz christologisch verstanden wurde, wie Apg 2,21 zeigt, wenn gerade „der Name Christi" das Heil bringt (Apg 2,38). Zu beachten ist dabei, dass weder der hebräische Text noch die LXX universalistisch ausgerichtet sind und die Grenzen des Gottesvolkes Israels überschreiten.⁵¹ Es ist wohl der überwältigenden Geisterfahrung der Urgemeinde zu verdanken, die in Joel 3 den Anbruch der eschatologischen Heilszeit für die Gegenwart zu erkennen glaubte, dass dieser Text schließlich die Schlussfolgerung ermöglichte „*kein* Unterschied (διαστολή) zwischen Jude und Grieche", die in Röm 10,12 bereits vorgegeben ist und schließlich der Rechtfertigung der Heidenmission dienen konnte, was auch Apg 15,9 überliefert, wenn es heißt: Gott „hat keinen Unterschied gemacht" (οὐθὲν διέκρινεν) zwischen Juden und Heiden.

Glaubwürdig ist jedenfalls, dass das „Reden im Geist" „zu den Anfangserfahrungen der Jerusalemer Urgemeinde gehörte"⁵² und mit Joel 3,1–5 gedeutet

---

49 Vgl. besonders Rau, *Von Jesus zu Paulus. Entwicklung und Rezeption der antiochenischen Theologie im Urchristentum*, Stuttgart u. a. 1994, 83–87.
50 Die These κύριος πάντων, die die Heidenmission begründen half, geht auf eine verbreitete Wendung der hellenistischen kosmologischen Religion zurück: „Herr des Alls" (H. Conzelmann, *Die Apostelgeschichte* [HNT 7], Tübingen 1963, 65). Diese Bedeutung findet sich auch jüdisch: Weish 6,7; 8,3. Die anthropologische Variante findet sich z. B. Sir 33,1 (=36,1) LXX: „Erbarme dich unser, Gebieter, der Gott aller ..." Sie ist keineswegs universalistisch geprägt. Die frühchristliche Rezeption hat die Wendung christologisch verstanden.
51 Vgl. H.W. Wolff, *Dodekapropheton 2. Joel und Amos* (BK XIV/2), Neukirchen-Vluyn 1969, 83.
52 D. Zeller, „Offene Fragen zum urchristlichen ‚Reden im Geist'," in: W. Kraus (Hg.), *Beiträge zur urchristlichen Theologiegeschichte* (BZNW 163), Berlin/New York 2009, 231–246: 244. G. Lüdemann, *Das frühe Christentum nach den Traditionen der Apostelgeschichte*, Göttingen 1987, 53, betont zu Recht, dass die Verwendung von Joel 3,5 LXX in Apg 2,21 der Rede in Apg 2 vorgegeben war. Dabei gilt wohl: „Aber selbst wenn Apg 2 eine erzählende Konstruktion von Geschichte ist, kann die Erzählung von einem angemessenen Gesamtbild des frühen Christentum ausgehen ..." (J. Becker, *Die Auferstehung Jesu Christi nach dem Neuen Testament*, Tübingen 2007, 230). Die Abfolge von missionarischer Predigt und dem Folgeereignis „Geist in der Glossolalie" (vgl. Apg 10,34–38; 11,15–17) ist zwar ein typisierter Geschehensablauf. Es ist aber ein Phänomen, das dem frühesten Christentum eigen ist (J. Becker, ebd. 230; anders F. W. Horn, *Das Angeld des Geistes* [FRLANT 154], Göttingen 1992, 113.379–393).

wurde (vgl. Apg 2,14–21). „Man hat immer schon betont, dass das Joel-Zitat potenziell universalistisch ist: Gott will seinen Geist über alles Fleisch ausgießen."[53] Und der letzte Vers des Zitats, nämlich Joel 3,5a LXX (= Apg 2,21), verheißt jedem das Heil, der den Namen des Herrn anrufen wird. Wichtig ist dabei, dass auch Paulus in Röm 10,13 mit dem Zitat von Joel 3,5a LXX die Universalität des Heilsangebotes mit dem Anrufen des „Herrn" verbindet.[54] Dass hier keine einmalige und deshalb isolierte Bezugnahme auf Joel 3 bei Paulus vorliegt, erhellt aus dem Umstand, dass Joel 3,5a LXX „wohl in der formelhaften Selbstbezeichnung der Christen als ‚die den Namen des Herrn Anrufenden' ... weiterlebt"[55] (so 1Kor 1,2; Apg 9,14.21; 22,16; 2Tim 2,22), woraus zu schließen ist, dass Joel 3 „in der Rechtfertigung der Heidenmission von Belang war."[56] Und hier ist in erster Linie an die „Hellenisten" zu denken, die es waren, die allmählich dazu übergingen, Gottesfürchtige bzw. Heiden ohne Beschneidung zu missionieren. Bei ihnen ist auch am ehesten die entscheidende christologische Begründung anzunehmen, die die LXX-Fassung von Joel 3,5a ermöglichte: „ ... es gibt keinen Unterschied zwischen dem Juden und dem Griechen ...; denn *jeder*, der den Namen des Herrn anruft, wird gerettet werden." (Röm 10,12f.). Jedenfalls wird man ihrem Geistenthusiasmus zutrauen, die christologische Interpretation von Joel 3,5 vorgenommen zu haben (Apg 2,21), die vom LXX-Text her möglich war. Dabei wird man urteilen dürfen, „dass Lukas zumindest den Anstoß der ältesten Christologie bei der Anrufung Jesu als ‚Herr' sachgemäß wiedergibt."[57]

In diesem Zusammenhang ist zu berücksichtigen, dass der in 1Kor 16,22 erhaltene Ruf μαρὰν ἀθά = „unser *Herr*, komm!" in die frühe aramäischsprechende Urgemeinde weist. Der Ruf „gives evidence of a veneration of Jesus by early Jewish Christians as ‚Lord' as a figure associated with Yahweh of the Old Testament ..."[58] Dabei zeigt sich, „that Paul must have inherited this christological use of ‚the Lord' from his Christian predecessors, and these include Aramaic-speaking as well as Greek-speaking believers."[59] Allerdings zeigt sich vermutlich ein Unter-

---

53 Zeller, „Fragen" (s. Anm. 52), 245.
54 Ebd.
55 Vgl. auch Ps 98,6 LXX; Sach 13,9 LXX.
56 Zeller, „Fragen" (s. Anm. 52), 246.
57 Roloff, *Apostelgeschichte* (s. Anm. 1) 55.
58 J.A. Fitzmyer, „New Testament Kyrios and Maranatha and Their Aramaic Background," in: ders., *To Advance the Gospel: New Testament Studies*, New York 1981, 229.
59 L.W. Hurtado, *Lord Jesus Christ. Devotion to Jesus in Earliest Christianity*, Grand Rapids (MI), 2003, 115. Ps 110,1 hat bei der Entstehung des Kyrios-Titels für Jesus eine wesentliche Rolle gespielt. Das *adoni* in Ps 110,1 konnte auf Jesus bezogen werden, auch wenn man noch zwischen dem Qêrê *adonaj*, das dem Vater und dem *adoni*, das dem Sohn galt, unterschied. Vgl. dazu

schied zwischen den Aramäisch sprechenden Judenchristen und den Griechisch sprechenden: Bei den ersteren könnte sich der Hoheitstitel „Herr" auf die christologische Erwartung bei der Parusie konzentriert haben (μαρὰν ἀθά), bei den letzteren bereits auf die geisterfüllte Gegenwart, die auch eine Neuinterpretation alttestamentlicher Schriften ermöglichte.

Ein Gesichtspunkt verdient dabei noch besondere Beachtung. Die programmatische These „Kein Unterschied (διαστολή) zwischen Jude und Grieche" basiert möglicherweise nicht nur auf der geistgewirkten Interpretation von Joel 3,5 LXX, sondern auch auf der frühchristlichen Auseinandersetzung mit einer Bestimmung der Tora, die dabei ihre Gültigkeit verliert. In Ex 8,22[18] LXX lässt Gott dem Pharao gegenüber durch Mose betonen: „ ... ich bin der Herr (κύριος), der Herr (κύριος) des ganzen Landes." Darauf folgt die Ankündigung: „Und ich werde einen Unterschied (διαστολήν) machen zwischen meinem Volk und deinem Volk." (Ex 8,23[19]). Ähnlich lauten die Aussagen in Ex 9,4 und 11,7. Die These „*Kein* Unterschied (διαστολή) zwischen Jude und Grieche" klingt geradezu wie eine Aufhebung von Ex 8,22f.[18f.] LXX. Zwar geht es in Ex 8 um den Unterschied zwischen Israel und den Ägyptern; doch konnte man wohl in Griechisch sprechenden Kreisen der Judenchristen den ursprünglichen Text generalisiert auf den Unterschied zwischen Juden und Griechen deuten und so faktisch seine Aufhebung behaupten.

VI

Wir haben 1Kor 9,1 als wahrscheinlich ursprüngliche Wiedergabe der Berufungserfahrung identifiziert (III.), anschließend die historischen Voraussetzungen bzw. die Anfänge der Heidenmission erörtert (IV.) und die theologische Position der „Hellenisten" zu rekonstruieren versucht (V.). Im Folgenden soll es darum gehen, die Situation des Juden Paulus zu erfassen, der diesen „Hellenisten" begegnete.

Im Rückblick auf seine erfolgreichen Missionsbemühungen heißt es über ihn: „Der uns einst verfolgte, verkündet jetzt den Glauben, den er einst zu zerstören suchte" (Gal 1,23). Paulus predigte jetzt wohl den Glauben, dass Gott Jesus von den Toten auferweckt hat und ermunterte zur Akklamation „Herr ist Jesus"; denn darauf gründete die Hoffnung auf eschatologische Errettung (Röm 10,9). Was

---

Hengel, „'Setze dich zu meiner Rechten!' Die Inthronisation Christi zur Rechten Gottes und Ps 110,1," in: M. Philonenko (Hg.), *Le Trône de Dieu* (WUNT 69), Tübingen 1993, 108–194.

demgegenüber Paulus als Verfolger christlicher Gemeinden vertreten hat, ist nicht so einfach zu rekonstruieren. Für den frommen „Eiferer" Paulus – so ist wohl anzunehmen – war Jesus, der Gekreuzigte, ein σκάνδαλον, ein „Ärgernis" – ein Anstoß zum Heilsverlust (1Kor 1,23; vgl. Gal 5,11), der nach der frühjüdischen Deutung von Dt 21,23 in der Tempelrolle (11 Q Temple [= 11 Q19B] 64,9b – 12a) als Verfluchter Gottes gelten konnte (Gal 3,13).[60] „Dieser Einwand muss gerade unter Juden von Anfang an gegen den als Messias verkündigten gekreuzigten Jesus erhoben worden sein. Er gehörte wohl zu den Hauptmotiven des Verfolgers Paulus."[61] Wenn dazukam, dass dieser Jesus von Gott zum κύριος erhöht sein sollte, womit der Unterschied zwischen Jude und Grieche nivelliert wurde, war der Anstoß vollkommen (vgl. Röm 10,12). Paulus selbst sagt uns nur wenig über seine vorchristlichen Überzeugungen; er beschränkt sich auf grundsätzliche Aussagen (Gal 1,14; Phil 3,5f.). Will man Konkreteres über seine frühere jüdische Position erfahren, ist man auf eher hypothetische Rückschlüsse aus seinen Briefen angewiesen. Geben diese Schlussfolgerungen ein in sich konsistentes Bild und passt dieses in die Zeit der frühesten Gemeinde, wie sie Paulus selbst und die Apostelgeschichte schildern, dann besteht die Hoffnung, dass der Interpret den tatsächlichen Verhältnissen der frühen Gemeinde nahekommt.

Ein solcher Rückschluss ist wohl auch aufgrund von 1Kor 12,3 möglich, wenn Paulus in der Einleitung zum Thema der Geistesgaben in der Gemeinde recht unvermittelt sagt: „Deshalb tue ich euch kund, dass niemand, der im Geist Gottes spricht, sagt: ‚Verflucht ist Jesus'. Und niemand kann sagen: ‚Herr ist Jesus', außer im heiligen Geist." Die Wendungen wirken, als zitiere Paulus tatsächliche Formeln. Bei κύριος Ἰησοῦς ist dies natürlich der Fall (Röm 10,9; Phil 2,11). „Aber gab es auch eine förmliche, möglicherweise kultische Verfluchung Jesu?"[62] Gegen auf ein in der korinthischen Gemeinde wirklich vorkommendes Geschehen scheint

---

[60] Paulus lässt in seiner Formulierung „Verflucht ist jeder, der dem Holze hängt" (Gal 3,13), das „von Gott" (so die LXX und der hebräische Text von Dt 21,23) weg. Das hat seinen Grund darin, dass er unmittelbar vorher vom Fluch des Gesetzes spricht (H.-W. Kuhn, „Jesus als Gekreuzigter in der frühchristlichen Verkündigung bis zur Mitte des 2. Jahrhunderts," ZThK 72 (1975) 1–46, 36, Anm. 155.
[61] M. Hengel / A. Schwemer, Paulus (s. Anm. 38) 34. Ähnlich D. Sänger, „‚Verflucht ist jeder, der am Holze hängt' (Gal 3,13b). Zur Rezeption einer frühen antichristlichen Polemik," in: ders., Von der Bestimmtheit des Anfangs, Neukirchen-Vluyn 2007, 99–106: 103: „M.E. ist die Annahme durchaus plausibel, die Fluchdeutung des Kreuzes sei als synagogales Argument dem frühchristlichen Messiasbekenntnis entgegengehalten worden." Dafür spricht auch Justins Dialog mit dem Juden Tryphon (32,1; 89,2; 90,1; 93,4). Natürlich galt die Fluchandrohung nicht jedem ans Kreuz Gehängten, sondern nur solchen, die als falscher Prophet, als Volksverführer (vgl. Dt 13,2–5) oder Gotteslästerer den Tod erlitten haben (D. Sänger, ebd. 105f.).
[62] Lindemann, 1Kor (s. Anm. 31), 264f.

die Formulierung zu sprechen: „Niemand, der im Geist Gottes spricht, sagt ..."⁶³ Denn in die Auseinandersetzungen der korinthischen Gemeinde, etwa den Parteienstreit, lässt sich eine Verfluchung Jesu kaum einordnen. Auf geläufiges Erfahrungswissen bei den Adressaten scheint die Wendung kaum zurückzugehen. Umso mehr aber bei Paulus selbst, wenn er an seine Lebenswende zurückdachte, an ekstatische Geistäußerungen, denen er bei seinen Kontakten mit „Hellenisten" in deren Versammlungen begegnete. Hier hörte er die Akklamation „Herr ist Jesus"; hier konnte er den jüdischen Widerspruch „Verflucht ist Jesus" vernehmen. Ja, er wird ihn möglicherweise auch selbst ausgesprochen haben in der Überzeugung, dass Dt 21,23 den Gekreuzigten als von Gott Verfluchten auswies.⁶⁴

Zu beachten ist in diesem Zusammenhang, was die Apostelgeschichte über den Juden Paulus als Verfolger berichtet. Nach Apg 26,9.11 heißt es in der Rede des Paulus vor König Agrippa: „Ich selbst meinte, ich müsste gegen den Namen Jesu, des Nazoräers, viel Feindseliges unternehmen ... Und in allen Synagogen habe ich oft versucht, sie (die Christen) ... zum Lästern (βλασφημεῖν) zu zwingen." In Apg 13,45; 18,6 ist „Lästern" wiederholte Reaktion der Juden. „Lästern" meint dabei die Blasphemie als Antasten der Hoheit Gottes bzw. des Kyrios Jesus.⁶⁵

Ein Einwand gegen die vorgetragene Deutung, wonach die Worte in 1Kor 12,3 „Verflucht ist Jesus" auf die jüdische Verfluchung des Gekreuzigten zurückgehen, liegt in dem Bedenken, dann bleibe die Verbindung von V. 3 zu dem vorausgehenden V. 2 unklar,⁶⁶ schließlich erinnere Paulus die Korinther an ihre heidnische Vergangenheit.⁶⁷ Doch ist zu beachten, dass eine Verbindung von 12,3 zu 12,2 auch darin besteht, dass Paulus die Korinther zwar an ihre hauptsächlich heidnische Vorzeit erinnert, dabei aber selbst auf seine eigene Vergangenheit gestoßen wird, zumal ihm diese in schmerzlicher Erinnerung bleibt, wenn man an 1Kor 15,8 denkt, wo er sich „gleichsam als Totgeburt" bezeichnet, als dem geringsten der Apostel, dem Christus erschienen ist (15,9). Zudem vermag die mit großer Verbindlichkeit (γνωρίζω ὑμῖν, in Gal 1,11; vgl. 1Kor 15,1; 2Kor 8,1) mitgeteilte Aussage in 1Kor 12,3 durch den extremen Gegensatz „Verflucht ist Jesus" – „Herr ist Jesus" letztgültig einzuschärfen, was als Sprechen „im Geist Gottes" erlaubt ist, was

---

63 Ebd. 265.
64 Vgl. A. Schlatter, *Paulus der Bote Jesu*, Stuttgart 1934, 333; G. Jeremias, *Der Lehrer der Gerechtigkeit* (StUNT 2) Göttingen 1963, 134f.; J. M. Bassler, „1Cor 12:3 – Curse and Confession in Context," *JBL* 101 (1982), 415–418.
65 H. W. Beyer, „Art. βλασφημεῖν κτλ.," *ThWNT* I (1933), 620–624.
66 Ch. Wolff, *1Kor* (s. Anm. 31), 286.
67 G. Theißen, *Psychologische Aspekte paulinischer Theologie* (FRLANT 131), Göttingen 1983, 309, Anm. 69.

nicht. Als lediglich ad hoc zugespitzter Kontrast ist das ἀνάθεμα kaum zu verstehen, wenn es auf keinerlei konkretes Erfahrungswissen zurückgeht.⁶⁸

Der in 1Kor 12,3 formulierte Gegensatz hat umfassendere Bedeutung, die über den unmittelbaren Kontext hinausgeht. Er markiert in prägnanter Kürze die bedrängende Alternative, vor der der Jude Paulus dereinst gestanden hat. Die Aussage „Verflucht ist Jesus" weist in die Zeit des „Eiferers" für die väterlichen Überlieferungen (Gal 1,14), die gegenteilige auf das Bekenntnis der von ihm bekämpften „Hellenisten".

Wie konnte der Jude Paulus von der neuen Überzeugung der „Hellenisten" Näheres in Erfahrung bringen, von ihrem Bekenntnis zu Jesus als dem erhöhten κύριος – von ihrem Versuch, Gottesfürchtige, d. h. Unbeschnittene, in das Volk Gottes zu integrieren? Der Versuch einer plausiblen Antwort ist längst gemacht worden. Paulus wird ihre Versammlungen besucht haben – zunächst wohl in feindlicher Absicht. Dabei dürfte 1Kor 14,23–25 eine vergleichbare Situation voraussetzen, wo ein Außenstehender oder Ungläubiger die christliche Gemeinde kennenlernt, wenn auch ein großer Unterschied zwischen der korinthischen Gemeinde und Versammlungen von „Hellenisten" in Jerusalem oder eher sonst in Palästina besteht. Bei diesem Besuch konnte Paulus das Miteinander von Juden und Griechen erleben. „Hier konnte er den Ruf κύριος Ἰησοῦς hören ... Und hier war der Ort, wo er sich mit dem Hintergrund der Kyrios-Akklamation vertraut machen konnte."⁶⁹ Das bedeutete wohl schon bald, dass er der für ihn provokanten These begegnete: „Es gibt keinen Unterschied zwischen Jude und Grieche. Denn ein und derselbe ist Herr über alle, der reich ist für alle, die ihn anrufen ..." (Röm 10,12; vgl. Apg 10,36). Ist dies einigermaßen richtig gesehen, spricht alles dafür, dass die zunächst in feindlicher Absicht gewonnene Kenntnis von Implikationen der Kyrios-Akklamation den entscheidenden Hintergrund markiert, „auf dem der Verfolger von seiner Vision überwältigt wurde. Dadurch rückte ins Zentrum der eigenen Überzeugungen, was er bei anderen so heftig bekämpft hatte."⁷⁰ Genau dies vermag die erstaunte, Gott gegenüber dankbare Reaktion christlicher Gemeinden festzuhalten: „Der uns einst verfolgte, verkündigt jetzt den Glauben, den er einst zu zerstören suchte."

Wie und wo diese Wende geschah, ist nicht mehr mit Sicherheit auszumachen. Man kann an eine erneute Begegnung mit „Hellenisten" im gottesdienstlichen Raum denken, wenn man noch einmal eine 1Kor 14,23–25 vergleichbare

---

68 Lindemann, *1Kor* (s. Anm. 31), 265.
69 Rau, „Kyrioskult" (s. Anm. 34), 168.
70 Ebd. 169.

Situation in Erwägung zieht. Man kann mit mehr Wahrscheinlichkeit überlegen, ob Paulus nicht durch das, was er als geistgewirkte Anrufung des κύριος erlebt hatte, so stark affiziert wurde, dass sich an einem anderen Ort entlud, was ihn bewegt hatte, etwa auf dem Wege nach Damaskus.[71] Am visionären Charakter der Wende ist nicht zu zweifeln, wie 1Kor 9,1; 15,8 deutlich machen. Paulus ist überzeugt, Jesus als den himmlischen κύριος gesehen zu haben. Dabei ist an 2Kor 4,6 zu erinnern, wo Paulus im Blick auf seine Berufungserfahrung andeutet: Gott sei „aufgestrahlt" in ihm, so dass er „die Herrlichkeit Gottes auf dem Angesicht Christi" erblickte. Jenes Erlebnis scheint in der Tat „eine gewisse Bildqualität" besessen zu haben.[72]

Die Konsequenzen jener visionären Erfahrung sind klar. Jesus, der als Verfluchter gelten konnte, ist von Gott rehabilitiert, ja zum himmlischen κύριος erhöht. Paulus sieht sich vom Geistenthusiasmus der Christen überwältigt, die das Herr-Sein des κύριος über alle Menschen, die ihn anrufen, so deuten, dass das Herr-Sein Jesu nicht nur Israel betraf, sondern Juden und Griechen, wobei angesichts der Gegenwart des endzeitlichen Geistes (vgl. Apg 2,21 = Joel 3,5 LXX) die Beschneidung ihre Bedeutung verlor. „Triebfeder der schließlich zur Heidenmission hindrängenden frühchristlichen Dynamik war" deshalb „nicht wie vielfach angenommen, eine von Jesus ererbte und dann Schritt für Schritt radikalisierte Gesetzeskritik, sondern eine spezifische Erfahrung des Geistes Gottes, die auf der Linie von Joel 3,1–5 als Zeichen der Endzeit gedeutet" wurde.[73] Am Anfang dieses Prozesses „stand das christologische Bekenntnis, die Probleme mit der Tora folgten nach."[74] Möglicherweise waren es erst die Auseinandersetzungen, die zum Apostelkonvent in Jerusalem führten, die Paulus nötigten, Neues und Grundsätzliches über die Geltung der Tora zu sagen. Vorher hatte man in Antiochia „die Freiheit" in Christus Jesus gelebt und dies als „die Wahrheit des Evangeliums" angesehen (Gal 2,4 f.).[75] Titus, der Paulus zum Apostelkonvent be-

---

71 Ebd. 170.
72 Heininger, *Visionär* (s. Anm. 11), 209.
73 M. Theobald, „Mit verbundenen Augen? Kirche und Synagoge nach dem Neuen Testament," in: ders., *Studien zum Römerbrief* (WUNT 136), Tübingen 2003, 367–395: 371 f.
74 Ebd. 372.
75 Antiochenischer Lehrsatz wird wohl Gal 3,28 sein. Dabei ist zu überlegen, „ob nicht Joel 3,1–5 insgesamt zum Hintergrund der Parole Gal 3,28 gehört." (Theobald, „Augen" [s. Anm. 73] 372, Anm. 14). Wurde der erste Gegensatz hinfällig, weil Joel 3,5a LXX eine Egalisierung von Jude und Grieche schafft, so gilt Entsprechendes für Mann und Frau; denn Gott wird ja „allem Fleisch" seinen Geist geben, so dass „prophetisch reden werden eure Söhne und eure Töchter" (Joel 3,1 LXX). Nicht mehr gilt der Gegensatz Sklave bzw. Freier; denn es verwirklicht sich ja die Verheißung, Gott werde auch „über die Knechte und die Mägde" seinen Geist ausgießen (Joel 3,2 LXX).

gleitete, wurde nicht gezwungen, sich beschneiden zu lassen (Gal 2,3); doch zeigt der demonstrative Charakter dieser Verhaltensweise, dass hier durchaus Gesetzeskritik impliziert war, wie sie der juridischen Rechtfertigungslehre von Galater- und Römerbrief eigen ist.

Antiochia, wo Paulus lange Zeit wirkte, erweist sich als eine vom heiligen Geist geleitete Gemeinde (Apg 13,1–3). Bemerkenswert ist in diesem Zusammenhang, dass es einer besonderen ἀποκάλυψις bedurfte, dass Paulus und Barnabas nach Jerusalem zum Apostelkonvent hinaufzogen (Gal 2,2). Man hat gemeint: „Der Satz ‚ich zog aber hinauf infolge einer Offenbarung' ... stellt die Angelegenheit in den gleichen Zusammenhang wie seine Berufung und Beauftragung ..."[76] Dem ist jedoch zu widersprechen, insofern jede Angabe fehlt, wer die Offenbarung bewirkte. Sie hat offensichtlich mindere Bedeutung als die Offenbarung Gal 1,15f. Es dürfte sich um eine in der Gemeinde durch Charismatiker gesprochene Anweisung gehandelt haben (vgl. Apg 15,2), wie sie im Gottesdienst durch den Geist vermittelt wurde (Apg 13,2).[77] Von einer Offenbarung aber, die seiner Berufungsvision vergleichbar ist, spricht Paulus Jahre später nach seiner Berufung, als es um eine Neubestimmung seines Apostelverständnisses ging und der himmlische κύριος in einer Audition sich Paulus offenbarte (2Kor 12,9).

VII

Bei seiner Berufung hat Paulus die sein Leben und Wirken bestimmende Macht Jesu Christi als des zu Gott erhöhten κύριος erfahren, die ihm offenbarte, dass es

---

Antiochenische Konsensaussage dürfte auch in Gal 2,16b.c zu finden sein: „Nicht gerechtfertigt wird der Mensch aus Werken des Gesetzes, sondern durch den Glauben an Jesus Christus" (J. Becker, *Paulus* [s. Anm. 36], 101.303f.). Der Grundsatz will der Toratreue der Judenchristen keine Absage erteilen, sondern schließt den Versuch aus, „Werke des Gesetzes" (d.h. die Beschneidung) den Heiden zur Bedingung ihres Christwerdens aufzuerlegen (Theobald, „Der Kanon von der Rechtfertigung (Gal 2,16; Röm 3,28)," in: ders., *Studien zum Römerbrief* [WUNT 136], Tübingen 2003, 164–225: 185). Im Unterschied zu Ch. Burchard, „Nicht aus Werken des Gesetzes gerecht, sondern aus Glauben an Jesus Christus – seit wann?," in: H. Lichtenberger (Hg.), *Geschichte – Tradition – Reflexion* (FS Hengel Bd. III), Tübingen 1996, 405–415, der den Grundsatz „bis zu den allerersten Gläubigen in Jerusalem" zurückverfolgen will (Ch. Burchard, ebd. 408), ist zu erwägen, ob der Grundsatz sich nicht von einer gruppenspezifischen Toraauslegung (wie in Apg 15,1.5) absetzen will, „was seinen Niederschlag in der *oppositionellen* Struktur des Lehrsatzes fand." (Theobald, „Kanon", 191f.).

76 Betz, *Galaterbrief* (s. Anm. 19), 165.
77 Lührmann, *Offenbarungsverständnis* (s. Anm. 18), 42.

keinen Unterschied zwischen Jude und Grieche gibt; denn Jesus ist „Herr über alle, der reich ist für alle, die ihn anrufen" (Röm 10,12). Diese Einsicht, der er bei den „Hellenisten" begegnete, wurde zu seiner eigenen Überzeugung, die ihn in die Pflicht nahm, Gottesfürchtigen, ja generell den Heiden das Evangelium ohne Beschneidungsforderung zu verkünden. Nach seiner Berufung vor Damaskus und seinem Aufenthalt in Arabien wirkt Paulus als Missionar der geisterfüllten Gemeinde zu Antiochia (Apg 13,1–3). Paulus selbst erfährt „Erscheinungen und Offenbarungen des Herrn" (2Kor 12,1), über die er Jahre später im sog. Tränenbrief 2Kor 10–13 berichtet, der wohl gegen Ende des dreijährigen Aufenthaltes in Ephesus (54/55 n. Chr.) geschrieben ist. Vierzehn Jahre vor diesem Brief, so sagt er selbst (2Kor 12,2), hatte er diese visionären Erfahrungen, ja er erlebte die Audition des erhöhten κύριος, der ihm wie schon bei seiner grundlegenden Berufung neue Weisung gab, ihn jetzt allerdings korrigiert, was die Arbeit bzw. sein Auftreten als Apostel angeht (2Kor 12,7–9). Jedenfalls zeigt sich, dass das missionarische Amt des Paulus geprägt ist durch die besondere persönliche Bindung an Jesus als den κύριος.

In 2Kor 12 erwähnt Paulus zunächst eine zweifach erzählte Entrückung (V. 2 parallel V. 3–4),[78] die ihn „bis zum dritten Himmel" (V. 2) bzw. „in das Paradies" führt (V. 4), wobei die Präposition ἕως den himmlischen Höhepunkt andeutet (vgl. ApkMos 37,5).[79] Der Bericht über seine Entrückung wird von Paulus nicht im Ich-Stil, sondern höchst distanziert in der dritten Person erwähnt. Er will sich ja nicht seiner pneumatischen Leistungen rühmen wie seine Gegner, die sog. Überapostel in Korinth; dennoch sieht er sich gezwungen sich zu rühmen, doch nur in Form einer „Narrenrede", wie er 2Kor 11,16–18 betont. In 12,5 folgt sozusagen die Auswertung dessen, was Paulus unmittelbar vorher berichtet hat: Für diesen Menschen, von dem er in V. 2–4, von sich selbst distanzierend, geredet hat, will er sich rühmen, „für mich selbst aber will ich mich nicht rühmen, es sei denn der Schwachheiten." Paulus verzichtet deshalb auf den Selbstruhm, den die „Überapostel" fordern; denn niemand soll sich veranlasst sehen, ihn als Pneumatiker

---

[78] Richtig M.E. Thrall, *The Second Epistle to the Corinthians II* (ICC), 2000, 792: „It is one single experience that is described".

[79] Zur Frage, ob Paulus im Paradies Christus gesehen hat, vgl. M. E. Thrall, „Paul's Journey to Paradise. Some Exegetical Issues in 2 Cor 12,2–4," in: R. Bieringer (Hg.), *The Corinthian Correspondence* (BEThL 125), Leuven 1996, 347–363: 358–362. Jedenfalls gilt: Dies nur vorübergehende Aufgenommensein in die himmlische Welt stellt Paulus „an die Seite der sagenumwobenen Gottesmänner Henoch, Moses und Elia", was ihn aus der Schar der Glaubenden heraushebt (E. Käsemann, „Die Legitimität des Apostels," ZNW 41 [1942], 33–71: 65).

zu überhöhen, „und (zwar) wegen des Übermaßes der Offenbarungen." (V. 6b.7a).[80] Seine „Offenbarungen" überschreiten danach alles Maß.

Mit V. 6, besonders V. 7b–9a, folgt ein gedanklicher Neueinsatz,[81] der die allein entscheidende Offenbarung des κύριος enthält, die alle sonstigen pneumatischen Offenbarungserlebnisse relativiert, ja entwertet. Alles jetzt Erwähnte steht unter dem Vorzeichen: „damit ich mich nicht überhebe", wie zweimal in V. 7 betont wird. Allein relevant wird für Paulus als Apostel die lebensbestimmende Bindung an den „Herrn". Angesichts des ihm ins Fleisch gegebenen „Dorns" der körperlichen Leiden, verursacht durch den „Satansengel", hat Paulus den „Herrn" dreimal im Gebet angerufen, dass der beauftragte Satansbote aufhört ihn zu quälen. Die Zahl „drei" umfasst Anfang, Mitte und Ende der Handlung, was andeutet, dass das dreimalige Bittgebet unerfüllt geblieben ist. Gleichwohl aber hat der erhöhte „Herr", wie V. 9 zeigt, Paulus auf seine Art erhört. Er hat ein Offenbarungswort des „Herrn" erhalten, das im Unterschied zur indirekt formulierten Bitte des Paulus in direkter Rede erscheint: „Genug ist für dich meine Gnade, denn die Kraft vollendet sich in Schwachheit." Das Herrenwort ist durch die Worte eingeleitet: „Und er hat zu mir gesagt: ...", wobei das Perfekt εἴρηκεν die bleibende und grundsätzliche Bedeutung dieser Offenbarung ausdrückt. Sie enthält keine Aufforderung zur Genügsamkeit, wie die bekannte Übersetzungsweise nahelegt: „Lass dir an meiner Gnade genügen", sondern ist der tröstliche, aber doch paradoxe Zuspruch, dass die Kraft der Gnade des „Herrn" (χάρις steht ja parallel zu δύναμις in V. 9) genug für Paulus ist, weil sie ihn in seinem Apostelamt trägt, ja in der Schwachheit des Apostels zum Ziel kommt. Gerade die menschliche Schwachheit ist der Ort, an dem sich die Herrlichkeit des „Herrn" offenbart. „Das ist dem Geschick Jesu analog, der gekreuzigt wurde in Schwachheit, aber doch in der Kraft Gottes lebt" (2Kor 13,4).[82]

Überblickt man die beiden Offenbarungserfahrungen in 2Kor 12,2–4 und 12,7–9, die Paulus mit dem Doppelausdruck „Erscheinungen und Offenbarungen des Herrn" in V. 1 einleitet, so lässt sich eine bewusste Steigerungstendenz erkennen. Im Vergleich zur Schilderung seiner Entrückung bis in den dritten Himmel hat das Offenbarungswort des „Herrn" die entscheidende Bedeutung. Ja, man fragt sich, ob die Steigerung nicht auch darin zum Ausdruck kommt, dass die Entrü-

---

[80] Mit Ch. Wolff, 2 Kor (s. Anm. 10) 239 bzw. 246; E. Gräßer, Der zweite Brief an die Korinther, Bd. 2: 2 Kor 8,1–13,13 (ÖTK 8/2), Gütersloh/Würzburg 2005, 194–196 u. a. ist V. 7a mit V. 6b zu verbinden: τῇ ὑπερβολῇ ist dativus causae.
[81] Dass V. 6 einen Einschnitt markiert, betont zu Recht V.P. Furnish, II Corinthians (AncB 32 A), New York 1984, 550: „The two accounts are formally and functionally distinct."
[82] Gräßer, 2Kor (s. Anm. 80), 204.

ckungsschilderung V. 2–4 es bewusst offenlässt, was Paulus dort gesehen hat, ob er eventuell zur Schau des erhöhten „Herrn" gelangt ist.[83] Es bleibt bei der Audition „unsagbarer Worte". Dadurch erhält die Audition des Herrenwortes in V. 9 das besondere Gewicht. Wenn für Paulus als Apostel gelten soll „die Kraft vollendet sich in Schwachheit", wenn das ganze Offenbarungsgeschehen (Krankheit – Bitte um Heilung – Wort des Herrn) dem praktischen Ziel dient, „damit ich mich nicht überhebe" wegen des „Übermaßes der Offenbarungen" (V. 7), so erfolgt damit für Paulus eine Näherbestimmung seines Apostolats, die für ihn „vor vierzehn Jahren" (V. 2) zukunftsweisend war. Seine Berufung bestand offensichtlich nicht darin, „wie er bis zu seinem Doppelerlebnis, seiner ‚zweiten Bekehrung' vor vierzehn Jahren geglaubt zu haben scheint", dass er dem himmlischen „Herrn" so zu folgen habe, dass er einen dementsprechenden gewichtigen Eindruck auf andere Menschen zu machen habe. „Der Versuch, ‚sich zu überheben', war ein falscher Weg in der Nachfolge des Christus."[84] In V. 7 wird ja deutlich, dass der Verzicht, sich ekstatischer Erlebnisse zu rühmen, für Paulus nicht von Anfang an selbstverständlich war. Sein Selbstbekenntnis „Damit ich mich nicht überhebe, ist mir ein Dorn ins Fleisch gegeben ..." zeigt, dass Paulus dieses „Sich-Rühmen der Schwachheit" hat lernen müssen. „Er wurde selbst in eine ‚Schwachheit', ein chronisches Leiden, hineingeführt, dessen Sinn sich ihm dann erschloss ..., nämlich als ein Mitgekreuzigtsein mit Christus (Gal 2,19)."[85] Damit gewinnt das Herrenwort 2Kor 12,9 eine grundsätzliche Bedeutung, die nicht nur den Verzicht, sich ekstatischer Erfahrungen zu rühmen, betrifft, sondern für Paulus die neu gewonnene Einsicht enthält, dass die „Kraft" des κύριος sich generell in der Schwachheit menschlicher Existenz vollendet. Oder wie es in 2Kor 4,7 im Blick auf den „Schatz" innerer Erleuchtung formuliert ist (4,6), die seine Berufung für Paulus bedeutete: „Wir haben ... diesen Schatz in irdenen Gefäßen, damit das Übermaß der Kraft von Gott ist und nicht von uns." Man hat in diesem Paradoxon zu Recht das *sola gratia* der paulinischen Theologie erkannt, weil die sich in Schwachheit vollendende Kraft der Gnade des κύριος „den entscheidenden Grundzug von Gottes Heilshandeln ... ‚sola gratia'" darstellt.[86] Festzuhalten ist also: In dem Offenbarungswort 2Kor 12,9, das im Kontext der Abwehr pneumatischen Selbstruhms auf die allein entscheidende Gnade des „Herrn" verweist,

---

83 Vgl. Heininger, *Visionär* (s. Anm. 11), 251 f.
84 L. Aejmelaeus, *Schwachheit als Waffe. Die Argumentation des Paulus im Tränenbrief* (2Kor 10–13) (SESJ 78), Helsinki/Göttingen 2000, 302.
85 Gräßer, *2Kor* (s. Anm. 80), 196, im Anschluss an R. Bultmann, *Der zweite Brief an die Korinther* (KEK Sonderband), Göttingen 1976, 226.
86 U. Heckel, *Kraft in Schwachheit. Untersuchungen zu 2Kor 10–13* (WUNT II 56), Tübingen 1993, 272 (bzw. ebd. 272–288).

kommt ein rechtfertigungstheologischer Grundzug paulinischer Theologie zum Ausdruck, der gerade in den Korintherbriefen ohne ausdrücklichen Bezug zur juridisch formulierten Rechtfertigungslehre von Galater- und Römerbrief erscheint.[87] Gegenwärtige Erfahrung von Leid begegnet dabei als Erfahrung des tröstenden Gottes: Paulus erlebte in Ephesus eine derartige Bedrängnis, „dass wir auch am Leben verzagten ..., damit (wir lernten), unser Vertrauen nicht auf uns selbst zu setzen, sondern auf Gott, der die Toten auferweckt" (2Kor 1,8 f.). Paulus denkt hier in Kategorien der Rechtfertigungslehre, was „durch die Prädikation Gottes als desjenigen, ‚der die Toten auferweckt', gestützt" wird.[88]

Theologiegeschichtlich betrachtet, dürfte das Offenbarungswort 2Kor 12,9 ein Indiz dafür sein, dass Paulus hier eine Offenbarung empfängt, die seine Berufungserkenntnis aufnimmt und weiterführt. Zentrum seiner Berufungserfahrung war ja die doppelte Einsicht: a. Er hat den gekreuzigten Jesus als den gesehen, der zum himmlischen κύριος erhöht war. b. Weil die Hellenisten, die er verfolgt hat, mit Verweis auf den erhöhten κύριος verkündigten: „*Jeder*, der den Namen des κύριος anruft, wird gerettet werden" (Röm 10,12 f. mit Bezug auf Joel 3,5), sieht Paulus sich auch in die Pflicht genommen, wie diese „keinen Unterschied zwischen Jude und Grieche" mehr zu kennen und allen Menschen das Heil des κύριος zu verkünden. 2Kor 12,9 geht einen entscheidenden Schritt weiter und bestimmt das Selbstverständnis des Apostels auf eine neue Weise: Er soll sich nicht im Selbstruhm überheben, wie 12,7 zweimal betont. Die neue Botschaft des „Herrn" lautet: „Genug ist für dich meine Gnade, denn (meine) Kraft vollendet sich in (der) Schwachheit." Menschliche Schwachheit wird sich Paulus in Zukunft als Wirkungsfeld der Kraft des κύριος erweisen. Seine Existenz und sein missionarisches Wirken stehen vor dem Paradox: „ ... als Sterbende – und siehe, wir leben, als Gezüchtigte und (doch) nicht Getötete, als Betrübte und (doch) allzeit sich Freuende ..." (2Kor 6,9 f.). Das Offenbarungswort 2Kor 12,9 geht also in seiner Aussage und Wirkung über die grundlegende Berufungserfahrung hinaus, indem es das Menschsein des Paulus neu bestimmt: Paulus willigt ein in Schwachheiten, in Misshandlungen, in Nöte „um Christi willen", „denn wenn ich schwach bin, dann bin ich stark." (2Kor 12,10). Und dieses gilt *sola gratia*. Mit diesen neuen Einsichten gewinnt die Botschaft des Paulus eine besondere Kontur, ohne dass damit die Frage der Geltung der Tora berührt ist, die in einen anderen Kontext der Rechtfertigungsbotschaft gehört, nämlich dorthin, wo judaistische Christen die Beschneidung als Vorbedingung des Christseins fordern, was schon im Vorfeld

---

87 Vgl. nur 1Kor 1,27–31.
88 Gräßer, *2Kor* (s. Anm. 9), 63.

des Apostelkonvents der Fall war und Paulus zwang, „die Freiheit, die wir in Christus Jesus haben", zu verteidigen.

Der apokalyptische Prophet Johannes als Judenchrist

Judenchristliche Traditionen in der Johannesoffenbarung

Dass der Seher Johannes, der Verfasser des letzten Buches der Bibel, Judenchrist gewesen ist, scheint allgemeine Forschungsmeinung zu sein. W. Bousset hat dies noch recht vorsichtig vertreten: „Es ist schwer zu einem Gesamturteil darüber zu kommen, wie weit der Seher als Judenchrist bezeichnet werden darf. Daß derselbe aus dem Judentum stammt, ist nach den Beobachtungen, die man über die benutzte apokalyptische Tradition, über Gebrauch des alten Testaments und über seine Sprache machen kann, wohl außer allem Zweifel." Von einem „starren Judenchristentum" könne jedoch keine Rede sein, die Heidenmission sei anerkannt.[1] Ja, man wagte später eine besonders konkrete historische Erklärung für die Herkunft des Johannes. Wie nach der Verfolgung des Stephanus die Hellenisten Jerusalem verließen, so vollzog sich etwas Ähnliches aufgrund des Jüdischen Krieges: Judenchristen, die sich im Heiligen Land nicht mehr sicher fühlten, suchten eine neue Heimat. „Philippus der Evangelist, der bereits aus Anlaß der Stephanusverfolgung Jerusalem verlassen (AG 8,1ff.) und dann in Caesarea am Meere ... Wohnung genommen hatte (AG 21,8f.), siedelte nach Hierapolis über (Polykrates von Ephesus bei Eusebius, KG. III 31,3. V 24,2 ...) und brachte seine weissagenden Töchter mit. Der ‚alte' Johannes, der Jünger des Herrn, vertauschte wohl Jerusalem mit Ephesus."[2] In der Tat dürfte die Beobachtung, dass Johannes in Offb 11,1–13 Traditionsmaterial verwendet, das die leidvollen Erfahrungen der Kirche in der Zeit des Jüdischen Krieges widerzuspiegeln scheint, dafür sprechen, dass Johannes zu jenen Judenchristen gehört hat, „die nach der Katastrophe des Jahres 70 in die Provinz Asien einwanderten ..."[3] Auf judenchristliche Herkunft verweist wohl auch, dass Johannes seine literarische Tätigkeit „als Wiedergabe einer von ihm ... geschauten Visions- und Auditionsreihe" versteht, die die alttestamentlichen Schriften nicht zitiert, „sondern in den neuen Formulierungshorizont einschmilzt ..."[4] Er vermeidet „jede Zitat-Einführungsformel (γέγραπται

---

[1] W. Bousset, *Die Offenbarung Johannis* (KEK), [6]1906 (ND Göttingen 1966), 139f.
[2] W. Bauer, *Rechtgläubigkeit und Ketzerei im ältesten Christentum* (BHTh 10), [2]1964, 90. Bei dieser Annahme ist vorausgesetzt, dass der Johannes der Offb mit dem „alten" Johannes bei Papias (Euseb, Hist Eccl III 39, 4) gleichzusetzen sei (Bauer, a.a.O., 88, Anm. 1).
[3] J. Roloff, *Die Offenbarung des Johannes* (ZBK NT 18), Zürich 1984, 17.
[4] M. Karrer, „Von der Apokalypse zu Ezechiel," in: D. Sänger (Hg.), *Das Ezechielbuch in der Johannesoffenbarung* (BThS 76), Neukirchen-Vluyn 2004, 84–120: 88.

κτλ.) und versteht Israels Schriften als Ausgangspunkt für aktualisierte, fortgeschriebene Lektüre."[5] Der Autor bemüht also den „Geist der Prophetie" (19,10), die jedes explizite Zitat vermeiden lässt.

Gleichwohl ist hier Vorsicht geboten. Zwar ist die These an sich plausibel, Johannes sei schon deshalb Judenchrist gewesen, weil die „außerordentlich reiche und geschickte Verwendung alttestamentlicher Aussagen" dafür spricht.[6] Und unsere Aufgabe wird sich darauf konzentrieren, wie seine theologische Position des Näheren zu bestimmen ist, ja woher sie ihre besonderen Konturen gewonnen hat. Eine Zuspitzung der These, Johannes sei Judenchrist, die sogar zu detaillierten biographischen Schlussfolgerungen greift, bleibt allzu hypothetisch. Es lege sich die Annahme nahe, dass Johannes „vor seiner Hinwendung zum Christentum wahrscheinlich ein Apokalyptiker des Judentums gewesen ist."[7] Dies würden Texteinheiten verraten, die Johannes als Apokalyptiker lange vor der Abfassung der Offb verfasst habe. Dazu gehörten Textabschnitte, die jüdischen Charakters sind wie z. B. Offb 7,1–8; 10; 11,1–2 oder die drei nummerierten Visionsreihen.[8] Die Annäherung an den christlichen Glauben habe sich für Johannes erst nach der Einwanderung in Kleinasien ergeben, wobei er dort zunächst mit jüdischen Gemeinden Kontakt aufnahm.[9]

I

Solche biographischen Details sind allerdings nicht zu verifizieren, weil Johannes darüber wenig berichtet. Es bleibt bei der Angabe, die er in Offb 1,9f. von sich selbst macht: „Ich, Johannes, euer Bruder und Teilhaber an der Bedrängnis ... war auf der Insel, die Patmos heißt, um des Wortes Gottes willen und des Zeugnisses

---

5 Karrer, a.a.O., 102.
6 A. Satake, *Die Offenbarung des Johannes* (KEK 16), Göttingen 2008, 33. Eine wichtige Zusammenstellung von Gründen, die dafür sprechen, Johannes sei „a Palestinian Jew" gewesen, bietet D.E. Aune, *Revelation 1–5* (WBC 52), Dallas 1997, L: (1) The author has an impressive familiarity with the OT ... (2) The author writes using a type of the literary genre, apocalypse, that was at home in early Palestinian Judaism ... (3) The author exhibits familiarity with Jewish temple and cult in Jerusalem (8:3–4; 11:1–2.19) ... (4) Several sections of Revelation focus either on Palestine (Harmageddon is named in 16:16) or on Jerusalem ... (5) The author writes in a distinctive type of Semitizing Greek that clearly suggests he is not a native Greek speaker, but rather a native speaker of Aramaic and perhaps even Hebrew ...,"
7 Satake, *Offb* (Anm. 6), 33.
8 Satake, *Offb* (Anm. 6), 72. Ähnlich argumentiert allerdings auch D.E. Aune, „Art. Johannes-Apokalypse," *RGG*[4], IV, 544.
9 Satake, a.a.O., 35.72.

Jesu ..." Es folgt die Beauftragung niederzuschreiben, was er visionär geschaut hat. Mit dem Gebrauch des Aorists ἐγενόμην deutet der Verfasser an, dass das Geschehen, von dem er hier berichtet, in der Vergangenheit liegt. „Gleichzeitig besteht die Möglichkeit, wenn nicht gar die Wahrscheinlichkeit, dass der Autor sich jetzt zum gegenwärtigen Zeitpunkt schon nicht mehr auf Patmos befindet."[10] Die Frage stellt sich, warum Johannes auf Patmos gewesen ist. Unwahrscheinlich ist die Annahme einer Verbannung auf die Insel, weil diese gar kein üblicher Verbannungsort seitens der Römer war und die Annahme der Verbannung sich erst in altkirchlicher Interpretation von Offb 1,9 f. explizit belegen lässt (Tertullian, *De praescriptione* 36). Der Text 1,9 lässt eigentlich nur eine bedrohliche Bedrängnissituation erkennen, deren zurückliegende oder gegenwärtige Erfahrung ihn mit den angeschriebenen Gemeinden verbindet. Da Patmos keine Verbannungsinsel war, ist es also denkbar oder sogar wahrscheinlich, „dass der Apokalyptiker ... sich zeitweise auf diese Insel unter dem in der Asia Minor erfahrenen erheblichen politischen Druck auf die jungen christlichen Gemeinden zurückgezogen hat."[11]

Ist Johannes Judenchrist, so muss auffallen, dass „there is a complete absence of controversial issues and terms" wie z. B. νόμος und περιτομή, Sachverhalte, die in den Paulusbriefen eine Rolle spielen, wo es um die Auseinandersetzung über die Geltung der Tora geht. „This all may suggest that the author, while certainly of Jewish origin, espoused a ‚Pauline' type of inclusivism ..."[12] In der Tat gebraucht Johannes kein einziges Mal den Begriff νόμος und von ἐντολαῖς redet er nur „in doppelgliedrigen Wendungen, die das Festhalten der Gebote Gottes mit dem Haben des Zeugnisses Jesu (gen. subi.: 12,17) bzw. dem Festhalten der Treue Jesu (14,12) parallelisieren. Demnach ist der Ansatzpunkt, von dem er seine Ethik entwickelt, nicht die jüdische Gesetzestradition, sondern ... die Christologie und Soteriologie ..."[13]

Die Beschneidung ist für die dominant heidenchristlichen Gemeinden kein Konfliktpunkt mehr. Stattdessen insistiert Johannes auf der Einhaltung von Regeln des sog. Aposteldekrets (Apg 15,20.29) und verlangt so die Rücksichtnahme auf Identitätsmerkmale des Judentums in der Diaspora.[14] Jedenfalls verraten „der

---

10 F.W. Horn, „Johannes auf Patmos," in: F.W. Horn / M. Wolter (Hg.), *Studien zur Johannesoffenbarung und ihrer Auslegung* (FS O. Böcher), Neukirchen-Vluyn 2005, 139–159, 141.
11 Horn, a.a.O., 158.
12 D.E. Aune, *Revelation 1–5* (WBC 52), Dallas 1997, 165.
13 M. Karrer, *Die Johannesoffenbarung als Brief. Studien zu ihrem literarischen, historischen und theologischen Ort* (FRLANT 140), Göttingen 1986, 210.
14 M. Karrer, „Die Apokalypse und das Aposteldekret," in: W. Kraus (Hg.), *Beiträge zur urchristlichen Theologiegeschichte* (BZNW 163), Berlin/New York 2009, 429–452: 431.

Aufbau von Offb 2,14.20.24, die Einzelmotive (Speise- und Sexualregel) und ihr Verständnis als normative Last" eine „Vertrautheit mit der Diskussion um die Regelungen des sog. Apostoldekrets."[15] Dabei ist zweierlei zu beachten, was die Bekanntheit, ja die bewusste Anspielung auf das Apostoldekret wahrscheinlich macht. Beobachtet man die Reihenfolge von Speiseregel und Sexualbestimmung, so folgt die erste Erwähnung in Offb 2,14 genau der Abfolge, wie sie die Überlieferung der Apg kennt (15,20.29; 21,25), erst in Offb 2,20 folgt die rhetorisch gewollte Umstellung. Das dürfte auf „einen hohen Erkennungsgrad der Anspielung auf das sog. Dekret" schließen lassen.[16] Besonders aber der besondere Gebrauch von βάρος in Offb 2,24 als normative Last bzw. Weisung ist ungewöhnlich und findet sich nur noch in der Diskussion um das Apostoldekret.[17]

Ziel der Regelungen ist die Abgrenzung von götzendienerischen Verhaltensweisen der Völker, was das Verbot des Essens von Götzenopferfleisch und der Warnung vor entsprechendem Sexualverhalten (Hurerei) bedeutet. Johannes aber sieht diese Trennung zusammenbrechen. Verführer („Bileam" 2,14; „Isebel" 2,20) sind in den Gemeinden am Werke und stellen die Regelungen in Frage. Das Essen von Fleisch aus den Opfern der Völker und sexuelles Fehlverhalten (πορνεία) verraten in den Augen des Johannes die christliche Identität und verursachen ein σκάνδαλον „im Angesicht der Söhne Israels" (2,14), wobei Johannes auf den Verführer Bileam verweist, der die Israeliten zum Abfall verführte (Num 31,16), zum Essen von Götzenopferfleisch und zur Hurerei (vgl. Num 25,1 f.). Diese Warnung mit dem dereinstigen Versagen Israels entspricht der judenchristlichen Prägung des Johannes. Sie dient der aktuellen Verurteilung jeder Anpassung an den Götzendienst der römisch-hellenistischen Umwelt. Zu beachten ist ja, dass das Verhalten der Gegner in den Gemeinden, der Nikolaiten in Pergamon und der Prophetin Isebel in Thyatira, in derselben Weise charakterisiert und damit verurteilt wird wie das der Hure Babylon = Rom: Jedes Mal erfolgt der Vorwurf der Hurerei (πορνεύειν bzw. πορνεία 2,14.20 bzw. 17,2.4; 18,3.9), welcher Begriff durchaus eine metaphorische Dimension hat und eine mit Götzendienst gepaarte

---

15 Karrer, „Aposteldekret" (Anm. 14), 436.
16 Karrer, a.a.O., 435.
17 Wenn von den vier Gliedern des sog. Aposteldekrets in der Fassung von Apg 15,29; 21,25 nur das erste und vierte Glied in Offb 2,14.20 Erwähnung finden, nämlich das Verbot, Götzenopferfleisch zu essen und Hurerei zu treiben, so entspricht das der Problemlage in den Gemeinden des Johannes, insofern es ihm um eine Abgrenzung von götzendienerischem Verhalten der Gegner geht, was aber beim Blutgenuss und dem Verzehr von Ersticktem nicht offensichtlich ist. Das Fehlen des zweiten und dritten Gliedes des Dekrets in Offb 2,14.20 ist also kein begründeter Einwand gegen die Annahme, Johannes beziehe sich auf das Aposteldekret (gegen H. Löhr, „Speisenfrage und Tora im Judentum des Zweiten Tempels und im entstehenden Christentum," ZNW 94 (2003), 17–37: 30 f.; Satake, Offb (Anm. 6), 166).

Partizipation am öffentlichen Leben der römischen Welt meint.[18] Deshalb ergeht der Ruf an die christlichen Gemeinden, Babylon als Sinnbild der gottlosen Welt Roms zu verlassen: „Geht hinaus aus ihr, mein Volk, damit ihr nicht teilhabt an ihren Sünden!" (Offb 18,4). In diesem dominanten Kontext hat die Übernahme des sog. Aposteldekrets seine Funktion verändert. Sollte dieses ursprünglich das Zusammenleben von Juden und Nichtjuden in der christlichen Gemeinde regeln und ein Minimum an ritueller Reinheit für den Umgang von Juden- und Heidenchristen sichern, so ist es später für die Völkerchristen eine normative Last (βάρος Apg 15,28), die als Identitätsmerkmal für die christlichen Gemeinden gelten konnte. Bei Johannes gewinnt es aber den Charakter eines Differenzmerkmals für das Christentum aus Juden und Nichtjuden gegenüber der gottlosen Welt.[19]

Im apokalyptischen Hauptteil 4,1–22,5 ist Offb 7,1–8 mit der Schilderung der Versiegelung der 144000 zu Recht immer wieder als Text verstanden worden, bei dem das judenchristliche Erbe des Autors der Offb durchscheint. Es geht bei der Versiegelung im Anschluss an Ez 9,4 um die Bewahrung der Frommen vor den Unheil bringenden Plagen, die als Teil des endzeitlichen Gerichtsgeschehens gelten (vgl. u. a. die Posaunenvisionen 8,7–9,21). Aufgrund des unmittelbar vorangehenden Kontextes 6,17 hat die Versiegelung aber eine noch grundsätzlichere Bedeutung: als erste Antwort auf die dortige Frage: „ ... gekommen ist der große Tag seines Zornes (d.h. des Lammes), und wer kann da bestehen?" Die Versiegelten sollen in der Stunde der Versuchung und der endzeitlichen Drangsal bewahrt bleiben, die über die Erdenbewohner kommen wird (3,10).[20]

Für judenchristliche Tradition wird in der Tat die detaillierte Aufzählung der einzelnen zwölf Stämme Israels sprechen (7,1–8). Auch die auffallende Voranstellung von Juda als mögliche Bezugnahme auf Christus als dem „Löwen aus

---

18 Ob πορνεῦσαι bzw. πορνεία nun metaphorisch zu verstehen ist als Bewertung der götzendienerischen Haltung gegenüber der römischen Welt (M. Wolter, „Christliches Ethos nach der Offenbarung des Johannes," in: F.W. Horn / M. Wolter (Hg.), *Studien zur Johannesoffenbarung und ihrer Auslegung* (FS O. Böcher), Neukirchen-Vluyn 2005, 189–209, 200 f.) oder doch auch konkret als sexuelles Fehlverhalten, ist umstritten. Letzteres ist wahrscheinlicher.
19 Dass diese Zuspitzung des Aposteldekrets bei Johannes so weit ging, dass das Verbot des πορνεῦσαι (Offb 2,14.20) sogar das Verbot von Mischehen zwischen Juden- und Heidenchristen bedeutete, dürfte eine Überinterpretation bei Karrer, „Aposteldekret" (Anm. 14), 446–452, sein. Der Text in Offb 2 formuliert diese radikale Forderung an keiner Stelle ausdrücklich und ist nur aus der „Lehre Bileams" und ihren möglichen Implikationen erschlossen (Num 31, 16; Philo, Mos I 292–300; LAB 18, 13; Josephus, ant. 4, 126–140).
20 U.B. Müller, *Die Offenbarung des Johannes* (ÖTK 19), Gütersloh/Würzburg ²1995, 178. Es wäre jedenfalls zu einseitig geurteilt, in der Versiegelung nur den Schutz vor den Plagen zu sehen. Es geht auch um das Bestehen-Können der eschatologischen Drangsal („tribulation") und den Höhepunkt des eschatologischen Konflikts (Aune, *Revelation 6–16* [WBC 52B], Nashville 1998, 479).

dem Stamm Juda" (5,5) ist hier zu nennen. Berücksichtigt man zudem die Aussagen in Offb 14,1–5 und besonders 15,2–4, so hat für Johannes zu gelten: Christen sind für ihn, wenn sie über das „Tier" und das zweite „Tier" (Offb 13) gesiegt haben, „das zu Christus haltende Zwölfstämmevolk der Endzeit."[21] Johannes nimmt die jüdische Hoffnung auf, dass der Zwölf-Stämme-Bund Israels dereinst erneuert werde (vgl. Tob 13,13; PsSal 11,2–7; 17,26; 4Esr 13,39ff.), bezieht diese aber auf die christliche Gemeinde überhaupt, das neue Israel. Er folgt damit durchaus frühchristlicher Tradition, wonach die Kirche das wahre Israel ist (Gal 3,29), was im Verhältnis zu Offb 7,1–8 deutlich wird in Jak 1,1, wo „die zwölf Stämme in der Zerstreuung" die Kirche meinen (vgl. auch 1Petr 1,1). Zu beachten ist besonders auch Gal 6,16, wo Paulus über Christen aus Juden und Heiden sagen kann: „ … Frieden und Barmherzigkeit komme über sie, nämlich über das Israel Gottes."[22]

Ist bei der bisherigen Betrachtung die judenchristliche Prägung des Johannes offensichtlich, so ist im Folgenden nach der spezifischen Besonderheit zu fragen, die diese kennzeichnet. Es geht einmal um das Johannes bedrängende Problem der endzeitlichen Gerichtsverzögerung (II.), sodann die Frage nach dem Geschick des vorfindlichen Jerusalem, ja nach dem eschatologischen Heil Israels (III. und IV.). Besonders aber stellt sich die Frage, wo die dualistische Weltsicht des Johannes ihren Ursprung hat, wenn man andere frühchristliche Positionen zum Vergleich heranzieht (V.).

II

In Offb 10,1–11,14 hat man schon lange judenchristliche, ja jüdische Quellen bzw. Überlieferungen vermutet.[23] Dieser Teil der Offb, der sich als Zwischenstück zwischen die sechste und siebte Posaunenvision schiebt (wie 7,1–17 zwischen die sechste und siebte Siegelvision), gilt jedenfalls als mit Abstand schwierigster und dunkelster Teil der Offb.[24] Was Kap. 10 angeht, meint man, dass abgesehen von V. 7 mit seinem Hinweis auf das Blasen der siebten Posaune keine Verbindung mit

---

21 J. Dochhorn, *Schriftgelehrte Prophetie. Der eschatologische Teufelsfall in ApcJoh 12 und seine Bedeutung für das Verständnis der Johannesoffenbarung* (WUNT 268), Tübingen 2010, 159.
22 „Israel Gottes" ist in Gal 6,16 ein polemischer Begriff (W. Kraus, *Das Volk Gottes. Zur Grundlegung der Ekklesiologie bei Paulus* [WUNT 85], Tübingen 1996, 252, Anm. 338), der sich jetzt gegen die judenchristlichen Gegner des Paulus richtet, die sich selbst als „Israel Gottes" und damit als das wahre Israel bezeichneten, dieses aber den Heidenchristen nicht zuerkannten.
23 Vgl. besonders Aune, *Revelation* (Anm. 6), CXIXf. CXXII.
24 Roloff, *Offb* (Anm. 3), 106.

dem sonstigen Kontext besteht, Christus spiele zudem keine Rolle, so dass die radikale Schlussfolgerung sich ergibt: Der Verfasser habe „das Stück ursprünglich als einen Bericht seiner Berufung zu einem (jüdischen) Propheten verfasst; das Stück gehört wahrscheinlich zum frühesten Stadium seiner Wirksamkeit."[25] Dem ist zu widersprechen. Dass sich in 10,1–11,14 die „Prophetie des palästinischen Judenchristentums" äußert,[26] hat demgegenüber einen größeren Anspruch auf Zustimmung.

Sieht man genauer hin, erkennt man durchaus die intensive Verklammerung von 10,1–11 mit dem Kontext der Offb. Jedenfalls bereitet der Verfasser das vor, was er vor Anbruch des dritten Wehes (11,14) mit dem Blasen der siebten Posaune den bedrängten Christen tröstend sagen will. Es geht um den Prozess der Durchsetzung der Herrschaft Gottes. 11,15–19 verkündet vorgreifend, d. h. vor den Unheilsaktionen des dritten Wehes, den endgültigen Herrschaftsantritt Gottes und seines Christus. Die hymnische Darstellung zielt auf die Antizipation der Vollendung, die einer angefochtenen Gemeinde proklamiert wird. Und einen ersten grundlegenden Akt des Herrschaftsantritts Gottes schildert 12,7–12, wenn der Satan, der den ganzen Erdkreis verführt, aus seiner himmlischen Machtstellung gestürzt wird (V. 9). Auf dieses Geschehen bereitet 10,1–11 den Leser bzw. den Hörer vor, weswegen die Annahme einer isolierten Stellung von Kap. 10 innerhalb der Offb abwegig ist.

Kap. 10,3–4 handelt von sieben Donnern, die ihre Stimme erheben, was der Seher Johannes zunächst aufschreiben will, was ihm aber verwehrt wird. Demgegenüber schwört ein erhabener Engel bei Gott (10,5–7): „Eine Frist wird nicht mehr sein, sondern in den Tagen der Stimme des siebten Engels, wenn er die Posaune blasen wird, ist das Geheimnis Gottes vollendet ..." Der Schwur des Engels mit seiner Botschaft vom Geheimnis Gottes steht in bewusstem Gegensatz zu der Stimme der sieben Donner, weswegen sich auch deren Inhalt erschließen lässt: Sie beinhaltet eine neue Reihe von Plagen, die vor der ersehnten Heilswende eintreffen würden, wodurch sich diese verzögerte. Genau dieser Position will Johannes widersprechen. Unter Anspielung auf Dan 12,7 und unter Aufnahme der eigenen tröstlichen Versicherung in 6,11 („nur noch kurze Zeit") lässt Johannes den Engel erklären: Es wird keine verzögernde Frist mehr sein; zur Zeit der siebten Posaune wird das Geheimnis Gottes vollendet sein (10,7), das sich im Antritt der Königsherrschaft Gottes erfüllt (11,15–19) und im Sturz des Satans aus dem Himmel eine erste Realisierung erfährt.

---

25 Satake, *Offb* (Anm. 6), 69.
26 Roloff, *Offb* (Anm. 3), 106.

Wie jüdische Apokalyptik zeigt sich Johannes in Kap. 10 (wie schon 6,9 – 11) vom bedrängenden Problem der Gerichtsverzögerung betroffen. In Dan 8,13 lautet die dringliche Frage der jüdischen Frommen: „Wie lange noch gilt dieses Gericht, dass das tägliche Opfer aufgehoben ..." Dan 12,6 wiederholt die Frage: „Wie lange (steht aus) das Ende dieser wunderbaren Dinge?" Der Beter fleht: „Herr, merke auf und handle! Zögere nicht um deinetwillen, mein Gott!" (Dan 9,19). In ähnlicher Weise beklagt 1QpHab 7,7 f.: „ ... die letzte Zeit zieht sich hin in die Länge und zögert sich hin über alles, was die Propheten gesagt haben." Es geht jeweils um das eschatologische Gericht Gottes, das bei seinem Herrschaftsantritt erfolgt, wobei die Frommen Rettung erfahren, die Gottlosen das Unheil. Wie die jüdischen Frommen sieht Johannes Christen vom Problem der Gerichtsverzögerung betroffen und lässt den Engel den feierlichen Schwur bei Gott sprechen: „Eine Frist wird nicht mehr sein ..." (10,6 f.). Und laute Stimmen im Himmel verkünden den Anbruch der Königsherrschaft Gottes und seines Christus (11,15), was in der Konsequenz Gottes Zorn für die Völker und Lohn für Gottes Knechte bedeutet, „für die Propheten und die Heiligen und die, die deinen Namen fürchten." (11,18). Und die Öffnung des Tempels im Himmel und die Erscheinung der dortigen Bundeslade (11,19) bekräftigen, dass die Zeit der Vollendung anbricht.

Das Problem der Gerichtsverzögerung ist bei Johannes nicht nur durch seine Prägung in der Tradition jüdischer Apokalyptik bestimmt, sondern durch seine krisenhafte Wahrnehmung der gegenwärtigen Wirklichkeit, bei der das Überhandnehmen der Gottlosigkeit angesichts der satanisch bestimmten Übermacht Roms erfahren wird (Offb 13). Zwar impliziert die Proklamation der Herrschaft Gottes als erstem Akt der Herrschaftsübernahme, dass der Satan aus dem Himmel gestürzt ist (12,7 – 12). Doch bedeutet dies für die Christen auf Erden noch nicht das Ende ihrer Bedrohung; denn jetzt, auf die Erde gestürzt, verfolgt die satanische Macht alle, „die die Gebote Gottes halten und das Zeugnis Jesu haben." (12,17). Es heißt ja angesichts des Satanssturzes: „Deshalb jauchzet, ihr Himmel, und alle, die darin wohnen! Wehe aber der Erde und dem Meer; denn hinabgestiegen ist zu euch der Teufel, der großen Zorn hat, weil er weiß, dass er nur noch wenig Zeit hat." (12,12). Man hat deshalb zurecht gesagt: „Zwar ist in eschatologischer Hinsicht der entscheidende Neuanfang bereits gemacht. Dort, wo der eschatologische Sieg jedoch auf den irdischen Bereich trifft, kehrt er sich in seinen präsentischen Auswirkungen zunächst um in Niederlage, in Verfolgung und Bedrohung."[27] Der eschatologische Neuanfang wirkt sich für die Christen zunächst nicht in Gestalt

---

[27] H. Roose, „*Das Zeugnis Jesu*". *Seine Bedeutung für die Christologie, Eschatologie und Prophetie in der Offenbarung des Johannes* (TANZ 32), Tübingen 2000, 87; Dochhorn, *Prophetie* (Anm. 21), 269 f.356.

präsentisch erfahrbaren Heils aus, sondern in der verschärften Bedrohung durch die Gottlosigkeit der Welt bzw. des Satans. Mit dieser negativen Wahrnehmung der Gegenwart unterscheidet sich Johannes grundsätzlich vom Heilsenthusiasmus in den Gemeinden, an die er schreibt, wobei insbesondere die Gemeinden zu Thyatira und Laodicea in Frage kommen. Hier artikuliert sich in nachpaulinischer Tradition ein Enthusiasmus, der glaubt, „die Tiefen des Satans" bereits erkannt zu haben (2,24), „reich" geworden zu sein und nichts nötig zu haben (3,17), was auf ein vergleichbares Selbstverständnis schließen lässt wie dasjenige, das schon Paulus in 1Kor 4,8 kritisiert. „Die, die ‚die Tiefen des Satans' erkannt haben, ‚wie sie sagen' (2,24), haben möglicherweise beansprucht: ‚Wir haben die Tiefen Gottes ergründet, ja sogar die tiefen Abgründe geschaut, in die der Satan bereits gestürzt ist!'"[28] Johannes ist in besonderer Schärfe Judenchrist, der sich gerade gegen jene Prophetin Isebel wendet, die mit dieser Überzeugung vom bereits erfolgten Satanssturz das ideologische Sagen hat und damit eine Anpassung an die pagane Umwelt rechtfertigt, während Johannes demgegenüber darauf insistiert, dass der Satan, zwar auf die Erde gestürzt (12,7–12), hier jedoch Unheil für die Frommen bewirkt, während seine wirkliche, d.h. endgültige Entmachtung und Vernichtung noch aussteht (20,7–10).[29]

III

Offb 11,1–13 lässt auf eigentümliche Weise einen jüdischen bzw. judenchristlichen Kontext erkennen; denn „ … eine Reihe von Indizien (die Kenntnis Jerusalemer Traditionen in Kap. 11, Semitismen u.a.) sprechen dafür, dass der Autor der Offb aus Judäa – Galiläa nach Kleinasien kam."[30] Dabei hat man zwischen V. 1–2 und V. 3–13 zu unterscheiden, wenngleich beide Abschnitte darin übereinstimmen, dass sie nicht als Vision gestaltet sind, die Johannes schaute, „but as a narrative prophecy focusing on the two witnesses."[31] V. 3 zeigt einen Neubeginn an, der eine

---

28 U.B. Müller, „‚Die Tiefen des Satans erkennen …' Überlegungen zur theologiegeschichtlichen Einordnung der Gegner in der Offenbarung des Johannes," in: W. Kraus (Hg.), *Beiträge zur urchristlichen Theologiegeschichte* (BZNW 163), Berlin/New York 2009, 465–478: 470.
29 Johannes bemüht sich darum, das ausstehende eschatologische Drama (Offb 19,11–22,5) so zu schildern, „dass es den Vertretern der Satanserkenntnis die Basis ihrer Irrlehre entzieht." Dementsprechend sieht er sich „adressatenorientiert genötigt, das eschatologische Gerichtsdrama in seinen einzelnen Akten als noch ausstehende Abfolge endzeitlicher Ereignisse zu schildern …" Müller, „Tiefen des Satans" (Anm. 28), 473.
30 Karrer, „Apokalypse" (Anm. 14), 439.
31 Aune, *Revelation 6–16* (WBC 52B), Nashville 1998, 585.

erneute Beauftragung beinhaltet, und zwar gegenüber zwei Gestalten, die vorher noch nicht erwähnt sind, d. h. den zwei Zeugen. V. 1–2 aber ist, so eine verbreitete Meinung, ein ursprünglich prophetisches Orakel zelotischer Kreise Jerusalems im Jüdischen Krieg (70 n. Chr.), das die Unverletzlichkeit des inneren Tempelbezirks des Jerusalemer Heiligtums verkündet; was aber den jetzigen Kontext betrifft, so sei klar, „that this originally Jewish oracle has been reinterpreted and must now be understood symbolically."[32]

In der Tat erhält der Sprecher („ich") in V. 2 den Auftrag, den Tempel, den Altar und die Beter bei ihm auszumessen, den äußeren Vorhof des Tempels aber auszusparen. Dieser und die heilige Stadt würden von den Heiden zweiundvierzig Monate zertreten werden. Im Sinne des zelotischen Orakels sollten sich die Römer nur des Vorhofs und der Stadt, nicht aber des eigentlichen Heiligtums bemächtigen können (vgl. JosBell 5,459; 6,285). Der Verschonungswille, der sich in der Anweisung zur Vermessung des inneren Tempelbereichs äußert, betrifft dabei in erster Linie die Menschen, die beim Altar anbeten. Man hat einerseits gemeint: „Die Entsprechung zu den tatsächlichen Ereignissen des Jahres 70 scheint zunächst frappierend."[33] Dies würde für einen Prophetenspruch aus zelotischen Kreisen sprechen. „Aber diese Annahme hängt an der unwahrscheinlichen Voraussetzung, daß ein solches durch den geschichtlichen Gang der Ereignisse ... widerlegtes zelotisches Orakel nachträglich christlich rezipiert worden sein müßte. Mehr spricht darum für die Annahme, daß wir hier einen ursprünglich christlichen Prophetenspruch vor uns haben, der die Ereignisse des Jahres 70 aus der Sicht der christlichen Gemeinde deutete."[34]

Demgegenüber ist zu beachten, dass V. 1–2 keinen einzigen spezifisch christlichen Bezug enthält. Zudem orientiert sich die im Text gezogene Markierungslinie an den verschiedenen Bauten des Jerusalemer Tempels: Der Allerheiligstes, Heiliges und Altar umfassende Tempelbereich soll zum Zweck der Bewahrung vermessen werden,[35] der äußere Vorhof des Tempels nicht. Sicherlich

---

32 Aune, a.a.O., 598. Die alte These, 11,1–2 sei ein ursprünglich zelotisches Orakel ist zuerst von J. Wellhausen, *Analyse der Offenbarung Johannis* (AGWG.PH 9, 4), Berlin 1907 begründet worden. Ihm folgten u. a. Bousset, *Offb* (Anm. 1), 325; M. Hengel, *Die Zeloten* (AGSU 1), ²1976, 249; Müller, *Offb* (Anm. 20), 205–207. Satake, *Offb* (Anm. 6), 259, sieht in 11,1–2 den Bericht einer eigenen Vision des Johannes, „den er vor 70 n.Chr. noch als jüdischer Apokalyptiker in Anlehnung an Ez 40–42 formulierte."
33 Roloff, *Offb* (Anm. 3), 112.
34 Roloff, *Offb* (Anm. 3), 113.
35 Der Text folgt wohl Ez 40–48. Das Messrohr hat Ez 40,3 bzw. 42,16 ff. als Vorbild, der Vorgang des Messens Ez 40,47; 41,1.13. Zur Vermessung des Tempels vgl. M. Bachmann, „Ausmessung von Tempel und Stadt. Apk 11,1 f. und 21,15 ff. auf dem Hintergrund des Buches Ezechiel," in: D. Sänger

sind die jeweiligen Menschen (die Anbetenden im inneren Tempelbereich – die Menschen im Tempelvorhof) mitgedacht. Diese betont räumlichen Orientierungshinweise sprechen eher für ein ursprünglich jüdisches Orakel, das Johannes aufnimmt, um es allerdings in seinem neuen Kontext einer christlichen Neuinterpretation zuzuführen. Zum ursprünglich jüdischen Kontext gehört auch die auszeichnende Charakterisierung Jerusalems als „die heilige Stadt" (vgl. Jes 52,1; Neh 11,1.18; Dan 9,24).

Die deutlich lokalen Bezüge auf den jeweiligen Tempelbereich in Offb 11,1–2 legen jedenfalls nahe, dass der Text auf Ereignisse des Jahres 70 anspielt. Es ist also mit der Möglichkeit ernsthaft zu rechnen, dass Johannes die schrecklichen Ereignisse des Jahres 70 in Palästina in irgendeiner Weise miterlebt und so die Kenntnis eines entsprechenden zelotischen Orakels erfahren hat.

Johannes hat gewiss eine christliche Umdeutung des Orakels vorgenommen. Im Anschluss an ein verbreitetes metaphorisches Verständnis, wonach die christliche Gemeinde unter dem Symbol des wahren Tempels erscheint (1Kor 3,16; 2Kor 6,16; Eph 2,19–22 u. ö.), verheißt er mit V. 1 der durch die Heiden bedrohten christlichen Gemeinde Gottes Schutz. Das bedeutet: „ ... the worshipers in the temple of God ... are analogous to the 144 000 whom God has sealed (7:3–8 ...), for they too are divinely protected against the divine punitive plagues as well as the murderous intent of the enemies of God."[36] Offb 11,1 ist danach eine grundsätzliche Heilszusage für die bedrängten Christen, 11,2 aber enthält eine zeitlich befristete Unheilsansage für die, die im äußeren Vorhof des Tempels sich befinden: Im Anschluss an Dan 7,25; 12,7 soll die Bedrängnis der „heiligen Stadt", ihr Zertretenwerden 42 Monate = 3½ Jahre dauern. Wie aber hat Johannes das Orakel an dieser Stelle verstanden? Man könnte hier die vorsichtige Andeutung zukünftigen Heils für die „heilige Stadt", d.h. das vorfindliche Jerusalem bzw. das jüdische Volk, sehen, die auf der Vorstellung von dem durch Gottes Plan festgesetzten Maß der Zeit basiert.[37] In Lk 21,24 heißt es dementsprechend: „ ... Jerusalem wird niedergetreten sein von den Völkern – bis die Zeiten der Völker erfüllt sind." Eine sachlich und geschichtlich vorgegebene Entsprechung findet sich in Tob 14,5. Doch wird man hier vorsichtig bleiben müssen. Das vorfindliche Jerusalem ist für Johannes „nicht mehr ‚heilige Stadt', sondern Bild der Gott feindlichen Menschheit (vgl. V. 8) ..."[38] Für ihn gilt „die heilige Stadt" wie der Tempel aus 11,1 als

---

(Hg.), *Das Ezechielbuch in der Johannesoffenbarung* (BThS 76), Neukirchen-Vluyn 2004, 61–83, 66–77, der allerdings wohl zu Unrecht von einem himmlischen Tempel ausgeht.
36 Aune, *Revelation* (Anm. 31), 598.
37 Vgl. P. Hirschberg, *Das eschatologische Israel* (WMANT 84), Neukirchen-Vluyn 1999, 217 f.
38 Roloff, *Offb* (Anm. 3), 113; ähnlich H. Giesen, *Die Offenbarung des Johannes* (RNT), Regensburg 1997, 245.

Symbol für die christliche Gemeinde (vgl. 20,9 „geliebte Stadt" bzw. „das Lager der Heiligen"). Damit fällt die Möglichkeit, in der zeitlich begrenzten Verwerfung der Stadt eine Aussage über die zukünftige Erlösung Israels zu sehen. V. 2 intendiert doch wohl wie V. 1 eine tröstliche Ansage für die Christen, nur dass wegen des vorgegebenen Wortlauts des Orakels die Metaphorik sich ändert: Tempel Gottes – heilige Stadt: Nur 42 Monate lang nach dem von Gott bestimmten Plan wird die endzeitliche Bedrückung der Gemeinde durch die Heiden dauern. Es ist die Zeit, in der sie in Gestalt ihrer Märtyrer, dargestellt durch die zwei Zeugen (11,3ff.), einen Kampf auf Leben und Tod mit den Heiden zu bestehen hat. Die 42 Monate aus 11,2 sind ja identisch mit den 1260 Tagen aus 11,3, in der die zwei Zeugen wirken.[39]

IV

Diese negative Tendenz gegenüber dem vorfindlichen Jerusalem entfaltet der auf 11,1–2 folgende Text 11,3–13, der in eindringlicher Weise schildert, wie prophetische Gestalten – „meine zwei Zeugen" (11,3) – ihre Botschaft ausrichten in der Zeit, in der „die heilige Stadt" von den Völkern niedergetreten, d. h. auch entweiht wird; die 1260 Tage entsprechen ja den 42 Monaten aus V. 2. Die beiden Zeugen sind „Zeugen" des erhöhten Christus, der ihnen den Auftrag gegeben hat zu „prophezeien" (V. 3), wobei die Ausdrücke προφητεύειν bzw. προφητεία und μαρτυρία wechseln (V. 6 und 7). Wenn die beiden Gestalten „Zeugen" heißen, ist die Offenbarungsaufgabe derer gemeint, die im Gefolge Christi (1,5) als getreue „Zeugen" wirken. Entsprechendes beansprucht Johannes von sich selbst (1,2) oder billigt es Antipas zu, der als treuer Zeuge Christi das Martyrium erlitten hat (2,13). Es geht jeweils um christliche Prophetie gegenüber der Welt. Gleichwohl sagt der Text 11,3–13 nichts Genaueres über ihre Botschaft aus. Jedenfalls wird diese nicht als Bußpredigt charakterisiert. Sie treten zudem als endzeitliche Wundertäter auf, die gemeinsam die Wunderkraft eines Elia (vgl. 2Kön 1,10.12) und Mose (vgl. Ex 7,17.19f.) besitzen. Doch werden sie zunächst scheitern, wenn das satanische „Tier" aus dem „Abgrund" heraufsteigt und mit ihnen Krieg führt (11,7). Offensichtlich wirkt hier Dan 7,21 auf die Formulierung ein, wo vom Krieg gegen die

---

39 Unwahrscheinlich ist die Deutung von Dochhorn, *Schriftgelehrte Prophetie* (Anm. 21), 145–147, wonach mit denen, die nach 11,2 ausgelassen bzw. hinausgeworfen werden, solche Christen gemeint seien, die den Kampf gegen das Tier verlieren (vgl. 13,7), also vom Glauben abfallen. Diese Deutung übersieht den Zusammenhang von 11,2 und 11,3, was die angegebene Zeit angeht. Sie übersieht ferner, dass mit „der heiligen Stadt" etwas Positives gemeint ist (vgl. Satake, *Offb* [Anm. 6], 260) und das Zertreten der Stadt zeitlich befristet ist: 42 Monate = 1260 Tage.

„Heiligen" die Rede ist (vgl. auch 12,17). Mit der Tötung der zwei „Zeugen" ist offensichtlich das Märtyrerschicksal von Christen im Blick, die beim Ansturm des endzeitlichen Widersachers, des „Tieres", wegen ihrer Botschaft den Tod finden (11,7), wie es schon Antipas widerfahren ist (2,13).

Das für Johannes Erschreckende liegt vor allem darin, dass sich „die große Stadt"[40], d. h. Jerusalem, die ursprünglich „die heilige Stadt" war (11,2), jetzt aber geistlich „Sodom" und „Ägypten" (11,8) heißt als Zeichen ihrer Lasterhaftigkeit und Verstocktheit (vgl. Jes 1,9f.; 3,9; Jer 23,14), – dass sich dieses Jerusalem, „wo auch ihr (d. h. der zwei Zeugen) Herr gekreuzigt wurde", mit der Untat des endzeitlichen Widersachers geradezu solidarisiert: Man lässt den Leichnam der zwei Zeugen unbestattet umherliegen (11,9). „Menschen aus den Völkern und Stämmen und Sprachen und Nationen" sind vereint bei der Schändung des Leichnams der zwei Zeugen. Ja, „die Bewohner der Erde", wohl auch die Bewohner Jerusalems, vereinen sich im Jubel der gottlosen Welt über den Tod derselben (11,10). Darin kommt wohl die schmerzvolle Anklage des Sehers Johannes zum Ausdruck, der – so ist zu vermuten – als Judenchrist an seinem Ursprungsvolk leidet. Für ihn ist „die heilige Stadt" (11,2) zur „großen Stadt" (11,8) wie das gottlose Rom geworden, dem Jerusalem, „wo auch ihr (d. h. der zwei Zeugen) Herr gekreuzigt wurde." Dieser Nachsatz in V. 8 ist auffällig, insofern der Verfasser hier seine dominant metaphorische Redeweise verlässt und ganz explizit von der Kreuzigung Jesu spricht, was nur hier der Fall ist. Jedenfalls lässt die nähere Interpretation der „großen Stadt" Jerusalem in den beiden Deutesätzen V. 8bc den Stil des Endverfassers erkennen,[41] der eine ihm möglicherweise vorgegebene Tradition bzw. Vorlage redaktionell bearbeitet hat.[42] Dabei zeigt sich das besondere Engagement bzw. die Betroffenheit des Judenchristen Johannes, der im vorfindlichen Jerusalem bzw. Judentum nur mehr eine unheilvolle Macht sehen kann, das wie Rom satanische Züge annimmt.

Mit V. 11–12 erfolgt der Umschwung in der Darstellung des Geschickes der zwei Zeugen. Ihre wunderhafte Auferweckung (entsprechend LXX Ez 37,5.10) nach dreieinhalb Tagen, was zeitlich genau der Zeitangabe der Schändung ihres Leichnams entspricht (11,9), und ihre Himmelfahrt sollen den bedrängten christlichen Gemeinden ein tröstliches Hoffnungsbild sein, wenn sie wie die zwei Zeugen wegen ihrer Botschaft mit dem Martyrium konfrontiert sind. Johannes

---

40 Wenn Jerusalem in 11,8 „die große Stadt" heißt, so ist das betont negativ gemeint (analog dem gottlosen Rom, das ansonsten „die große Stadt" ist: 14,8; 16,19; 17,18; 18,10.16.19). Das unterscheidet diesen Sprachgebrauch von jenem, wie er in OrSib 5,154.226.413 auftaucht, wo Jerusalem betont positiv gebraucht ist als „große Stadt" (parallel zu „das gerechte Volk").
41 Müller, Offb (Anm. 20), 213.
42 Satake, Offb (Anm. 6), 269; vgl. aber schon Bousset, Offb (Anm. 1), 321.

sieht die Situation christlicher Gemeinden entsprechend dem Geschick der zwei Zeugen. Die Darstellung 11,3–13 schließt mit der kurzen Schilderung einer Plage (Erdbeben), wobei 7000 Menschen umkommen, sowie der Reaktion der übrigen Menschen auf dieses unheilvolle Geschehen: „Und die übrigen gerieten in Furcht und gaben dem Gott des Himmels die Ehre." Während 11,8–11 die Unbußfertigkeit der Menschen drastisch schildert, scheint V. 13d das Gegenteil anzudeuten: „ ... während bisher die von solchen Plagen betroffenen Menschen sich weigerten, Gott die Ehre zu geben und umzukehren (9,20f.), tritt eben diese Wirkung nunmehr ein."[43] Die Bekehrungsthese findet ihre Zuspitzung in der Meinung: Der gegenwärtige Kontext von 11,3–13 bedeute „the conversion of Israel to Christianity in the last days – an expectation that agrees with Rom. XI. 25,26 ..."[44] Vorsichtiger bleibt die Aussage: Israel sei zwar durch seinen Unglauben den Völkern gleich geworden, übe aber im Rahmen der Umkehr der Völkerwelt Buße. „Ein ausschließlicher Bezug auf die Rettung Israels, gar noch im paulinischen Sinn (Röm 11,26), ist aufgrund der mit 11,3 einsetzenden Parallelisierung von Israel und den Völkern auszuschließen."[45]

Doch ist die ganze Bekehrungsthese, seien die Völker oder Israel gemeint, abzulehnen. Ziel der ganzen Darstellung ist nicht eine Botschaft über das Schicksal der Völker oder der Juden, sondern über das Geschick der zwei Zeugen Christi, die den Märtyrertod erleiden, zu denen sich aber Gott bekennt. Wenn die gottfeindlichen Menschen Gott die Ehre geben (vgl. 16,9), so sagt das nicht ihre Bekehrung aus. Im AT kann die Wendung „Gott die Ehre geben" zuweilen die Umkehr zu Gott anzeigen (Jos 7,19; 1Sam 6,5; Jer 13,16). Im Kontext der Gerichtsdoxologie aber meint sie den Lobpreis, den Gott wegen seiner Erhabenheit einfordert und durchsetzt, ohne dass auf die Reue der Preisenden reflektiert wird (Ps 29,1f.; 96,7f.; Jes 42,12; bes. äthHen 62,6; 63,2ff.).[46]

Gegenüber Israel und Jerusalem ist bei Johannes eine sehr ambivalente Haltung festzustellen. Der ausdrückliche Name „Israel" taucht auf, wenn es um die heilige Vergangenheit geht (2,14) oder metaphorisch um das Geschick der christlichen Gemeinde (7,4; 21,12). Jerusalem heißt „die heilige Stadt", die in der Heilszukunft aus dem Himmel herabkommen erwartet wird (3,12; 21,2.10), nicht

---

[43] Roloff, *Offb* (Anm. 3), 118; ähnlich Aune, *Revelation* (Anm. 31), 628f; Karrer, *Offb* (Anm. 13), 241.
[44] R.H. Charles, *A Critical and Exegetical Commentary on the Revelation of St. John* (ICC Vol. I), Edinburgh 1920, 292; ähnlich I.T. Beckwith, *The Apocalypse of John*, Grand Rapids MI, 1967 (=1919), 604.
[45] Hirschberg, *Israel* (Anm. 37), 221.
[46] Müller, *Offb* (Anm. 20), 216; Giesen, *Offb* (Anm. 38), 258f.; wohl auch Satake, *Offb* (Anm. 6), 271.

das irdische Jerusalem. Abhängig von jüdischer Tradition, wohl einem ihm vorgegebenen zelotischen Orakelspruch, vermag Johannes die Stadt metaphorisch als „die heilige Stadt" zu bezeichnen (11,2). Ansonsten wird sie alsbald als „die große Stadt" wie das gottlose Rom charakterisiert (11,8). Gleichwohl meint man das große Bedauern des Johannes zu spüren, dass das irdische Jerusalem nicht mehr „die heilige Stadt" ist. Dabei fällt die einmalige Bezeichnung „die geliebte Stadt" auf (20,9; vgl. Sir 24,11; Ps 78,68; 87,2) – eine Formulierung, die wiederum vorgegebener Tradition folgen wird wie der ganze Kontext 20,7–9. Jerusalem bleibt für Johannes nur insofern die von Gott geliebte Stadt, als dies erst für die messianische Zukunft Geltung haben wird (20,4–9). In der Gegenwart hat Jerusalem aufgehört, Gottes Stadt zu sein, ja hat das Wesen der großen gottfeindlichen Stadt angenommen (11,8). Das Bild Jerusalems scheint geradezu mit dem Bild Roms zu verschwimmen[47] – der Macht, die Johannes alsbald mit dem Tier aus dem Meer identifizieren wird (13,1), dem der Drache bzw. der Satan jede Macht gegeben hat (13,2). Offensichtlich verrät das Denken des Johannes hier dualistische Züge, was sich ja auch an der Charakterisierung von Juden als „Synagoge des Satans" verrät (2,9; 3,9). An der grundsätzlichen Hochschätzung der Bezeichnung οἱ Ἰουδαῖοι wird aber deutlich, dass hier ein Jude schreibt, der aber Christ geworden ist und das wahre Israel, d. h. die 144 000 aus den zwölf Stämmen Israels, in der Gemeinde der Christen versammelt sieht (7,1–8; 14,1–5).

Die Schilderung in Offb 11,1–2.3–13 macht den Eindruck einer sich zuspitzenden, aber für Johannes doch schmerzlichen Anklage, der für Jerusalem, ja für sein Ursprungsvolk keine Hoffnung sieht, es sei denn, sie würden zum Glauben kommen an Jesus Christus. Man könnte zum Vergleich an Paulus als Judenchristen denken, der von seiner Trauer und seinem Schmerz redet wegen des Unglaubens der Juden gegenüber dem Evangelium (Röm 9,1–5), der zudem von seiner Fürbitte vor Gott wegen der Rettung Israels spricht (10,1), ja als Geheimnis die eschatologische Rettung ganz Israels verkündet (11,25 f.). Davon ist bei Johannes nur wenig zu spüren. Blickt man auf die visionäre Schilderung eines neuen Himmels und einer neuen Erde 21,1–22,5, so fällt zwar die universal gefasste Aussage einer „lauten Stimme vom Thron her" auf (21,3): „Siehe, die Wohnstätte Gottes bei den Menschen ... Und sie werden seine Völker sein, und er selbst, Gott, wird bei ihnen (ihr Gott) sein." (vgl. Ez 37,27; Lev 26,12). Die zugrundeliegende Bundesformel, die allein Israel meint, ist hier auf die Völker ausgeweitet. Gleichwohl ist die ursprünglich israelzentrierte Aussage insofern verändert, als mit den Menschen nur Christen aus allen Völkern (Juden- wie Heidenchristen) gemeint sind, sofern sie zu den „Überwindern" gehören (21,7).

---

47 Roloff, *Offb* (Anm. 3), 117.

Nur wer zur „Braut, der Frau des Lammes" als Bild für das neue Jerusalem gehört (21,9), wer im Lebensbuch des Lammes eingeschrieben ist (21,27), wird am eschatologischen Heil teilhaben. Ein dualistischer Grundzug scheint somit auch die Heilsaussagen zu prägen.[48] Die irdische Gegenwart jedenfalls bleibt durch die Macht des Satans pervertiert, der im Römischen Reich und seiner Gesellschaft seine Verführungsmacht betreibt (πλανᾶν 12,9; vgl. 13,14; 19,20; 20,3). Erst mit seiner Vernichtung (20,10) öffnet sich der Blick des Visionärs Johannes auf einen neuen Himmel und eine neue Erde. Umso mehr stellt sich die Frage, wo diese dualistische Grundtendenz des Judenchristen Johannes ihren Ursprung hat.

V

Johannes vermag im gesellschaftlichen Umfeld der kleinasiatischen Gemeinden angesichts der Propagierung des Kaiserkultes, die er als Verführung zum Götzendienst versteht, nur noch die Agitation des Satans oder seiner Helfershelfer wie z. B. Isebel (2,20) zu erkennen. Zu beachten ist ja, dass das Verhalten der gegnerischen Nikolaiten und der Prophetin Isebel in derselben Weise charakterisiert wird wie die Hure Babylon (vgl. den Vorwurf der πορνεία in 2,14.20 und 17,2.4; 18,3.9). Beide verführen die Menschen (einmal innerhalb der christlichen Gemeinden, dann in der ganzen Welt) zum Götzendienst (wiederholtes Stichwort πλανᾶν). „Hure Babylon" ist für Johannes nur ein anderes denunzierendes Stichwort für die römisch-hellenistische Welt wie das „Tier" aus dem Meer, dem der Drache bzw. Satan seine Macht gegeben hat (13,2.4) und das in der Gestalt des zweiten Tieres die Erdenbewohner zum Götzendienst verleitet (13,12.14). Praktisch geht es Johannes um die Frage der Partizipation am öffentlichen Leben der Stadt, konkret um das Essen von Götzenopferfleisch, d. h. um die Teilnahme an öffentlichen oder privaten Mahlen, bei denen das Fleisch aus Kultopfern verzehrt wurde, was für Johannes Götzendienst bedeutete. Was Paulus noch für unmöglich gehalten hatte, generell nichts zu tun haben zu wollen „mit den Unzüchtigen

---

48 Im Unterschied zur vorliegenden Betrachtung, die eine grundlegende Distanz zu einer israelzentrierten Sichtweise zu erkennen meint, finden sich gegenteilige Thesen in der Forschung. Bei der Beschreibung des neuen Jerusalem werde deutlich, „dass Johannes ... die auf Jesus bezogene Gemeinde von Israel her definiert ... Zugang zur Gemeinde gibt es also für ihn nur als Zugang zu Israel." (K. Wengst, *„Wie lange noch?" Schreien nach Recht und Gerechtigkeit – eine Deutung der Apokalypse des Johannes*, Stuttgart 2010, 237; ähnlich Hirschberg, Israel (Anm. 37), 283). Doch zeigen diese Äußerungen, dass sie die Diskontinuität zwischen vorfindlichem Israel und dem neuen Jerusalem nicht sehen und damit die Realität der neuen Schöpfung, die Johannes erwartet, nicht wahrhaben wollen.

dieser Welt oder den Habgierigen und Räubern oder Götzendienern", denn das hieße, „aus der Welt hinauszugehen" (1Kor 5,9–10), das fordert Johannes jetzt von den Christen: „Gehet hinaus aus ihr, mein Volk, damit ihr nicht teilhabt an ihren Sünden und dass ihr nicht empfangt von ihnen Plagen!" (Offb 18,4).[49] Bei Johannes findet sich ein Rigorismus, der die hellenistisch-römische Welt verurteilt, die für ihn letztlich ein satanisches Herrschaftssystem darstellt, das die gegenwärtigen Gemeinden bedroht; denn hinter dem Tier aus dem Meer als Bild für das Römische Reich und damit auch hinter dem zweiten Tier, dem Pseudopropheten, steht die Macht des Satans (13,2.4), der Krieg führt gegen alle, „die die Gebote Gottes bewahren und das Zeugnis Jesu festhalten." (12,17). Für Johannes gelten zudem die jüdischen Gemeinden in Smyrna und Philadelphia als „Synagoge des Satans" (2,9; 3,9). Gegen ihren Anspruch, „Synagoge des Herrn" zu sein (Num 16,3; 20,4), schmäht er ihr Selbstverständnis und ordnet ihre Existenz der widergöttlichen Macht schlechthin zu, dem Satan.

Wie aber ist der schroffe Dualismus des Judenchristen Johannes zu erklären, der seine Weltsicht bestimmt und keine wirkliche Parallele findet bei anderen Judenchristen seiner Zeit, so weit dies bekannt ist? Er begegnet nicht im MtEv, allenfalls im JohEv; doch hat die johanneische Ausprägung eine andere Gestalt. Andererseits findet sich in 2Kor 6,14–7,1 ein sekundärer Einschub in den 2Kor, der unpaulinisch ist[50] und in mehrfacher Hinsicht mit der dualistischen Konzeption des apokalyptischen Sehers Johannes übereinstimmt.[51]

a) Die Sprache der Absonderung von heidnischer Umwelt verbindet beide Texte. In 2Kor 6,17 wird Jes 52,11 f. zitiert, wobei die Vermeidung von Unreinheit

---

[49] H.J. Klauck, „Das Sendschreiben nach Pergamon und der Kaiserkult in der Johannesoffenbarung," in: ders., *Alte Welt und neuer Glaube* (NTOA 29), Freiburg/Göttingen 1994, 115–143 betrachtet diese Auffassung zu Recht als pragmatische Zusammenfassung der Offb (S. 137ff.); so neben anderen auch Wolter, „Ethos" (Anm. 18), 197f.
[50] Zur Begründung des unpaulinischen Charakters von 2Kor 6,14–7,1 vgl. insbesondere E. Gräßer, *Der zweite Brief an die Korinther. Kap. 1,1–7,16* (ÖTK 8/1), Gütersloh/Würzburg 2002, 255–265; C. Heil, „Die Sprache der Absonderung in 2Kor 6, 17 und bei Paulus," in: R. Bieringer (Hg.), *The Corinthian Correspondence* (BEThL 125), Leuven 1996, 717–729; U.B. Müller, „Zwischen Johannes und Ignatius. Theologischer Widerstreit in den Gemeinden der Asia," ZNW 98, 2007, 49–67: 56–59. Für paulinischen Ursprung von 2Kor 6,14–7,1 plädieren u. a. Ch. Wolff, *Der zweite Brief des Paulus an die Korinther* (ThHK 8), Berlin 1989, 146–149; G. Saß, „Noch einmal: 2Kor 6,14–7,1," ZNW 84, 1993, 36–64. Auch Th. Schmeller, *Der zweite Brief an die Korinther. 2Kor 1, 1–7,4* (EKK VIII/1), Göttingen 2009, 379–381, hält den fraglichen Text für paulinisch. Die von ihm zugestandenen unpaulinischen Merkmale, die in Terminologie und Theologie in die Nähe der Jerusalemer Urgemeinde verweisen, seien aber gerade ein besonderes Mittel paulinischer Argumentation gegenüber den Korinthern. Eine in sich inkonsequente Argumentation!
[51] Dazu im folgenden Müller, „Johannes und Ignatius" (Anm. 50), 56–59.

betont wird: „ … gehet heraus aus ihrer Mitte (d. h. der Ungläubigen 6,15) und sondert euch ab, spricht (der) Herr, und berührt nichts Unreines!" Offb 18,4 folgt mit seiner Absonderungsforderung Jer 51,45 und Jer 51,6 (28,6 LXX), weil der Ton darauf liegt, das dem Gericht bzw. dem Untergang geweihte „Babylon" zu verlassen: „Gehet hinaus aus ihr, mein Volk, damit ihr nicht teilhabt an ihren Sünden und dass ihr nicht empfangt von ihren Plagen!" Wichtig ist aber, dass in 2Kor 6,17 wie in Offb 18,4 dieselbe prophetische Redeform zur Sprache kommt, die sog. Aufforderung zur Flucht, die besonders bei Jeremia (48,6 – 8; 51,6 – 10.45 – 48) und Jesaja (52,11 – 12) zu finden ist. In beiden Fällen liegt ein übertragener Gebrauch dieser Aufforderung zur Flucht vor mit dem Sinn, „to abstain from the idolatrous practices of pagan society."[52] Die Absonderung der wahren Christen soll darin konkret werden, dass sie sich von jeder (kultischen) Befleckung fernhalten, wie 2Kor 7,1 fordert und Offb 3,4; 14,4 voraussetzt, wobei jeweils ein im NT seltenes Wort auftaucht (μολυσμός bzw. μολύνειν). Dabei benutzt 2Kor 6,17 mit ἀφορίζειν einen jüdischen Ausdruck für die kultische Absonderung von den „Unreinen" (z. B. Lev 20,26). Was der Apostel Paulus Petrus vorwirft, er sondere sich (in Antiochia) von den Heidenchristen ab, halte keine Tischgemeinschaft, weil er die aus der „Beschneidung" fürchte (Gal 2,12), genau dies fordert 2Kor 6,17 von den Christen und verrät damit seine streng judenchristliche Einstellung. In dieser Tradition steht Johannes, wenn er die Abgrenzung gegenüber der hellenistischen Umwelt fordert (z. B. Essen von Götzenopferfleisch verbietet: Offb 2,14.20).

b) Die Begründung für die Absonderung in 2Kor 6,14 – 7,1 ähnelt jener in der Offb sehr stark. In 2Kor 6,14 ff. bereiten fünf antithetische Fragesätze, die in dualistischer Weise radikale Gegensätze aufbieten (Gerechtigkeit/Gesetzlosigkeit, Licht/Finsternis, Christus/Beliar, Gläubiger/Ungläubiger, Tempel Gottes/Götze) die eigentliche Begründung vor: „Wir nämlich sind (der) Tempel des lebendigen Gottes …", was durch das freie Schriftzitat von Ez 37,27 und Lev 26,11 f. bestätigt wird: „Ich werde unter ihnen wohnen und wandeln und ich werde ihr Gott sein, und sie werden mein Volk sein." In 2Kor 6,14 ff. ist die dualistische Weltsicht in den fünf Fragesätzen in ihrer Antithetik geradezu vorausgesetzt. Demgegenüber bemüht sich die Offb in ihrer „Enthüllungsstrategie", den christlichen Gemeinden überhaupt erst klarzumachen, was der sich ausschließende Gegensatz zwischen Gott/Christus und Satan im Blick auf ihre konkrete Lebenswirklichkeit in der hellenistisch-römischen Gesellschaft bedeutet.[53] Sie sollen sich klarmachen, dass sie als für Gott „losgekaufte" (5,9; 14,4) sich von den Anbetern des „Tieres" (13,4.8.12 u. ö.) radikal unterscheiden und deshalb dem Machtbereich des Satans

---

52 Aune, *Revelation 17 – 22* (WBC 52C), Nashville 1998, 991 bzw. 977.
53 Müller, „Johannes und Ignatius" (Anm. 50), 57 f.

im römischen Imperium (13,2.4.7) zu entsagen haben, was eben konkret bedeutet, der gegnerischen Lehre nicht zu folgen, die dazu verführt, Götzenopferfleisch zu essen und Hurerei zu treiben (2,14.20). Die dualistische Weltsicht kommt also in 2Kor 6,14–7,1 und der Offb jeweils anders akzentuiert zur Sprache, ist aber in beiden Texten bestimmend vorausgesetzt, auch wenn die Terminologie differiert (in 2Kor 6: „Beliar" – in der Offb: Satan/Teufel).[54]

Die Paränese, sich von allen Ungläubigen zu trennen, empfängt ihre Begründung in dem Satz: „Wir nämlich sind der Tempel des lebendigen Gottes ..." (2Kor 6,16). Diese präsentische Heilsaussage (ähnlich 1Kor 3,16; vgl. Eph 2,21) vermag Johannes nicht unverändert auszusprechen. Erst von der eschatologischen Zukunft wird gelten: „Wer überwindet, (den) werde ich zu einer Säule im Tempel meines Gottes machen ..." (Offb 3,12). Was für 2Kor 6,16 sich in der Gegenwart bereits erfüllt hat, nämlich die Verheißung aus Ez 37,27 und Lev 26,11 f., wird sich für Offb 21,3 erst in der Heilszukunft erweisen. Immerhin kommen dieselben Schriftstellen zur Geltung. Dasselbe gilt für 2Kor 6,18 im Vergleich zu Offb 21,7. Beide Male wird 2Sam 7,14 in freier Form aufgenommen, wobei 2Kor 6,18 die alttestamentliche Verheißung im Unterschied zu 2Sam 7,14 auf „Söhne" und „Töchter" erweitert. Offb 21,7 verändert die Adoptionsformel aus 2Sam 7,14 insofern, als es jetzt heißt: „ ... ich werde ihm Gott sein, und er wird mir Sohn sein." Das alttestamentliche „Vater" der Formel wird durch „Gott" ersetzt, weil für die Offb Gott nur der Vater Jesu Christi ist (1,6; 2,28; 3,5.21; 14,1). Zu beachten bleibt aber: Aufgrund seiner betonten Orientierung an der Heilszukunft vermag Johannes das präsentische Heil, das die Mahnrede (als Taufparänäse s.u.) in 2Kor 6,16 voraussetzt, nicht zum Ausdruck zu bringen. Für ihn weisen die alttestamentlichen Verheißungen Lev 26,11 f. bzw. Ez 37,27 nur in die eschatologische Zukunft. Trotz dieser Differenz müssen die Gemeinsamkeiten zwischen der Offb und der Paränese 2Kor 6,14–7,1 auffallen. Die Sprache der Absonderung mit ihrer dualistisch geprägten Begründung verbindet die Mahnrede mit der Grundtendenz bei Johannes: „Sie unterscheidet die Mahnrede gleichzeitig vom authentischen Paulus. Denn mit dieser generellen Aufforderung zur Absonderung würde er sich selbst widersprechen, wenn man an seine Korrektur in 1Kor 5,10 denkt."[55]

Wie aber ist die inhaltliche Verwandtschaft zwischen der Mahnrede und der Offb zu erklären? Die Übereinstimmung geht ja so weit, dass beide Texte dieselben alttestamentlichen Verheißungen zitieren – allerdings mit dem bezeichnenden Unterschied, dass 2Kor 6,14–7,1 die Verheißungen in der Gegenwart der Gemeinde

---

54 In 2Kor 6,14–7,1 handelt es sich um einen Qumran nahen Dualismus, wenn der Gegensatz zwischen „Gerechtigkeit" und „Gesetzlosigkeit" durch den folgenden Gegensatz „Licht"/„Finsternis" im Sinne eines Entscheidungsdualismus interpretiert wird.
55 Müller, „Johannes und Ignatius" (Anm. 50), 58.

bereits erfüllt sieht, während die Offb ihre Erfüllung der eschatologischen Zukunft vorbehält. Eine kleine Besonderheit könnte die Verwandtschaft der beiden Texte noch unterstreichen: Nur in 2Kor 6,18 und mehrfach in der Offb (z. B. 1,8; 4,8; 11,17; 15,3 u. ö.) findet sich die Gottesbezeichnung παντοκράτωρ als Übersetzung von hebräischem Zebaoth (niemals sonst bei Paulus oder im NT). Diese Besonderheit dürfte jeweils auf judenchristlichen Hintergrund verweisen, was ja auch für den jeweiligen Dualismus gelten wird.

Bei der Frage nach der inhaltlichen Verwandtschaft ist zu beachten, dass 2Kor 6,14 – 7,1 der Form nach eine urchristliche Taufparänese darstellt. Die Schlussermahnung 7,1 mit dem dortigen Aorist beim Verb „wir wollen uns reinigen" und die Betonung „von jeder Befleckung" entspricht christlicher Taufermahnung („einmalige Radikalreinigung"). Der Text ist also als Aufruf zu verstehen, „alle heidnische Gemeinschaft abzubrechen und die erforderliche Entsündigung durchzuführen."[56] Das schroffe Absonderungsgebot (6,17) und die dualistisch begründeten Mahnungen haben am ehesten in einer Taufparänese ihren Platz.[57] Ist dies richtig, so erklärt sich auch die Art und Weise, wie die Möglichkeit einer Verwandtschaft zwischen der Paränese und der Offb zu deuten ist. Diese Form der Taufermahnung war wohl in kleinasiatischen Gemeinden verbreitet, wie die parallele Mahnung Eph 5,3 – 14 mit ihrem Qumran nahen Dualismus zeigt, und konnte auf die innere Einstellung von Christen gegenüber der heidnischen Gesellschaft einwirken, was offenbar beim Seher Johannes der Fall ist. Die Aufnahme von grundlegenden Motiven der Taufermahnung führte bei ihm zum Aufruf zur generellen Absonderung von allem heidnischen Wesen, ja zum Ruf, die römisch geprägte Welt, d.h. „Babylon" zu verlassen (18,4). Wie in der Taufermahnung 2Kor 6,14 – 7,1 (vgl. aber auch Eph 5,7f.) ist die Weltsicht des Johannes dualistisch geprägt, die bei ihm zur Verteufelung des Römischen Imperiums führt (Offb 13). Erst mit der Vernichtung des Teufels (20,10) ist der Weg frei zur endgültigen Heilszeit des „neuen Himmels" und der „neuen Erde".

Dabei ist insbesondere zu beachten, dass gerade die krisenhafte, ja katastrophale Wahrnehmung der Wirklichkeit, die ein Überhandnehmen der Gottlosigkeit angesichts der verführerischen Macht der römischen Welt konstatiert, die bis in die christlichen Gemeinden hineinreicht, insofern das Verhalten der gegnerischen Nikolaiten und der Prophetin Isebel in derselben Weise charakterisiert wird wie die Hure Babylon (Vorwurf der Hurerei: 2,14.20 – 17,2.4; 18,3.9), dass diese Wahrnehmung es ist, die den Seher Johannes dazu drängt, ja nötigt, das gegen-

---

[56] H. Windisch, *Der zweite Korintherbrief* (KEK), Göttingen ⁹1924 (ND 1970), 219f.
[57] G. Klinzing, *Die Umdeutung des Kultus in der Qumrangemeinde und im NT* (StUNT 7), Göttingen 1971, 180.

wärtige Weltgeschehen in dualistischen Kategorien zu deuten. Für ihn als Judenchrist wird die Taufparänese, wie sie in 2Kor 6,14–7,1 überliefert ist, die durchaus jüdisch geprägt ist[58] in ihrem Qumran nahen Dualismus, zur bestimmenden Größe.

Darüberhinaus scheint ihn jene jüdische Vorstellung vom eschatologischen Satanssturz beeinflusst zu haben, wie sie sich in 1QM XVII 5–8; AssMos 10,1; Lk 10,18 findet. Dabei spielt der Text aus 1QM eine entscheidende Rolle, wenn man ihn mit Offb 12,7–10 vergleicht. Beide Male ist die Endzeit gekennzeichnet „durch die imperiale Weltherrschaft einer bösen Macht": In 1QM XVII 5–8 ist es „der Fürst der Herrschaft des Frevels", in Offb 12,7–10 ist es der Satan bzw. der Teufel. Aus der Erwartung des Sturzes dieser Macht entsteht die Überzeugung, dass dieser Sturz eine Wende zum Heil sein wird.[59] Eine Besonderheit in der Aufnahme dieser Tradition in Offb 12,12 liegt darin: Mit dem Himmelssturz des Drachen, der der Teufel ist, wird „die weltbeherrschende Macht erst aktiv; ihr Auftritt ist Ergebnis einer gesteigerten Aktivität des Teufels auf der Erde, die allerdings ihren Grund in dem Wissen des Teufels um sein baldiges Ende hat (12,12)."[60] In dieser Überzeugung liegt auch die überaus zwiespältige Haltung des Johannes begründet: Einerseits hat der Herrschaftsantritt Gottes und seines Christus bereits begonnen, wenn der Satan entsprechend jüdischer Erwartung bereits gestürzt ist (12,10), andererseits bedeutet dies, dass die Gegenwart noch durch die satanische Verführungsmacht Roms beherrscht ist: „Wehe aber der Erde und dem Meer; denn herabgekommen ist zu euch der Teufel, der großen Zorn hat, weil er weiß, dass er (nur noch) wenig Zeit hat." (12,12 s.o.). Das bedeutet: Die judenchristliche Position des Johannes ist wohl gekennzeichnet durch ein Defizit an gegenwärtiger Heilserfahrung, die bei ihm allerdings eine Kompensation in ekstatischem Geisterlebnis erfährt (1,10f.; 4,1f.); für seine christlichen Gegner in den kleinasiatischen Gemeinden gilt eher das Gegenteil, wenn sie – wie wahrscheinlich – vom bereits erfolgten Sturz des Satans in die „Tiefen" des „Abgrunds" überzeugt sind (2,24)[61] oder sich schon „reich" bzw. „reich geworden" fühlen. Er selbst gehört eher zu jenen Kreisen in den Gemeinden, die sich in der Klage der Märtyrer (6,10) wiederfinden. „Sie teilen die krisenhafte Wahrnehmung der Gegenwart, wie der Seher sie vertritt."[62] Ihnen wird gesagt, „dass sie sich noch kurze Zeit ge-

---

58 Vgl. das Urteil R. Bultmanns, *Der zweite Brief an die Korinther* (KEK), Göttingen 1976, 182: „Typisch jüdische Paränese" mit Verweis auf TestLev 19.
59 Dochhorn, *Schriftgelehrte Prophetie* (Anm. 21), 270; vgl. aber auch a.a.O., 260–272.
60 A.a.O., 270.
61 Müller, „Tiefen des Satans" (Anm. 28), 468–471.
62 H. Roose, *Eschatologische Mitherrschaft. Entwicklungslinien einer urchristlichen Erwartung* (NTOA 54), Göttingen/Fribourg 2004, 171f.

dulden sollten ..." (6,11). Denn Christus verkündet: „Ich komme bald." (3,11; 22,20).

Frühchristliche Prophetie und die Johannesoffenbarung

I

Johannes versteht seine Tätigkeit als Verfasser seiner Schrift, die die „Offenbarung Jesu Christi" enthält (Offb 1,1), als Niederschrift einer von ihm geschauten Visions- und Auditionsreihe, die die prophetischen Schriften Israels nicht ausdrücklich zitiert, sondern in seine Formulierung „einschmilzt".[1] Er bricht damit den Vorrang der Prophetie Israels durch seine aktuelle Prophetie,[2] die er den sieben christlichen Gemeinden der Asia als Briefe zusendet (Offb 2 – 3). Er bemüht so den Geist der Prophetie, wobei für ihn „das Zeugnis Jesu" (Genitiv des Subjekts) das Kriterium wahrer Prophetie darstellt (19,10).

Gerade das Buch Ezechiel (neben Jesaja, Jeremia und Daniel) dient Johannes als Anstoß für seine Konzeption. Thronvision und himmlische Versammlung aus Offb 4 nehmen auf Ez 1 Bezug. Die Versiegelung der 144 000 greift auf Ez 9 zurück. Der Fall der großen Stadt Babylon aus Offb 18 orientiert sich an Ez 26 – 27. Die Gog-Magog-Szene (20,7 – 10) folgt Ez 38 – 39. Die engsten Berührungen zu Ezechiel zeigt die Vision des neuen Jerusalem in Offb 21,9 – 22,5, wenn sie sich auf Ez 40 – 48 bezieht. Nach dem Vorbild von Ez 48,30 – 35 hat die Stadtmauer zwölf Tore, wobei die Tore die Namen der zwölf Stämme Israels tragen (21,12).

Eine spezielle Besonderheit ist dabei festzuhalten: Bei der Lektüre von Offb 21 durch einen damaligen Leser und der damit wohl gegebenen Beachtung von Ezechiel dürfte die Erwähnung von „etwas wie dem Bau einer Stadt" (Ez 40,2) die Erwartung dieses Lesers provoziert haben, es folge in der Offb eine Tempelbeschreibung, wie sie in Ez 40,5 – 49 auch vorliegt. Damalige Leser würden also bei Offb 21 erwartet haben, dass der Text ebenfalls auf eine Tempelvision abzielt, nachdem sie die offensichtliche Benutzung des Ezechieltextes erkannt haben. Genau diese Erwartung erfüllt der Text von Offb 21 nicht.[3] Der Leser bemerkt in Offb 21,22 die Lücke, die Johannes gegen die Vorlage des Ezechieltextes schafft: Einen Tempel sieht Johannes im neuen Jerusalem gerade nicht. Dies zeigt wohl,

---

[1] M. Karrer, „Von der Apokalypse zu Ezechiel. Der Ezechieltext der Apokalypse," in: D. Sänger (Hg.), *Das Ezechielbuch in der Johannesoffenbarung* (BThS 76), Neukirchen-Vluyn 2004, 84 – 120: 88.
[2] Karrer, „Apokalypse", 119, Anm. 106.
[3] Karrer, „Apokalypse", 96 – 97.

wie die frühchristliche Prophetie, die Johannes aktuell vertritt und gegenüber seinen Lesern bzw. Hörern beansprucht, die Prophetie Israels ablösen und damit brechen kann. Einen Tempel sieht Johannes nicht im neuen Jerusalem, „denn der Herr, Gott, der Allherrscher ist ihr Tempel und das Lamm." (21,22)

Man hat im Blick auf die Hermeneutik der Offb gemeint: „Die alten Propheten sind Modell gegenwärtiger Prophetie (vgl. Hes 2,10), ihre Prophezeiungen sind rätselhaft bzw. ‚versiegelt' (vgl. Jes 29,11) und erschließen sich in der Endzeit (vgl. Dan 12,4.9). Die neue Prophetie (vgl. Apc Joh 1,3) ist Auslegung der alten."[4] Ihre Hermeneutik ähnelt jener, wie sie bei 1 Petr 1,12 (vgl. äthHen 1,2) zu finden ist. Danach wussten die alten Propheten, dass sie nicht für ihre Zeit prophezeit haben, sondern „für euch", die christliche Gemeinde. Nur dass „die Worte der Prophetie", wie sie das Buch des Johannes bezeugt (1,3; 22,7.10.18–19), anscheinend die letztgültige Offenbarung zu sein beanspruchen, insofern der Verfasser sich der Reihe der Propheten zuordnet, „wobei ihm als letztem hier offenbart wird, daß die Vollendung des Geheimnisses sich nicht verzögert:"[5] „Eine Frist wird nicht mehr sein, sondern in den Tagen der Stimme des siebten Engels ... ist das Geheimnis Gottes vollendet ..." (10,6–7). Johannes liest und versteht die Visionen alter Prophetie unter dem Eindruck „der eigenen, von Gott herkommenden Offenbarung,"[6] auch wenn er die Sprache der alten Prophetie gebraucht. Er benutzt diese gerade auch da, wo er sein pragmatisches Ziel mit besonderer Konzentration formuliert, wenn er die christliche Gemeinde dazu auffordert, das dem göttlichen Gericht geweihte „Babylon" zu verlassen: „Geht heraus aus ihr, mein Volk, damit ihr nicht teilhabt an ihren Sünden und dass ihr nicht empfangt von ihren Plagen!" (Offb 18,4). Johannes folgt bei dieser Forderung zur Absonderung von der römisch bestimmten Lebenswelt der alten Redeform der sog. Aufforderung zur Flucht (Jer 51:6 [28,6 LXX] bzw. 51,45).[7] Das Bestreben, Redeformen alttestamentlicher Prophetie zu benutzen, wird sich gerade auch in den Sendschreiben Offb 2–3 zeigen (das prophetische Gerichtswort oder das sog. Heilsorakel). Es geht ja um die Auseinandersetzung konkurrierender Prophetenkreise in den Gemeinden:[8] auf

---

4 J. Dochhorn, *Schriftgelehrte Prophetie. Der eschatologische Teufelsfall in Apc Joh 12 und seine Bedeutung für das Verständnis der Johannesoffenbarung* (WUNT 268), Tübingen 2010, 71.

5 U.B. Müller, *Die Offenbarung des Johannes* (ÖTK 19), Gütersloh/Würzburg ²1995, 202.

6 P. Müller, „Das Buch und die Bücher in der Johannesoffenbarung," in: F.W. Horn / M. Wolter (Hg.), *Studien zur Johannesoffenbarung und ihrer Auslegung* (FS O. Böcher), Neukirchen-Vluyn 2005, 293–309: 309.

7 D.E. Aune, *Revelation 17–22* (WBC 52C) Nashville 1998, 990–991 bzw. 977.

8 Vgl. P. Trebilco, *The Early Christians in Ephesus from Paul to Ignatius* (WUNT 166), Tübingen 2004, 324–330; F. Toth, *Der himmlische Kult. Wirklichkeitskonstruktion und Sinnbildung in der Johannesoffenbarung* (ABG 22), Leipzig 2006, 488–489.

der einen Seite „Isebel", „die sich eine Prophetin nennt" (2,20 – 24) und „Bileam" (2,14), der in jüdischer Tradition als Wahrsager gilt – auf der anderen Johannes, der seinerseits „das Wort Gottes und das Zeugnis Jesu Christi" bezeugt (1,2). Der Anschluss an Redeformen alttestamentlicher Prophetie dürfte ein Versuch sein, im Konflikt verschiedener Propheten die „Offenbarung Jesu Christi" (1,1) den Gemeinden gegenüber mit besonderem Nachdruck zu vertreten. Johannes ist ja davon überzeugt, die letztgültige Wahrheit zu verkünden und niederzuschreiben, d. h. „alles, was er gesehen hat" (1,2).[9]

II

Will man das besondere Selbstverständnis des Johannes als Prophet genauer bestimmen, steht man zunächst vor der Schwierigkeit, dass dieser selbst sich im Präskript seines Werkes nicht als Prophet einführt, ja im ganzen Buch sich nicht eindeutig als Prophet bezeichnet, sondern im Buchschluss nur allgemein von seinen Brüdern, den Propheten, handelt (22,9). Die Schlussfolgerung scheint nahezuliegen: Diese auffällige Reduktion bei der superscriptio des Präscripts in

---

9 Die literarkritische Einheitlichkeit der Offb ist umstritten. D.E. Aune, *Revelation 1–5* (WBC 52A), Dallas 1997, CXX – CXXI, sieht in Offb 1,7–12a und 4,1–22,5 eine als „first edition" bezeichnete Apokalypse von eher anonymer Hand, die um das Jahr 70 n.Chr. komponiert wurde. Diese wurde als „second edition" erweitert um 1,1–3.4–6.12b–3,22; 22,6–21, wobei diese Bearbeitung paränetisch und prophetisch bestimmt ist. Für F. Toth, „Von der Vision zur Redaktion," in: J. Frey u.a. (Hg.), *Die Johannesapokalypse. Kontexte – Konzepte – Rezeption* (WUNT 287), Tübingen 2012, 319–411: 351 blickt der Gesamtauftriss der Sendschreiben Offb 2–3 samt Einleitung Offb 1,12–20 „auf den bereits zusammengewachsenen apokalyptischen Corpus Apk 4–22 hinaus und ist auf diesen hin komponiert." Dieser umfasste ursprünglich 1,1–3.10.12a und 4,1–22,10 (Toth, „Vision", 356). Gleichwohl stammen beide Teile von der Hand des Propheten Johannes, die allerdings zu verschiedenen Zeiten geschrieben sind. Diese These wird allerdings sehr hypothetisch bleiben. Zu deutlich aufeinander bezogen erscheinen beide Teile, als dass man sie verschiedenen zeitlichen Situationen zuschreiben könnte. So spiegelt sich das prophetische Selbstverständnis des Johannes „nicht nur im Rahmenteil des Werkes, vielmehr dominiert es auch das Werkcorpus selbst", wie Toth, „Vision", 373, selbst betont. Besonders fällt ins Gewicht, dass die Kennzeichnung, die Johannes seinem Buch gibt, nämlich „das Wort Gottes und das Zeugnis Jesu" zu sein, sowohl im angeblich älteren Corpus auftaucht (1,2; 6,9; 19,10.13; 20,4) wie auch in der sog. abschließenden Redaktion (1,9). Auch die dominierende Aussagetendenz des Johannes ist in 4,1–22,5 dieselbe wie in den Sendschreiben. Denn die Protagonistin gegenwärtiger Götzenverführung, die Prophetin „Isebel", bewirkt nach Ausweis der Sendschreiben innerhalb der Gemeinde dasselbe, was im Horizont der römischen Welt das satanische zweite „Tier", der Pseudoprophet, tut: Sie verführen zum Götzendienst (vgl. den Vorwurf der „Unzucht" 2,14.20 bzw. 17,2.4).

1,4, die mit der schlichten Auskunft gegenüber den Adressaten auskommt („Johannes an die sieben Gemeinden in der Asia ..."), „lässt wohl auf einen bewussten Autoritäts- und Titelverzicht des Johannes schließen."[10] Die Gewichte verschieben sich von der menschlichen Verfasserschaft der Offb auf die Bedeutung Gottes bzw. Jesu Christi. Diesen Eindruck verstärkt ein Blick auf die einleitende Charakterisierung des Werkes 1,1–3, wo Johannes seiner Schrift „rezeptionslenkende Kurzhinweise zu Abfassung und Inhalt voranstellt."[11] Er bezeichnet den Inhalt seines Werkes als ἀποκάλυψις Ἰησοῦ Χριστοῦ, wobei der hier vorliegende Genitivus subiectivus Christus als Urheber der besonderen Botschaft bezeichnet, „die Gott ihm gegeben hat ...". Sie ist gleichzeitig μαρτυρία Ἰησοῦ Χριστοῦ, weil dieser selbst sie bezeugt (22,20). Johannes erscheint als Offenbarungsempfänger und Vermittler. Die abschließende Seligpreisung 1,3, die sich an die Leser und die Zuhörer wendet, denen das Werk des Johannes gilt, kennzeichnet dieses nicht mehr hinsichtlich seiner himmlischen Urheberschaft, sondern als das, was es den christlichen Gemeinden zunächst einmal begegnet: als „die Worte der Prophetie". Gleichzeitig bestimmt der Makarismus den Ort, wo „die Worte der Prophetie", die Johannes übermittelt, zur Wirkung kommen sollen: im gemeindlichen Lesen und Hören. Im Epilog, dem Buchschluss 22,6–21, erfährt das Werk des Johannes eine nähere Charakterisierung als „Buch" (22,7.10.18–19). Damit stellt sich dieses „als prophetisches Buch dar, das Visionen und Auditionen ... verschriftlicht und dem gottesdienstlichen Gebrauch anheim stellt."[12]

Warum aber, so stellt sich erneut die Frage, vermeidet es Johannes, sich mit einer gemeindlichen Funktionsbezeichnung, etwa Prophet, im Präskript den Adressaten vorzustellen oder sich im ganzen Buch als Prophet zu bezeichnen?[13] Auch im Eingangssatz zur Beauftragungsvision 1,9, wo Johannes sich ganz persönlich den Gemeinden zuwendet, fehlt jede Betonung einer gemeindlichen Autorität, vielmehr bringt er den Gemeinschaftsakzent mit den Adressaten zum Ausdruck: „Ich, Johannes, euer Bruder und Teilhaber an der Bedrängnis, an der Königsherrschaft und der Standhaftigkeit in Jesus ..." (1,9). Dieser in 1,4 und 1,9

---

10 H. Roose, „Das Zeugnis Jesu". Seine Bedeutung für die Christologie, Eschatologie und Prophetie in der Offenbarung des Johannes (TANZ 32), Tübingen/Basel 2000, 154 im Anschluss an M. Karrer, Die Johannesoffenbarung als Brief. Studien zu ihrem literarischen, historischen und theologischen Ort (FRLANT 140), Göttingen 1986, 74.
11 Karrer, „Apokalypse", 93.
12 P. Müller, „Das Buch und die Bücher in der Johannesoffenbarung", 293–309: 298; ähnlich H.-G. Gradl, „Buch und Brief: Zur motivischen, literarischen und kommunikativen Interdependenz zweier medialer Typen in der Johannesoffenbarung," in: J. Frey u. a. (Hg.), Die Johannesapokalypse. Kontexte – Konzepte – Rezeption (WUNT 287), Tübingen 2012, 413–433.
13 Vgl. dazu Karrer, Johannesoffenbarung, 76–77.

auffallende Autoritätsverzicht könnte Ausdruck der Bescheidenheit oder Zurückhaltung sein, wäre da nicht die außergewöhnliche Kennzeichnung seines Werkes als „Offenbarung Jesu Christi" oder „Zeugnis Jesu Christi" (1,1–2), wo mit dem Genitiv des Subjekts zum Ausdruck kommt, dass Johannes für sein Werk den himmlischen Ursprung beansprucht. „Die Worte der Prophetie" (1,3), die Johannes niederschreibt, erhalten damit einen letztgültigen Verpflichtungscharakter für die Gemeinden, so dass jede sonstige von seiner Botschaft abweichende Prophetie ihre Gültigkeit verliert. Jedenfalls befindet sich Johannes in heftiger Auseinandersetzung mit einer Prophetie, die mit der seinen konkurriert.[14]

III

Der wahre Grund für die besondere Stellungnahme des Johannes wird am ehesten erkennbar, wenn man das Sendschreiben näher betrachtet, das aufgrund seines besonderen Charakters im Vergleich zu den übrigen Sendschreiben auffällt: das Sendschreiben an die Gemeinde zu Thyatira (2,18–29). Zu Recht hat man geurteilt: „The longest and most difficult of the seven letters is addressed to the least known, least important and least remarkable of the cities."[15] Ist somit Thyatira zwar eine wenig bedeutsame Stadt, so ist die dortige christliche Gemeinde für Johannes in höchster Weise bedeutsam, wenn auch primär in negativer Weise. Die Gemeinde erfährt zunächst ein Lob (2,19), andererseits übertrifft die Gerichtsdrohung mit ihrer Härte und Konkretion die sonstigen Drohworte an die übrigen Gemeinden. Im Zentrum der Kritik gegenüber der Gemeinde steht mit „Isebel" eine Einzelperson, die in der Gemeinde in hervorragender Position wirkt: „Sie nennt sich selbst Prophetin, und sie beansprucht eine besondere Erkenntnis."[16] Deutlich wird dies 2,20 und 2,24. Beachtlich ist, dass die Prophetin, die Johannes heidnisch-abwertend „Isebel" nennt (vgl. 1Kön 16,31; 18,13), die einzige Einzelperson darstellt, „die uns in dem ‚Amt' begegnet, das Johannes ebenfalls beansprucht"[17], ohne dies allerdings seinerseits mit dem Etikett Prophet für sich selbst ausdrücklich zu machen. Beide vertreten sich gegenseitig ausschließende inhaltliche Positionen, womit die offenbare Konkurrenzsituation zwischen beiden

---

14 Vgl. Trebilco, *Christians*, 330.
15 C.J. Hemer, *The Letters to the Seven Churches of Asia in Their Local Setting* (JSNT.S 11), Cambridge/Sheffield 1986, 106.
16 G. Guttenberger, „Johannes von Thyateira. Zur Perspektive des Sehers," in: F.W. Horn / M. Wolter (Hg.), *Studien zur Johannesoffenbarung und ihrer Auslegung* (FS O. Böcher), Neukirchen-Vluyn 2005, 160–188: 183.
17 Guttenberger, „Johannes", 184.

sich erklärt. In der Wahrnehmung des Johannes lehrt und verführt „Isebel" die Gemeindeglieder dazu, „Unzucht zu treiben und Götzenfleisch zu essen" (2,20); gleichzeitig vertritt sie mit ihren Anhängern die Lehre, „die Tiefen des Satans" erkannt zu haben, „wie sie sagen" (2,24). Sie haben wohl beansprucht: „Wir haben die Tiefen Gottes ergründet, ja sogar die tiefen Abgründe geschaut, in die der Satan gestürzt ist."[18] Eine solche Position, die mit der bereits endgültig erfolgten Entmachtung des Teufels gerechnet hat, hätte in enthusiastischer Weise propagiert, dass mit dem Ende des Satans der Urheber allen Übels und aller Gottlosigkeit (vgl. nur Offb 13) erledigt ist, was der Position des Johannes widerspricht. Dieser sieht ja im Sturz des Satans aus dem Himmel zunächst das Unheil auf die Erde kommen (12,12), insofern der Drache bzw. Satan dem gottlosen Tier, dem römischen Imperium also, die Macht verleiht, Kriege zu führen mit den „Heiligen", d. h. den wahren Gläubigen (13,2.6 – 7).

Besonders aber scheint Johannes der Anspruch „Isebels" zu empören, Prophetin zu sein, weil für sie damit wohl die Legitimation zu einer verbindlichen Lehre verbunden ist. Genau diesen Anspruch bestreitet Johannes aber, wenn er ihn als selbstgemacht oder erfunden abzuwerten versucht, indem er sagt: „ ... Isebel, die sich (nur) selbst eine Prophetin nennt." (2,20). Ähnlich hatte Johannes schon vorher in 2:2 von Gegnern gesprochen: „ ... die sich Apostel nennen und sind es nicht." Von Juden heißt es dementsprechend: Sie seien „die aus der Synagoge des Satans, die sagen, sie seien Juden und sind es nicht, sondern sie lügen" (3,9). „Isebels" prophetischer Anspruch nötigt Johannes seinerseits zu einer prophetischen Gerichtsdrohung, die in ihrer traditionellen Form in den Sendschreiben einzigartig ist.

Schon stilistisch fällt diese auf. Der Abschnitt 2,21– 23 verlässt als einziger in den Sendschreiben die Fiktion eines Schreibens an den Gemeindeengel, wie er noch zu Beginn des Schreibens mit der Anrede in der zweiten Person zu finden ist: „Ich kenne deine Werke ... Aber ich habe gegen dich ..." (2,19 – 20). Mit V. 21 und besonders V. 22 – 23 richtet sich die Drohung in der dritten Person an „Isebel" und ihre Anhänger. Eingeleitet mit ἰδού, wie sie für prophetische Rede charakteristisch ist (vgl. 2,10; 3,20; 16,15; 22,7.12)[19], lässt Johannes den himmlischen Christus gegen seine Gegner, die Prophetin und ihre Anhänger, das Gericht androhen. Die Ankündigung ist zunächst dreigeteilt (2,22.23a):

---

18 U.B. Müller, „'Die Tiefen des Satans erkennen ...' Überlegungen zur theologiegeschichtlichen Einordnung der Gegner in der Offenbarung des Johannes," in: W. Kraus (Hg.), *Beiträge zur urchristlichen Theologiegeschichte* (BZNW 163), Berlin/New York 2009, 465 – 478: 470.
19 Drohworte werden häufig mit dem Präsentativ „siehe" eingeleitet: Jes 10,33; 28,2.16; Jer 11,10; 5,14.15; 6,10 – 11; 6,21– 22.

> Siehe, ich werfe sie aufs Krankenbett
> und die mit ihr ehebrechen in große Bedrängnis ...
> und ihre Kinder werde ich töten durch Pest.[20]

Das eigentliche Ziel der Ankündigung findet sich anschließend in der folgenden sog. Erweisformel (2,23b), die als Schlussglied des traditionellen Erweiswortes dient:[21]

> ... und alle Gemeinden werden erkennen, dass ich es bin, der Herzen und Nieren erforscht.

Mit diesem Erweiswort, dessen Redeform sich besonders bei Ezechiel findet (z. B. Ez 12,19–20; 17,22–24; 25,3–5.6–11.12–14.15–17), verlässt Johannes die ansonsten bestimmende literarische Fiktion als Schreiben an den Gemeindeengel (Anrede in der 2. Person) und geht in 2,22–23b zur prophetischen Rede gegen „Isebel" über (Übergang zur 3. Person), um ihr das Gericht anzusagen.

Das vorliegende Schreiben an die Gemeinde zu Thyatira ist insofern aufschlussreich, als es in besonderer Weise deutlich macht, wie Johannes gemeindliche Prophetie versteht und sie auch praktiziert. Vor seiner Gerichtsankündigung erwähnt Johannes seinen allerdings gescheiterten Versuch, „Isebel" zur Umkehr zu bewegen (2,21). Was Johannes hier versucht hat und in seiner Gerichtsdrohung definitiv vollzieht, erinnert an die διάκρισις πνευμάτων, d. h. die Unterscheidung der Geister, die Paulus von der Gemeinde fordert, aber auch selbst vornimmt (1Kor 14,29 bzw. 12,10).[22] Die Notwendigkeit zur Prüfung und eben Unterscheidung der Geister ergibt sich aus der schlichten Tatsache, dass es gute und schlechte Geistmanifestationen gibt (1Thess 5,21–22). So betont Paulus in seinem frühesten Brief die Bedeutung der Artikulation des Geistes beim prophetischen Reden: „Unterdrückt nicht den Geist! Prophezeiungen verachtet

---

[20] Der in Offb 2,22 eingefügte Konditionalsatz unterbricht die in sich geschlossene Drohung. Er dürfte ein literarischer Einschub des Johannes sein, der den wohl ursprünglichen Prophetenspruch unterbricht.
[21] Zur Bestimmung von Offb 2,22–23b als prophetisches Erweiswort vgl. U.B. Müller, *Prophetie und Predigt im Neuen Testament. Formgeschichtliche Untersuchungen zur urchristlichen Prophetie* (StNT 10), Gütersloh 1975, 66–70. Zur Struktur des Erweiswortes vgl. W. Zimmerli, *Ezechiel 1* (BK XIII/1), Neukirchen-Vluyn 1969, 55–62.
[22] Das traditionelle Verständnis der διάκρισις πνευμάτων als einer „Unterscheidung der Geister" bleibt trotz der Bemühungen von G. Dautzenberg, *Urchristliche Prophetie* (BWANT 104), Stuttgart u. a. 1975, 126–148, weiterhin gültig. Sein Vorschlag, den fraglichen Ausdruck im Sinne von „Deutung von Geistoffenbarungen" zu verstehen, kann nicht überzeugen. Nach 1Kor 12,10; 14,26–28 bedarf nur die Glossolalie der Übersetzung bzw. Deutung, weil sie für andere Menschen ansonsten unverständlich ist (1Kor 14,1–5). Ganz anders die Prophetie – sie ist ja gerade verständliche Rede und benötigt keine Übersetzung bzw. Deutung.

nicht!" (5,19–20). Er fügt jedoch sofort hinzu: „Alles aber prüfet (δοκιμάζετε), das Gute haltet fest, von jeder bösen Art haltet euch fern!" (1Thess 5,21–22).

In 1Kor 14 erörtert Paulus die Problemlage genauer, wobei sich zeigen wird, dass Johannes bei seiner Gerichtsdrohung gegen „Isebel" dem Verfahren weitgehend folgt, das Paulus als „Unterscheidung der Geister" bezeichnet.

Paulus stellt die Regel auf: „Propheten aber sollen zwei oder drei reden, und die anderen sollen (es) beurteilen (διακρινέτωσαν)" (1Kor 14,29). Diese Regelung mündet in den ermunternden Zuspruch ein: „Denn ihr könnt alle einer nach dem anderen prophetisch reden, damit alle (etwas) lernen und alle ermuntert werden ..." (14,31). Dabei ist allerdings vorausgesetzt, dass, wenn jemandem in der Gemeindeversammlung plötzlich etwas geoffenbart wird (ἀποκαλυφθῇ), ihm vom Vorredner oder der Gemeindeversammlung das Recht zukommen soll, sofort aufzustehen und seine Erkenntnis den Anwesenden kundzutun (14,30), weil der mögliche Einblick in besondere μυστήρια zu kostbar erscheint, um übergangen zu werden.[23]

Gott ist kein Gott der Unordnung, sondern des Friedens (1Kor 14,33). Dementsprechend sind bestimmte Regeln einzuhalten. Schon in 14,29 hatte Paulus ja die Notwendigkeit ausgesprochen, dass, wenn zwei oder drei Propheten gesprochen haben, alle zur Kritik und Prüfung in der Gemeinde Befähigten diese Prüfung vornehmen sollten. Und Paulus selbst tut dies anscheinend am Schluss seiner Ausführungen über die Prophetie, wenn er für den Konfliktfall, wenn also jemand gegen seine Aussagen in 1Kor 14,32–33 opponiert, er geradezu dekretiert: „Wenn einer meint (δοκεῖ), Prophet oder Pneumatiker zu sein, dann erkenne er, was ich euch schreibe: Es ist Gebot des Herrn (κύριος)!" (14,37).[24] Der Folgesatz spricht geradezu eine Gerichtsdrohung aus: Wer das Gebot des Herrn, d. h. Christi, nicht als solches anerkennt, wird seinerseits von Christus nicht anerkannt (ἀγνοεῖται). Für Paulus ist diese Ordnung, auf der er bei seiner Prüfung der Geister besteht (1Kor 12,10), deshalb nötig, weil die gottesdienstliche Versammlung als Ort der Gottesoffenbarung zu gelten hat (1Kor 14,25), wo es um die οἰκοδομή der Gemeinde geht.[25]

---

23 M. Theobald, „‚Prophetenworte verachtet nicht!' (1Thess 5,20),'' in: ders., *Studien zum Römerbrief* (WUNT 136), Tübingen 2003, 350–366: 355.
24 1Kor 14,36–38 ist die unmittelbare Fortsetzung zu 14,26–33a und nicht Teil der nachpaulinischen Interpretation (so mit Recht A. Lindemann, *Der Erste Korintherbrief* [HNT 9/I], Tübingen 2000, 322, so auch Theobald, „Prophetenworte", 357–358; gegen Dautzenberg, Prophetie, 297–298).
25 Lindemann, *Korintherbrief*, 322.

Zurecht hat man die Frage gestellt: „Spricht Paulus selbst als Prophet, mit derselben Autorität, die dem Rechtssatz V. 38 zukommt?"[26] Die Frage wird man wohl bejahen dürfen. Jedenfalls hat 14:38 dieselbe Struktur eines Gerichtswortes wie 1Kor 3,17a oder wie Mk 8,38 bzw. Lk 12,9.[27] Paulus verkündet hier das eschatologische ius talionis, das man der frühchristlichen Prophetie zusprechen darf. Im Übrigen klingt 1Kor 14,37 doch so, als wollte Paulus sagen: Wenn einer meint, Prophet oder Pneumatiker zu sein, so gilt das auch für mich, der ich ein Gebot des Herrn verkünde. Paulus beruft sich hier nicht auf seinen Apostolat mit der Rangordnung „zuerst Apostel, zweitens Propheten ..." (1Kor 12,28), sondern verbleibt im Horizont der gottesdienstlichen Versammlung, in der gerade pneumatische Ausdrucksformen wie Glossolalie oder die Prophetie die entscheidende Rolle spielen.

In 1Kor 14 scheint Paulus die „Unterscheidung der Geister" in erster Linie auf die notwendige Ordnung der Gemeindeversammlung zu beziehen. Spätestens in Röm 12,6 geht es um lehrhafte Fragen. Denn hier fordert Paulus: Wer die Gabe der Prophetie hat, soll sie „in Entsprechung zum Glauben" äußern, d.h. im Sinne grundlegender Glaubenstradition, also der sog. fides quae creditur. Am Schluss des Römerbriefes praktiziert Paulus diese „Unterscheidung der Geister", wenn er zunächst mahnend sagt: Die Gemeinde soll achthaben auf diejenigen, „die Spaltungen und Ärgernisse anrichten entgegen der Lehre, die ihr gelernt habt ..." (Röm 16,17). Die Gemeinde soll eine entsprechende Prüfung vornehmen. Gleichwohl greift Paulus ihrem Urteil mit seiner Unheilsverkündigung vor, wenn er verkündet: „Der Gott aber des Friedens wird den Satan unter eure Füße zermalmen in Kürze." (16,20). Das bedeutet: „Prophetie wird hier laut."[28] Denn ähnlich wie der Seher Johannes (vgl. Offb 1,1; 22,6) verkündet Paulus, dass Gott „in Kürze" eschatologisch handeln wird. Gott wird der angeredeten Gemeinde dadurch Frieden schaffen (vgl. den Schlusssegen Röm 15,33), dass er den Satan vernichten wird.[29] Für die Gegner heißt das, dass sie (wie die Gegner in 2Kor 11,14–15) als Agenten des Satans zu gelten haben.

Das Problem falscher Prophetie und damit die Notwendigkeit zur Prüfung der Geister hat die christlichen Gemeinden immer wieder beschäftigt, so dass die Kritik bzw. die Gerichtsdrohung gegenüber „Isebel" in der Offb wahrlich keinen

---

26 H. Conzelmann, *Der erste Brief an die Korinther* (KEK V), Göttingen 1969), 291.
27 Lindemann, *Korintherbrief*, 322.
28 E. Käsemann, *An die Römer* (HNT 8a), Tübingen 1973, 399.
29 Röm 16,20 dürfte „ein feierlicher Prophetenspruch" sein (O. Michel, *Der Brief an die Römer* [KEK IV], Göttingen [12]1963, 385); es handelt sich dabei „um eine Fluchentfaltung, der ausdrückliche Fluchspruch ‚verflucht ist / sind ...', dessen Entfaltung Röm 16,20 wäre, fehlt" (U.B. Müller, *Prophetie*, 188–189).

Einzelfall darstellt. 1Joh 4,1 mahnt seine Gemeinde: „Geliebte, glaubt nicht jedem Geist, sondern prüft (δοκιμάζετε) die Geister, ... weil viele Pseudopropheten hinausgegangen sind in die Welt." Johannes bezeichnet „Isebel" zwar noch nicht als Pseudoprophetin; indem er sie aber mit dem Namen der Baalsverehrerin etikettiert, verurteilt er sie schon mit der Namengebung. Er sieht sich dazu gezwungen, weil sie mit ihrer Lehre (2,24) und ihrer Praxis (2,20) einen Ausgleich, ja eine Akzeptanz heidnischer Sitten der hellenistisch-römischen Gesellschaft rechtfertigt und praktiziert. In jedem Fall aber bewegt sich Johannes im weiteren Kontext ehemals paulinischer Gemeinden. Die Prophetie, wie sie Did 11,7–11 demgegenüber voraussetzt, kennt ganz andere Maßstäbe der Kritik. Nicht der Glaubensinhalt und dementsprechend die vom Propheten vertretene Lehre steht auf dem Prüfstand, sondern seine Lebensweise als Wanderprophet (Did 11,8). Was die Geistrede des Propheten angeht, so gilt für Did 11,7 die Regel: „Und jeden Propheten, der im Geist redet, stellt nicht auf die Probe und fällt kein Urteil über ihn (οὐδὲ διακρινεῖτε) ..." Der Umgang mit Prophetie ist in der Didache ein ganz anderer als bei Johannes, bei dem (wie ähnlich schon bei Paulus vgl. Röm 12,6) der Glaubens- bzw. Lehrinhalt die entscheidende Rolle spielt. Gleichwohl ist es nicht überraschend, dass Johannes und der Verfasser der Didache bei ihrer Sichtweise der Prophetie differieren, ist doch die Didache wohl in einem anderen Verbreitungsgebiet zu lokalisieren (Syrien) als der Verfasser der Sendschreiben an die sieben Gemeinden in der Asia.

An dieser Stelle ist noch einmal die spezielle Frage aufzugreifen, inwiefern sich bei der Gerichtsankündigung des Johannes gegen „Isebel" und ihre Anhänger prophetische Rede erkennen lässt (2,22.23b). Es hat sich ja gezeigt, dass Johannes bei seiner Gerichtsdrohung die Redeform des traditionellen Erweiswortes aufnimmt, das sich besonders häufig beim Propheten Ezechiel findet. Gleichwohl wäre zu prüfen, ob Johannes die Gestalt des prophetischen Erweiswortes nur in literarischer Nachahmung der ihm aus dem Ezechielbuch bekannten Gestalt formuliert oder doch von ihm selbst praktizierte mündliche Rede aufnimmt, die allerdings wiederum auf dem Vorbild des Propheten Ezechiel basiert, zumal gerade dieses Buch für die Offb von wesentlicher Bedeutung ist.[30] Letztere Möglichkeit ist dabei ernsthaft in Erwägung zu ziehen. Auffällig ist ja, dass Johannes beim Schreiben nach Thyatira die literarische Fiktion des himm-

---

30 Sicherlich ist das Verfahren nicht unproblematisch, von literarisch vorgegebenen Texten auf mündliche Redeformen zurückzuschließen, insofern literarische Gestaltung und mündliche Redeweise jeweils anderen Gesetzmäßigkeiten folgen. Beim sog. Erweiswort, das hinter dem Text von Offb 2,22.23b zu stehen scheint, ist die Abhängigkeit von Ezechiel schon deshalb wahrscheinlich, weil diese Redeform im Buch Ezechiel in reiner Form 54 mal vorkommt, in erweiterter Form sogar 72 mal (Zimmerli, *Ezechiel*, 57).

lischen Schreibens an den Gemeindeengel durchbricht und in 2,22.23b sich nicht mehr an diesen selbst wendet (2. Person), sondern direkt an „Isebel", um ihr das Gericht anzusagen. Dieser sprachliche Wechsel wirkt wie der unvermittelte Übergang zur direkten prophetischen Gerichtsrede.

IV

Dieselbe Problematik stellt sich, wenn man die Heilsaussagen in den Sendschreiben betrachtet. Auch hier drängt sich der Eindruck auf, Johannes schließe sich Sprachmustern an, die ihren Ursprung in der mündlichen Rede des Propheten haben. Im Sendschreiben an die Gemeinde zu Smyrna etwa (Offb 2,8–11) folgt nach der Hinwendung zur bedrohlichen Situation der Gemeinde: „Ich kenne deine Bedrängnis und Armut ..." alsbald ein Wort des Zuspruchs (2,10): „Fürchte nichts, was du erleiden wirst ..." Johannes greift damit anscheinend die Redeform des traditionellen Heilsorakels auf, das sich insbesondere bei Jes 40–55 findet (z. B. 41,8–13.14–16; 43,1–7; 54,4; auch Jer 30,10–11)[31], wenn dem Zuspruch die Heilsankündigung als Begründung folgt, eingeleitet durch das prophetische „Siehe":

> Siehe, der Teufel wird (einige) von euch ins Gefängnis werfen,
> aber ihr werdet (nur) zehn Tage Bedrängnis haben.

Diese in der alttestamentlichen Prophetie häufig vorkommende Redeform des Heilsorakels hat möglicherweise auch beim historischen Jesus eine Nachwirkung erfahren (vgl. ansonsten äthHen 95,3; 96,3), sofern Lk 12,32 authentisch sein sollte:

> Fürchte dich nicht, kleine Herde!
> Denn euer Vater hat beschlossen, euch die Herrschaft zu geben.

Grundsätzlich hat man mit der Möglichkeit zu rechnen, dass Johannes Formelemente prophetischer Rede, die er auch mündlich gebrauchte, in den Sendschreiben aufnimmt, weil diese die Botschaft des himmlischen Christus enthalten. Als ein vom Geist ergriffener Prophet (1,10) hat er diese Botschaft zu übermitteln. Dementsprechend enthält jedes Sendschreiben die sog. Weckformel: „Wer Ohren hat, höre, was der Geist den Gemeinden sagt!" Die literarische Gestalt der Sendschreiben enthält eben variierende Sprachelemente, die aufgrund ihrer engen

---

31 Vgl. K. Elliger, *Deuterojesaja* (BK XI/1), Neukirchen-Vluyn 1978, 133–136: 147–149.

sprachlichen Verwandtschaft mit alttestamentlichen Prophetensprüchen der mündlich praktizierten Prophetie des Johannes entstammen können.

Entsprechende Schlussfolgerungen lassen sich auch beim Sendschreiben nach Philadelphia machen (Offb 3,7–13), wo die gedrängte Abfolge von Heilsworten auffällt. Wie üblich beginnt das Schreiben mit dem Satz: „Ich kenne deine Werke ..." (V. 8a). Doch sogleich bricht Johannes die Hinwendung zur Situation der Gemeinde ab, um den ersten Heilsspruch zum Ausdruck zu bringen[32]: „Siehe, ich habe vor dir eine Tür geöffnet ..." Christus hat der Gemeinde die Tür zur himmlischen Herrlichkeit aufgetan. V. 8b muss sodann die Hinwendung zur Gemeindesituation, die unterbrochen wurde, nachtragen. Wichtiger aber ist dem Verfasser der sogleich folgende zweite Heilsspruch in V. 9, der, wieder eingeleitet durch „siehe", die Heilsaussage vollenden soll, aber zunächst eine Anklage gegen die Juden formuliert, um endlich die Heilsankündigung vollenden zu können (V. 9b):[33]

> Siehe, ich füge es: die aus der Synagoge des Satans, die sagen,
> sie seien Juden und sind es nicht, sondern sie lügen –
> siehe, ich werde sie dazu bringen, dass sie kommen und
> vor deinen Füßen niederfallen werden und erkennen, dass
> ich dich geliebt habe.

Die vom Verfasser intendierte völlige Veränderung der Verheißung von Jes 49,23; 60,14, dass die Juden vor der christlichen Gemeinde sich beugen werden, kommt damit erst zum Ziel, nachdem er die Anklage gegen die Synagoge eingeschoben hat. In äußerst polemischer Umkehrung des ursprünglichen Sinnes des alttestamentlichen Heilswortes lässt Johannes den himmlischen Christus der christlichen Gemeinde das Heil, den Juden in Philadelphia Unheil ansagen.

Die Gliederung der beiden Heilsworte V. 8 und 9 zeigt, dass Johannes hier sehr impulsiv, ja geradezu sprunghaft formuliert. In V. 8 und 9 spiegelt sich wohl die Eigenart mündlich lebhafter Rede wieder. In V. 9 zerstört ja der Einschub der polemischen Anklage gegen die Juden die glatte Formulierung des Heilsspruches, so dass Johannes die prophetische Einleitung „siehe" wiederholen muss. „Der Prophet tritt in seiner Vorstellungskraft der Gemeinde in einer Weise gegenüber, als ob er ihr real gegenüberstünde. Dies wirkt sich in der hier vorliegenden

---

[32] H. Kraft, *Die Offenbarung des Johannes* (HNT 16a), Tübingen 1974, 81 urteilt zu Recht: Die Hinwendung zur Gemeinde im Satz: „Ich kenne deine Werke ..." kommt nicht zu Ende, „sondern ist mit Heilszusagen in der Form von Prophetensprüchen seltsam verschränkt."
[33] Kraft, *Offenbarung*, 81: V. 9 ist „ein doppelter Prophetenspruch, genauer, ein Anakoluth, der durch die Wiederholung des ἰδού zum Abschluß gebracht wird."

Sprache aus."³⁴ Entsprechende Beobachtungen lassen sich auch sonst in der Offb machen, wenn plötzliche Änderungen des Sprachstils nach einer Erklärung verlangen, die den Charakter der Prophetie des Johannes erhellen können.

V

Im apokalyptischen Korpus der Offb, nämlich 4,1–22,5, findet sich mehrfach kommentierende Rede, die den literarisch vorgegebenen Zusammenhang visionärer Darstellung zu unterbrechen scheint. Das gilt etwa für Offb 13,9–10, wenn dieser Text plötzlich zur Mahnung an die christlichen Gemeinden übergeht. Jedenfalls zeigt V. 9–10 „an altogether different ... character when compared with the vision narrated in 13,1–8", wobei die Verse als Kommentar zur vorausgehenden Visionsdarstellung dienen.³⁵ Eingeleitet wird dieser Kommentar durch den Weckruf in V. 9 „Wenn einer ein Ohr hat, der höre!", der sich sonst in jedem der sieben Sendschreiben findet (2,7; 2,11.17.29; 3,6.13.22). Dort ist der „Geist" derjenige, der zu den Gemeinden spricht, was doch wohl auch in 13:9 vorauszusetzen ist, auch wenn der „Geist" hier nicht explizit erscheint.

Auf den Weckruf folgt eine Weisung, die „in der Gestalt eines in zwei parallelen Zeilen gegliederten Orakelspruches" erfolgt,³⁶ der deutlich auf Jer 15,2 LXX (bzw. Jer 50,11 LXX) Bezug nimmt:

> Wenn einer in Gefangenschaft (ziehen soll), der zieht in Gefangenschaft.
> Wenn einer mit dem Schwert getötet werden soll, (der wird) mit dem Schwert getötet.³⁷

Dass Johannes bei seiner Aufnahme von Jer 15,2 bewusst prophetischer Rede folgt, legt sich auch von daher nahe, dass der vorgegebene Prophetentext die prophetische Botenformel benutzt „Dies spricht der Herr ...", was Johannes allerdings auslässt, weil schon der Weckruf in 13,9 das Folgende für den Leser bzw. den Hörer, der die Worte gelesen bzw. gehört hat, als Geistrede bestimmt. Im Übrigen geht Johannes mit dem alttestamentlichen Prätext auch sonst sehr selbständig um, insofern in Jer 15,2 Gefangenschaft und Tod durchs Schwert Strafen sind angesichts der Sünden des Volkes, in Offb 13,10 dagegen es darum geht, angesichts der gottlosen Staatsmacht Verfolgungen zu ertragen, wie der Schlusssatz in

---

34 U.B. Müller, *Prophetie*, 97.
35 Aune, *Revelation 6–16*, 749.
36 J. Roloff, *Die Offenbarung des Johannes* (ZBK.NT 18), Zürich 1984, 138.
37 Bei der Übersetzung ist die Lesart des Alexandrinus vorausgesetzt, der bei der Offb überragenden Wert hat. Allerdings ist dieser griechische Text sprachlich problematisch.

13,10 es von den Christen erwartet: „Hier ist die Standhaftigkeit und die Treue der Heiligen (vonnöten)." Jedenfalls ist der Sinn des Orakels durch diesen Schlusssatz von V. 10 gesichert (vgl. 13,10.18; 14,12; 17,9). Dieser dient Johannes „as an explanation for the difficult saying in V. 10ab."[38] Es geht dem Orakelwort um das Verhalten von Christen, die zur Standhaftigkeit ermuntert werden, nicht um das Strafgeschick gegenüber denjenigen, die Christen töten oder in Gefangenschaft führen.[39]

Unmittelbarer Ausdruck prophetischer Rede dürfte sich wohl auch in Offb 14,13 finden:

> Und ich hörte eine Stimme aus dem Himmel sprechen:
> Schreibe: Selig die Toten, die im Herrn sterben von nun an!
> Ja, spricht der Geist: Ausruhen sollen sie von ihren Mühen; denn ihre Werke folgen ihnen nach.

Hier hört Johannes eine himmlische Stimme, die eine wichtige Offenbarung ankündigt und ihn zum Aufschreiben nötigt. Es geht um die Seligpreisung für alle, die angesichts der besonderen Bedrängnis, die nahe bevorsteht, gleichwohl „im Herrn" sterben. Dieser Makarismus gehört sachlich „mit dem Prophetenspruch 13,9f. zusammen"[40]: Was dort negativ gesagt wird, die Aufforderung nämlich, Gefangenschaft und Tod als Christ auf sich zu nehmen, erfährt hier eine positive Weiterführung, die die Himmelsstimme dem Propheten geradezu diktiert: „Schreibe ..." Der prophetische Geist, der durch Johannes spricht, antwortet auf die Himmelsstimme und bekräftigt die Seligpreisung durch „Ja, spricht der Geist ...", wobei ναί der Funktion nach einem ἀμήν entspricht (vgl. 1,7; 16,7; 22,20).[41] In Offb 14,13 dürfte prophetische Audition und entsprechende Geistrede sichtbar werden, insofern kurze Logien aufeinander folgen, zunächst der Makarismus, sodann das Geistwort als prophetische Rede, die aufgrund ihrer elliptischen Form (ἵνα mit Verbform zur Umschreibung des Imperativs)[42] Mündlichkeit widerspiegelt: „Ausruhen sollen sie von ihren Mühen ..."

---

38 Aune, *Revelation 6–16*, 751.
39 So aber A. Satake, *Die Offenbarung des Johannes* (KEK 16), Göttingen 2008, 115 mit Verweis auf die angebliche Parallele Offb 11,5.
40 Roloff, *Offenbarung*, 153–154.
41 Vgl. dazu K. Berger, *Die Amen-Worte Jesu. Eine Untersuchung zum Problem der Legitimation in apokalyptischer Rede* (BZNW 39), Berlin 1970, 6–9.106.
42 U.B. Müller, *Prophetie*, 49 mit Verweis auf W. Bauer, *Griechisch-deutsches Wörterbuch zu den Schriften des Neuen Testaments und der frühchristlichen Literatur*, hg. K. Aland u.a., Berlin/New York ⁶1988, 767.

Zu beachten ist darüber hinaus, dass 14,13 den Zusammenhang insofern unterbricht, als die Unheilsankündigungen der drei Engel in 14,6–11 erst in 14,14–20 eine Fortsetzung finden. Wichtiger noch ist die Erkenntnis, dass das Mahnwort zur Standhaftigkeit in 14,12 (wie das entsprechende Wort in 13,10b) einen Abschluss der Darstellung signalisiert, so dass die plötzliche Himmelsstimme in 14,13 auffällt. Dort geht es Johannes um eine für ihn entscheidend wichtige Aussage, die ihn geradezu vom Himmel her („als Stimme vom Himmel") überfällt und zur Unterbrechung der Unheilsaussagen veranlasst: Die ganz plötzliche Seligpreisung gilt allen denen, die den Märtyrertod „von nun an", d. h. in der jetzt bald beginnenden endzeitlichen Drangsal, sterben müssen.[43] Als plötzliches Wort des Geistes, das den Makarismus bestätigt, dürfte 14,13 der prophetischen Begabung des Johannes entsprechen.

Ähnliches gilt auch für Offb 16,15. Die visionäre Darstellung der sechsten Schalenplage 16,12–16 wird in V. 15 durch ein plötzliches Ich-Wort Christi jäh unterbrochen. V. 16 schließt dann unmittelbar an V. 14 an. Man hat versucht, V. 15 umzustellen, etwa zwischen 3,3a und 3,3b. Doch bleibt 16,15 der ursprüngliche Ort der Ankündigung Christi, weil eine sekundäre Umstellung des Ich-Worts ziemlich willkürlich wäre.[44] Die plötzlich auftauchende Ich-Rede Christi lässt sich wohl aus prophetischer Praxis erklären. In der gottesdienstlichen Versammlung unterbrach der Prophet seine sonstige Rede, um in Geistverzückung ein direktes Wort Christi zu sprechen (vgl. 22,7.12.20). Vergleichbar ist auch das Verhalten, das Paulus in 1Kor 14,30–31 voraussetzt, dass nämlich ein zu prophetischer Rede Befähigter, der bisher geschwiegen hat, einen anderen abrupt ablöst. Die in den Gerichtsvorgang der Ausgießung der sieben Schalen eingesprengte Ich-Rede Christi („Siehe, ich komme wie ein Dieb ...") ist also eine literarische Aufnahme eines sonst in der Gemeindeversammlung stattfindenden Vorgangs, um die Hörer bzw. Leser der Offb mit der speziell für die Gemeinden geltenden Botschaft vom Kommen Christi zu konfrontieren (vgl. Offb 3,3). Auslöser ist dabei wohl die in 16,14 erwähnte Erwartung des „großen Tages Gottes", die Johannes zur Unterbrechung seiner Unheilsankündigung gegenüber dem „Tier" und dem „Pseudopropheten" provoziert, um diesen Tag als Kommen der Parusie Christi herauszustellen, der auch für Christen zum Gerichtstag werden kann. Wenig wahrscheinlich ist in diesem Zusammenhang die Annahme, dass die Unterbrechung der vorgegebenen Abfolge der Schalenvisionen in V. 15 damit zu tun hat, dass der Wechsel von narrativen Passagen und direkter Rede Gottes „im

---

43 U.B. Müller, *Offenbarung*, 268–269; Roloff, *Offenbarung*, 153–154.
44 Abzulehnen ist z.B. der Versuch von Aune, *Revelation 6–16*, 896, V. 15 einer späteren Redaktion (eben 3:3) zuzuschreiben, zu der die Sendschreiben 2:1–3:22 und der Schluss 22:6–21 gehören.

Zusammenhang der auf den Jom Jahwe bezogenen Zukunftsansagen alttestamentlich präformiert ist (Joel 2,11–12; Zef 1,7–18; 3,1–8; Mal 3,1–5)."[45] Es wird dabei bleiben müssen: „Die Nennung des großen Tages inspiriert den Verfasser zu einem Prophetenspruch; er unterbricht den Ablauf der Weissagungen."[46] In prophetischer Redeweise gibt er einer Offenbarung des erhöhten Herrn an seine Gemeinden Raum – eine Offenbarung, die ihn beim Schreiben überkommt.[47]

VI

Die besondere Eigenart prophetischen Redens in der gottesdienstlichen Gemeindeversammlung hat auch im Buchschluss der Offb eine literarische Nachwirkung erfahren (22,6–21). Dieser Buchschluss stammt einheitlich vom Verfasser Johannes trotz zuzugestehender Schwierigkeiten, die die recht unvermittelt aneinandergereihten Sprucheinheiten der Interpretation bereiten. Auffällig ist ja die unverbundene Abfolge von Worten verschiedener Sprecher, die nicht immer ganz eindeutig zu identifizieren sind: V. 6 (Engel aus 21,9), V. 7 (Christus), V. 8–9 (Dialog zwischen dem Seher und dem Engel), V. 10–16 (Christus – V. 10 ist dabei fraglich), V. 17 (Geist bzw. Braut), V. 18–19 (Johannes), V. 20a (Christus), V. 20b (die Gemeinde). Das Problem der Abfolge der Sprucheinheiten, die keinen geordneten Aufbau erkennen lässt, ist jedoch nicht durch literarkritische Operationen zu lösen. So hat man versucht, durch Umstellen einzelner Sätze eine klarere Anordnung zu schaffen[48] oder hat „verschiedene Hände" für den Buchschluss verantwortlich gemacht, die „vom Verfasser des Buches zu unterscheiden sind."[49] Demgegenüber hat man aber zu beachten, dass 22,6–21 wohl die gottesdienstliche Situation widerspiegelt, in der verschiedene Propheten ihre Worte äußern.

Der ganze Buchschluss will zur Gemeindeversammlung überleiten, in der das Buch des Johannes gelesen bzw. gehört werden soll. Dementsprechend endet es mit der Bitte der Gemeinde „Amen, komm, Herr Jesus!" (22,20b), was dem Abschluss mit μαραναθά in 1Kor 16,22 entspricht. Der ganze Text macht den Eindruck lebhaft bewegter Wechselrede, die jedoch das gleiche inhaltliche Ziel verfolgt, die

---

45 D. Sänger, „‚Amen, komm, Herr Jesus!' (Apk 22,20)," in: D. Sänger (Hg.), *Von der Bestimmtheit des Anfangs. Studien zu Jesus, Paulus und zum frühchristlichen Schriftverständnis*, Neukirchen-Vluyn 2007, 349–370: 366.
46 Kraft, *Offenbarung*, 208.
47 U.B. Müller, *Offenbarung*, 282.
48 R.H. Charles, *A Critical and Exegetical Commentary on the Revelation of St. John*, 2 vols. (ICC), Edinburgh 1920, 211–213.
49 Kraft, *Offenbarung*, 276.

Parusie des erhöhten Herrn zu erflehen. Die Schlussfolgerung liegt nahe: Im Sprecherwechsel „spiegelt sich am ehesten die Situation der Gemeindeversammlung wider, in der, vom Geist ergriffen, mehrere Propheten auftreten, um ihre Offenbarungen kundzutun. Diese identifizieren sich in einer Weise mit Christus, daß sie im Ich-Stil dessen Worte sprechen ..."[50] Wenn also in der gottesdienstlichen Versammlung viele, aber einer nach dem anderen (vgl. 1Kor 14,29.31) prophetisch reden können, so wird man in dem Schlussabschnitt der Offb, der nach der Verlesung (so die Absicht des Johannes) zum übrigen gottesdienstlichen Teil überleitet, einen Reflex gottesdienstlicher Praxis sehen dürfen. Gleichwohl handelt es sich um eine literarische Stilisierung prophetischer Praxis: Johannes „antizipiert ... den Übergang vom gebundenen Lesen zum spontanen prophetischen Sprechen in der Identifikation mit dem Erhöhten."[51]

Ein ganz spezielles Anliegen des Johannes kommt dabei in 22,18–19 zum Ausdruck, wenn er sein auf Weisung Jesu Christi geschriebenes Werk (vgl. die Beauftragung in 1,9–20), das den Anspruch erhebt, „Offenbarung Jesu Christi" zu sein (1,1), wenn er Text und Gehalt dieses Werkes vor jeder Veränderung zu schützen sucht. In 22,18–19 bemüht sich Johannes mit Hilfe der „Textsicherungsformel" im Anschluss an Dtn 4,1–2 direkten Einfluss auf die Adressaten auszuüben. Er versucht, die Unveränderlichkeit, ja heilige Gültigkeit seines Buches zu sichern. Dabei stellt sich die Frage, ob dazu ein konkreter Anlass besteht. Betrachtet man in diesem Zusammenhang die Seligpreisung für diejenigen, die „die Worte der Prophetie dieses Buches" bewahren (τηρεῖν 22,7b; ähnlich schon 1,3), so wird man die Frage bejahen müssen. Johannes sieht sich gezwungen, gegenüber von seiner eigenen Position abweichender Lehre oder Prophetie die absolute Gültigkeit dessen zu betonen, was er in der Auseinandersetzung mit falscher Prophetie, etwa der Prophetin „Isebel" (2,20–24) als Wort des himmlischen Christus verkündet hat. „Revelation was ... written in a setting of prophetic conflict."[52] Zu beachten ist auch die Tatsache, dass sowohl der Kontext von Dtn 4,1–2; 13,1–2; 29,19–20 als auch die jüdische Auslegungstradition dieser Stellen die „Textsicherungsformel" mit der Warnung vor der Verführung durch falsche Prophetie verbunden haben.[53] Zudem könnte der demonstrativ an den Schluss seines Buches gesetzte Gebrauch der „Textsicherungsformel" verraten, dass Jo-

---

50 U.B. Müller, *Offenbarung*, 367.
51 Roose, *Zeugnis*, 157; vgl. auch 175.
52 Aune, *Revelation 17–22*, 1232.
53 M. Tilly, „Textsicherung und Prophetie. Bemerkungen zur Septuaginta-Rezeption in Apk 22,18f.," in: F.W. Horn / M. Wolter (Hg.), *Studien zur Johannesoffenbarung und ihrer Auslegung* (FS O. Böcher), Neukirchen-Vluyn 2005, 232–247: 246.

hannes seinerseits die Gefahr der διάκρισις πνευμάτων fürchtete,[54] wie sie in paulinisch geprägten Gemeinden üblich war (1Kor 12,10; 14,29). Eine kritische Prüfung der eigenen theologischen Position, vollzogen gar von einer Prophetie, die Johannes als Falschprophetie verurteilte (vgl. „Isebel"), kann er nicht zulassen. Deshalb erklärt er seine Prophetie zur μαρτυρία Ἰησοῦ (Χριστοῦ). Das „Zeugnis Jesu", das er den Gemeinden vermittelt, ist danach das entscheidende Kriterium wahrer Prophetie (1,2; 19,10).

In jedem Fall bewegt sich Johannes im weiteren Kontext nachpaulinischer Gemeinden. Er hat die Gemeindeprophetie, wie sie in ehemals paulinischen Gemeinden praktiziert wurde, während seines wohl schon Jahre dauernden Aufenthaltes in den Gemeinden der Asia kennengelernt. Zwar ist er selbst Judenchrist; denn eine Reihe von Indizien (die Kenntnis Jerusalemer Traditionen in Kap. 11, Semitismen sowie die außerordentliche dichte Verwendung alttestamentlicher Aussagen u. a.) sprechen dafür, dass der Verfasser der Offb aus Judäa – Galiläa nach Kleinasien kam. Gleichwohl ist zu beachten: „Judenchrist ist der Autor (angefangen bei seiner Selbstvorstellung mit dem hebräischen Namen Johannes 1,9) und paulinisch der Gemeindekreis von Ephesus bis Laodizea, an den er sich richtet."[55] Wenn er das briefliche Präskript wie die paulinischen Briefe gebraucht (1,4–6), zeigt er, dass er in paulinisch geprägten Gemeinden gehört werden will. Zwar mag er in der Vergangenheit als Wanderprophet tätig gewesen sein, wie seine Rede vom Ideal der Nachfolge nahelegt (14,4),[56] doch scheint er in der Asia längst heimisch geworden zu sein, wie seine enge, aber problematische Verbundenheit mit der Gemeinde zu Thyatira verrät. Denn weil Johannes diese Gemeinde sehr genau kannte, „erklärt sich der hohe Konkretionsgrat seiner Angaben über die Prophetin" Isebel.[57] Aus demselben Grund erklärt sich wohl auch, warum das sonst unbedeutende Thyatira überhaupt in die sieben Gemeinden aufgenommen wurde.[58]

VII

Abschließend sei noch der Versuch gemacht, ein wenig Licht in das dunkle Kapitel 11 der Offb zu werfen, insofern hier der Verfasser Johannes möglicherweise

---

54 Roose, *Zeugnis*, 177.186.
55 M. Karrer, „Die Apokalypse und das Apostoldekret," in: W. Kraus (Hg.), *Beiträge zur urchristlichen Theologiegeschichte* (BZNW 163), Berlin/New York 2009, 429–452: 434.
56 U.B. Müller, *Zur frühchristlichen Theologiegeschichte*, Gütersloh 1976, 35–36.
57 Guttenberger, „Johannes", 185.
58 Guttenberger, „Johannes", 187.

Aussagen macht, die sein eigenes Heilsgeschick als Prophet betreffen, der mit der Möglichkeit des Martyriums zu rechnen hatte. Er, der schon zu Beginn seiner Schrift von seiner Bedrängnis (θλῖψις) spricht, dass er „um des Wortes Gottes willen und des Zeugnisses Jesu" auf die Insel Patmos gelangt ist (1,9), was kaum ein freiwilliger Rückzug gewesen ist, hatte wohl gerade das Schicksal des Antipas bedrohlich vor Augen, der als treuer „Zeuge Christi" den Tod erlitten hatte (2,13), was auch ihn, Johannes, treffen konnte. Andererseits hat Johannes mit dem Geschehen von 11,3–13 ein tröstliches Bild vor Augen: Die Zeugen Christi, die wegen ihrer prophetischen Botschaft den Märtyrertod erleiden, haben die Verheißung, alsbald die Auferweckung zum Leben zu erfahren, ja in den Himmel entrückt zu werden (V. 11–12).

Nicht zufällig geht es in 11,3 um das Auftreten zweier Gestalten, die als „meine zwei Zeugen" erscheinen, wobei sie als Christi Beauftragte zu gelten haben.[59] Ihre Aufgabe ist letztlich die prophetische Verkündigung, die sie 1260 Tage ausüben sollen, wobei es wohl um Gerichtsbotschaft geht, die ihren Feinden gilt. Dies wird zwar nicht explizit gesagt, ist aber aus dem Gesamtduktus des Textes zu erschließen, wenn es etwa in 11,6 heißt: „Diese (d. h. die zwei Zeugen) haben die Macht, den Himmel zu verschließen, dass kein Regen fällt während der Tage ihrer Prophetie ..." Deutlich ist hier die Anspielung auf den Propheten Elia, der den Himmel verschließen konnte (1Kön 17,1–14). Der Text sagt zwar nichts Genaueres über die Wortverkündigung der beiden Zeugen aus; diese ist aber letztlich gemeint, wie die Kennzeichnung ihrer Tätigkeit als προφητεύειν (11,3) bzw. προφητεία (11,6) und προφήτης (11,10) zeigt. Entsprechendes legt der Begriff μαρτυρία nahe, der die Tätigkeit der zwei Zeugen zusammenfassend kennzeichnet (11,7), wobei zu berücksichtigen ist, dass „Zeugnis" und „Prophetie" für Johannes eng verwandte Begriffe sind (1,1–3) und „das Zeugnis Jesu" für ihn das Kriterium wahrer Prophetie darstellt (19,10). Bei den beiden Gestalten hat man an prophetische Verkündiger zu denken, während die Vollmacht zu wunderhaften Handlungen, über die sie wie Elia und Mose (Verwandlung von Wasser in Blut 11,6) verfügen, die prophetische Tätigkeit grundsätzlich legitimieren soll.

Doch wenn die beiden Zeugen ihren Auftrag beendet haben, wird das satanische „Tier" aus dem Abgrund heraufsteigen und sie töten (11,7). „Und ihr Leichnam liegt auf der Straße der großen Stadt, die geistlich Sodom und Ägypten heißt, wo auch ihr Herr gekreuzigt wurde." (11,8) Damit ist ihr Märtyrerschicksal im Blick, wenn sie denselben Weg gehen wie „ihr Herr". Gleichzeitig entspricht

---

[59] U.B. Müller, *Offenbarung*, 208–209; Satake, *Offenbarung*, 265. Dass hier ein Engelwesen der Auftraggeber ist, geht am ganzen Duktus des Textes vorbei (gegen Th. Witulski, „Die argumentative Struktur von Offb 11,3–13," in: M. Labahn / M. Karrer (Hg.), *Die Johannesoffenbarung: Ihr Text und ihre Auslegung* (ABG 38), Leipzig 2012, 275–309).

das Geschick der beiden Zeugen („meine zwei Zeugen" V. 3) dem des Antipas, den der himmlische Christus „meinen getreuen Zeugen" nennt (2,13).

Danach aber erfolgt die grandiose Wende: „Und nach den dreieinhalb Tagen kam von Gott her Lebensgeist in sie, und sie stellten sich auf ihre Füße ..." (11,11). Johannes folgt hier dem Text von Ez 37,5.10 LXX, wenn er die Auferweckung der getöteten Zeugen schildert. Doch findet die Darstellung ihrer Rehabilitierung ihren Höhepunkt in 11,12. Sie hören eine gewaltige Stimme vom Himmel, die sagt: Ἀνάβατε ὧδε – „Steigt hier herauf!" worauf sie in den Himmel entrückt werden. Dieser Vorgang ist nicht durch das Vorbild des Elia zu erklären (2Kön 2,11). Elia fuhr als Lebender in den Himmel, die zwei Zeugen nach der Auferweckung vom Tode. Jedenfalls hat man zu beachten: „ ... this rapture story is different from other early Jewish rapture stories involving Enoch, Elijah, Moses, Ezra ..., for all these figures were taken up alive into heaven to await the eschaton, at which time they would return ..."[60] Es liegt auch kaum eine Analogiebildung zur Auferstehung Jesu vor; denn die Zeitangabe „nach dreieinhalb Tagen" stimmt mit keiner Aussage über die Auferweckung „am dritten Tag" bzw. „nach drei Tagen" überein. Am ehesten ist an jüdische Vorstellungen zu denken, wonach Märtyrer gleich nach dem Tode entrückt werden (z. B. 4Makk 13,16–17; 17,17–18; Weish 4,7–18). Hierher gehört wohl auch, was Paulus in Erwartung eines möglichen Martyriums sagt (Phil 1,23): „Ich habe Verlangen danach aufzubrechen und (so) mit Christus zu sein."[61]

Für die Bedeutung der Entrückungsszene in Offb 11,12 ist ganz entscheidend, dass sie der Entrückung des Johannes in 4,1 genau entspricht. Die Aufforderung an die Auferweckten „Steigt hier herauf!" stellt nur die Pluralform des an Johannes ergangenen Imperativs dar „Steig hier herauf!". In 4,1 geht es um die Entrückung des Propheten Johannes, um in Geistergriffenheit die himmlische Wirklichkeit zu schauen; in 11,12 handelt es sich um die himmlische Rehabilitierung der zwei Propheten als treuen Zeugen Christi. Die Botschaft, die Johannes damit wahren Propheten und damit wohl auch sich selbst als tröstliche Aussage vermitteln will, ist diese: Wer mit seinem prophetischen Zeugnis getreu ist bis in den Tod, dem winkt der Siegeskranz ewigen Lebens (2,10).[62]

---

[60] Aune, *Revelation 6–16*, 625–626.
[61] Vgl. auch die Entrückung von Petrus und Paulus in 1Clem 5,4.7; dazu J. Becker, *Die Auferstehung Jesu Christi nach dem Neuen Testament*, Tübingen 2007, 137–138.
[62] Für Hilfe bei der digitalen Erfassung und Korrektur des Textes danke ich Elena Belenkaja und Marlen Wagner, Saarbrücken.

„Die Tiefen des Satans erkennen ..."
Überlegungen zur theologiegeschichtlichen Einordnung der Gegner in der Offenbarung des Johannes

Der Seher Johannes wirft seinen Gegnern in der Gemeinde zu Thyatira vor – gemeint sind die Prophetin Isebel und ihre Anhänger, – sie beanspruchten, „die Tiefen des Satans" erkannt zu haben, „wie sie sagen" (Offb 2,24). Diese besondere Lehre ist im NT ohne direkte Parallele, und ihr Verständnis ist seit jeher höchst umstritten. Bereits W. Bousset[1] charakterisierte die Diskussionslage in besonderer Weise: „Wir haben in dem Ausdruck ‚die Tiefen des Satans erkennen' ... eine Selbstcharakteristik der Irrlehrer zu sehen. Diese Selbstcharakteristik erscheint freilich wunderbar, und deshalb nehmen viele Ausleger an, dass der Apokalyptiker den Irrlehrern ihre Selbstaussage in einer stark ironischen Weise im Mund verdreht habe ... Doch hat man diese Annahme einer Verdrehung der Worte der Gegner von Seiten des Sehers nicht unbedingt nötig." Gleichwohl geht der vorherrschende Trend der Forschung in diese Richtung.[2] Danach charakterisiert Johannes das negativ, was bei den Gegnern durchaus positiv und dementsprechend anders gemeint war. In Wirklichkeit behaupten sie betontermaßen, „die Tiefen Gottes" zu erkennen (vgl. 1Kor 2,10). Ihre Erkenntnis ist ein Zeichen besonderer Vollkommenheit, die sie freimacht von gesetzlichen Bestimmungen, das Verbot etwa, „Unzucht zu treiben und Götzenopferfleisch zu essen" (Offb 2,20). In der Sichtweise des Johannes verführten die Gegner die Gemeinde mit dieser Lehre dazu, sich götzendienerischen Lebensformen der heidnischen Gesellschaft bereitwillig anzupassen. Eine Lehre, die solches rechtfertigt, musste als Satanserkenntnis verurteilt werden. Doch dürfte diese Interpretation kaum zutreffen: „Denn immer sonst in den Sendschreiben, wo Johannes auf eine Selbstcharakterisierung anderer verweist, zitiert er den tatsächlich vorgebrachten Anspruch, selbst wenn er ihn direkt oder indirekt bestreitet ..."[3] Die in Offb 2,2 erwähnten Gegner nennen sich wirklich „Apostel", was Johannes allerdings zurückweist; die

---

[1] W. Bousset, *Die Offenbarung Johannis* (KEK XVI), Göttingen⁶ 1906 (Nachdr. 1966), 220.
[2] Z.B. H. Kraft, *Die Offenbarung des Johannes* (HNT 16a), Tübingen 1974, 70; U.B. Müller, *Zur frühchristlichen Theologiegeschichte*, Gütersloh 1976, 22f.; J. Roloff, *Die Offenbarung des Johannes* (ZBK.NT 18), Zürich 1984, 58; K. Berger, *Theologiegeschichte des Urchristentums*, Tübingen/Basel 1994, 538. D.E. Aune, *Revelation 1–5* (WBC 52), Dallas 1997, 207f. und R.H. Charles, *A Critical and Exegetical Commentary on the Revelation of St. John*, Vol. I (ICC), Edinburgh 1920, entscheiden sich nicht für eine der beiden Interpretationsmöglichkeiten.
[3] J.-W. Taeger, „Begründetes Schweigen. Paulus und paulinische Tradition in der Johannesapokalypse," in: ders., *Johanneische Perspektiven* (FRLANT 215), Göttingen 2006, 121–138: 130.

in 2,9 und 3,9 genannten „Juden" erheben den berechtigten Anspruch, Juden zu sein, was Johannes wiederum in Frage stellt, wenn er sie als „Synagoge des Satans" denunziert. Isebel bezeichnet sich als Prophetin, was Johannes nicht leugnen kann (2,20). Immer erwähnt Johannes den tatsächlich erhobenen Anspruch, so dass man auch für die besondere Lehre der Gegner in 2,24 Entsprechendes annehmen muss: Wie sie selbst sagen, haben sie „die Tiefen des Satans" erkannt. Doch was ist damit konkret gemeint?

Der Vorteil der häufig vertretenen Meinung, die Gegner hätten in Wahrheit eine besondere Gotteserkenntnis vertreten, liegt darin, dass man bei ihrer Position eine Nachwirkung von 1Kor 2,10 sehen konnte, wobei besonders das 1Kor 8,4 entsprechende Wissen, dass es keinen Götzen in der Welt gibt und Gott nur einer ist, eine grundsätzliche Freiheit in der Frage des Essens von Götzenopferfleisch ermöglicht.[4] Haben die Gegner dagegen explizit behauptet, „die Tiefen des Satans" erkannt zu haben, scheint die Verortung der gegnerischen Position in der frühchristlichen Theologiegeschichte schwierig zu werden: „Es ist möglich, dass es im Zusammenhang mit der späteren Gnosis ... auch Satanskult gegeben hat. Die Kirchenväter behaupten das wenigstens ... Aber wenn die Nikolaiten ernst zu nehmen waren, ... kann hier nur von Gotteserkenntnis die Rede gewesen sein."[5] Letzteres wird sich zwar so nicht einfach halten lassen; die Gegner haben wirklich von Satanserkenntnis gesprochen. Andererseits lässt sich aber zeigen, dass eine Erkenntnis der „Tiefen des Satans" unter Nachwirkung und in der Konsequenz von 1Kor 2,10 möglich war, ohne dass eine „aufklärerische" Tendenz im Sinne von 1Kor 8,4–6 die entscheidende Rolle gespielt hat.[6]

---

4 Vgl. z. B. E. Schüssler Fiorenza, „Apocalyptic and Gnosis in the Book of Revelation and in Paul," in: dies., *The Book of Revelation*, Philadelphia 1985, 114–132; H.-J. Klauck, „Das Sendschreiben nach Pergamon und der Kaiserkult in der Johannesoffenbarung," in: ders., *Alte Welt und neuer Glaube* (NTOA 29), Freiburg/Göttingen 1994, 115–143: 130; U.B. Müller, *Die Offenbarung des Johannes* (ÖTK 19), Gütersloh/Würzburg ²1995, 98f.
5 Kraft, *Offenbarung* (Anm. 2), 70.
6 Es handelt sich eben nicht um bloße „Nichtigkeit bzw. Nichtexistenz" irgendwelcher Gottheiten, und sei es Zeus Olympios, der angeblich hinter dem in Offb 2,13 und 2,24 genannten Satan steht, dem wegen der Geltung von 1Kor 8,4–6 Bedeutungslosigkeit zukommt, weswegen die Gegner tatsächlich der Meinung sein konnten, „die Tiefen des Satans" zu erkennen (so aber T. Witulski, *Die Johannesoffenbarung und Kaiser Hadrian. Studien zur Datierung der neutestamentlichen Apokalypse* (FRLANT 221), Göttingen 2007, 287f. 291). Es geht um mehr, um die Überzeugung von der endgültigen Unterwerfung des Satans (s. u.). Ohne nähere Begründung und damit letztlich unklar bleibt die These bei A. Satake, *Die Offenbarung des Johannes* (KEK XVI), Göttingen 2008, 173, Isebel und ihre Anhänger hätten sich „das Mysterium des Satans zueigen gemacht" und könnten „jetzt darüber verfügen".

I

Es geht bei den Gegnern des Johannes, bei Isebel und ihren Anhängern, um eine dezidierte Lehre, die eine vom Seher Johannes verurteilte Praxis rechtfertigt. Schon in Offb 2,14f. taucht diese Lehre auf, die inhaltlich wohl derjenigen in 2,18–29 entspricht. Der Gemeinde zu Pergamon wird vorgeworfen: „So (d. h. im Falle der Lehre Bileams 2,14) hast auch du (wie in Ephesus 2,6) solche, die an der Lehre der Nikolaiten gleicherweise festhalten." (2,15). Die Lehre Bileams verführt dazu, „Götzenopferfleisch zu essen und Unzucht zu treiben". Dasselbe gilt für die Nikolaiten in 2,15 sowie für die Anhänger der Isebel, wie 2,20 verrät. Überhaupt ist gerade das Sendschreiben nach Thyatira aufschlussreich für die Auseinandersetzung, die Johannes mit seinen gemeindlichen Gegnern führt – ganz abgesehen von dem Vorwurf, „die Tiefen des Satans" erkannt zu haben (2,24). Zunächst kann Johannes diese Gemeinde noch loben für ihre „Werke", nach denen sie dereinst gerichtet wird (2,19 bzw. 2,23), wozu ihre „Glaubenstreue" und ihr „Dienst" für die Armen in der Gemeinde gehört (2,19). Ja, ihr zuletzt gezeigtes Verhalten demonstriert, dass ihre letzten „Werke" mehr darstellen als die ersten, was ein Hinweis ist, dass die Christen in Thyatira auf den ersten Blick es an nichts fehlen lassen. Doch gilt dieser Gemeinde insofern scharfe Kritik, als sie Tendenzen in der Gemeinde toleriert, deren Gefährlichkeit sie anscheinend gar nicht erkennt: „Aber ich habe gegen dich, dass du das Weib Isebel gewähren lässt ..." Diese verführt mit dem Anspruch, Prophetin zu sein, mit ihrer schon erwähnten Lehre Gemeindeglieder dazu, sich auf das soziale, wirtschaftliche und praktische Leben der heidnischen Gesellschaft einzulassen, was die mehr oder weniger intensive Teilnahme an heidnischen Kulten impliziert.

Dies scheint der Gemeinde zu Thyatira als religiöses Problem gleichwohl nicht klar gewesen zu sein; sonst hätte sie angesichts der vom Seher Johannes so gelobten „Werke" diese Isebel mit ihrer Lehre nicht gewähren lassen. Johannes kritisiert eine permissive Haltung gegenüber den religiös-kultischen Voraussetzungen der römisch bestimmten Umwelt mit ihrer Forderung des Kaiserkultes, was auch im Schreiben an die Gemeinde zu Pergamon eine deutliche Rolle spielt (2,14f.). „Dass dabei die christliche Identität der Gemeinden, die sie ansonsten durchaus zu wahren wissen (V. 13.19), auf dem Spiel steht, ist diesen nicht bewusst; was sie zulassen (V. 20a), haben sie in seiner Gefährlichkeit nicht durchschaut."[7]

---

[7] J.-W. Taeger, „Eine fulminante Streitschrift. Bemerkungen zur Apokalypse des Johannes," in: ders., *Johanneische Perspektiven* (FRLANT 215), Göttingen 2006, 105–120: 112. Zum besonderen Charakter des Schreibens nach Thyatira, bei dem die Fiktion der Adressierung an den Gemein-

Dem Seher Johannes geht es bei diesem Streit um die für ihn entscheidende Substanz christlicher Existenz. Die Auseinandersetzung scheint schon eine gewisse Zeit anzudauern. Johannes hat Isebel Zeit gegeben, dass sie von ihrer Position abkehre; doch diese hat sich verweigert (2,21). So bleibt für Johannes nur die Gerichtsankündigung gegen sie und ihre Anhänger (2,22f.). Dabei hat dieses Gericht eine die Kirche der Provinz Asia übergreifende Bedeutung; denn „alle Gemeinden" sollen darüber zur Einsicht kommen, dass der endzeitliche Richter Christus ihnen nach ihren Werken vergelten wird (2,23). Was aber ist der verführerische, zugleich aber das wahre Christsein in Frage stellende Kern der gegnerischen Lehre, die Isebel und ihre Anhänger vertreten? Sie beanspruchen, „die Tiefen des Satans" erkannt zu haben (2,24). Dabei wird man an keinen Satanskult zu denken haben, jedenfalls keine Lehre, die auf den ersten Blick christlicher Glaubenskenntnis widerspricht, sonst hätten die zunächst so gelobten Gemeinden (2,13 und 2,19) die sich durchaus wohl christlich gebende Lehre der Isebel nicht so lange gewähren lassen.

II

Die Möglichkeit ist ernsthaft zu bedenken, dass Johannes die gegnerische Lehre zwar insofern korrekt wiedergibt, wenn er sie als Erkenntnis des Satans zitiert, dabei allerdings eine aufs Äußerste verkürzte Wiedergabe vornimmt, die nur das für ihn Anstößige dieser Lehre benennt, das seiner Meinung nach die theologische Rechtfertigung der von den Gegnern geübten permissiven Praxis darstellt. Ihre Lehre scheint ein Überlegenheitsbewusstsein über das Irdische provoziert zu haben, das es ihnen gestattete, ohne religiöse Skrupel am gesellschaftlichen Leben der römisch geprägten Stadtgesellschaft teilzuhaben. Ansonsten ist durchaus davon auszugehen, dass die Position der Isebel und ihrer Anhänger im Rahmen auch sonst bekannter Lehrmöglichkeiten des frühen Christentums blieb, wobei die Satanserkenntnis eine Spitzenaussage ihrer Lehre darstellt.

Die paulinische Aussage 1Kor 2,10 bleibt immer noch die nächste Parallele zur gegnerischen Position, „die Tiefen des Satans" erkannt zu haben. Paulus argumentiert dort: „ ... der Geist ergründet alles, auch (= sogar) die Tiefen Gottes." Gemeint ist: Weil der göttliche Geist Christen an seinem Ergründen teilhaben lässt, das – aus der Perspektive der Menschen – sogar die „Tiefen Gottes" erfasst,

---

deengel verlassen wird (V. 22–23) und die direkte Anrede an die Gegner erfolgt, vgl. G. Guttenberger, „Johannes von Thyateira," in: F.W. Horn (Hg.), *Studien zur Johannesoffenbarung und ihrer Auslegung* (FS O. Böcher), Neukirchen-Vluyn 2005, 160–188.

kommt Offenbarung zustande[8]. Der Geist gibt Anteil an der Erfassung nicht des innersten Wesens Gottes wie in der Gnosis, wo Gott und „Tiefe" identifiziert werden können (ActThom 143), sondern am verborgenen Heilsplan Gottes (Röm 11,33f.).

Bei der Position der Gegner ist allerdings eine enthusiastische Glaubenserkenntnis im Spiele, die eine Formulierung wie Satanserkenntnis überhaupt ermöglicht. Zu beachten ist ja, dass auch bei Paulus und den Deuteropaulinen enthusiastische Wertungen eine Rolle spielen, wenn Röm 8,38f. in feierlichem Ton den Sieg über (gottfeindliche) Mächte wie Engel, Mächte (ἀρχαί) und Gewalten (δυνάμεις) preist, zu denen „Höhe" und „Tiefe" treten, die vielleicht als Gestirnmächte aufzufassen sind.[9] Zufolge Kol 2,15 hat Christus „Mächte" und „Gewalten" ihrer Macht beraubt, insofern diese als „Tabuwahrer der Heilssphäre Gottes" dem Heil der Gläubigen entgegenstehen; denn Herrschaft Christi impliziert auch die Entmachtung der Mächte.[10] Eph 1,21f. betont, dass Gott Christus „hoch über jede Macht, Kraft, Gewalt und Herrschaft" gesetzt hat, ja „alles legte er ihm zu Füßen".

Sieht man diese Anschauungen aus dem paulinischen Traditionsbereich, könnte man die Position der Gegner des Johannes dahingehend deuten, dass sie in pointierter Form der Überzeugung waren: Gott bzw. Christus hat den Satan total entmachtet, ja in die „Tiefe" gestürzt, so dass Christen seine Schadenseinwirkung in ihrer Umwelt nicht mehr zu fürchten brauchten. Ihre Position wäre ein Heilsenthusiasmus, wie er ansatzweise im Kolosser- und Epheserbrief oder auch bei den Gegnern in 2Tim 2,18 auftritt.

Doch stellt sich die Frage, wie bei der skizzierten Annahme die besondere Formulierung über „die Tiefen des Satans" (τὰ βαθέα τοῦ σατανᾶ) erklärlich ist. Von den „Tiefen" Gottes kann jüdische Tradition sprechen (TestHi 37,6): „Kann jemand erfassen die Tiefen des Herrn (τὰ βάθη τοῦ κυρίου) und seiner Weisheit, oder wagt jemand dem Herrn Unrecht zuzuschieben?" Und in gnostischen Texten ist von den „Tiefen" die Rede, die nur die Gnostiker erreichen können, weil sie allein „die Tiefen" (τὰ βάθη) erkennen (HippRef V 6,4). In EvVer NHC I/3 (p. 22,25f) ist die Rede von der „Tiefe dessen, der jeden Raum umfasst, ohne dass es einen gibt, der ihn umfasst".[11] Bei diesen Aussagen ist die „Tiefe" eine ent-

---

[8] H. Merklein, *Der erste Brief an die Korinther. Kapitel 1–4* (ÖTK 7/1), Gütersloh/Würzburg 1992, 235f.
[9] U. Wilckens, *Der Brief an die Römer (Röm 6–11)* (EKK VI/2), Neukirchen-Vluyn u.a. 1980, 177.
[10] M. Wolter, *Der Brief an die Kolosser. Der Brief an Philemon* (ÖTK 12), Gütersloh/Würzburg 1993, 137f.
[11] Zu den genannten Belegen vgl. H. Schlier, „Art. βάθος," *ThWNT* I (1933), 515f; A. Lindeman, *Der Erste Korintherbrief* (HNT 9/I), Tübingen 2000, 68f.

scheidend positive Kennzeichnung der Größe, die es für den Gnostiker zu erfassen oder zu ergründen gilt. Bei den von den Gegnern des Johannes erwähnten „Tiefen des Satans" wird man dies in dieser Form schwerlich sagen können, will man nicht eine Extremposition postulieren, für die es im frühchristlichen Umkreis des Johannes keinen sicheren Hinweis gibt. Trotz dieser Schwierigkeit wird man aber bei der Deutung der Gegnerposition bleiben müssen, die in Offb 2,24 die tatsächliche Meinung derselben annimmt. Die oft vertretene Meinung, Johannes verdrehe deren Position, wenn er statt von der Erkenntnis der „Tiefen Gottes" von den „Tiefen des Satans" spricht, verstößt gegen die „natural sense of language, and would require some such indication of the turn given to the original words as appears in v. 9."[12]

Eine Lösung der Problematik ergibt sich dann, wenn man die knappe Wiedergabe der gegnerischen Lehre berücksichtigt. Denn Johannes hat sicher kein Interesse, die Gegner ausführlich zu Wort kommen zu lassen. Andererseits wird man mit der Möglichkeit zu rechnen haben, dass die gegnerische Parole ihrerseits dasjenige zugespitzt artikuliert, was sie in besonderer Weise charakterisiert. Die, die „die Tiefen des Satans" erkannt haben, „wie sie sagen" (2,24), haben möglicherweise beansprucht: „Wir haben die Tiefen Gottes ergründet, ja sogar die tiefen Abgründe geschaut, in die der Satan bereits gestürzt ist." Man könnte an Dan 2,22 LXX denken, wo es von Gott heißt: Er „enthüllt das Tiefe (τὰ βαθέα) und Dunkle und weiß, was in der Finsternis und im Licht ist." Angenommen, Ähnliches sei von den enthusiastischen Gegnern behauptet und „das Tiefe" sei auf den Satan bezogen worden, der von Gott bzw. Christus in „die Tiefe" bzw. den „Abgrund" gestürzt sei und damit aller Macht verlustig[13] – eine solche Position hätte ihren Anhängern eine vermeintliche Freiheit im Umgang mit der heidnischen Umwelt ermöglicht, die von anderen Christen, besonders von Johannes, als dämonisch oder gar satanisch infiziert betrachtet wurde. Eine gewisse Wahrscheinlichkeit für diese Rekonstruktion der gegnerischen Position ergibt sich schon dadurch, dass beim Seher Johannes ähnliche Vorstellungen eine Rolle spielen: Nach seiner Erwartung wird der Satan für tausend Jahre in den Abgrund (ἄβυσσος), die Unterwelt als Gefängnis ungehorsamer Geister, gestürzt werden (20,1–3), nur dass für Johannes eschatologische Zukunft ist, was für Isebel und

---

12 J.T. Beckwith, *The Apocalypse of John*, New York 1919 (Nachdr. Grand Rapids 1979), 468.
13 Bei dieser Deutung von Offb 2,24 könnte man die Schwierigkeit sehen, dass τὰ βαθέα einmal im übertragenen Sinne verstanden ist (analog 1Kor 2,10), gleichzeitig aber eine räumliche Bedeutungsnuance erhält (mit Bezug auf „den Abgrund"), wofür das substantivierte Adjektiv sprechen könnte. Die Richtigkeit der Annahme wird sich dann erweisen, wenn klar wird, mit welcher Argumentation Johannes darauf reagiert. Aus seinem Gegenentwurf wird ersichtlich werden, wie die Gegner ihre Meinung gemeint und begründet haben.

ihre Anhänger bereits verwirklichtes Heil sein dürfte. Sie haben „die Tiefen Gottes" erkannt, ja die Bedeutung des „tiefen Abgrunds" erfasst, der für sie wohl die endgültige Ohnmacht des Satans besiegelt[14].

Vorsichtigerweise wird man allerdings damit rechnen müssen, dass diese Deutung der Gegnerposition am ehesten der Sichtweise entspricht, die Johannes von ihnen hat. Doch wird man nicht fehlgehen in der Annahme, Johannes habe seine Gegner sehr wohl verstanden, auch wenn man, wie geschehen, mit einer verkürzenden Wiedergabe ihrer Position zu rechnen hat. Johannes hat genug Gelegenheit gehabt, die theologische Haltung der Prophetin Isebel kennenzulernen. Das Sendschreiben nach Thyatira zeigt ja, dass die Auseinandersetzung schon eine geraume Zeit gedauert hat: „Ich habe ihr Zeit gegeben umzukehren, doch will sie nicht umkehren von ihrer Hurerei." (2,21). Diese Bemerkung bezieht sich explizit zwar nur auf die kritisierte Praxis der Isebel, gleichwohl zeigt der Kontext deutlich, dass diese Praxis Konsequenz einer bestimmten Lehre ist (2,20.24). Im Folgenden wird zu zeigen sein, wie der theologische Gegenentwurf des Johannes aussieht. Jedenfalls lässt sich präzisieren, wie die für Johannes allein akzeptable „Tiefenschau" des Satans ausfällt, die er der christlichen Gemeinde präsentiert, um sie von den gegnerischen Vertretern der Satanserkenntnis abzubringen. Dabei steht zu erwarten, dass auf diese Weise indirekt klarer wird, welche theologische Lehre diese verkündet haben und sich auf diesem Wege der oben (2.) geleistete Rekonstruktionsversuch bestätigt.

III

In seiner visionären ‚Enthüllungsstrategie' Offb 4,1–22,5 versucht Johannes seine Gegner, vor allem aber die Gemeinden darüber aufzuklären, was der wahre, ihnen anscheinend nicht bewusste Charakter des römischen Imperiums und der paganen Gesellschaft darstellt. Durch die Aufnahme der Drei-Zeiten-Formel aus 1,19 („Schreibe nun nieder, was du gesehen hast und was ist und was geschehen soll danach!") in Offb 4,1 („ich will dir zeigen, was geschehen muss danach") verweist der Seher Johannes auf seine durch Christus vermittelte Fähigkeit, die irdische Geschichte in ihrer Tiefendimension zu entschlüsseln.[15] Gerade Offb 12f. enthält dabei die für Johannes allein angemessene „Tiefenschau" des Satans,[16] der, auf

---

14 Zur Vorstellung vom „tiefen Abgrund" als Gefängnis bzw. Strafort für gefallene Engelwesen oder Geister vgl. äthHen 10,4; bes. 18,11f., aber auch 53,1; 54,1f.; im NT: Jud 6; 2Petr 2,4; Offb 9,1f; 9,11; 11,7; 17,8. Vgl. dazu J. Jeremias, „Art. ἄβυσσος," *ThWNT* I (1933), 9.
15 Vgl. M. Karrer, *Die Johannesoffenbarung als Brief* (FRLANT 140), Göttingen 1986, 156f.
16 Taeger, „Begründetes Schweigen" (Anm. 3), 133.

die Erde herabgekommen, alle Erdenbewohner zum Götzendienst verführen will (12,9). Der im Himmel zwar entmachtete Satan treibt auf der Erde sein schreckliches Unwesen (12,12) und führt Krieg gegen alle, „die die Gebote Gottes bewahren und das Zeugnis Jesu festhalten" (12,17). In Gestalt des Drachen gibt er dem „Tier" „seine Macht und seinen Thron und große Gewalt." (13,2). Dieses „Tier" erweist sich als das römische Imperium, das gleichzeitig mit einem seiner Herrscher identifiziert wird, wenn es wie zum Tode geschlachtet doch wunderbar geheilt erscheint (13,3).[17] Dieses vom Drachen = Satan abhängige „Tier" vermag seinen im Kaiserkult kulminierenden Anspruch weltweit durchzusetzen (13,4.8). In Gestalt des zweiten „Tieres", das als Propagandist und Erfüllungsgehilfe des ersten „Tieres" auftritt, gelingt es dem Imperium, die religiöse Verehrung des Kaisers durchzusetzen (13,12 ff.). Was Isebel und ihre Anhänger anscheinend nicht erkennen, ist eben dies: Hinter der Macht des römischen Imperiums steht Satan selbst, der „die Heiligen", die wahren Christen, besiegen will (13,7).

Die besondere Gefährdung der christlichen Gemeinden ist für Johannes dem Umstand geschuldet, dass die Prophetin Isebel in seiner Sicht in der christlichen Gemeinde letztlich dasselbe bewirkt, was das zweite „Tier" als Erfüllungsgehilfe des römischen Imperiums betreibt. Sie verführt wie das zweite „Tier" die Menschen zu einem anpassungsbereiten Verhalten, das in den Augen des Sehers letztlich Götzendienst bedeutet (2,20 parallel zu 13,14; 19,20). Isebel propagiert innerhalb der christlichen Gemeinde dasselbe, was im umfassenden Horizont des damaligen Imperiums das zweite „Tier" tut, das im allmählichen Aufbau der apokalyptischen Visionsberichte schließlich als der „Pseudoprophet" entlarvt wird (16,13; 19,20, 20,10). Beide verführen die Menschen zum Götzendienst des Kaiserkultes – einmal innerhalb der christlichen Gemeinde (2,20), sodann in der ganzen Welt (13,14; 19,20).

IV

Nicht nur dass Johannes das römische Imperium als Agenten und Handlanger des Satans selbst offenlegt (Offb 12 f.), er bemüht sich auch darum, das anstehende eschatologische Drama so zu schildern, dass es den Vertretern der Satanser-

---

[17] Witulski, *Johannesoffenbarung* (Anm. 6), 149 ff. versteht das erste „Tier" als die „individuelle Gestalt eines einzelnen römischen Kaisers" (a.a.O., 155), der allerdings das Imperium Romanum als satanisches Ganzes vertritt. Seine zeitgeschichtliche Deutung des ersten „Tieres" auf Kaiser Hadrian, des zweiten „Tieres" auf den Sophisten Antonius Polemon bleibt fraglich, insofern dabei ein allzu gewagter Rückschluss von der Textebene auf die externe Sachebene vorliegt (a.a.O., 219–237).

kenntnis die Basis ihrer Irrlehre entzieht. Sicher – die visionäre Schau des Sehers enthüllt es – ist der Satan aus seiner himmlischen Machtstellung gestürzt; doch gilt der Erde der Wehe-Ruf, dass der Zorn des Satans sich in seinen irdischen Agenten austobt (12,12; 13,1 ff.). Sein eigentliches Ende steht noch aus, was Isebel und ihr Anhang anscheinend nicht erkennen wollen. Dementsprechend sieht Johannes sich adressatenorientiert genötigt, das eschatologische Gerichtsdrama in seinen einzelnen Akten als noch ausstehende Abfolge endzeitlicher Ereignisse zu schildern (Offb 19,11–22,5). Dabei verrät dieser Gegenentwurf doch wohl via negationis, was die tatsächliche Position der Gegner bestimmt. Johannes pocht darauf, dass der Satan auf Erden noch nicht entmachtet ist, sondern erst im Himmel. Sein Unheil bringendes Wesen ist keinesfalls erledigt, sondern übt im Imperium Romanum seine gegenwärtige Macht aus. Christen sind zwar zum Königtum eingesetzt (1,5 f.), werden aber erst im Eschaton mit Christus herrschen (5,10; 20,6; 22,5). Die Satanserkenntnis der Gegner (2,24) hat demgegenüber das schon verwirklichte Heil betont. Es geht diesen dabei nicht bloß um die aufgeklärte Weltanschauung, dass es Satan nicht gibt, wie „kein Götze in der Welt existiert und kein Gott als der Eine" (1Kor 8,4). Das Insistieren des Johannes, dass noch nicht realisiert ist, was die Gegner doch wohl behaupten, lässt eigentlich nur den Schluss zu, dass der Streit gerade diesen Konfliktpunkt zum Thema hat. Der vorliegende Versuch, aus dem Gesamtentwurf des Johannes via negationis die Position der Gegner zu bestimmen, kann hier gelingen, so riskant dieses Verfahren gelegentlich erscheinen mag. Denn Johannes konstruiert in 19,11–22,5 eine derartige Folge von endzeitlichen Ereignissen, die in dieser besonderen Komplexität nicht einfach nur traditionell vorgegeben ist, wobei sich in der besonderen Einfügung des Satans in die vorliegende Endzeitkonzeption zeigt, dass damit der eigentliche Nerv der Auseinandersetzung zwischen Johannes und den Gegnern, die ihrerseits Satanserkenntnis beanspruchen (2,24), getroffen ist.

In Offb 19,11–22,5 fällt auf, dass Johannes endzeitliche Vorstellungen des Judentums aufgreift, sie aber so verändert, dass sie seinen Aussagetendenzen entsprechen. Johannes kombiniert die Abfolge endzeitlicher Ereignisse, wie sie bei 4Esr 7,26 ff. (bzw. 12,34) und syrBar 29 f. (bzw. 39,7–40,3) zu finden sind (begrenztes Messiasreich – Totenauferstehung – Endgericht – Neue Welt) mit der Abfolge, wie sie Ez 37–40 zeigt, wobei besonders der Kampf von Gog und Magog dazutritt (Ez 38–39), so dass sich für die Offb die Reihe ergibt: Tausendjähriges Reich des Christus (20,4–6), Gog und Magog (20,7–10), allgemeine Totenauferstehung zum Endgericht (20,11–15) und Neue Welt (21,1–22,5). Gegenüber den genannten Vorgaben erweitert ist die Darstellung in der Offb durch den Gedanken der „ersten Auferstehung" (20,6), besonders aber der Fesselung des Satans im „Abgrund" der Unterwelt (20,1–3), seiner erneuten Loslassung (20,7–9) sowie seiner endgültigen Vernichtung (20,10).[18] In diesen gegenüber der Tradition neuen Aspekten drückt sich die redaktionelle Aussageabsicht des Johannes in eigentümlicher Weise aus. Dies gilt besonders für die Erwähnung des Satans im Rahmen dieses endzeitlichen Gerichtsdramas.[19] Erst nachdem der Satan durch den Engel Gottes gefesselt und im „Abgrund" verschlossen ist (20,1–3) – so der Seher Johannes –, so dass er die Völker nicht mehr verführen kann, wird sich das tausendjährige Reich Christi auf Erden realisieren (20,4–6).[20] Und nur wer zum Festhalten am Zeugnis Jesu konsequent bereit ist bis zum möglichen Martyrium, wird am tausendjährigen Reich teilhaben. In der Gegenwart aber ist der Satan als Feind der christlichen Gemeinden wirksam, die sich durch Glaubenstreue bewähren müssen, ehe sie denn als „Priester Gottes" zusammen mit Christus herrschen werden (20,6) und die in der Taufe bereits zugesprochene Heilsgabe (1,5f.) sich realisieren wird.

Der eschatologische Vorbehalt wird noch dadurch verstärkt, dass auch diese Herrschaft als vorläufige Periode des Heils erscheint, die durch die erneute Loslassung des Drachen = Satan ein Ende findet (20,7). Dieser versucht einen letzten Ansturm, indem er die Völkerheere Gog und Magog gegen „das Lager der Heiligen und die geliebte Stadt" mobilisiert (20,8–9). Erst jetzt wird er endgültig scheitern und in den „Pfuhl von Feuer und Schwefel" geworfen und ewige Pein erlangen (20,10).

Bei dieser bewusst in mehrere Akte gedehnten Abfolge endzeitlicher Ereignisse ist das Bestreben des Sehers Johannes deutlich, gegen eine Überzeugung anzugehen, die eschatologisches Heil schon in der Gegenwart insofern realisiert sieht, als der Satan und widergöttliche Mächte im Grunde entmachtet sind, weswegen sich auf diese Welt und ihre hellenistisch-römische Stadtgesellschaft mit ihrem Götzendienst einzulassen, keine Gefährdung christlicher Glaubensexistenz nach sich zieht. Er entfaltet in seinem apokalyptischen Hauptteil 4,1–22,5 mit seiner Tiefenschau die visionäre Enthüllung der eigentlichen Wirklichkeit, die denen verschlossen ist, die ihrerseits behaupten, „die Tiefen des

---

[18] T.J. Bauer, *Das tausendjährige Messiasreich der Johannesoffenbarung. Eine literarkritische Studie zu Offb 19,11–21,8* (BZNW 148), Berlin/New York 2007, 251–253.274f. Nach J. Frey, „Das apokalyptische Millenium. Zu Herkunft, Sinn und Wirkung der Milleniumsvorstellung," in: Ch. Bochinger u. a., *Millennium. Deutungen zum christlichen Mythos der Jahrtausendwende*, Gütersloh 1999, 34f., ist die Abfolge der Endzeitereignisse direkt aus Ez 37–48 entnommen; ähnlich Satake, *Offenbarung* (Anm. 6), 384.

[19] Die mit Offb 20 parallele Abfolge endzeitlicher Akte in 4Esr 7,26ff. und syrBar 29f. kennt keine Aktion gegenüber dem Satan. Er ist diesem Schema eigentlich fremd. Wenn das Ende des Satans thematisiert wird, so ist es der eine entscheidende Akt, der die Heilszeit ermöglicht (AssMos 10; TestJud 25,3–5; TestDan 5,10–13), nicht lediglich ein Aspekt des endzeitlichen Dramas.

[20] Bauer, *Messiasreich* (Anm. 18), 287f.

Satans" erkannt zu haben, gleichwohl aber verkennen, was der göttliche Geschichtsplan in Wirklichkeit vorgesehen hat.

Ein Gesichtspunkt sei noch gesondert berücksichtigt. Durch die redaktionelle Einfügung des Satans in das endzeitliche Gerichtsdrama, das für diesen die Fesselung und Gefangennahme vorsieht, damit die Herrschaft des Christus anbrechen kann (20,1–6), gerät die Darstellung des Milleniums in einen Kontext, der dem eschatologischen Vorbehalt des Johannes Rechnung trägt. Mit der Konzeption einer tausendjährigen Heilsperiode verfolgt Johannes jedoch vornehmlich ein positives Ziel. Neben der Adressatengruppe der angeblich „Vollendeten", die in den Sendschreiben nach Thyatira (2,18–29) oder auch Sardes (3,1–6) bzw. Laodizea (3,14–22) – letztere in abgestufter Weise – die dominante Zielgruppe darstellen (s. u.), hat Johannes auch solche Kreise im Blick, „die sich in der Klage der Märtyrer (6,10) wiederfinden. Sie teilen die krisenhafte Wahrnehmung der Gegenwart, wie der Seher sie vertritt."[21] Diese Gruppe will Johannes trösten, wie er es im Sendschreiben nach Smyrna und Philadelphia auch tut. Zu der von ihm geforderten Standhaftigkeit gegenüber dem „Zeugnis Jesu" (12,17) gehört auch die Zeugnisabgabe im Martyrium, die Johannes mit der Verheißung der Teilnahme an der Mitherrschaft mit Christus im Millennium stimulieren will (20,4). Möglicherweise folgt er damit einer ‚apokalyptischen Märtyrerhoffnung', wie sie ansonsten in 2Tim 2,11b–13a in hymnischer Sprache Gestalt annimmt, um die dortige Abgrenzung von Irrlehrern vorzubereiten, die die Parole vertreten: „Die Auferstehung ist schon geschehen" (2Tim 2,18).[22]

Denen, die am „Zeugnis Jesu" festhalten, gilt die Zusage Christi: „Siehe, ich komme bald." (22,7.12.20). Die grundsätzliche Naherwartung des Sehers Johannes steht für ihn nicht im Widerspruch zu dem Gerichtsdrama mit einer noch ausstehenden Abfolge endzeitlicher Akte, wie sie in Offb 19,11–22,5 zur Sicherung des eschatologischen Vorbehaltes geschildert ist. Es geht hier nicht um irdische Chronologie, sondern um das Geheimnis des göttlichen Geschichtsplans: Wenn das eschatologische Maß der Zahl der Märtyrer voll ist, geschieht die endgültige Heilswende (6,9–11).

---

21 H. Roose, *Eschatologische Mitherrschaft. Entwicklungslinien einer urchristlichen Erwartung* (NTOA 54), Göttingen/Fribourg 2004, 171 f.
22 A.a.O., 210–231.

V

Zum Schluss sei noch der Versuch gewagt, die gegnerische Position der Isebel und ihrer Anhänger theologiegeschichtlich zu verorten. Vieles spricht dafür, sie als Radikalisierung deuteropaulinischer Tradition zu verstehen.[23] Dass der Satan wie alle widergöttlichen Mächte unterworfen ist, ließ sich bereits als Zuspitzung von Aussagen wie Kol 2,15 oder Eph 1,20–22 deuten. Wenn die erste Auferstehung im Millennium erst erfolgen kann, nachdem die Fesselung des Satans erfolgt ist, wenn zudem die Auferstehung zum Weltgericht (Offb 20,11–15) danach geschieht, so steht dies in klarem Kontrast zu einer Anschauung, die behauptet, „die Auferstehung ist schon geschehen" (2Tim 2,18), wie immer diese präsentische Position gedacht wurde, sei sie sakramental in der Taufe bzw. pneumatisch vermittelt.

Aber schon in Kol 2,9–15 ist der doppelte Gedanke bereits präformiert: einmal „die herrscherliche Suprematie des Erhöhten über alles, was in der Welt überindividuelle Macht ausübt" (2,9 f.15),[24] zum anderen aber auch die Überzeugung, dass gerade der Getaufte „mitauferweckt" wurde „durch den Glauben an die Kraft Gottes" (2,12) und dass er in den „kosmischen Machtwechsel" mit Christus einbezogen wurde mit der Folge, „dass der Getaufte der Herrschaft, jeder (anderen) Macht und Gewalt entnommen ist."[25] Gleichwohl ist hier eine wesentliche Differenzierung vonnöten. Der präsentische Tenor des Kol, dass die Gemeinde in Christus die Fülle des Heils schon besitzt (2,9–15), hat argumentative Funktion gegenüber einer gegnerischen „Philosophie" (2,8), die die Gemeinde drängt, sich andere Mechanismen der Heilssicherung zu verschaffen, sei es in Gestalt von Nahrungsaskese oder der Beobachtung bestimmter Festtage (2,16–23). Hier liegt kein Heilsenthusiasmus vor wie später wohl in 2Tim 2,18, zumal ein zeitlich und ethisch bestimmter Vorbehalt greift, der auf das endzeitliche Gericht verweist (Kol 3,24 f.).

Ähnliches lässt sich auch beim Eph feststellen. Während für Christus gilt, das er bereits in der Gegenwart über das All herrscht (1,22) und die Kirche als Leib Christi daran partizipiert (1,23), sind Christen in der Gegenwart noch von „Mächten" und „Gewalten" bedroht (6,10 ff.). Ja, Christen müssen sich wappnen gegen „die Ränke des Teufels" (6,11). Genau das Letztere scheint für Isebel und ihren Anhang als Problem erledigt zu sein.

---

23 Vgl. Müller, *Theologiegeschichte* (Anm. 2), 21–26; Taeger, „Begründetes Schweigen" (Anm. 3), 129 f; Karrer, *Johannesoffenbarung* (Anm. 15), 293–295.
24 Wolter, *Brief an die Kolosser* (Anm. 10), 127.
25 A.a.O., 128.

In Thyatira (Offb 2,18 – 29) und Pergamon (2,12 – 17) hat dieser Enthusiasmus praktische Konsequenzen gehabt, die Johannes dazu nötigten, die bisher treu gebliebenen Gemeindeglieder aufzufordern, „to abstain from the idolatrous practices of pagan society."[26] In anderen Gemeinden der Asia scheinen diese Gefahren nicht so offensichtlich zu sein. Immerhin kritisiert er die Christen in Sardes, die in dem Ruf stehen zu „leben" und doch in Wahrheit „tot" sind (3,1).[27] Illusionäres Vollendungsbewusstsein bestimmt Christen in Laodizea, wenn sie behaupten, „reich" zu sein, „reich" geworden zu sein und nichts nötig zu haben (3,17), was auf ein ähnliches Selbstverständnis schließen lässt wie dasjenige, das schon Paulus in 1Kor 4,8 kritisiert. Johannes muss sich also in mehreren Gemeinden der Asia mit nachpaulinischen Strömungen auseinandersetzen, in besonders zugespitzter Form aber in Thyatira, weil dort jene Prophetin Isebel das ideologische Sagen hat, die mit scheinbar christlicher Lehre eine Anpassung an die pagane Umwelt rechtfertigt, damit in seiner Perspektive dem satanischen Pseudopropheten beisteht (13,11ff.; 16,13; 19,20; 20,10) und die Gemeinde zum Götzendienst verführt (2,20).

Wie aber ist die theologische Herkunft des Sehers Johannes näher zu bestimmen, die ihn in so krasser Weise dazu drängt, Strömungen des nachpaulinischen Christentums zu bekämpfen? Man mag an die palästinische bzw. judenchristliche Verwurzelung denken, die ihn mit judenchristlichen Normen und der apokalyptischen Vorstellungswelt verbindet.[28] In besonderer Weise scheint er zudem im gedanklichen Einflussbereich einer dualistisch geprägten Tauftheologie zu stehen, wie sie der (unpaulinische) Text 2Kor 6,14 – 7,1 (ähnlich Eph 5,3 – 14) entfaltet[29]. Der dortige Aufruf zur Absonderung und zur Trennung von heidnischer Unreinheit 2Kor 6,17 ist in der Offb zum generellen Ruf, die römisch geprägte Welt und Gesellschaft, eben das dämonische „Babylon" zu verlassen (Offb 18,4), gesteigert. Beide Texte, 2Kor 6,14 – 7,1 und die Offb, bestimmt eine dualistisch geprägte Weltsicht, wenn 2Kor 6,14ff. nur die schroffe Alternative Christus oder Beliar kennt und Johannes die satanische Konstruktion der Wirklichkeit so weit zuspitzt, dass auf der einen Seite die „Sieger" stehen, die getreu zu Christus halten

---

26 Aune, *Revelation* (Anm. 2), 991.
27 Dazu und zum Folgenden vgl. P. Lampe, „Die Apokalyptiker – ihre Situation und ihr Handeln," in: H. Merklein / E. Zenger (Hg.), *Eschatologie und Friedenshandeln* (SBS 102), Stuttgart 1981, 106 f.; H. Roose, „*Das Zeugnis Jesu*". *Seine Bedeutung für die Christologie, Eschatologie und Prophetie in der Offenbarung des Johannes* (TANZ 32), Tübingen/Basel 2000, 128 – 137.
28 Vgl. Müller, *Theologiegeschichte* (Anm. 2), 46 – 50; Roose, *Zeugnis Jesu* (Anm. 27), 166 – 174; Bauer, *Messiasreich* (Anm. 18), 315 – 321.
29 Näheres dazu bei U.B. Müller, „Zwischen Johannes und Ignatius. Theologischer Widerstreit in den Gemeinden der Asia," *ZNW* 98 (2007), 49 – 67: 56 – 59.

(vgl. die Überwindersprüche in den Sendschreiben), auf der anderen Seite alle diejenigen, die der Wirklichkeit des satanisch beherrschten Imperiums angehören. Johannes ordnet die christlichen Gegner, die sogar „die Tiefen des Satans" erkannt zu haben meinen, in das endzeitlich-apokalyptische Gerichtsdrama ein; damit aktualisiert er apokalyptische Vorstellungen für die Dämonisierung seiner Gegner. Die besondere Satanserkenntnis erlebten Isebel und ihre Anhänger gewiss als Befreiung von überholt geglaubten Normen, Johannes sah darin nur eine Versklavung an die dämonische Macht des Widerparts Christi, des Satans.

Die Heimat des Johannesevangeliums

I

Über die Heimat des Johannesevangeliums ist viel gerätselt worden. So werden alle möglichen Vorschläge gemacht: Palästina, Transjordanien, Syrien, Ägypten oder eher die Asia erscheinen auf der Vorschlagsliste. Diese Unsicherheit hatte bereits Adolf Schlatter beklagt, „weil das vierte Evangelium längst schon heimat- und namenlos hin und her geschoben wird und dabei zahlreiche Ausflüge in den Bereich der Phantasie unternommen worden sind: zum großen ephesinischen Presbyter II, zur Täufergemeinde in Ephesus, zu einer Schule Philos, der alles fehlen soll, was der alexandrinischen Theologie wichtig war ..."[1] Fragt man nach dem Grund der auch heute noch weit divergierenden Meinungen über den Ort der johanneischen Gemeinde, so könnte als Erklärung die Einsicht dienen, die von der These „einer relativen Abgeschiedenheit der joh Gemeinden innerhalb der frühen Christenheit"[2] ausgeht. Das wichtigste einleitungswissenschaftliche Faktum des vierten Evangeliums sei „gerade seine Besonderheit, das heißt theologie- und sozialgeschichtlich seine Isolation gegenüber den sonstigen Traditionsströmen der frühen Christenheit."[3] Daraus folgt dann die Schwierigkeit, das JohEv bekannten und sicher lokalisierbaren Zeugnissen im frühen Christentum zuzuordnen.

Allerdings findet die bei den Kirchenvätern beliebte „ephesische Johannestradition" auch heute manche Befürworter, wenn etwa als Gründer und Schulhaupt der johanneischen Schule auf den „Alten Johannes" verwiesen wird, „von dem die Überlieferung bei seinen Anhängern sagte, auch er sei ein Jünger Jesu gewesen", der allerdings später aufgrund der Wirren des Jüdischen Krieges in Kleinasien siedelte.[4] Hauptzeuge der ephesischen Kirchenvätertradition ist Iren-

---

[1] A. Schlatter, „Die Sprache und Heimat des vierten Evangelisten (1902)," abgedruckt in: K.H. Rengstorf (Hg.), *Johannes und sein Evangelium* (WdF 82), Darmstadt 1973, 28–201: 28.
[2] J. Becker, *Johanneisches Christentum. Seine Geschichte und Theologie im Überblick*, Tübingen 2004, 59.
[3] M. Frenschkowski, „Τὰ βαΐα τῶν φοινίκων (Joh 12,13) und andere Indizien für einen ägyptischen Ursprung des Johannesevangeliums," *ZNW* 91 (2000) 212–229: 217 f.
[4] M. Hengel, *Die johanneische Frage* (WUNT 67), Tübingen 1993, 317 f. Jüngst ist P. Trebilco, *The Early Christians in Ephesus from Paul to Ignatius* (WUNT 166), Tübingen 2004, 241–262, wieder für die Gültigkeit der ephesischen Kirchenvätertradition, für die Herkunft des Joh aus Ephesus eingetreten.

äus, Haer. III, 1,1; 3,4, der JohEv und Offb vereint und mit Hilfe der Offb Johannes, den Jünger des Herrn, als Herausgeber des JohEv in Ephesus tätig werden lässt. Doch ist dieser „Johannes" ohne historischen Wert; er ist aus einer frühen Identifikation des Verfassers des JohEv mit dem der Offb fälschlicherweise entstanden: „Die kleinasiatische Johannestradition ist ein Kunstprodukt ..., deren Ausgangspunkt bei Justin liegt."[5] Dieser verbindet zwar erstmals die Offb mit dem Apostel Johannes (Dial. 81), spricht aber nicht vom JohEv und den drei Briefen. Papias von Hierapolis wiederum, der zwei Träger des Namens Johannes nennt (Eusebius, Hist.Eccl. III,39,4), weist keinen als Verfasser des JohEv aus, ja er scheint das JohEv nicht einmal zu kennen. Jedenfalls ist aus dem Sachverhalt, dass Papias den 1Joh nennt, nicht zu schließen, dass er folglich auch das JohEv gekannt hat.[6] Papias von Hierapolis, der wegen der geographischen Nähe zu Ephesus ein ephesisches JohEv kennen könnte, ist als Zeuge dafür ungeeignet. Mit der Kirchenväterüberlieferung ist eine Herkunft des JohEv aus Kleinasien bzw. Ephesus nicht zu erweisen. Ansonsten, so wird gesagt, gelte: „Die joh Schriften selbst geben keinen einzigen Hinweis, der an Ephesus und die Asia denken lässt, wenn man nach der Heimat der joh Gemeinden und ihrer Autoren fahndet."[7]

So bleibt als beliebte Option besonders Syrien. Gleichwohl wird zugestanden, dass es für diese Provinz auch nur ganz allgemeine Überlegungen gibt: „Das joh Schrifttum gibt dazu nirgends einen direkten Fingerzeig."[8] Allerdings meint man Berührungen mit den vermutlich nach Syrien gehörigen Oden Salomos und mit Ignatius von Antiochien feststellen zu können.[9] Überhaupt sei Syrien ein klarer Favorit bei der Entstehung der Gnosis, und dieses geistige Milieu sei doch wohl im JohEv zu spüren.[10]

---

[5] Becker, *Johanneisches Christentum* (s. Anm. 2), 56. Ähnlich Frenschkowski, „Τὰ βαΐα τῶν φοινίκων" (s. Anm. 3), 214–217.
[6] U.H.J. Körtner, *Papias von Hierapolis* (FRLANT 133), Göttingen 1983, 173–176.
[7] Becker, *Johanneisches Christentum* (s. Anm. 2), 56. Ähnlich W.G. Kümmel, *Einleitung in das Neue Testament*, Heidelberg ¹⁷1973, 211; W. Bauer, *Das Johannesevangelium* (HNT 6), Tübingen ³1933, 243f.; Frenschkowski, „Τὰ βαΐα τῶν φοινίκων" (s. Anm. 3), 217. Ganz anders fällt das Urteil bei U. Schnelle, „Paulus und Johannes", EvTh 47 (1987), 212–228 aus: In Ephesus sei die „geographische Klammer" zwischen paulinischer und johanneischer Schule (226f.); ähnlich J. Frey, „Erwägungen zum Verhältnis der Johannesapokalypse zu den übrigen Schriften des Corpus Johanneum," in: M. Hengel (Hg.), *Die johanneische Frage* (s.o. Anm. 4), 326–429, bes. 415–429; ders., „Auf der Suche nach dem Kontext des vierten Evangeliums," in: ders. / U. Schnelle (Hg.), *Kontexte des Johannesevangeliums* (WUNT 175), Tübingen 2004, 3–45, bes. 42–44.
[8] Becker, *Johanneisches Christentum* (s. Anm. 2), 58.
[9] Kümmel, *Einleitung* (s. Anm. 7), 212.
[10] Becker, *Johanneisches Christentum* (s. Anm. 2), 59.

Das letztgenannte Argument ist aber so nicht zu halten, insofern mit den Gegnern der Pastoralbriefe, die eher nach Kleinasien weisen, ein relativ eindeutiges Zeugnis früher Gnosis begegnet[11], das aber keine Beziehung zu Syrien verrät, so dass Syrien kein spezifischer Ursprungsbereich der frühen Gnosis zu sein scheint. Der Verweis auf Ignatius von Antiochien hilft auch nicht weiter, weil unsicher oder unwahrscheinlich bleiben wird, dass der Antiochener das JohEv wirklich zitiert[12] und eine eventuell ganz allgemeine Verwandtschaft der Theologie zwischen beiden ebenfalls nicht hilfreich ist.

Doch fragt sich, ob das oben zitierte Pauschalurteil, in den johanneischen Schriften gebe es keinen einzigen Hinweis, der an Ephesus und die Asia denken lässt, gerechtfertigt ist. Geflissentlich wird dabei übersehen oder in seiner Bedeutung heruntergespielt, dass die im JohEv sehr auffällige Stellungnahme gegenüber Johannes dem Täufer gerade in Ephesus gut erklärbar ist, da im Neuen Testament Johannesjünger gerade an diesem Ort begegnen (Apg 19,1–7). Man minimalisiert die Bedeutung dieses Sachverhalts für die Verortung des JohEv, wenn man zunächst zugesteht: „Wenn das Joh gegen eine solche Täuferverehrung polemisiert, so muß sie für die Leser eine gewisse Gefahr gewesen sein", dann aber fortfährt: „ ... doch ist diese Polemik nur ein relativ wenig betontes Nebenmotiv."[13] Und also – so wird stillschweigend gefolgert – ohne Bedeutung für die Bestimmung der Heimat des Joh. Ansonsten neigt man dazu, die Relevanz gerade der ephesischen Jünger (Apg 19,1–7) für die Interpretation des JohEv damit zu relativieren, dass man erklärt: „ ... Johannesjünger könnte es ... in vielen Zentren des Römischen Reiches gegeben haben."[14] Das erinnert an das längst bekannte Urteil: Lukas hat die Geschichte über die Johannesjünger nach Ephesus verlegt, „sie kann ja an jedem beliebigen Ort (und je näher an Palästina desto besser) spielen."[15]

Wenn es demgegenüber gelingen sollte, den Nachweis zu führen, dass Apg 19,1–7 tatsächlich zur Zeit des Lukas Johannesjünger in Ephesus voraussetzt, so würde dies eine wesentliche Hilfe sein, die wahrscheinliche Auseinandersetzung des JohEv mit vergleichbaren Kreisen geographisch und theologiegeschichtlich

---

11 J. Roloff, *Der erste Brief an Timotheus* (EKK 15), Zürich/Neukirchen-Vluyn 1988, 231–239.
12 Vgl. T. Nagel, *Die Rezeption des Johannesevangeliums im 2. Jahrhundert* (ABG 2), Leipzig 2000, 249–251.
13 Kümmel, *Einleitung* (s. Anm. 7), 196.
14 I. Broer, *Einleitung in das Neue Testament I*, Würzburg 1998, 212.
15 H. Conzelmann, *Die Apostelgeschichte* (HNT 7), Tübingen ²1972, 119. Ihm folgt auch M. Wolter, „Apollos und die ephesinischen Johannesjünger (Act 18,24–19,7)," *ZNW* 78 (1987) 49–73: 69, Anm. 92. Er hält die Perikope Apg 19,1–7 ganz von Lukas auf 18,24–28 hin konstruiert (a.a.O., 67–71).

einzuordnen.[16] Man hat dabei wohl zu Recht gemeint: „Die rätselhafte Geschichte von den Johannesjüngern in Ephesus (Apg 19,1–7) wäre neu zu befragen."[17] Ziel der folgenden Überlegungen wird es also sein, Ephesus bzw. die Asia als Heimat des JohEv plausibel zu machen, ohne – und das ist das Entscheidende – die historisch fragwürdige ephesische Johannestradition der Kirchenväter als Begründung zu benutzen. Dabei ist bei der Frage nach der Heimat des JohEv nicht nur der geographische Raum gemeint (die Asia), sondern vor allem die theologiegeschichtliche Verortung des JohEv im Rahmen der Traditionsströme der frühen Christenheit, die dann ihrerseits in einen bestimmten geographischen Bezirk weisen kann.

II

Die in der Forschung lebhaft umstrittene Erzählung von den zwölf Jüngern in Ephesus Apg 19,1–7 lässt sich trotz aller Schwierigkeiten doch wohl eindeutig interpretieren. An V. 1 zeigt sich, dass der hier agierende Paulus diese Gruppe nicht als Außenstehende bezeichnet. Sie gelten als „Jünger", anschließend in V. 2 als zum Glauben Gekommene, was nach lukanischem Sprachgebrauch auf Christen verweist. Es ist dabei bewusste erzählerische Absicht, dass eine genauere Charakterisierung dieses Kreises anfangs unterbleibt.

„Was sich hinter diesen ‚Jüngern' (V. 1) verbirgt, wird erst in einem Gespräch (V. 2–4) aufgedeckt, das die zentralen Unterscheidungsmerkmale ... benennt: die Täuferjünger kennen keine Taufe auf den Namen Jesu und sie wissen nichts von der gegenwärtigen Macht des heiligen Geistes."[18] Sind sie also doch keine Christen im lukanischen Sinne? Die erzählerische Intention geht jedoch in eine andere Richtung. Wenn diese Jünger schon die Johannestaufe kannten, wie das Gespräch in V. 3–4 enthüllt, dürfen sie auch als Christen angesehen werden, weil, wie V. 4 herausstellt, der Täufer auf Jesus hingewiesen hat. Sie erfahren die Taufe auf den

---

16 Eine erneute Untersuchung in dieser Problematik ist nötig angesichts der Ablehnung einer Referenz des Joh auf eventuelle Täuferkreise bei H. Thyen, *Das Johannesevangelium* (HNT 6), Tübingen 2005, 80.102f. 112f. Thyen lehnt es ab, bei irgendwelchen Sätzen des Joh. „Referenz-Objekte in der vermeintlich realen Welt einer johanneischen Gemeinde" zu suchen, „statt sie auf die durch dieses selbst geschaffene Textwelt zu beziehen" (80). Thyen folgt einer einseitigen Texttheorie, wonach das Joh primär im Sinne eines „intertextuellen Spiels" zu interpretieren sei (mit Bezug etwa auf die Synoptiker), wobei die Außenwelt des Evangeliums weitgehend ausgeklammert bleibt, was dann eben auch zur generellen Ablehnung eines Bezuges auf eventuelle Johannesjünger führt.
17 H.-J. Klauck, *Die Johannesbriefe* (EdF 276), Darmstadt 1991, 164.
18 J. Roloff, *Die Apostelgeschichte* (NTD 5), Tübingen ²1988, 281.

Namen des Herrn Jesus, „was schon in ihrer Beziehung zu Johannes angelegt war."[19]

Dieser Aspekt ist in der Apg auch sonst in jeweils abgestufter Art und Weise feststellbar. In den Anfängen christlicher Mission mussten Petrus und Johannes nach Samarien ziehen, damit die Menschen dort den heiligen Geist empfangen sollten, denn diese waren „nur getauft auf den Namen des Herrn Jesus" (8,16). Apollos, obwohl brennend im Geiste, kannte nur „nur die Taufe des Johannes" (18,25). Die Gruppe der Zwölf in Ephesus hatte nicht einmal gehört, dass es einen heiligen Geist gibt, waren aber getauft „auf die Taufe des Johannes" (19,2f.). Ihr Defizit ist überdeutlich. Lukas schildert jeweils Phänomene defizienten Christentums, dessen Mangel behoben wird – bei dem Bericht über Apollos (18,24–28) zum Beispiel und sogar bei den der Zauberei verfallenen Gruppen, bei denen er (wie bei den Zwölf) zugesteht, dass sie trotz allem zum Glauben gekommen sind (19,18–20).

Nun sind aufgrund der lukanischen Gestaltung der Geschichte der Zwölf Zweifel an der historischen Existenz von Johannesjüngern geäußert worden. Doch gilt generell: Lukas gestaltet wohl Szenerien, „erfindet aber nicht Geschichten."[20] Er hat eben reichlich Traditionen aus Ephesus zur Verfügung, was sich auch dadurch bestätigt, dass mit der vorangehenden Apollosgeschichte Apg 18,24–28 ein vor und von Paulus unabhängiges Christentum in Ephesus begegnet.[21] Auch die nachfolgende Demetriusperikope 19,23–40 weist ganz ursprünglich nach Ephesus.

Wie aber ist der Charakter der „Jünger", die nur „auf die Taufe des Johannes" getauft sind, genauer zu verstehen? Zu beachten ist zunächst einmal, dass der Text nicht explizit sagt, die Männer seien *von* Johannes getauft worden. Das wäre durch den Gebrauch der figura etymologica (so Lk 7,29) oder präpositional („von ihm" Lk 7,30) ausgedrückt worden. Auch der sprachliche Ausdruck in Apg 19,4 („Johannes vollzog eine Bußtaufe") ist mit der Aussage in 19,3 (getauft „*auf* die Taufe des Johannes") nicht einfach identisch; 19,4 macht eine generelle Bemerkung über das Taufverständnis Johannes des Täufers („Bußtaufe"). Was aber bedeutet „*auf* die Taufe des Johannes" getauft in 19,3? Man hat den Sachverhalt, dass 19,3 nicht explizit von einer Taufe durch Johannes redet, versuchsweise so

---

19 J. Jervell, *Die Apostelgeschichte* (KEK 3), Göttingen [17]1998, 478. Das Obige gilt schon deshalb, weil für den Verfasser der Apg mit dem Auftreten Johannes des Täufers die entscheidende heilsgeschichtliche Periode beginnt, die allerdings erst in Jesu Wirken im Vollsinn realisiert ist. Diese Sicht verrät etwa Apg 1,21f., aber auch Apg 13,24f. Von daher kann die Bezeichnung „Jünger" für die Zwölf in 19,1–7 nicht erstaunen.
20 Conzelmann, *Apostelgeschichte* (s. Anm. 15), 121.
21 Jervell, *Apostelgeschichte* (s. Anm. 19), 472.

interpretiert: „Die eigenartige Formulierung ‚auf die Taufe des Johannes' (V. 3) bewegt sich zwischen ‚auf den Namen Jesu' (V. 5; 2,38) und ‚durch Johannes' ... und besagt, daß die Jünger nicht mehr durch Johannes selbst, wohl aber mit der von ihm geübten Bußtaufe getauft wurden; daß auch die Jünger des Johannes noch getauft haben, ist freilich sonst nicht bezeugt."[22] In der Tat! Festzuhalten ist aber der Sachverhalt, dass der Text nicht eindeutig sagt, die Zwölf seien von Johannes getauft. Der fragliche Ausdruck ist wohl ein Indiz dafür, dass Lukas zwar auf ein Geschehen der Vergangenheit anspielt, das aber mit der Existenz von Täuferkreisen in seiner Gegenwart nachwirkt, weswegen er die eindeutige Formulierung „von Johannes getauft" vermeidet.

Die Existenz von tatsächlichen Johannesjüngern in Apg 19,1–7 damit zu bestreiten, dass Lukas nicht explizit von „Jüngern des Johannes" spricht, sondern nur von Jüngern, die „auf die Taufe des Johannes" getauft sind (19,3),[23] bleibt unbegründet. Man wird schon mit Täuferkreisen in Ephesus zu rechnen haben, die nicht nur zur Zeit des Paulus dort wirkten. Zu beachten ist dabei, dass nicht erst die Apg, sondern schon das LkEv Täuferkreise voraussetzt. Nur so ist der erzählerische Einschub in die vorgegebene Markusvorlage in Lk 3,15 zu erklären (vgl. auch Apg 13,25). Bevor Johannes das Kommen des Stärkeren ankündigt, der mit heiligem Geist und Feuer tauft, fügt der Evangelist eine Bemerkung ein, die anscheinend ein Missverständnis über die Rolle des Täufers beseitigen soll: „Da aber das Volk in Erwartung stand und alle in ihren Herzen sich über Johannes Gedanken machten, ob er nicht etwa der Christus sei ..." Johannes ist eben nicht der Christus, und die Notwendigkeit, dies gesondert zu betonen, verrät wohl, dass „das Volk", d.h. letztlich auch eventuelle Kreise unter den Lesern, sich entsprechende Gedanken gemacht haben. Hier zeigt sich die apologetische Absicht, „Menschen, die Johannes den Täufer als Messias verehrten oder die sich zumindest fragten, ob er nicht der verheißene Messias war, mit der Autorität ihres Lehrers zu versichern, daß nicht er, sondern Jesus der Messias war."[24] Dass Lukas mit zeitgenössischen Täuferkreisen Berührung hatte, zeigt sich auch daran, dass er in seinem Kindheitsevangelium, d.h. in den Vorgeschichten über die Ankündigung der Geburt des Täufers (1,5–25) und die Geburt desselben (1,57–66a) wahrscheinlich Täufertraditionen übernommen hat.

---

22 W. Schmithals, *Die Apostelgeschichte des Lukas* (ZBK.NT 3/2), Zürich 1982, 174.

23 K. Backhaus, *Die „Jüngerkreise" des Täufers Johannes* (PThSt 19), Paderborn 1991, 197–199.204f.; ähnlich W. Thiessen, *Christen in Ephesus* (TANZ 12), Tübingen/Basel 1995, 74, bes. Anm. 249.

24 P. Böhlemann, *Jesus und der Täufer. Schlüssel zur Theologie und Ethik des Lukas* (MSSNTS 99), Cambridge 1997, 215. Zum Ganzen vgl. U.B. Müller, *Johannes der Täufer* (BG 6), Leipzig 2002, 145f.154–157.

Insgesamt ist wohl der Schluss zu ziehen, dass Apg 19,1–7 Anhänger Johannes des Täufers in oder um Ephesus zur Zeit des Lukas voraussetzt. Eben weil Lukas in den Zwölf nicht Christen im Vollsinn des Wortes, „sondern Anhänger des Johannes im Vorhof der Kirche sieht, dürfen wir annehmen, daß er nicht lediglich einen Vorfall aus den 50er Jahren berichten möchte, sondern ein aktuelles Problem lösen will."[25] Lukas konnte „die Johannesjünger, von denen seine Tradition erzählte, nur als unvollkommene Christen auftreten lassen ... Hier wird der ganze Abstand des Lukas von der Frühzeit sichtbar." (ebd.) Die ursprünglich vor dem eschatologischen Feuergericht rettende Taufe des Johannes ist in Apg 19,1–7 „zu einem bloßen Ausdruck der Buße geworden und kann dem Getauften nicht die eigentliche Taufgabe schenken: den Geist. In dieser Gewandung konnten die Leser leicht die Täufersekte ihrer Zeit erkennen. Sie war nicht nur eine Größe der Vergangenheit ..."[26] Damit bestätigt sich die Annahme, dass das lukanische Geschichtswerk Täuferkreise in der Asia voraussetzt. Andere Lokalisierungen sind viel weniger eindeutig, so etwa die Annahme einer Täuferdiaspora in Rom, weil in Sib 4,158–169 von Täuferjüngern auch nicht ansatzweise die Rede ist.[27]

Apg 19,1–7 wird nun für die Lokalisierung des JohEv insofern wichtig, als seine Auseinandersetzung mit Johannes dem Täufer und damit wohl einer Verehrung desselben ein aktuelles, den Verfasser des Evangeliums berührendes Thema darstellt, jedenfalls nicht „nur ein relativ wenig betontes Nebenmotiv" ist.[28] Gewiss wird dieser Sachverhalt in der Forschung des öfteren gesehen;[29] doch wird die Bedeutung der Existenz von Täuferkreisen in Ephesus (Apg 19) für die Lokalisierung des JohEv nur selten intensiv erörtert.[30] Dieses Thema hat meist nur geringes Gewicht im Vergleich zur ephesischen Johannestradition der Kirchenväter, die ihrerseits bei kritischer Nachfrage wenig besagt.

---

25 H. Lichtenberger, „Täufergemeinden und frühchristliche Täuferpolemik im letzten Drittel des 1. Jahrhunderts," *ZThK* 84 (1987) 36–57: 50 f.
26 E. Haenchen, *Die Apostelgeschichte* (KEK 3), Göttingen [7]1977, 492.
27 Vgl. die etwas andere Darstellung bei Lichtenberger, „Täufergemeinden" (s. Anm. 25), 38–43.
28 Kümmel, *Einleitung* (s. Anm. 7), 196.
29 Vgl. nur U. Schnelle, *Das Evangelium des Johannes* (ThHK 4), Leipzig 1998, 8; K. Wengst, *Das Johannesevangelium* (ThKNT 4/1), Stuttgart 2000, 54 f.
30 Vgl. nur die wenig ergiebige Darstellung bei P. Trebilco, *The Early Christians in Ephesus from Paul to Ignatius* (WUNT 166), Tübingen 2004, 127–134.

III

Gegenüber früheren Versuchen, die einseitig von einer Polemik gegenüber Täuferkreisen im JohEv sprechen,[31] ist gleich zu Beginn festzuhalten: das Täuferbild des JohEv ist durchaus positiv, allerdings wird die theologische Bedeutung des Täufers grundlegend relativiert. An der ersten wie an der letzten Stelle, an denen im JohEv vom Täufer die Rede ist, wird zunächst die positive Zeichnung sichtbar. Joh 1,6–8 betont, dass Johannes von Gott gesandt ist, ja dass er Zeuge für Jesus ist und zum Glauben an diesen Jesus ruft, der „das Licht" ist. Die entscheidende Einschränkung folgt allerdings sofort: „Nicht war jener das Licht, sondern er sollte Zeugnis ablegen über das Licht." An der letzten Stelle, an der das JohEv vom Täufer handelt, bestätigt sich der positive Eindruck. Der Evangelist lässt dort „viele", d. h. solche, die zum Glauben an Jesus gelangt sind, nicht die „Juden", in besonderer Weise zu Wort kommen (10,41 f.): „Johannes hat zwar kein Zeichen getan, doch alles, was Johannes über diesen (Jesus) gesagt hat, war wahr." Sicher ist auch hier eine Abgrenzung gegenüber dem Täufer spürbar, wichtiger aber ist dem Evangelisten, dass die „Vielen" das Zeugnis des Täufers über Jesus als wahr bestätigen. Hier kommen solche zu Wort, die zustimmend über den Täufer urteilen, dies aber zugunsten Jesu tun. Damit werden die „Vielen" als glaubwürdige Instanzen dafür aufgeboten, dass der Verweis des Täufers auf Jesus wahr gewesen ist. Der Evangelist lässt damit auf der Textebene Sympathisanten des Täufers auftreten (sein Tod ist vorausgesetzt: sein Zeugnis *war* wahr), die positiv über ihn und natürlich vor allem über Jesus urteilen. Das geschieht nicht zufällig. Anscheinend – und diese Annahme drängt sich auf – reflektiert der Text mit dem Ausspruch der „Vielen" eine Art Werbung bei Anhängern des Täufers, mit denen die johanneische Gemeinde zu tun hatte.

„Ja" – „aber", so könnte man diese Darstellung des Evangelisten beschreiben. „Ja" – was der Täufer über Jesus gesagt hat, entsprach der Wahrheit; „aber" – er hat keine Zeichen gewirkt. „Ja" – er gab Zeugnis ab über „das Licht", „aber" – er war nicht „das Licht". Der verehrte Täufer selbst – so ist zu folgern – wies auf Jesus als alleinigen Heilsmittler hin; deshalb sollten sich Täuferanhänger zu Jesus bekennen, d. h. der christlichen bzw. johanneischen Gemeinde anschließen. Der Text reflektiert diese Werbung, die in der johanneischen Gemeinde stattgefunden hat oder noch stattfindet. Er ist also die literarische Verarbeitung eines Vorgangs, der im Umfeld des JohEv vor sich ging und im erzählenden Text durchscheint. Man hat die pragmatische Funktion, die sich in der Darstellung des Evangeliums

---

[31] W. Baldensperger, *Der Prolog des 4. Evangeliums*, Freiburg 1898; R. Bultmann, *Das Evangelium des Johannes* (KEK 2), Göttingen ²¹1986.

widerzuspiegeln scheint, so umschrieben: Wenn bei aller Abgrenzung die positive Seite der Charakterisierung gewahrt bleibt, so ist dies ein Zug, der Täuferverehrern, die noch nicht voll „in die joh. Gemeinde integriert oder auch erst für diese geworben werden sollten, einen solchen Schritt vielleicht erleichtern half."[32]

Diese Sichtweise, die mit Täuferkreisen als Gegenüber des JohEv rechnet, ist jüngst grundsätzlich bestritten worden. Nicht Täuferkreise seien der Bezugspunkt des Evangelisten, sondern allein die synoptischen Aussagen über den Täufer. Dieser Sicht, die nur mit einem „intertextuellen Spiel" des Autors rechnet,[33] ist zu widersprechen. Zwar ist richtig, dass der Evangelist gerade die synoptische Täuferüberlieferung neu interpretiert, also mit ihr in einer intertextuellen Auseinandersetzung ist. Die Intensität und Vehemenz, mit der er dies tut, wenn er dem Täufer jede heilsmittlerische Funktion bestreitet, sind doch nach ihrem eigentlichen Motiv zu hinterfragen. Dass hier aus christlicher Sicht nur der fundamentale Unterschied zwischen dem Täufer und Jesus auf den Begriff gebracht wird, genügt als Erklärung nicht. Zu fragen ist vielmehr, warum dies geschehen muss. Auffallend sind jene wiederholten negierenden Aussagen, die den Täufer betreffen, obwohl er für das JohEv immerhin der erste Christus-Zeuge ist (1,8.20.21f.). Jedenfalls entfalten die dreifach negierenden Aussagen in 1,20–22, was in 1,8 pointiert formuliert ist. Diese Tendenz setzt sich in 1,26ff. fort. Die Johannestaufe dient nicht der Sündenvergebung (vgl. dagegen Mk 1,4). Sie ist nur Wassertaufe, nicht Geisttaufe, die allein Jesus vermittelt (1,33). Zu beachten ist dabei, dass das Zeugnis des Johannes sich nicht nur auf Jesus als den alleinigen Heilsmittler bezieht, sondern – in negierender Weise – gerade auch auf sich selbst: „Jener muss wachsen, ich aber abnehmen" (3,30). Wenn Johannes einerseits die herausragende Rolle des ersten Christus-Zeugen zukommt, der bereits im Prolog Erwähnung findet, andererseits in wiederholten Negativaussagen eine Korrektur erfährt, die ihm selbst in den Mund gelegt ist, so soll doch wohl Missverständnissen bei den Lesern gewehrt werden, die Kontakt zu Täuferkreisen hatten. Die alte These, der Evangelist setze sich mit der Position zeitgenössischer Täuferkreise auseinander, behält ihre Gültigkeit.

Diese Tendenz bestimmt auch Aussagen, die den Täufer zum besonderen Zeugen der Hoheitschristologie des JohEv machen. Joh 1,15 lässt den Täufer für die Gegenwart des Evangeliums feierlich verkünden: „Der nach mir kommt, ist mir (im Rang) voraus;[34] denn er war vor mir." Damit betont Johannes die grundlegende Vorrangstellung Jesu, indem er seine Präexistenz hervorhebt. Wenn dieses

---

32 M. Stowasser, *Johannes der Täufer im Vierten Evangelium* (ÖBS 12), Klosterneuburg 1992, 237.
33 Thyen, *Johannesevangelium* (s. Anm. 16), 80.112f.; vgl. auch a.a.O., 467.
34 Zur Übersetzung vgl. Bauer, *Johannesevangelium* (s. Anm. 7), 28.

Thema in Joh 1,30 eine Wiederholung findet, so wird seine Bedeutung für den Evangelisten evident. Doch warum ist dies so wichtig für ihn? Spezielle Anhänger des Johannes werden das gegenüber Jesus zeitlich frühere Auftreten ihres Propheten gegen Jesus und für ihren Meister ausgespielt haben. Antikem Argumentationsschema folgend, wonach in kontroversen Debatten das zeitliche Argument der Priorität eines bestimmten Autors oder Schulhaupts im Verhältnis zu einem anderen eine Rolle spielte, werden Anhänger des Johannes aufgrund des zeitlich früheren Auftretens ihres Meisters dessen Vorrangstellung behauptet haben. Der vierte Evangelist bietet dazu eine souveräne Lösung des Problems. Ohne Johannes polemisch abzuwerten, „lässt er diesen selbst feierlich proklamieren, dass der zeitlich nach ihm Kommende (Jesus) dem Rang nach über ihm stehe, weil er in Wirklichkeit vor ihm existierte ..."[35] Hier liegt eine argumentative „Meisterleistung" vor, die auf Polemik verzichtet, wenn sie den Täufer zum gottgesandten Zeugen macht, der für Jesus Partei ergreift. Dieses Bild, das der Evangelist von Johannes zeichnet, „ermöglichte sowohl eine Integration der Täuferanhänger in die joh. Gemeinde als auch, der umstrittenen Gestalt des Johannes theologisch einen Platz zuzuweisen."[36]

Eine Frage stellt sich aber doch: Darf man die abgrenzenden Aussagen, die dem Täufer in den Mund gelegt sind, als solche werten, die positiv den Täuferkreisen zukommen? Konkret: Lässt sich der dem Täufer zugeschriebenen Behauptung von Jesu Präexistenz, die seinen Vorrang begründet, entnehmen, dass Täuferkreise ihrem Meister Präexistenz zuschrieben, dem Johannes nun im Sinne des Evangelisten widerspricht? Wahrscheinlich nicht! Gegnerischen Aussagen kann nicht einfach entnommen werden, was das Gegenüber positiv meint. Es wurde ja bereits deutlich, dass das Präexistenzargument die zeitliche und damit sachliche Priorität Jesu sichern sollte, ohne Rückschlüsse auf eine eventuelle Täuferchristologie zu erlauben. Überhaupt ist zu berücksichtigen, dass der Evangelist kaum so positiv wertend den Täufer hätte zeichnen können, um ihn seinem Argumentationsziel dienstbar zu machen, wenn das Gegenüber der Täuferkreise eine wirklich konkurrierende Christologie entwickelt hätte. Der exklusive Anspruch johanneischer Christologie, der etwa in den Ich-bin-Worten zum Ausdruck kommt, hätte dies verhindert. Dies gilt auch für die Frage, ob aus der abgrenzenden Negativaussage, Johannes sei nicht das Licht (1,8), positive Schlussfolgerungen im Blick auf die fraglichen Täuferkreise zu ziehen seien. Zu beachten ist ja, dass die Negation der Licht-Würde des Täufers durch den unmittelbaren literarischen Kontext bestimmt ist (1,4 f.7.9). Dabei ergibt sich: „Nicht

---

35 Müller, *Johannes der Täufer* (s. Anm. 24), 166.
36 Stowasser, *Johannes der Täufer* (s. Anm. 32), 43.

unter welchen Prädikaten der Täufer verehrt wird, bringt Joh zum Ausdruck, sondern daß der Täufer nicht das sein kenn, was Jesus für den johanneischen Kreis ist."[37] Die Negation der Licht-Würde des Johannes dient der positiven Hervorhebung Jesu.

IV

Im voranstehenden Abschnitt war ausführlich auf die Tendenz der Täuferdarstellung des JohEv einzugehen, weil nur so ein Vergleich mit der lukanischen Art und Weise, sich diesem Thema zu nähern (Apg 19,1–7), gelingen wird. Für den vorliegenden Zusammenhang gilt es dabei festzuhalten, dass für das JohEv die Täuferkreise anscheinend kein – modern gesprochen – synkretistisches Judentum gewesen sind, das in diametralem Gegensatz zum Christusglauben stand, das man nur polemisch bekämpfen konnte, sondern eine religiöse Richtung, um die zu werben es sich lohnte.[38] Es legt sich indes die Annahme nahe, dass die Täuferkreise aus der Perspektive des Evangelisten ein defizientes Heilsverständnis vertreten haben, dem die entscheidende Glaubenseinsicht noch fehlte, der Glaube an den alleinigen Geistträger und Geistmittler: Jesus der Sohn Gottes (Joh 1,32–34). Man denkt ganz unwillkürlich an die vergleichbare Charakterisierung der Jünger in Ephesus (Apg 19, 1–7), die nach Lukas ein unvollkommenes Christentum prägte, die nur „auf die Taufe des Johannes" getauft waren und denen der heilige Geist noch fehlte.

Diese Beschreibung der Zwölf in Ephesus erinnert in der Tat an das Bild, das Joh 1,25–34 von Johannes dem Täufer zeichnet. Denn auf die Frage der jüdischen Repräsentanten an Johannes: „Warum taufst du denn, wenn du nicht bist der Christus noch Elia noch der Prophet?" (V. 25) folgt zunächst eine bloß andeutende Antwort: „Ich taufe (nur) mit Wasser ..." (V. 26) – eine Antwort aber, die auf den vorausweist, den die folgende Szene als den offenbaren wird, der mit heiligen Geist taufen wird (1,29–34). Im Blick auf diese Antwort ist die Rolle des Täufers insgesamt bedeutsam und für mögliche Täuferkreise sehr beachtlich: Johannes allein ist durch Vision und Audition gewürdigt (V. 32f.), Jesus bei seinem ersten Auftreten als „Geistträger" und „Geistmittler" zu offenbaren. Ähnlich wie in Apg 19,1–7 der Geistempfang allein mit dem Namen Jesu verbunden ist, die Taufe des Johannes den heiligen Geist aber nicht vermittelt und so das inferiore Christentum

---

37 Backhaus, *Jüngerkreise* (s. Anm. 23), 352.
38 Historisch gesehen, mag man in Täuferkreisen in Johannes dem Täufer den Elia redivivus gesehen haben, d. h. als Vorläufer Gottes (vgl. die Antworten des Täufers in Joh 1,19–23), aber das bleibt unsicher.

der Johannesjünger durchscheint, so soll in Joh 1 der Täufer selbst wohl gegenüber Täuferkreisen die eigene Position grundlegend relativieren. Aufgrund der ihm zuteil gewordenen Erleuchtung, ist er ihnen gegenüber autorisiert, auf den zu zeigen, der allein mit heiligem Geist tauft (V. 33). Er darf abschließend bezeugen:

> Dieser ist der Sohn Gottes. (V. 34)

Dementsprechend hat der Täufer in Joh 1,35 ff. nur noch die Aufgabe, die eigenen Jünger Jesus zuzuführen. Die Integration der Täuferkreise in die christliche (d. h. johanneische) Gemeinde soll damit symbolisch zum Ziel kommen.

Bei dem Vergleich zwischen Apg 19,1–7 und Joh 1 fällt auf: Beide Male spielt die als defizient angesehene Johannestaufe eine Rolle und im Gegensatz dazu die Geisttaufe, die mit Jesus als dem Christus verbunden ist. Anscheinend hat der Evangelist ganz ähnliche Täuferkreise vor sich wie Apg 19, um die man in der johanneischen Gemeinde intensiv wirbt. Jedenfalls verfährt der Verfasser der Apg in vergleichbarer Weise wie der Evangelist. Er lässt seinen Paulus die zwölf Jünger über die mindere Bedeutung der Johannestaufe belehren. Auch er bietet die bisherige Autoritätsgestalt dieser Jünger auf, eben den Täufer, um auf Jesus als Heilsperson zu verweisen: Johannes selbst hat dem Volk gesagt, „sie sollten an den glauben, der nach ihm kommt: an Jesus" (Apg 19,4). Der Unterschied zwischen Joh 1 und Apg 19,1–7 liegt hauptsächlich in der jeweils unterschiedlichen Intensität der Werbung. Wirkt die intendierte Integration der Zwölf in Apg 19 eher wie eine kurze Episode, so nimmt das JohEv dieses Thema immer wieder auf: in Kap. 1, 3, 5 und 10.

Trotz zugestandener Unterschiede in der jeweiligen Stellungnahme zu den Täuferkreisen im JohEv und der Gruppe der Zwölf in Ephesus ist das Gemeinsame zu betonen, das historische Rückschlüsse zulässt. Es hat in der Asia Verehrerkreise Johannes des Täufers gegeben, auf die Lukas in Apg 19 Bezug nimmt. Die ganz entsprechende Werbung um Täuferkreise, die sich im Text von Joh 1 widerspiegelt, legt die Schlussfolgerung nahe, dass der Integrationsversuch der johanneischen Gemeinde sich geographisch in demselben Raum abspielt, eben in der Asia. Es mag ein gewisser zeitlicher Abstand vorliegen, in dem der Verfasser des Johannesevangeliums schreibt. Doch wird er dieselben Kreise vor sich haben wie die Apg, deren Bedeutung aber gewachsen scheint, so dass er zu einer intensiveren Auseinandersetzung sich genötigt sieht. Die Art und Weise der Darstellung bleibt letztlich die gleiche: Jedes Mal wird der Täufer selbst aufgeboten, um auf den Vorrang Jesu zu verweisen.

V

Im Folgenden werden sich für das JohEv weitere Indizien ergeben, die Auseinandersetzung mit Täuferkreisen in der Asia anzusiedeln, wenn auf den christologischen Titel geachtet wird, der gerade in der Täuferdarstellung in Joh 1 eine Rolle spielt und dort seltsam unvermittelt aufzutauchen scheint: „das Lamm Gottes" (1,29.36). Zu beachten doch, dass die der Tradition entnommene Tatsache der Taufe des Johannes im JohEv nicht mehr die dieser Überlieferung entsprechende Aufgabe der Sündenvergebung hat (vgl. dagegen Mk 1,4; Lk 3,3) Die Johannestaufe dient in Joh 1 „ausschließlich dazu, daß Johannes Jesus als den von Gott Gesandten identifizieren konnte (Joh 1,31.33)."[39] Auffällig ist dabei, dass die Präsentation Jesu als „das Lamm Gottes", die durch den Täufer erfolgt, im Kontext der Frage geschieht, warum er denn taufe (1,25). Als Antwort auf diese Frage ist das Wort des Täufers in 1,29 zunächst nicht verständlich. Zu erwägen ist jedoch, ob der Evangelist (in Kenntnis von Mk 1,4: die Johannestaufe als Taufe „zur Vergebung der Sünden") Jesus schon hier ganz bewusst die Aufgabe der Sündenschuldtilgung zuschreibt, um die Tradition von Mk 1,4 richtigzustellen:[40] Nicht die Johannestaufe hat Sündenvergebung bewirkt, sondern Jesu Tod hat dies getan. Das Bild vom „Lamm Gottes, das die Sünde der Welt wegschafft" (1,29), würde als Gegenstück zum Gedanken der Johannestaufe dienen. „Die sündentilgende Macht wurde exklusiv an Jesus und seinen sühnenden Tod gebunden, die Johannestaufe zu einer bloßen Wassertaufe ... reduziert."[41] Wäre damit das kontextorientierte Auftauchen des Titels „das Lamm Gottes" erklärt und zugleich für den Leser der literarische Spannungsbogen zur Passionsgeschichte geschlagen (Jesu Tod als Tod des wahren Passalamms 19,14.36), so bleibt die Bezeichnung ἀμνὸς τοῦ θεοῦ im JohEv auffällig, insofern sie abgesehen von 1,29.36 nicht mehr auftaucht und als Titel für die eigentliche Christologie des JohEv keine Rolle mehr spielt. Sie wird der liturgischen Tradition der Gemeinde entstammen, wie der Vergleich mit 1Kor 5,7f. und 1Petr 1,18f. nahe legt, wobei die letztgenannte Stelle von Christus als „dem fehlerfreien und makellosen Lamm (ἀμνός)" spricht und Joh 1,19.36 am nächsten steht.

Deutet 1Petr 1 schon in den kleinasiatischen Bereich, so tut dies die Offb umso mehr. Bekanntlich ist dort „Lamm" zentraler Würdetitel, allerdings sprachlich

---

39 D.-A. Koch, „Der Täufer als Zeuge des Offenbarers," in: F. Segbroeck (Hg.), *The Four Gospels 1992*. FS Frans Neirynck III (BEThL 100 C), Leuven 1992, 1963–1984: 1974.
40 Koch, a.a.O., 1978, Anm 48; R. Metzner, *Das Verständnis der Sünde im Johannesevangelium* (WUNT 122), Tübingen 2000, 136f.
41 Stowasser, *Johannes der Täufer* (s. Anm. 32), 129.

zum Ausdruck gebracht durch ἀρνίον, wobei das Wort ein Diminutiv zu ἀρήν („Lamm", „Schaf") darstellt, ohne dass die Diminution in der Volksprache empfunden werden musste. Für den Zusammenhang hier ist das folgende philologische Urteil wichtig: „Die Rede von Jesus als dem ἀρνίον deckt sich ... in der Sache völlig mit dem, was im Johannesevangelium von dem ἀμνὸς τοῦ θεοῦ und im 1. Petrusbrief von dem ἀμνὸς ἄμωμος καὶ ἄσπιλος gesagt wird."[42] Mag in Offb 5,9 wegen der Schlachtungsaussage noch Jes 53,7 nachwirken und in 1Petr 1,19 wegen der Fehlerlosigkeit des Lammes der alttestamentliche Opfergedanke überhaupt (vgl. Ex 12,5; Lev 1,10; 9,3), so steht im Hintergrund doch wohl jeweils die Vorstellung vom Passalamm, wobei die jüdisch-rabbinische Idee von Bedeutung ist, dass dem Blut der beim Auszug aus Ägypten geschlachteten Lämmer (Ex 12) Sühnekraft zugeschrieben wurde. Nur in 1Petr 1,18f. und Offb 5,9 taucht der Gedanke des Loskaufs durch das Lamm auf; dennoch gehört Joh 1,29 in diesen Zusammenhang, wenn vom Lamm Gottes die Rede ist, das die Sünde der Welt wegschafft.

VI

Trotz engerer Berührungen in der Lammeschristologie der Offb und Joh 1,29.36 ist doch der entscheidende Unterschied herauszustellen. Im JohEv geht es um „das Lamm Gottes", und der Gebrauch des Titels beschränkt sich auf den Eingang des Täuferzeugnisses in Joh 1 und seinen Vorausverweis auf den Passionsbericht. In der Offb ist der Titel „das Lamm" absolut gebraucht und zum beherrschenden Titel geworden, allerdings beschränkt auf die Visionsschilderungen der Schrift; er fehlt in der brieflichen Rahmung (Offb 1–3; 22,6–21). Lassen sich Gründe nennen, die zu dieser bedeutsamen Ausgestaltung der Lammeschristologie in der Offb geführt haben? Einige Erwägungen seien hier gestattet.

Zunächst ist negativ die überdeutliche Zurückhaltung gegenüber dem ansonsten verbreiteten Titel „Sohn Gottes" zu notieren, der nur in Offb 2,18 anklingt – wohl deshalb, weil der Seher Johannes in demselben Sendschreiben Ps 2 ausdrücklich zitiert (2,27 mit Bezug auf Ps 2,8f.). Der Gedanke der Gottessohnschaft Christi ist dem Verfasser durchaus vertraut; dies verrät die Vater-Prädikation in

---

[42] O. Hofius, „Ἀρνίον – Widder oder Lamm?," ZNW 89 (1998) 272–281: 280. Zu fragen ist allerdings, warum der Seher Johannes nicht ἀμνός sondern ἀρνίον verwendete. Möglicherweise ist diese Änderung adressatenorientiert im Blick auf die kleinasiatischen Leser des Buches. Es könnte sich um einen Anklang an die Tradition des „weissagenden Lammes" handeln, das Unheil und heilvolle Herrschaft ankündigte (vgl. die demotische „Prophezeiung des Lammes" und dazu R. Bergmeier, „Die Buchrolle und das Lamm (Apk 5 und 10)," ZNW 76 (1985) 225–242: 234f.).

Beziehung auf Christus (1,6; 2,28; 3,5.21; 14,1). Dass er sie in titularer Form Christus vorenthält (bis auf 2,18), erklärt sich am ehesten aufgrund der jüdischen (und deshalb wohl auch judenchristlichen) Problematisierung des Sohn-Gottes-Titels, die wegen der Verwendung im römischen Herrscherkult speziell für den Seher Johannes akut sein konnte.[43] Gewissermaßen in bewusstem Gegenzug zum Sohn-Gottes-Titel kreiert der Seher Johannes für seine Visionsschilderungen das visionäre Bild vom Lamm, das geschlachtet wurde und für Gott durch sein Blut Menschen aus allen Völkern losgekauft hat (besonders 5,9). Johannes aktiviert damit für seine soteriologische Zielsetzung jene urchristliche Passalamm-Tradition, wie sie in 1Petr 1,19f. und Joh 1,29.36 deutlich greifbar ist – nur ist sie über den soteriologischen Sühnegedanken hinaus (Loskauf!) eschatologisch ausgeweitet im Blick auf die herrscherlichen Funktionen des Lammes (6,16f.; 14,10; 17,14). Ansonsten ist trotz unterschiedlicher Sprache eine vergleichbare „hohe Christologie" im JohEv wie in der Offb festzustellen. Der zugespitzten Einheitsaussage von Joh 10,30 („ich und der Vater sind eins") oder dem Thomasbekenntnis Joh 20,28 hätte der Seher Johannes allerdings vermutlich kaum folgen können. Seine Theozentrik, die die höchsten Gottesprädikate wie „der ist und der war und der kommt" (Offb 1,4.8; 4,8; 11,17) sowie „Allherrscher" (1,8; 4,8; 11,17; 15,3; 16,7.14; 19,6.15) Gott allein vorbehält, hätte ihn wohl daran gehindert. Andererseits spricht der erhöhte Christus in Offb 3,21 (ganz aktiv) von seinem Sichniederlassen zusammen mit dem göttlichen Vater auf dessen Thron. Die Throngemeinschaft zwischen dem Lamm und Gott selbst ist in der Tat eine Eigentümlichkeit der Offb (7,17; 22,3).[44] In beiden Schriften, im JohEv wie der Offb, begegnet eine spezifische Ausprägung „hoher Christologie", ohne dass eine unmittelbare traditionsgeschichtliche Verwandtschaft festzustellen ist. Es bleibt eben die Schwierigkeit, dass die Offb den Titel „Sohn Gottes" weitgehend vermeidet, während das JohEv die gegenwärtige Heilsgabe des Lebens gerade an den „Sohn" bindet (5,24–26; 6,35.47–51) und absolutes „der Sohn" überhaupt den zentralen christologischen Hoheitstitel darstellt. Trotz dieser Einschränkung gibt es (neben der Verwandtschaft in der Lammes-Christologie) Indizien für die Möglichkeit, das JohEv in einen theologiegeschichtlich fassbaren Bezug zur Offb zu stellen. Am Paradigma der Lebenswasser-Thematik hat man den interessanten Versuch unternommen, das JohEv in ein theologiegeschichtliches Gefälle einzuzeichnen, das in der Offb eine veränderte Ausprägung findet: Die Lebenswasser-Worte der Offb (7,16f.; 21,6; 22,1.17) erweisen sich dabei als Zeugen der Nachge-

---

43 U.B. Müller, „‚Das Wort Gottes'. Der Name des Reiters auf weißem Pferd (Apk 19,13)," in: ders., *Christologie und Apokalyptik* (ABG 12), Leipzig 2003, 312–325: 313.
44 Vgl. Hengel, „‚Setze dich zu meiner Rechten!'," in: M. Philonenko (Hg.), *Le Trône de Dieu* (WUNT 69), 1993, 108–194: 132–134.

schichte der johanneischen Worte (Joh 4,10.13 f.; 7,37–39).⁴⁵ „Die Abweichungen zwischen der johanneischen Tradition und der Apk ... lassen sich auf zwei Grundunterschiede reduzieren ... Während im JohEv das Lebenswasser-Motiv auf die Heilsgegenwart bezogen und eindeutig christologisch geprägt ist (... Joh 4,10.14), wird es in der Apk auch im Blick auf die Heilszukunft der Vollendeten thematisiert (Apk 7,16 f.) und dort, wo von einer gegenwärtigen Heilsgabe die Rede ist, mit Gott in Verbindung gebracht (... Apk 21,6), ein Gedanke, der allerdings ebenfalls in Joh 4,10 ... auftaucht, dort jedoch gleich auf ... Jesus zugespitzt wird."⁴⁶ Die Hereinnahme des Zukunftsaspekts prägt also die Umprägung der Lebenswasser-Tradition in der Offb. Gleiches gilt für die Verheißung ewigen Lebens in 1Joh 2,25, aus der trotz 1Joh 3,14 f.; 5,11–13 das futurische Element nicht zu eliminieren ist.⁴⁷ Entscheidend ist, dass in der Entwicklung der Eschatologie, wie sie im JohEv, der Redaktion des JohEv (z. B. 5,28 f.), den Johannesbriefen und der Offb ablesbar ist, die gleiche Triebfeder festzustellen ist, die Einfügung des Zukunftsaspekts.⁴⁸ Man kann in der Offb ein Werk des Sehers Johannes sehen, das im Gefälle der johanneischen Theologiegeschichte anzusiedeln ist und dem sich auffächernden johanneischen Kreis zuzuordnen ist.⁴⁹ Mit einem solchen Ergebnis wäre indirekt auch einiges gewonnen bei der Frage nach der Positionierung des theologiegeschichtlichen Ortes des JohEv, das am Anfang einer Entwicklung stünde, die jedenfalls am Ende eindeutig in die Asia weist. Im Blick auf die Stellungnahme zu Täuferkreisen drängte sich in der Tat schon die Schlussfolgerung auf, dass wegen der Übereinstimmungen mit Apg 19,1–7 auch der Ort des JohEv in der Asia zu suchen ist. Die Prädikation Jesu als „Lamm Gottes" zeigte in dieselbe Richtung.

VII

Entsprechende Schlussfolgerungen sind auch hinsichtlich des sog. Synagogenausschlusses zu ziehen, der im JohEv eine Rolle spielt, wahrscheinlich aber auch in der Offb, was wiederum in die Asia weist. Wegen der dreifachen Erwähnung des Synagogenausschlusses im JohEv (9,22; 12,42; 16,2) hat man zwar gemeint, die johanneische Gemeinde in einem Gebiet verorten zu können, wo das Judentum

---

45 J.-W. Taeger, *Johannesapokalypse und johanneischer Kreis* (BZNW 51), Berlin/New York 1989, 86; vgl. auch U.B. Müller, *Die Offenbarung des Johannes* (ÖTK 19), Gütersloh ²1995, 386–390.
46 Taeger, a.a.O., 86.
47 Taeger, a.a.O., 132 f.
48 Taeger, a.a.O., 133.
49 Taeger, a.a.O., 204 f.

unter Führung der Pharisäer angeblich geradezu „in behördlicher Machtstellung" erscheint und gegen Judenchristen unter dem Vorzeichen der Geltung des „Ketzersegens", der sog. *birkat-ha-minim*, mit Verfolgungsmaßnahmen vorgehen konnte: das nördliche Transjordanien der Trachonitis und Batanäas.[50] Besonders Joh 16,2 schien eine solche Interpretation nahe zu legen. Nun ist aber zu Recht bestritten worden, dass der im JohEv erwähnte Synagogenausschluss unmittelbar in jene Gegend verweist. Es sei nicht „überprüfbar, wann die Ketzerbitte in dieser Gegend ins Achtzehngebet aufgenommen wurde. Auch dass sie unmittelbar etwas mit dem Synagogenausschluss zu tun haben soll, ist eher unwahrscheinlich."[51] Im übrigen sei die Erwähnung des Synagogenausschlusses in 16,2 viel zu stark durch die Typik urchristlicher Verfolgungstradition geprägt (vgl. Mt 10,21.28; 24,9; Mk 13,12; Lk 21,16), als dass so konkrete Schlussfolgerungen hinsichtlich des Ortes des JohEv möglich seien. Nun wird man aber doch daran festhalten dürfen, im Synagogenausschluss nicht nur einen allgemeinen Ausdruck frühchristlicher Leidensgeschichte zu sehen, sondern konkret eine „geschichtlich fixierbare Tatsache der joh Gemeindegeschichte."[52] Denn die Topik der näheren Beschreibung des Synagogenausschlusses beschränkt sich auf Joh 16,2, wo diese leidvolle Erfahrung der Gemeindegeschichte mit Hilfe bekannter frühchristlicher Gemeindetradition aufgearbeitet wird. Zwar reflektiert auch 12,42 die nachösterliche Erfahrung, dass heimlicher Christusglaube der Gemeinde bei ihrem Synagogenausschluss nicht geholfen hat; doch hat die Stelle sicherlich ein rechtliches Verfahren im Blick, bei dem die Synagoge (nach 70 n. Chr.) Gruppen ausgrenzte, die mit der sich etablierenden Orthodoxie nicht konform gingen.[53]

Nun hat man die Judenschaft Kleinasiens selbstverständlich mit den Sendschreiben in der Offb in Verbindung zu bringen versucht, besonders was die Schreiben an die Gemeinden in Smyrna (Offb 2,9) und Philadelphia (Offb 3,9) angeht. Gerade die Asia zeigt ja ein einflussreiches Judentum, bei dem Mitglieder der jüdischen Gemeinde zum Stadtrat gehören konnten. Die Juden mussten dabei die missionarische Lehre der Christen als gefährliche Konkurrenz betrachten,

---

50 K. Wengst, *Bedrängte Gemeinde und verherrlichter Christus*, München ⁴1992.
51 Becker, *Johanneisches Christentum* (s. Anm. 2), 58. Vgl. auch Hengel, *Johanneische Frage* (s. Anm. 4) 293, und ansonsten die Argumentation gegen die These von Wengst bei Hengel, a.a.O., 288–293.
52 J. Becker, *Das Evangelium nach Johannes* (ÖTK 4/2), Gütersloh/Würzburg ³1991, 590.
53 Becker, *Johanneisches Christentum* (s. Anm. 2), 35f. Thyen, *Johannesevangelium* (s. Anm. 16), 466f. lehnt (wie bei der Frage nach der Bedeutung der Johannesjünger für das JohEv) auch hier einen aktuellen Bezug auf die Außenwelt des Joh ab. Er hält die Praxis eines förmlichen Ausschlussverfahrens gegen jüdische Christen für unwahrscheinlich. Der Begriff „Synagogenausschluss" sei eher dem „intertextuellen Spiel" des Evangelisten mit synoptischen Aussagen wie Lk 6,22 zu verdanken (auch a.a.O., 575f.).

durch die sie selbst bei den staatlichen Organen in Misskredit gerieten (vgl. Apg 19,23–40). Ihre Reaktion nennt der Seher Johannes βλασφημία, was „Verleumdung" bedeuten kann (Offb 2,9): Juden haben dazu beigetragen, dass Christen in Bedrängnis kamen und Konflikte mit den Behörden zu erwarten hatten, was der Seher dann seinerseits als „Gotteslästerung" verstanden haben dürfte, was dem religiösen Aspekt des griechischen Wortes entspricht (vgl. den Sinn des Verbums in Offb 13,5f.; 16,9; 16,11.21). Er reagiert polemisch gegen jüdische Anfeindungen: Gegen ihren Anspruch, „Synagoge des Herrn" zu sein (Num 16,3; 20,4) seien die Juden in Wahrheit „die Synagoge des Satans" (Offb 2,9; 3,9). Das erinnert unmittelbar an die Invektive in Joh 8,44: „Ihr seid aus dem Vater, (der) der Teufel (ist), und wollt die Begierden eures Vaters tun." Diese Parallelität legt den Vergleich von Offb 2,9; 3,9 mit den johanneischen Texten nahe, die den Synagogenausschluss explizit thematisieren. Denn die gleiche Verurteilung der Juden seitens der Offb und dem JohEv legt die Annahme nahe, dass möglicherweise ein vergleichbarer Anlass der Grund gewesen ist.

Das JohEv spricht ausdrücklich von einem Synagogenausschluss, der die johanneische Gemeinde getroffen hat. Die einzige neutestamentliche Schriftstelle, die wohl ebenfalls, wenn auch in verschlüsselt-bildlicher Form davon redet, ist Offb 3,7–13. Trifft dies zu, so wäre dies ein wichtiger Anstoß zu der Frage, ob nicht in beiden Texten die gleiche Maßnahme der Juden gegen (Juden-)christen vorliegt, die zudem in dasselbe Kirchengebiet weist, wo Christen auf ein überaus starkes Judentum gestoßen sind.

Im Schreiben an die Gemeinde zu Philadelphia Offb 3,7–13 wird zweimal das Auf- und Zuschließen thematisiert. In V. 7 erscheint Christus als Sprecher, wobei er als derjenige vorgestellt ist, „der den Schlüssel Davids hat, der öffnet und niemand wird (wieder) schließen, und der schließt, und niemand wird (wieder) öffnen." Christus hat danach die Macht, den Eintritt in die Stadt Davids, das neue himmlische Jerusalem, zu gewähren, von dem 3,12 handelt. Zum zweiten Mal taucht das Motiv in unmittelbarem Anschluss an die erwähnte Prädikation Christi auf in V. 8: „Ich kenne deine Werke. Siehe ich habe vor dir eine Tür geöffnet, die niemand zuschließen kann. Denn du hast (nur) kleine Kraft und hast (doch) mein Wort bewahrt und meinen Namen nicht verleugnet." Auch dieses Heilswort formuliert die eschatologische Verheißung und ist nicht etwa auf eine missionarische Chance zu beziehen.

Nun hat man zu beachten, dass dieses Schreiben an Philadelphia wie jenes an Smyrna (Offb 2,8–11) das leidvolle Verhältnis zur jüdischen Gemeinde anschneidet, die wiederum als „Synagoge des Satans" erscheint. Es liegt also nahe, in dem zweimaligen Hinweis auf das Auf- und Zuschließen eine Anspielung auf die konkrete Situation der christlichen Gemeinde zu sehen. Christus selbst, der begegnet als derjenige, der den Schlüssel zum himmlischen Jerusalem hat, sowie seine Verheißung, der christlichen Gemeinde den Zugang dazu zu öffnen, werden wohl in bewusstem Gegensatz zur Erfahrung der Gemeinde vor Ort beschrieben: „Die Christen, die die Abgrenzung der Juden schmerzlich erfahren haben, denen im wahrsten Sinne des Wortes die Tür zugeschlagen wurde, dürfen sich des Trostes gewiß sein, daß ihnen die Tür des himmlischen Jerusalem offen steht. Hier im besonderen an einen Synagogenausschluß der Judenchristen zu denken, liegt nahe."[54] Und in der Tat – hier findet sich die nächste Parallele zu dem Synagogenausschluss, von dem das JohEv ausdrücklich handelt, auch wenn detaillierte Informationen über die näheren Umstände schon wegen der besonderen Form der Christusrede in Offb 3 fehlen. Was nun von Philadelphia gesagt ist, wird wohl auch für Smyrna gelten, insofern dort die Juden in derselben Form angeklagt werden: „Synagoge des Satans". Überhaupt richten sich die Sendschreiben nicht nur an einzelne Gemeinden, sondern haben bei ihrem brieflichen Charakter die christlichen Gemeinden überhaupt im Blick (vgl. die Verallgemeinerung in Offb 2,23).

VIII

Es ist an der Zeit, die erzielten Beobachtungen im Blick auf eine Gesamtthese zu bündeln. Es sollte deutlich geworden sein, dass man nur bedingt von einer Isolation des JohEv gegenüber sonstigen Traditionsströmen der frühen Christenheit reden kann.[55] Die enge Verwandtschaft in der Art des Umgangs mit Täuferkreisen, die zwischen Joh 1 und Apg 19,1–7 besteht, legt doch wohl nahe, auch für das JohEv eine Lokalisierung in Ephesus bzw. der Asia anzunehmen. Gerade Kleinasien mit seiner starken Judenschaft dürfte die Umgebung gewesen sein, in der sich das johanneische Christentum in einer besonderen Konfliktsituation mit dem Judentum befand, was zum sog. Synagogenausschluss im Bereich der johanneischen Gemeinde geführt hat, wovon aber auch die Offb in ihren Sendschreiben nach Philadelphia und Smyrna deutliche Zeichen hinterlässt. Dies ist ein wichtiges Indiz dafür, für das JohEv wie die Offb die Asia als Heimat vorauszusetzen. Im übrigen sollte man die theologischen Unterschiede zwischen JohEv und Offb nicht überbetonen, insofern man in der Offb eine Schrift sehen kann, die durchaus im Gefälle johanneischer Theologiegeschichte anzusiedeln ist.

Trotz dieses Versuchs der Zuordnung des JohEv nach Ephesus bzw. der Asia ist noch einmal das Problem einer gewissen Isoliertheit des JohEv anzuschnei-

---

54 P. Hirschberg, *Das eschatologische Israel. Untersuchungen zum Gottesvolkverständnis der Johannesoffenbarung*, (WMANT 84), Neukirchen-Vluyn 1999, 116 im Anschluss an E. Schüssler Fiorenza, *Das Buch der Offenbarung. Vision einer gerechten Welt*, Stuttgart/Berlin/Köln 1994, 76.
55 Vgl. aber Becker, *Johanneisches Christentum* (s. Anm. 2), 59.

den.⁵⁶ Nicht nur die sprachliche Eigentümlichkeit des JohEv hat zu Fragen nach der Verortung geführt, sondern auch die Tatsache, dass das JohEv erst im späten 2. Jahrhundert n.Chr. auf die altkirchliche Theologie eingewirkt hat.⁵⁷ Papias von Hierapolis (nicht allzu weit also von Ephesus entfernt) kennt das JohEv wahrscheinlich nicht; aus dem Zitat bei Eusebius, Hist.Eccl. III, 39,3–4 ist Entsprechendes nicht zu entnehmen⁵⁸. Auch Ignatius von Antiochien, der die Asia auf seiner Fahrt nach Rom besucht hat, scheint es nicht zu kennen – noch viel weniger weiß er etwas von dem Presbyter Johannes, den Papias erwähnt, ohne ihn mit Ephesus zu verbinden, den die Forschung zuweilen dort als möglichen Autor des JohEv lokalisiert, obwohl Ignatius in seinem Epheserbrief allein Paulus als ehrwürdige Autorität dort erwähnt (Ignatius v. Antiochien, Eph. 12,2). Eine Zuweisung des JohEv wirft daher natürlich Fragen auf. Man hat das Problem so auf den Punkt gebracht: „Der Epheserbrief, die Timotheusbriefe, der Brief des Ignatius v. Ant. lassen kaum auf die Anwesenheit einer joh Gemeinde in Ephesus schließen, und doch ist die Existenz joh Gemeinden am Ende des 1. Jahrhundert n.Chr. anzusetzen. Wie ist es möglich, daß die ‚paulinische' Hauptgemeinde und die joh Gemeinden keine Notiz voneinander nahmen?"⁵⁹ Man hat auf den großstädtischen Charakter des antiken Ephesus verwiesen, auf die verschiedenen Hausgemeinden, die nebeneinander existierten, so dass man nicht unbedingt Notiz voneinander nehmen musste. Dabei hat man sich die johanneischen „Freundeskreise" (3Joh 15; aber auch Joh 15,15) nicht allzu groß vorzustellen; das Übersehenwerden durch die christliche Umwelt ist dann durchaus möglich⁶⁰. Man braucht sich auch nicht allein auf die Stadt Ephesus zu kaprizieren. Sollten Glieder des johanneischen Kreises in einer der Nachbarstädte der Asia gewirkt haben, so würde das Problem der Nichtbeachtung des JohEv und seines Kreises noch weniger erstaunlich.

Im übrigen hat man zu berücksichtigen, dass die Offb die paulinischen Briefe und Paulus nicht erwähnt und paulinisch geprägte Gemeinden nicht als solche nennt – auch und gerade im Sendschreiben nach Ephesus: „Begründetes Schweigen" hat man diesen Sachverhalt zu Recht bezeichnet, insofern der Seher

---

56 Vgl. besonders Frenschkowski, „Τὰ βαΐα τῶν φοινίκων" (s. Anm. 3), 213f.217f.
57 W. Schmithals, „Die Bedeutung der Evangelien in der frühen Kirche vor der Kanonbildung," in: C. Breytenbach (Hg.), *Paulus, die Evangelien und das Urchristentum. Beiträge von und zu W. Schmithals* (AGJU 54), Leiden/Boston 2004, 487–520: 514.
58 Vgl. die sorgfältige Argumentation bei Körtner, *Papias von Hierapolis* (Anm. 6), 174.
59 R. Schnackenburg, „Ephesus: Entwicklung einer Gemeinde von Paulus zu Johannes," BZ NF 35 (1991), 41–64: 60.
60 Vgl. Klauck, *Der erste Johannesbrief* (EKK 23/1), Neukirchen-Vluyn u.a. 1991, 49.

Johannes der paulinischen Überlieferung kritisch gegenübersteht[61]. Es wird aber auch ein zufälliges Verschweigen gegeben haben. Jedenfalls gilt: Wie Paulus in der Offb (abgesehen von der stillschweigenden Übernahme paulinischer Briefkonvention in Präskript und Schlussgruß) keine Beachtung findet, so scheint das JohEv in zeitgenössischen Schriften nicht beachtet zu sein. Dieser Sachverhalt ist eben kein Einzelfall und spricht nicht gegen eine Zuordnung des JohEv bzw. des johanneischen Kreises nach Ephesus bzw. die Asia. Es gibt eben positive Gründe für eine Zuweisung des JohEv in dieses Kirchengebiet, wie die vergleichbare Stellungnahme zu aktuellen Täuferkreisen im JohEv und Apg 19 zeigt. Auch die ganz ähnliche Auseinandersetzung mit dem Judentum im JohEv wie der Offb, die zum Synagogenausschluss geführt hat, ist ein deutliches Indiz. So steht zu hoffen, dass nicht nur Ausflüge in den Bereich der Phantasie (Adolf Schlatter) zu dem vorliegenden Ergebnis geführt haben, sondern verwertbare Argumente.

---

61 J.-W. Taeger, „Begründetes Schweigen. Paulus und paulinische Tradition in der Johannesapokalypse," in: M. Trowitzsch (Hg.), *Paulus, Apostel Jesu Christi*. FS Günter Klein, Tübingen 1998, 187–204.

Zwischen Johannes und Ignatius

Theologischer Widerstreit in den Gemeinden der Asia

Mit dem Seher Johannes und dem Bischof Ignatius von Antiochien erscheinen zwei ganz verschiedene Gestalten im eng begrenzten Kirchengebiet der römischen Provinz Asia. Erweckt der eine den Eindruck, keines der institutionalisierten Gemeindeämter zu beachten, so tritt der andere als leidenschaftlicher Verfechter des Bischofsamtes auf. Weniges scheint die beiden zu verbinden, immerhin aber eine vergleichbare Nähe zum Gedanken des Martyriums, wenn der eine, Johannes, doch wohl zwangsweise, d. h. „um des Wortes Gottes willen und des Zeugnisses Jesu" (Offb 1,9), auf der Insel Patmos weilte, der andere, Ignatius, ganz entschlossen dem Märtyrertod in Rom entgegensieht (z. B. IgnRöm 1,2; 4,1–7,3). Ansonsten begegnet eher Trennendes, wenn man Johannes und Ignatius vergleicht. Johannes lebt ganz in der Bibel des Alten Bundes, wenn er alttestamentliche Schriftstellen ständig benutzt, ohne die Zitate als solche zu kennzeichnen; Ignatius bezieht sich auf die „Urkunden", wie er die alttestamentlichen Texte nennt, gibt ihnen aber nicht das entscheidende Gewicht, das allein dem Evangelium zukommt (IgnPhld 8,2), was er in der Auseinandersetzung mit sog. Irrlehrern betont. Und hier offenbart sich bei näherem Zusehen ein Problem. Ignatius kämpft gegen Gemeindeglieder, die eine doketistische Christologie vertreten, und diese Bewegung bedroht auch Gemeinden in der Asia, an die zuvor Johannes geschrieben hat (an Smyrna und Philadelphia in Offb 2–3) oder die in der Nähe derselben liegen (Tralles und Magnesia am Mäander), ohne dass Johannes irgendeine Kenntnis dieser sog. Irrlehre verrät. Das ist schon beachtlich.

Zwar schreibt Ignatius seine Briefe einige Jahre später (um 110 n. Chr.), als Johannes die Sendschreiben verfasst hat (noch unter Domitian, gest. 96 n.Chr., oder in den Anfangsjahren Trajans ab 98 n.Chr.).[1] Der Zeitraum zwischen der Offb und den Ignatiusbriefen dürfte also vielleicht anderthalb Jahrzehnte, möglicherweise auch weniger betragen haben. Lässt sich das anscheinend plötzliche Auftreten jener Irrlehre in der Asia vielleicht erklären oder gibt es sogar gewisse Ansätze bei Johannes und seinen Gemeinden, die zu der wenig später bekannt

---

[1] Echtheit sowie damit zusammenhängend Abfassungsdatum der Ignatiusbriefe sind nicht unumstritten. Die heute vorherrschende Meinung neigt zu der auch hier vertretenen Frühdatierung in die spätere Zeit Kaiser Trajans, also etwa 110–117 (Eusebius, HistEccl. III, 36, vgl. W. R. Schoedel, „Art. Ignatius von Antiochien," *TRE* 16 (1987) 40–45; B. Dehandschutter, „Art. Ignatiusbriefe," *RGG*[4] 4 (2001), 34–36).

https://doi.org/10.1515/9783110592634-011

werdenden Lehrabweichung beigetragen haben? Dieser Frage ist nachzugehen, insofern die Forschung dieses Problem doch wohl vernachlässigt hat.

Christlicher Glaube ist zu dieser Zeit ein vielschichtiges Phänomen. Dementsprechend dürfte es nicht leicht fallen, positive Merkmale zu entdecken, die es gestatten, Johannes und Ignatius als Kronzeugen einer gleichartigen religiösen Position zu bestimmen; immerhin eint sie das jeweils anders gestaltete Insistieren bzw. Festhalten am Gedanken der Inkarnation Christi. In einem besonderen Punkte unterscheiden sich beide noch stärker als anfangs erwähnt. Die Verurteilung des Römischen Imperiums und seiner heidnisch-städtischen Gesellschaft als satanisches System hat bei dem Märtyrerbischof Ignatius und den angeschriebenen Gemeinden anscheinend keine Nachwirkung erfahren, obwohl er, „an zehn Leoparden gefesselt", eine römische Soldatenabteilung nämlich (Ign-Röm 5,1), auf dem Wege zum Martyrium in Rom ist. „Der Fürst dieser Weltzeit", wie er den Satan nennt, wird niemals als die eine Verführungsmacht für christliche Gemeinden, die hinter dem römischen Imperium steht und dieses geradezu installiert hat (Offb 13,1–2), identifiziert (vgl. IgnEph 17,1; 19,1 u.ö.). In dieser Hinsicht scheint Johannes als einsamer Eiferer ohne unmittelbare Nachwirkung geblieben zu sein. Jedenfalls hat er mit gegnerischen Gruppen zu tun, den Nikolaiten etwa (Offb 2,12–17 bzw. 2,18–29), denen er eine das Christsein in Frage stellende Anpassung an die heidnische Gesellschaft attestiert, während sie das satanische Verführungssystem Roms als solches nicht erkennen.

Bei der Untersuchung dieser Problematik soll klarer werden als bisher, wie und warum Johannes zu seiner so isoliert scheinenden Haltung gelangen konnte, die ihn von anderen Kreisen in der Asia unterscheidet, welche, von paulinischer Tradition geprägt, offener und freier den Lebensformen antiker Stadtgesellschaft gegenüber stehen. Es wird keine geradlinige Entwicklungsgeschichte zwischen Johannes und Ignatius zu zeichnen sein; eher ist von Brüchen, plötzlich auftauchenden Gegensätzen die Rede. Dennoch soll am Ende deutlich werden, dass eine überraschende Nähe im Christusbild des Johannes und jenem besteht, das Ignatius bei den doketistischen Gegnern bekämpfen musste.

I

Moderne Exegese konstatiert zurecht, dass die Offb in ihrem Verhältnis zu damaliger Welt und Gesellschaft sich von der zeitgenössischen frühchristlichen Verhaltensweise abgrenzt: der Seher Johannes vertritt danach „attitudes and styles of life not compatible with how most Christians were living in the cities of

Asia."[2] Für ihn gibt es eine unüberwindliche Kluft zwischen den von der Erde Losgekauften (Offb 14,3) und den sonstigen „Bewohnern der Erde" (Offb 13,8.12.14 u.ö.), zwischen der Realität der christlichen Gemeinde und der Welt des Römischen Imperiums. Dementsprechend verlangt der Seher Johannes von seinen Adressaten „das Herausgehen aus der Welt" – eine Forderung, die Paulus in 1Kor 5,9f noch als Missverständnis abgewiesen hat. In Offb 18,4 lässt Johannes eine Himmelsstimme die Christen aufrufen: „Zieht fort aus ihr (d.h. Babylon = Rom), mein Volk, damit ihr nicht teilhabt an ihren Sünden und damit ihr nicht empfangt von ihren Plagen." Geradezu fluchtartig sollen sie sich von „Rom" absetzen, wie der Anklang an die prophetische Redeform der „Aufforderung zur Flucht" zeigt (Jer 51,45; auch Jer 50,8; 51,6; Jes 52,11), um ja nicht in das Unheil, das Rom treffen wird, involviert zu sein.[3] Hier ist wohl das Hauptanliegen des Verfassers Johannes prägnant formuliert, der das ganze System damaliger Gesellschaft für gottlos hält, weshalb sich auf diese einzulassen bedeuten würde, dem Götzendienst zu verfallen, oder wie Johannes sagt: „Götzenopferfleisch zu essen und Unzucht zu treiben" (Offb 2,14.20f. bzw. 17,2; 18,3 u.ö.). „Zieht fort!" ist „allen Christen gesagt, die einen kompromissbereiten Kurs gegenüber der heidnischen Stadtgesellschaft steuern wollten"[4] und noch nicht erkannt haben, dass hinter der imponierenden Macht des Römischen Imperiums und seiner Gesellschaft der auf der Erde wirkende Satan steht. Deshalb will Johannes seinen Gemeinden zeigen, dass im Himmel der Sieg Gottes und seines Christus proklamiert und die Macht Satans bereits gebrochen ist (12,10), auf Erden aber seine Unheilsmacht sich auf schreckliche Weise auswirkt (12,12). Denn der auf die Erde gestürzte Satan hat dem „Tier" aus dem Meer, das der Seher Johannes als das Römische Reich mit seinem Cäsarenkult identifiziert, seine Macht gegeben (13,2). Des Sehers „Aufklärungsstrategie",[5] die die Tiefendimension damaliger Wirklichkeit entbirgt, hinter der für ihn der Satan selbst steht, richtet sich an Christen, die genau dieses noch nicht realisiert zu haben scheinen, wie besonders die Schreiben an Pergamon („Thron des Satans" 2,13) oder Thyatira („das Weib Isebel" 2,20.24) verraten. Eindringlicher noch kommt dann in Offb 17f. „der verhängnisvoll verführerische Zauber zur Sprache, den Rom auf ‚alle' ausübt (17,2.4; 18,3.23); zugleich wird die hinter-

---

2 L.L. Thompson, *The Book of Revelation*, New York/Oxford 1990, 132.
3 D.E. Aune, *Revelation 17–22* (WBC 52C), Nashville 1998, 990f. bzw. 977.
4 H.-J. Klauck, „Das Sendschreiben nach Pergamon und der Kaiserkult in der Johannesoffenbarung," in: ders., *Alte Welt und neuer Glaube* (NTOA 29), Freiburg/Göttingen 1994, 115–143: 139. – P. Trebilco, *The Early Christians in Ephesus from Paul to Ignatius* (WUNT 166), Tübingen 2004, 398.438f. geht nur ganz kurz auf Offb 18,4 und seine Bedeutung für den Seher Johannes ein.
5 J.-W. Taeger, „Begründetes Schweigen," in: M. Trowitzsch (Hg.), *Paulus, Apostel Jesu Christi*. FS Günter Klein, Tübingen 1998, 187–204: 200f.

gründige Beziehung der ‚großen Stadt' (17,18; 18,10 u. ö.) zur Bestie aus Apk 13, dem irdisch wirkenden Satan, aufgedeckt (17,3,7 ff.)."[6] Die Frage stellt sich: Warum war diese Enthüllungsstrategie so vonnöten? Zwei Überlegungen bieten sich an.

a) Im ursprünglich paulinischen Traditionsbereich, zu dem das Kirchengebiet der Asia gehört, waren ganz andere Sichtweisen von Staat und Gesellschaft vorherrschend (vgl. Röm 13,1–7). Wichtig sind vor allem Zeugnisse in zeitlicher Nähe zur Offb, die sich von dieser apokalyptischen Schrift klar unterscheiden. Für die Past (Tit 3,1; 1Tim 2,2) sind staatliche Organe zwar nicht von Gott geordnet; doch ist angesichts ihrer faktischen Ordnungsfunktion eine „positiv-vertrauensvolle Haltung" ihnen gegenüber geboten.[7] Besonders bedeutsam ist das Zeugnis von 1Petr 2,13–17, das auch an Christen in der Asia gerichtet ist. Christen sollen sich staatlicher Ordnungsmacht unterordnen, sei es Kaiser oder Statthalter, nicht weil sie von Gott eingesetzt sind, sondern „um des Herrn willen", d. h. weil sie Christen sind und christliche Freiheit sich im Anerkennen des Staates als Ordnungsmacht erweist.[8] Jedenfalls repräsentiert Rom nicht jenes „Tier" aus Offb 13, den Agenten des Satans, das durch die Agitation des zweiten „Tieres" (13,11 ff.) die Menschen dazu verführt, dem Götzendienst des Kaiserkultes zu frönen. Zwar warnt auch 1Petr 5,8 vor dem Feind der Christen, dem „Teufel", „der umhergeht wie ein brüllender Löwe und sucht, wen er verschlingen kann." Doch ist er nicht die eine dualistisch-apokalyptische Gegenmacht zu Gott bzw. Christus, die letztlich den Initiator der endzeitlichen Leiden darstellt. Bezeichnend ist auch der jeweils andere Gebrauch des Decknamens „Babylon" für Rom. Während 1Petr 5,13 mit „Babylon" als Ort der Adressaten primär die Diasporasituation der Glaubenden[9] im Blick hat, die schon das Präskript 1,1 anspricht („an die auserwählten Fremden in der Diaspora"), kommt mit dem denunziatorischen Bild der Hure Babylon für Rom in Offb 17 f. die zum Götzendienst verführende Übermacht Roms zum Ausdruck, die die „Könige der Erde" und ihre Bewohner in ihren Bann schlägt (17,2.4; 18,3). In 1Petr 5,13 aber ist das Kryptogramm „Babylon" keinesfalls in dieser apokalyptischen Dramatik gemeint.[10] Das vorherrschende christliche Denken im Kirchengebiet der Asia legte es Christen keinesfalls nahe, staatliche Organe Roms in einer Weise negativ zu bewerten, wie es die Offb tut.

---

6 A.a.O., 200 f.
7 J. Roloff, *Der erste Brief an Timotheus* (EKK 15), Zürich/Neukirchen-Vluyn 1988, 115.
8 J. Herzer, *Petrus oder Paulus? Studien über das Verhältnis des Ersten Petrusbriefes zur paulinischen Tradition* (WUNT 103), Tübingen 1998, 243.229.
9 Die Entsprechung zum Babylon des Exils ist hier im Blick.
10 Nach R. Feldmeier, *Die Christen als Fremde* (WUNT 64), Tübingen 1992, 106–112, stehen im 1Petr nicht Probleme mit dem Staat zur Debatte, sondern Schwierigkeiten der Christen mit ihrer unmittelbaren Umgebung, d. h. der Nachbarschaft.

b) Auch die äußere Bedrohungssituation für Christen war nicht unbedingt so gestaltet, dass sie staatliche oder städtische Behörden als satanisches System betrachten mussten. Zu beachten ist, dass in Offb 13 und 17 f. primär von einer (allerdings gefährlichen) Verführungsmacht Roms gesprochen wird. Wenn vom „Krieg" gegen die Heiligen die Rede ist (13,7; 12,17), so wird darin visionäre Dramatisierung vereinzelter Konflikte zu sehen sein (11,7), die sich in der Zukunft endgültig zuspitzen würden (19,19); als sprachliches Vorbild hat bei der Kriegsmetapher Dan 7,21 Pate gestanden. Gleichwohl war die tatsächliche Erfahrungssituation christlicher Gemeinden zwiespältig genug. Man hat zwar festgestellt: „Together with the introductory (1:1–20) and concluding (22:5–21) sections of Revelation, 2:1–3:22 reflects no persecution on the part of the Roman state …"[11] Doch berücksichtigt dieses Pauschalurteil zu wenig mögliche Einzelvorfälle von Bedrückung oder Verfolgung lokaler Instanzen. In Offb 1,9 spricht Johannes die Gemeinden als „Teilhaber an der Bedrängnis" an und verbindet so die Erfahrung zurückliegenden Leidens der Gemeinden (2,9) mit dem eigenen, ohne dass Klarheit über die näheren Umstände seines wohl zwangsweise erfolgten Aufenthalts auf Patmos zu erreichen ist (Verbannung oder eher freiwilliger Rückzug, um einer Verfolgung zu entgehen?).[12] Hier ist auch der Tod des Antipas zu nennen (2,13). Wenn es von ihm heißt, er sei „treuer Zeuge" Christi gewesen, „der bei euch getötet wurde, wo der Satan wohnt", so ist diesen Worten allerdings kaum etwas über die näheren Umstände seines Todes zu entnehmen; jedenfalls nötigt der Text nicht dazu, den Tod des Antipas kausal mit dem Kaiserkult bzw. der Verweigerung desselben zu verbinden.[13]

Gleichwohl zeigt sich, dass die Art und Weise, wie Offb 2,13 den Fall erwähnt, keinerlei Hinweis bietet, ihn mit den Strafverfahren zu verknüpfen, die der Plinius-Trajan-Briefwechsel (Plinius, Ep. 96 f.) als ganz neuartige Praxis im Umgang der römischen Behörden mit dem Christentum einführt. Weder ist in Offb 2 noch im übrigen Buch von einem Opfertest vor dem Herrscher- und Götterbild die Rede, noch gibt es irgendein Indiz für die Annahme, dass das *nomen ipsum*, das Christsein als solches, einen Straftatbestand darstellt. Wenn nun die Einwände gegen das traditionell finstere Domitian-Bild diesen „als Inaugurator einer christenfeindlichen Praxis … unwahrscheinlich machen und wenn das Plinius-Schreiben eine das Christentum zurückdrängende Verfahrensweise allererst durchsetzen will …, dann liegt die … Annahme nahe: Die Bestrafung christlicher Personen um des bloßen Christseins willen … wurde erst in der Zeit nach dem

---

11 D.E. Aune, *Revelation 1–5* (WBC 52), Dallas 1997, CXXXII.
12 Vgl. F.W. Horn, „Johannes auf Patmos," in: F.W. Horn / M. Wolter (Hg.), *Studien zur Johannesoffenbarung und ihrer Auslegung*. FS Otto Böcher, Neukirchen-Vluyn 2005, 139–159: 153f.158.
13 Gegen Klauck, „Sendschreiben" (s. Anm. 4), 122–126.

Plinius-Trajan-Briefwechsel zur gängigen Praxis römischer Behörden."¹⁴ Es bleibt der Tatbestand, dass in Einzelfällen Christen Verfolgung erleiden mussten. Dies gilt auch für die Gegenwart des Sehers Johannes. Wenn er in Offb 6,9 – 11 (vgl. 20,4) von einer Vielzahl von Märtyrern spricht, die nach dem baldigen Gericht schreien, so blickt er sicherlich auf die ganze Verfolgungsgeschichte der jungen Kirche zurück (einschließlich der Verfolgung unter Kaiser Nero). Ein Rückschluss auf gegenwärtige Verfolgungen ist damit aber nicht unmittelbar gegeben.

Im Blick auf die oben gestellte Frage, warum die „Aufklärungsstrategie" des Sehers Johannes ihm so notwendig erschien, drängt sich vorläufig die zusammenfassende Feststellung auf:

a) Anscheinend prägte das vorherrschende Denken in den Gemeinden der Asia eine theologisch begründete Akzeptanz staatlicher bzw. städtischer Behörden sowie eine Kompromissbereitschaft gegenüber der heidnischen Stadtgesellschaft, die der Seher Johannes letztlich als Götzendienst verurteilte, weil sie den widergöttlichen, ja satanischen Charakter dieser Welt nicht erkannte.

b) Er akzeptierte nicht das vielen Christen äußerlich relativ entspannt scheinende Verhältnis zu Staat und Gesellschaft; für ihn zeichnete sich demgegenüber eine weltweite Bedrohung der Christen ab (Offb 13,11 – 17), deren konkrete Züge sich der Verallgemeinerung und Dramatisierung einzelner, bereits existierender Verfolgungsmaßnahmen verdankt.¹⁵

Die seit längerem diskutierte These ist schon berechtigt, dass die Offb ihren Gegensatz zu Staat und Gesellschaft gewissermaßen selbst konstruiert und mit einem Christentum der Devianz die damals vorherrschende Sicht christlichen Lebens verlässt.¹⁶ Der entscheidende Konfliktpunkt, sozusagen der empfindliche Nerv, war für den Seher Johannes sicherlich die in Kleinasien betriebene Pflege des Cäsarenkultes.¹⁷ Ob unter Kaiser Domitian eine gesteigerte Kaiserverehrung stattfand, bleibt umstritten. Die Bezeichnung *dominus et deus* (Sueton, Dom. 13,2)

---

14 A. Reichert, „Durchdachte Konfusion. Plinius, Trajan und das Christentum," *ZNW* 93 (2002) 227 – 250: 248; zustimmend dazu K. Thraede, „Noch einmal: Plinius d.J. und die Christen," *ZNW* 95 (2004) 102 – 128: bes. 108 – 114. Zur Kritik am traditionellen Domitianbild vgl. J. Ulrich, „HistEccl III, 14 – 20 und die Frage nach der Christenverfolgung unter Domitian," *ZNW* 87 (1996) 269 – 289.
15 U.B. Müller, „Apokalyptische Strömungen," in: ders., *Christologie und Apokalyptik* (ABG 12), Leipzig 2003, 223 – 267: 255f.
16 Thompson, *Revelation* (s. Anm. 2), 171 – 197.
17 M. Karrer, „Stärken des Randes: die Johannesoffenbarung," in: U. Mell / U.B. Müller (Hg.), *Das Christentum in seiner literarischen Geschichte*, FS Jürgen Becker (BZNW 100), Berlin/New York 1999, 391 – 417: 411 – 413.

hat wohl Eingang in die Verwaltungssprache gefunden, ist aber keine in die offizielle Titulatur eingegangene Formel.[18]

Eines bleibt jedoch wichtig: Die Empörung des Johannes gegen jede Ausprägung des Cäsarenkultes „ist weder jüdisch noch frühchristlich selbstverständlich."[19] Doch hat sie eine mögliche Voraussetzung in der jüdisch-zelotischen Auflehnung gegen Rom, wie sie zugespitzt in der Einstellung des Kaiseropfers im Jerusalemer Tempel zum Ausdruck kam, was Josephus als Grundlegung des Krieges gegen die Römer bezeichnete (Bell. II 409).

Unzureichend geklärt bleibt aber weiterhin, wieso dieser Rigorismus, der sich in der Auflehnung gegen den Cäsarenkult zeigt, gleichzeitig auch in der Verurteilung aller Gruppen in den Gemeinden, die sich assimilationsbereit mit heidnischen Gesellschaftsformen erwiesen haben, ja diese Haltung theologisch legitimierten (Offb 2,14 f.20.24), wieso diese Abgrenzung zu dieser radikalen Sicht der Welt geführt hat, die für den Seher ein satanisches Herrschaftssystem darstellt, das die christlichen Gemeinden gegenwärtig bedroht. Gerade auch die sog. Irrlehrer in den Gemeinden gehören letztlich zu dieser satanischen Front. „Zu beachten ist ja, daß das Verhalten der gegnerischen Nikolaiten und der Prophetin Isebel in derselben Weise charakterisiert wird wie die Hure Babylon (vgl. den Vorwurf der Hurerei 2,14.20 und 17,2.4; 18,3.9; 19,2). ... Die Protagonistin gegenwärtiger Götzenverführung, die Prophetin ‚Isebel', bewirkt innerhalb der christlichen Gemeinde dasselbe, was im umfassenden Horizont der Welt das zweite Tier tut, das ... im allmählichen Aufbau der apokalyptischen Visionen ... als der ‚Pseudoprophet' entlarvt wird (13,11 ff. im Vergleich mit 16,13; 19,20; 20,10)."[20] Man wird schon eine vom Seher bewusst hergestellte Beziehung zwischen der Prophetin „Isebel" und dem satanischen Pseudopropheten erkennen müssen; denn derselbe Christus, der „Isebel" in den Sendschreiben entgegentritt, kämpft in 19,11 ff. gegen den Pseudopropheten und damit auch gegen sie.[21]

Dieser Konstruktion einer satanischen Wirklichkeit, bei der allerdings Christen als Teilhaber am Herrschaftsbereich Gottes ausgenommen (Offb 1,5 f.9),

---

18 Ulrich, „Christenverfolgung" (s. Anm. 14), 282, Anm. 52; Reichert, „Konfusion" (s. Anm. 14), 247 bes. Anm. 70; anders in der Wertung M. Clauss, *Kaiser und Gott. Herrscherkult im römischen Reich*, Darmstadt 2001, 120 – 131. Die Formel *dominus et deus* wird gewiss beim Dichter Martial für Domitian benutzt (Epigr. V 8,1; VII 34,8 f.; IX 66,3), wobei der Gebrauch bei diesem Domitian-Günstling nur eine begrenzte Aussagekraft besitzt.
19 Karrer, „Stärken" (s. Anm. 17), 414 mit Verweis auf Prov 8,15 f.; Sap 6,1–4; Sir 4,27 und Röm 13; 1Petr 2,13–17.
20 U. B. Müller, „‚Das Wort Gottes'. Der Name des Reiters auf weißem Pferd (Apk 19,13)," in: ders., *Christologie* (s. Anm. 15), 312–325: 319.
21 H. Roose, *„Das Zeugnis Jesu". Seine Bedeutung für die Christologie, Eschatologie und Prophetie in der Offb* (TANZ 32), Tübingen 2000, 199.

weil für Gott „losgekauft" durch das Blut des Lammes (5,9), liegt eine Problemverarbeitung zugrunde, die angesichts einer bedrohlich erscheinenden Welt, die sogar in die christlichen Gemeinden eindringt, immer mehr die Agitation des Satans sieht. Hier geschieht eine apokalyptische Dramatisierung des Konflikts zwischen römisch-hellenistischer Welt und christlichem Daseinsverständnis, die in einer Art „mythischer Projektion" Seinserfahrung nur noch im Kontrast, ja Dualismus Christus–Satan deuten kann.[22] Man kann darin eine psychologisch zu verstehende Reaktion sehen, die „aus einer inneren Situation von Angst und daraus resultierendem Hass" gespeist wird.[23] Hier soll im Unterschied dazu weiter gefragt werden, inwieweit in der Sicht des Johannes ein überkommenes symbolisches Deutesystem nachwirkt.

II

Ein frühchristlicher Text ist bisher selten mit der Offb in Verbindung gebracht worden,[24] obwohl er eine ähnliche Abgrenzungsstrategie gegenüber heidnischer Gesellschaft verfolgt wie der Seher Johannes: 2Kor 6,14–7,1. Die vorliegende Paränese ist nichtpaulinisch und wohl an dieser (unpassenden) Stelle sekundär in den 2Kor interpoliert.[25] Eine grundlegende Forderung eröffnet den Text: „Ziehet nicht an einem (für euch) fremden Joch mit den Ungläubigen!" (V. 14a). Sie wird durch fünf antithetisch gefasste Fragesätze präzisiert (V. 14b – 16a), die in strengem Dualismus radikale Gegensätze aufbieten, die die Unvereinbarkeit von „Gerechtigkeit" und „Gesetzlosigkeit", „Licht" und „Finsternis", „Christus" und

---

22 Vgl. Müller, „Das Wort Gottes" (s. Anm. 20), 321.
23 N. Walter, „Die Botschaft des Sehers Johannes zwischen apokalyptischer Tradition und urchristlichem Osterglauben," in: ders., *Praeparatio Evangelica* (WUNT 98), Tübingen 1997, 303 – 310: 305.
24 Vgl. aber den Hinweis bei Aune, *Revelation 17 – 22* (s. Anm. 3), 991. S.J. Hultgren, „2Cor 6.14–7.1 and Rev 21.3–8: Evidence for the Ephesian Redaction of 2 Corinthians," *NTS* 49 (2003) 39–56, sieht zu Recht die enge Beziehung zwischen 2Kor 6,14–7,1 und Offb 21,3–8, übersieht aber die wichtigere Übereinstimmung zwischen 2Kor 6,17 und Offb 18,4f.
25 Die umfangreiche Diskussion über den nichtpaulinischen Charakter von 2Kor 6,14–7,1 ist hier nicht vorzuführen. Zur Begründung sei auf die überzeugende Analyse bei E. Gräßer, *Der zweite Brief an die Korinther. Kap 1,1 – 7,16* (ÖTK 8/1), Gütersloh 2002, 255 – 265, verwiesen; wichtig auch C. Heil, „Die Sprache der Absonderung in 2Kor 6,17 und bei Paulus," in: R. Bieringer (Hg.), *The Corinthian Correspondence* (BEThL 125), Leuven 1996, 717–729. Für paulinische Verfasserschaft plädiert z.B. Ch. Wolff, *Der zweite Brief an die Korinther* (ThHK 8) Berlin 1989, 146ff. T. Schmeller, „Der ursprüngliche Kontext von 2 Kor 6.14–7.1," *NTS* 52 (2006), 219–238: 231, vermutet in 6,14–7,1 einen „bewusst unpaulinischen Text", der von Paulus um der Argumentation mit den Gegnern willen gerade so gestaltet ist – schwerlich zu Recht.

„Beliar" usw. herausstellen. Ein kurzer Bekenntnissatz begründet anschließend den vorher betonten Gegensatz von christlicher Gemeinde und Heidentum: „Wir nämlich sind (der) Tempel des lebendigen Gottes." (V. 16b), während eine Folge von Zitaten alttestamentlicher Schriften den Bekenntnissatz entfalten (V. 16c–18), besonders aber praktische Konsequenzen im Tun der Angesprochenen fordern: „Deshalb zieht fort aus ihrer Mitte und sondert euch ab, spricht (der) Herr, und berührt nichts Unreines!" (V. 17). 7,1 schließt die Paränese ab mit der dringlichen Mahnung, sich von jeder Befleckung zu reinigen und die Heiligung zu verwirklichen.

In mehrfacher Hinsicht bestehen Übereinstimmungen zwischen 2Kor 6,14–7,1 und der Offb:

a) Die Sprache der Absonderung von heidnischer Umwelt verbindet beide Texte. In 2Kor 6,17 wird besonders Jes 52,11f. zitiert, wobei die Vermeidung von Unreinheit eine Betonung findet. Offb 18,4 folgt mit seiner Absonderungsforderung Jer 51,45 und Jer 51,6 (28,6 LXX), weil der Akzent darauf liegt, das dem Unheil geweihte „Babylon" zu verlassen, um seinem Strafverhängnis zu entgehen (vgl. auch Gen 19,12f.). Zu beachten ist aber, dass beide Male dieselbe prophetische Redeform aus dem AT zur Sprache kommt, die sog. Aufforderung zur Flucht, die gerade bei Jeremia (48,6–8; 51,6–10.45–48) und Jesaja (52,11–12) belegt ist (wohl auch Mk 13,14ff.). Sowohl in 2Kor 6,17 wie Offb 18,4 liegt ein übertragener Gebrauch dieser Aufforderung zur Flucht vor mit dem Sinn, „to abstain from the idolatrous practices of pagan society."[26] Die Absonderung soll sich konkret darin realisieren, dass Christen sich von jeder Befleckung trennen, wie 2Kor 7,1 und Offb 3,4;14,4 zeigen, wobei jeweils ein im NT seltenes Wort Verwendung findet (μολυσμός bzw. μολύνειν), das kultische Verunreinigung meint (2Makk 6,2; 14,3). Das bedeutet: Was Paulus in 1Kor 5,10 zurückweist (vgl. auch Gal 2,12), ist in 2Kor 6,17 und Offb 18,4 gerade gefordert, das Verlangen nämlich, sich aus heidnischer Umwelt und ihren Gesellschaftsformen zurückzuziehen.

b) Die Begründung für die Absonderungstendenz ist in beiden Texten sehr ähnlich. 2Kor 6,14–7,1 charakterisiert ein schroffer Dualismus zwischen Licht-Finsternis, Christus-Beliar und Gemeinde Gottes-Götzen. Ein vergleichbarer Dualismus bestimmt letztlich auch die Offb, wenngleich eine andere Terminologie sich findet (Satan/Teufel statt Beliar).[27] Auch kommt die dualistische Weltsicht

---

[26] Aune, Revelation 17–22 (s. Anm. 3), 991, vgl. auch a.a.O. 977. In Offb 18 ist die „Aufforderung zur Flucht" entsprechend den alttestamentlichen Stellen gegliedert in die eigentliche Aufforderung (V. 4–5) und die folgende Gerichtsdrohung (V. 6–8).
[27] In 2Kor 6,14–7,1 („Beliar" statt „Satan") kommt der qumrannahe Dualismus zur Sprache. Diesen kennt die Offb nicht. Doch zeigen bereits die Test XII Patr, die an sich „Beliar" bevorzugen, die Bezeichnung „Satan" (TestDan 3,6; 5,6; 6,1; TestGad 4,7) und „Teufel" (TestNaph 8,4.6). Dort,

argumentativ jeweils anders akzentuiert zur Sprache. In 2Kor 6,14–7,1 ist sie in ihrer Antithetik geradezu vorausgesetzt. Die Offb bemüht sich demgegenüber in ihrer „Enthüllungsstrategie", den christlichen Gemeinden den sich ausschließenden Gegensatz zwischen Gott/Christus und Satan im Blick auf ihre konkrete Lebenswirklichkeit allererst klarzumachen. Sie sollen realisieren, dass sie als für Gott „Losgekaufte" (5,9; 14,4), als „Priester für Gott" und „Herrschaftsbereich" Christi (1,5f.) sich von den Anbetern des Tieres (13,4,8,12 u. ö.), ja von den „Bewohnern der Erde" radikal unterscheiden und somit dem Machtbereich des Satans im römischen Imperium (13,2.4.7) zu entsagen haben. Auffällig ist: Dieselben alttestamentlichen Texte dienen in 2Kor 6,16 und Offb 21,3 dazu, die auszeichnende Besonderheit der christlichen Gemeinde zu markieren, die sie von jedem heidnischen Wesen trennt (Lev 26,11f. in Kombination mit Ez 37,27). Ähnliches gilt von 2Sam 7,14 in 2Kor 6,17 und Offb 21,7.

Die Sprache der Absonderung samt ihrer Begründung verbindet die Paränese 2Kor 6,14–7,1 mit der Grundtendenz in der Offb. Sie unterscheidet die Mahnrede gleichzeitig vom authentischen Paulus. Denn mit dieser generellen Aufforderung zur Absonderung würde er sich selbst widersprechen, wenn man an seine Korrektur in 1Kor 5,10 denkt.

Die Frage stellt sich: Wie ist die inhaltliche Verwandtschaft zwischen 2Kor 6,14–7,1 und der Offb zu deuten? Man hat schon lange erkannt, dass in der Schlussmahnung 7,1 der dortige Aorist beim Verb „wir wollen uns reinigen" und die Betonung „von jeder Befleckung" der christlichen Taufparänese entsprechen würden („einmalige Radikalreinigung"); die Paränese sei deshalb als Aufruf an junge Christen zu verstehen, „alle heidnische Gemeinschaft abzubrechen und die erforderliche Entsündigung durchzuführen."[28] In einer Taufparänese „können das Absonderungsgebot (6,17), das in dieser Schroffheit ... ungewöhnlich ist, und ebenso die dualistisch formulierten Mahnungen ... am ehesten ihren Platz gehabt haben."[29] In der Tat: Die für 2Kor 6,14–7,1 charakteristischen Züge (Absonderung, Reinigung, Heiligung) passen „sehr viel besser zu einer Taufparänese als zu einer allgemeinen Paränese."[30] Letzteres gilt auch für die Parallele Eph 5,3–14, die in

---

wo die eschatologische Kampftradition, wie sie mit Belial als Gegenspieler in 1QM vorliegt, in neuen Zusammenhängen auftaucht (so z. B. AssMos 10,1f.; Lk 10,18; Joh 12,31; AscJes 7,9ff.), sind die Qumran-Besonderheiten (Licht-Finsternis-Dualismus, der Name Belial) aufgegeben: so eben auch in Offb 12,7ff. und im übrigen Buch der Offb.

28 H. Windisch, *Der zweite Korintherbrief* (KEK), Göttingen ⁹1924 (ND 1970), 219f.
29 G. Klinzing, *Die Umdeutung des Kultus in der Qumrangemeinde und im NT* (StUNT 7), Göttingen 1971, 180.
30 A.a.O. 182. Dabei drängt sich der Eindruck auf, dass die vorliegende Mahnrede in sich abgerundet ist und keiner unmittelbaren Fortsetzung bedarf, die im Rahmen des 2Kor auch gar nicht

einem Weckruf kulminiert, der in die Taufsituation weist (V.14), ansonsten gleich wie 2Kor 6,14 zur dualistisch begründeten Abgrenzung gegenüber heidnischer Umwelt mahnt: „Macht euch nicht mit ihnen gemein!" (5,7). Daraus folgt: Diese Form ursprünglicher Taufmahnung war offenbar in christlichen Gemeinden verbreitet und konnte – bei entsprechender Disposition – auf die Grundeinstellung von Christen gegenüber heidnischer Gesellschaft einwirken. Dies scheint beim Seher Johannes der Fall zu sein, wenn man die offenbare inhaltliche Verwandtschaft zwischen ihm und dieser Paränese berücksichtigt.

Ist dies richtig, so liegt die Schlussfolgerung für die Aufnahme der gleichen Motive in der Offb auf der Hand. Der Aufruf zur Absonderung von heidnischem Wesen, der in der Offb zum generellen Ruf, die römisch geprägte Welt und Gesellschaft, eben „Babylon", zu verlassen (18,4), gesteigert ist, entspringt einer vergleichbar dualistisch bestimmten Weltsicht. Die Konzeption des Sehers Johannes stellt dabei eine apokalyptisch dramatisierte Gesamtschau irdischer Wirklichkeit dar, die das Absonderungsgebot in eine eschatologische Konzeption einbettet, die der ursprünglichen Taufrede noch fehlt. Sicher ist die apokalyptische Konzeption der Offb als solche nicht allein aus dem Denkansatz der Taufparänese erklärbar. Jene drängt sich dem Seher Johannes angesichts der von ihm wahrgenommenen Krise auf, die aus der Notwendigkeit entspringt, die kognitive Dissonanz verarbeiten zu müssen, die zwischen negativ erlebter Weltwirklichkeit und sehnlichst erhoffter Heilszukunft besteht (vgl. die Klage Offb 6,10 f.).[31] Trotz dieser Einschränkung bleibt es bei der Einsicht: Der Ruf „Zieht fort aus ihr" (Offb 18,4) als Aufruf, sich vom Wesen römisch geprägter Stadtgesellschaft, d.h. sich von satanischem Unwesen zu trennen, hat seine nächste Parallele in der Paränese 2Kor 6,14–7,1. Hier findet sich eine wesentliche Voraussetzung für die schroffe Haltung des Johannes gegenüber jeder Anpassungsbereitschaft. Dies gilt auch für die satanische Deutung der Weltwirklichkeit, die in der Verteufelung des Römischen Imperiums kulminiert. Denn bei der vorausgesetzten Antithetik zwischen Christus oder Beliar, Tempel Gottes oder Götzen (2Kor 6,15f.), mit der einzelne Christen wie der Seher Johannes ihre gesellschaftliche Umwelt kategorial eingeordnet und damit verurteilt haben, konnte das ganze römische System nur unter dem Vorzeichen des Satans erscheinen.

---

erfolgt, insofern 2Kor 7,2ff. ein ganz anderes Thema behandelt, jenes nämlich, das in 2Kor 6,11–13 anklingt.
31 Vgl. D. Sänger, „Destruktive Apokalyptik?," in: C. Böttrich (Hg.), *Eschatologie und Ethik im frühen Christentum*. FS Günther Haufe, Bern u.a. 2006, 285–307: 298–303; U.B. Müller, „Apokalyptik im Neuen Testament," in: ders., *Christologie* (s. Anm. 15), Leipzig 2003, 268–290: 270f.282f.

III

Ging es bisher um theologische Voraussetzungen, die die Konzeption der Offb bestimmt haben, so geht es im Folgenden um eventuelle Nachwirkungen. Dabei zeigt sich: Lässt sich die Offb ihrer Intention nach geschichtlich einigermaßen sicher verorten, wenn man ihre Absonderungstendenz von heidnischem Wesen mit 2Kor 6,14–7,1 vergleicht, so fällt es auf den ersten Blick schwer, Beziehungen zu Texten herzustellen, die wohl bald nach der Offb geschrieben sind und sich zum Teil an dieselben Gemeinden in der Asia richten. Bemerkenswert ist doch, dass von den Briefen des Bischofs Ignatius von Antiochien sich vier Schreiben an Gemeinden wenden, an die auch der Seher Johannes geschrieben hat (an Ephesus, Philadelphia, Smyrna). Man müsste nun erwarten, dass aus dem Vergleich der an dieselben Gemeinden verfassten Schreiben besondere Erkenntnisse über diese zu erschließen sind. Und in der Tat: Man hat zu Recht angenommen, dass hinter der in den Ignatiusbriefen erkennbaren Opposition gegen das Bischofsamt, gegen die Ignatius sich vehement wendet (vgl. IgnEph 5,3; 6,1), Kreise stehen könnten, die eine geistgewirkte bzw. prophetische Führung der Gemeinde favorisierten, was Ignatius selbst dazu drängt, den eigenen Geistbesitz zu demonstrieren (IgnPhld 7,1–2). Diese Kreise standen möglicherweise im Einflussbereich des Sehers Johannes und seiner Hochschätzung geistgewirkter Rede, die in seinem Buch zum Ausdruck kommt.[32] Man hat andererseits festgestellt, dass der Geltungsbereich wahrer Rechtgläubigkeit in beiden Fällen relativ schmal ist. Denn die Sendschreiben des Johannes „zeigen, und daraus ergibt sich eine gewisse Beziehung zu Ignatius, den Johannes im Gegensatz zu einer Irrlehre, deren gnostischer Einschlag nicht zu verkennen ist ..."[33] Gemeint sind offenbar die sog. Nikolaiten. „Es liegt ... nahe, die häretischen Gegner des Ignatius mit den Nikolaiten zusammenzuziehen, da beiden dieselben Vorwürfe gemacht werden, d. h. die Nikolaiten mit den Doketen zu identifizieren."[34] Dieses ist aber mit Sicherheit falsch. Der Seher Johannes wirft den Nikolaiten vor, „Götzenopferfleisch zu essen und Unzucht zu treiben" (Offb 2,14 f.), d. h. einen Kompromiss mit den etablierten Sitten der griechisch-römischen Stadtgesellschaft einzugehen. Von Doketismus ist bei Johannes nicht die Rede. Und genau dieses ist ja das besondere Problem: Wie konnte Ignatius von Antiochien (vielleicht 1½ Jahrzehnt später als Johannes) in Briefen an die Gemeinden in der Asia gemeindliche Gegner angreifen, die Jesu

---

[32] Trebilco, *Early Christians* (s. Anm. 4), 670 f., ansonsten 670–683, im Anschluss an C. Trevett, „Apocalypse, Ignatius, Montanism: Seeking the Seeds," *VigChr* 43 (1989), 313–338: 316–321.
[33] W. Bauer, *Rechtgläubigkeit und Ketzerei im ältesten Christentum* (BHTh 10), Tübingen ²1964, 82.
[34] H. Kraft, *Die Offenbarung des Johannes* (HNT 16a), Tübingen 1974, 93.

irdische Existenz als Schein erklärten, während der Seher Johannes diese häretische Gefahr nirgends erwähnt? Die Doketisten behaupten bekanntlich, Jesus habe nur zum Schein gelitten (IgnTrall 10; Sm 2; 4,2), weswegen Ignatius sich genötigt sieht, gerade das wahre Leiden Christi zu betonen (IgnTrall 9,1; Sm 1,2). Von doketistischen Anschauungen braucht sich Johannes in der Tat nicht zu distanzieren, was zu erwarten wäre, wenn man sein Insistieren auf der Heilsbedeutung des Todes Jesu berücksichtigt, die im Bilde des für die Menschen geschlachteten Lammes begegnet (vgl. nur Offb 5). Die einfachste Erklärung wäre der zeitliche Hinweis: Johannes brauchte sich nicht mit solchen christologischen Tendenzen auseinanderzusetzen, weil sie noch gar nicht oder erst in unauffälliger Gestalt sich entwickelt hätten. Wie aber ist dann das plötzliche Auftauchen doketistischer Christologie in der Asia zu erklären? Oder gibt es an der Wende zum zweiten Jahrhundert Schriften, die eine gewisse Latenz hin zum Doketismus zeigen? Vom JohEv, dem man solches gelegentlich anlastete, ist dabei abzusehen, insofern die Gegner in den Johannesbriefen, die durchaus in einer erkennbaren Entwicklungslinie zur Christologie des Evangeliums stehen, keinesfalls als wirkliche Doketisten zu betrachten sind. So problematisch eine exakte Einordnung der Gegner angesichts der Unschärfe ihrer Charakterisierung durch den Verfasser des 1Joh bleiben mag, liegt doch die Annahme einer Trennungschristologie nahe, sei es, dass die Gegner (in gewisser Analogie zu Kerinth)[35] glaubten, der Geist-Christus habe sich *vor* dem Kreuzestod von Jesus getrennt,[36] sei es, dass sie meinten, *in* Jesu Tod trennten sich göttlicher Geist und menschlicher Leib.[37] Jedenfalls hat man die Position der Gegner des 1Joh nicht mit derjenigen gleichzusetzen, die Ignatius zu bekämpfen sucht. Es geht hier schon um eine genauere Definition von Doketismus, denn „in einem engeren Begriff ist Doketismus die Doktrin, nach der die Erscheinung Christi ..., also vor allem die menschliche Gestalt Jesu, insgesamt bloßer Schein, ohne wahrhafte Realität gewesen ist. Menschsein und Leiden als reiner Schein: diese Idee diente dazu, Menschwerdung und Passion des jenseitigen Erlösers zu eliminieren, wo sie Anstoß bedeuteten."[38] Diese Festlegung scheint brauchbar zu sein, um die christologische Position der Gegner des Ignatius zu bestimmen.

Die „Ungläubigen", wie Ignatius sie nennt, behaupten ja, Jesus Christus habe nur zum Schein (τὸ δοκεῖν) gelitten (Trall 10; Sm 2; ähnlich 4,2). Sie wollen nicht bekennen, dass er „Fleischträger" (σαρκοφόρον) ist (Sm 5,2), was bedeutet, dass er nicht einmal vorübergehend in seinem irdischen Wirken Fleisch angezogen hat

---

35 Vgl. den Bericht bei Irenäus, Haer. I 26,1.
36 Vgl. U.B. Müller, *Die Menschwerdung des Gottessohnes* (SBS 140), Stuttgart 1990, 92–98.
37 J. Becker, *Johanneisches Christentum*, Tübingen 2004, 232.
38 N. Brox, „‚Doketismus' – eine Problemanzeige," *ZKG* 95 (1984), 301–314: 306.

(so aber wohl die Gegner im 1Joh). Zu beachten ist dabei, dass die gegnerische Meinung, so sehr Ignatius gegen sie polemisiert, nicht gar so fern von seiner eigenen Anschauung ist. Ignatius bezeichnet Christus an sich als „Leidensunfähigen", der nur „um unsretwillen leidensfähig wurde", „der in jeder Hinsicht um unsretwillen erduldet hat" (IgnPol 3,2); dann als Erhöhter sei er „leidesunfähig": es heißt ja, „erst dem Leiden unterworfen und dann unfähig zu leiden, Jesus Christus unser Herr" (IgnEph 7,2). Was Ignatius in paradox-gegensätzlichen Aussagen formuliert, geradezu als complexio oppositorum, wird bei den Gegnern auf die eine Dimension der Leidensunfähigkeit nivelliert.

Was aber ist der Vorstellungshintergrund der gegnerischen Position? Die Briefe an die Trallianer und die Smyrnäer führen auf eine wichtige Spur. In Trall 9,1f. heißt es in antidoketistischer Argumentation von Jesus Christus: „ ... der wahrhaftig geboren wurde, aß und trank, wahrhaftig verfolgt wurde unter Pontius Pilatus, wahrhaftig gekreuzigt wurde und starb ..." Auffällig ist hier das zunächst nebensächlich erscheinende Insistieren auf dem tatsächlichen Essen und Trinken, das auch in Sm 3,3 auftaucht und als Bezug auf Lk 24,39–43 erklärt werden kann. Während dort die Beziehung auf Auferstehungstraditionen nahe liegt, ist es bei Trall 9,1f. anders. Längst hat man festgestellt: „Das Thema des Essens und Trinkens könnte auch auf andere Weise mit einem Antidoketismus in Zusammenhang stehen. Im Buch Tobit ... offenbart der Schutzengel ..., daß er mit seinen Schützlingen ‚weder gegessen noch getrunken habe', während er mit ihnen zusammen war, und daß sie nur eine ‚Vision' gesehen hätten (Tob 12,19 BA). Entsprechend erachtet Philo (Abr. 118) es als wunderbar, daß die drei Fremden, als sie Abraham besuchten, zwar nicht aßen und tranken, aber doch den Anschein erweckten, als ob sie es täten, und daß sie, obwohl leiblos (ἀσωμάτους), ... wie Menschen aussahen (vgl. TestAbr. 3)."[39] Die Betonung der „Körperlosigkeit" weist in den Zusammenhang jüdischer Engelanschauung. So äußert der Architstratege Michael angesichts der Gefahr, als Geist bei Abraham essen zu müssen (Gen 18,1ff.), das grundsätzliche Bedenken: „Herr, alle himmlischen Geister sind körperlos und weder essen noch trinken sie" (TestAbrA 4,9; vgl. ähnlich ApkAbr 12,2; 13,3). Zu weiteren Belegen ist überhaupt auf die jüdische Auslegung von Gen 18 zu verweisen.[40]

Wenn nun die doketistischen Gegner leugnen, dass der Herr als Irdischer σαρκοφόρος ist, d.h. einen Leib trägt (IgnSm 5,2), während Ignatius darauf insistiert, dass Christus sogar nach der Auferstehung „im Fleisch" ist (Sm 3,1), so liegt die Annahme nahe, dass die Gegner Christi Erscheinung in Analogie zu

---

39 W. R. Schoedel, *Die Briefe des Ignatius von Antiochien* (Hermen.), München 1990, 253.
40 Vgl. dazu Müller, *Menschwerdung* (s. Anm. 36), 116–118.

Engeln vorgestellt haben. Dafür spricht auch die Fortsetzung in Sm 6,1: „Niemand lasse sich irreführen! Auch die himmlischen Mächte, die Herrlichkeit der Engel und die sichtbaren und unsichtbaren Herrscher – wenn sie nicht an das Blut Christi glauben, kommt auch über sie das Gericht." Umso mehr über die doketistischen Gegner! Diejenigen Engelmächte also, die auf Grund ihres himmlischen Charakters allenfalls zum Schein sich irdisch verhalten, wie die jüdische Tradition sagt, begegnen hier als warnendes Exempel für alle, die nicht an das Blut Christi glauben, ihn also nicht als „Fleischträger" bekennen (Sm 5,2). Verständlich ist der Verweis auf die Engelmächte an dieser Stelle am ehesten dann, wenn die Gegner gerade mit Blick auf das angelomorphe Wesen Christi nur ein scheinbares Eingehen in die menschliche Existenz zugestanden haben.

Das Schreiben an die Smyrnäer ist noch in einer weiteren Hinsicht aufschlussreich. Von den Gegnern, die leugnen, dass Christus „Fleischträger" ist (Sm 5,2), heißt es unmittelbar zuvor, weder die Worte der Propheten noch das Gesetz des Mose, ja noch nicht einmal das Evangelium überzeugten sie (Sm 5,1). Das Thema klingt auch in Sm 7,2 an: Es gelte angesichts der gegnerischen Position, „sich an die Propheten zu halten, besonders aber an das Evangelium, in dem das Leiden uns kundgetan und die Auferstehung vollendet worden ist." Warum beruft sich Ignatius in diesem antidoketistischen Kontext auf die Schrift? Man hat vorsichtig gemeint: „Vielleicht ... bezogen die Doketisten ihre Christologie ... aus einer jüdisch-hellenistischen Auslegung der Schrift ... Das war möglicherweise der Grund dafür, daß Ignatius sagt, auch die Schrift vermöge sie nicht zu überzeugen: sie erkannten ihre Autorität an, legten sie aber anders aus."[41] In der Tat: der Streit betrifft die Auslegung der (alttestamentlichen) Schriften für die wahre Christologie, sonst wäre der Rekurs auf die Propheten und das Gesetz überflüssig.

Man wird nicht in allen Briefen des Ignatius dieselben Gegner antreffen. Umstritten ist ja, und vielleicht nicht endgültig zu klären, ob Ignatius gegen zwei Fronten kämpft, Doketisten auf der einen Seite und „Judaismus" auf der anderen[42] oder gegen eine einzige,[43] wobei diese beiden Strömungen nur wie zwei Seiten einer Medaille zusammen gehören. Der Eindruck der Doppelgesichtigkeit, den die gegnerische Front des Ignatius auf den Betrachter macht, könnte daran liegen, „daß es sich um sozusagen in der Luft liegende Gefahren handelte und er in dem einen Brief mehr den einen Aspekt des Judaismus und im anderen den Aspekt des Doketismus ansprechen wollte."[44] Im Brief an die Trallianer und

---

41 Schoedel, *Ignatius von Antiochien* (s. Anm. 39), 367.
42 Schoedel, a.a.O. 203.214.367, bes. 41, Anm. 66.
43 Z.B. E. Molland, „The Heretics Combatted by Ignatius of Antioch," in: ders., *Opuscula Patristica*, Oslo 1970, 17–23; J. Speigl, „Ignatius in Philadelphia," *VigChr* 41 (1987) 360–376: 368.372.
44 Speigl, a.a.O. 372.

Smyrnäer findet sich dementsprechend kein ausdrücklicher Hinweis auf „Judaismus", wohl aber die Nachwirkung besonderer Auslegung alttestamentlicher Schriften auf die gegnerische Christologie. In Magn 8,1 dagegen polemisiert Ignatius explizit gegen Gegner, die dem „Judaismus" entsprechend leben, die zudem „irrigen Ansichten" und „alten Fabeln" anhängen, was wohl wieder auf eine spezifische Auslegung der Schriften verweist, wie die folgende Erwähnung der Propheten nahe legt (Magn 8,2; 9,2). Für rechtgläubige Christen aber gilt, dass ihnen das Leben aufgegangen ist durch Christus und seinen Tod, „was einige leugnen" (Magn 9,1). Mit diesen doketistischen Leugnern können nur diejenigen gemeint sein, denen Ignatius einen Wandel im Judentum zugesprochen hat (8,1). Deutlicher noch ist Magn 11. Ignatius warnt die Rechtgläubigen als solche, die nicht an die Angelhaken des Irrtums geraten sollen (vgl. dagegen 10,3). Die rechte Überzeugung prägt der Glaube an „die Geburt, das Leiden und die Auferstehung ... *wahrhaftig* und *gewiss* vollbracht von Jesus Christus ..." Diese deutlich antidoketistische Argumentation in Magn 11 (vgl. Trall 9) kann sich nur gegen die in diesem Brief auch sonst genannten Gegner richten, denen Ignatius „Judaismus" vorwirft (8,1; 10,3). „Judaismus" und Doketismus verbinden sich hier miteinander – und dies nicht nur in der polemischen Erfindung des Ignatius, sondern in der Realität der gegnerischen Position.[45]

Die vorstehenden Überlegungen haben zu zeigen versucht, dass in IgnMagn, aber auch in IgnTrall und IgnSm Doketismus und „Judaismus" Berührungspunkte haben, wenn auch jeweils in unterschiedlich starker Ausprägung. Es geht um den Tatbestand, dass eine bestimmte Auslegung alttestamentlicher Schriften doketistische Gedanken fördern kann.[46] Dabei hilft die Einsicht, dass es für judenchristliche Kreise nahe lag, sich Christus angelomorph vorzustellen, was eine reale Inkarnation vermeiden lässt und gleichzeitig die Einzigkeit Gottes nicht tangiert. „Die Inkarnation war unter mehreren Hinsichten auch für jüdische bzw. judenchristliche Ohren skandalös. Wer an die jüdische Interpretation biblischer Theophanien gewöhnt war (Abrahams Besucher in Mamre sahen aus wie Menschen, waren aber keineswegs Menschen), konnte sich an einem doketistischen Christus kaum ärgern, sondern unter Umständen sich erst zu einem solchen bekennen. Frühe Formen des Doketismus kommen also nicht nur aus griechisch-

---

[45] Gegen Schoedel, *Ignatius von Antiochien* (s. Anm. 39), 203.214; Trebilco, *Early Christians* (s. Anm. 4), 690.
[46] Auch in IgnPhld 6,1; 8,2; 9,2 ist ernsthaft zu erwägen, ob nicht eine Auslegung alttestamentlicher Schriften zu christologischen Konsequenzen bei den Gegnern geführt hat, vgl. Müller, *Menschwerdung* (s. Anm. 36), 111–113.

orientalischem Dualismus, sondern nachweislich auch aus judenchristlichen Motiven."⁴⁷

IV

Es ist an der Zeit, zur oben gestellten Frage zurückzukommen (III), wie denn eine erkennbare Entwicklungslinie zwischen der Offb und den vielleicht anderthalb Jahrzehnte später geschriebenen Ignatiusbriefen zu bestimmen ist, was das Auftreten des Doketismus angeht. Zwar ist bei der Polemik des Sehers Johannes gegen gegnerische Gruppen keine Spur von Doketismus zu erkennen, doch werden sich bei ihm wie bei seinen Gemeinden angelologische Denkmuster finden lassen, was im Kirchengebiet der Asia auch nicht erstaunt. Zu Recht hat man im Blick auf die Christologie der Offb festgestellt: „This angelic representation of Christ becomes understandable if seen within the framework of growing speculative interest in angels ... and of developing angelomorphic Christologies at the turn of the second century CE."⁴⁸ Im Kontext der Ignatiusbriefe hat dies schließlich – so die hier vorgestellte These – zu doketistischen Folgerungen in der Christologie geführt: Die dortigen Gegner haben wohl angelomorphe Vorstellungen in der Christologie, wie sie der Seher Johannes, sicher aber Kreise in seinen Gemeinden vertreten haben, aufgenommen und im Blick auf die irdische Erscheinung Christi radikalisiert.

Wichtig ist im vorliegenden Zusammenhang die Darstellung Christi, wie sie der Seher Johannes beschreibt. Dabei lässt sich nicht von einer Engelchristologie sprechen, wohl aber von einer „Angelomorphie Christi."⁴⁹ Schon in der Eröffnungsvision Offb 1,12–16 sind entsprechende Züge der Gestalt „gleich einem Menschensohn" (Dan 7,13) unverkennbar. Der hier epiphane Christus übernimmt

---

47 Brox, „Doketismus" (s. Anm. 38), 314. – Hier soll keine pauschal eindimensionale Herleitung des Doketismus vertreten werden (mit Blick auf angelomorphe Vorstellungen). Bei anderen Vertretern des Doketismus (Marcion?) ist durchaus der Einfluss griechisch-römischen Denkens anzunehmen: Anstößige Ereignisse schrieb man nicht verehrten göttlichen Personen zu, sondern nur deren „Abbildern" oder „Schattenbild".
48 L.T. Stuckenbruck, *Angel Veneration and Christology* (WUNT 2/70), Tübingen 1995, 244. Vgl. schon M. Karrer, *Die Johannesoffenbarung als Brief* (FRLANT 140), Göttingen 1986, 147–149; C.A. Gieschen, *Angelomorphic Christology* (AGJU 42), Leiden u. a. 1998, 243–256.
49 S. Vollenweider, „Zwischen Monotheismus und Engelchristologie," in: ders., *Horizonte neutestamentlicher Christologie* (WUNT 144), Tübingen 2002, 3–27: 20; besonders jetzt M.R. Hoffmann, *The Destroyer and the Lamb. The Relationship between Angelomorphic and Lamb Christology in the Book of Revelation* (WUNT 2/203), Tübingen 2005.

Attribute aus der Angelophanie Dan 10,5f. bzw. aus Ez 1; 9,[50] die vermutlich, wie Offb 14,14–20 und 19,11f. nahelegen, im Kontext seiner richterlichen Funktionen stehen: „he appears as an angelomorphic juridical figure."[51] Dennoch entfaltet Johannes sein besonderes christologisches Konzept, „while keeping a subtle but distinct border between Christ and angels."[52] Dies zeigt sich etwa daran, dass er Christus ansonsten göttliche Prädikate zuschreiben kann (vgl. 1,17f. und 1,8), ihn also von Engeln unterscheidet.

Besonders Offb 14,6–20 präsentiert Christus in einem angelologischen Kontext, insofern er in einer komponierten Abfolge von (Gerichts-)Engeln auftritt, die zusammen mit ihm wohl nicht zufällig sieben Gestalten bilden, wobei die explizit als Engel agierenden Wesen jeweils mit der stereotypen Wendung „und ein anderer Engel" erscheinen (14,6.8.9.15.17.18). Dass in 14,15 „ein anderer Engel" sich unmittelbar an den auf einer Wolke thronenden Menschensohngleichen anschließt und ihm den Befehl gibt, mit der scharfen Sichel seiner Gerichtsfunktion zu folgen, macht deutlich, dass Johannes den Menschensohngleichen analog zu Engeln sieht, ja es könnte nahe legen, „to regard the one like a son of man ... simply as an angel."[53] Doch ist zu beachten, das der Menschensohngleiche wohl bewusst (als vierte Gestalt) ins Zentrum der Engel plaziert und darüber hinaus mit Attributen versehen ist, die nur ihm und nicht den Engeln in Offb 14 zukommen.[54] Auch die Parusieschilderung des Reiters auf weißem Pferd in Offb 19,11ff. enthält angelologische Aspekte, wenn ihm Himmelsheere folgen (19,14), was eine gewisse Analogie zu Michael und seinen Engeln beim Kampf gegen widergöttliche Mächte darstellt (vgl. Offb 12,7).[55]

Fragt man nach dem Grund dieser von angelologischen Vorstellungen beeinflussten Christologie, so mag die Rücksicht auf entsprechende Denkmuster der Adressaten eine wesentliche Rolle spielen: Die angelomorphen Aspekte dienten „as an underlying communicative link."[56] Gleichwohl ist ein weiteres Motiv zu bedenken. Die Analogie zu Engeln, so sehr sie ansonsten durch göttliche Prädikate Christi (etwa seine Throngemeinschaft mit Gott 3,21; 7,17; 22,3) relativiert wird, konnte dem theozentrischen Interesse an der Einzigkeit Gottes dienen, das bei einem judenchristlichen Autor wie Johannes zu erwarten ist.

---

50 Zu Offb 1,12–16 vgl. Stuckenbruck, *Angel Veneration* (s. Anm. 48), 211–213.221–232; Hoffmann, *Destroyer* (s. Anm. 49), 223–235.
51 Hoffmann, a.a.O. 250.
52 A.a.O. 233.
53 A.a.O. 67, ansonsten 65–68.
54 Stuckenbruck, *Angel Veneration* (s. Anm. 48), 244; Hoffmann, *Destroyer* (s. Anm. 49), 76.
55 Hoffmann, a.a.O. (s. Anm. 49), 194.196.205.
56 Stuckenbruck, *Angel Veneration* (s. Anm. 48), 272, auch 265.

Die Frage nach dem unvermittelt scheinenden Auftreten des Doketismus in den Gemeinden der Asia, an die der Bischof Ignatius schreibt (an die Gemeinden in Magnesia, Tralles und besonders Smyrna, vielleicht auch Philadelphia), lässt sich jetzt doch wohl begründet beantworten. Die angelomorphen Aspekte in der Christologie des Sehers Johannes, der dabei nicht allein steht, sondern Tendenzen in seinen Gemeinden folgt, geben einen wesentlichen Hinweis, weshalb im Gefolge solcher Christologie sich doketistische Tendenzen einschleichen konnten. Man brauchte die angelomorphen Züge des *erhöhten* Christus nur konsequent und radikal auszuziehen, indem man das *irdische* Wirken Jesu entsprechend angelologischer Denkmuster zu beschreiben suchte. Zu erinnern ist hier an die Schilderung des Engels Rafael in Tob 12,19 f., der sein irdisches Auftreten so schildert: „Alle Tage erschien ich euch, und ich aß nicht und ich trank nicht, sondern eine Erscheinung habt ihr gesehen. Und jetzt preiset Gott, denn ich gehe hinauf zu dem, der mich gesandt hat." Wer nun von einer angelomorphen Vorstellung des *erhöhten* Christus herkam, die die himmlische Gestalt desselben betonte, konnte wohl der Versuchung erliegen, seine *irdische* Erscheinungsweise entsprechend aufzufassen. Dann durfte Jesus (wie Engelwesen) nur zum Schein essen und trinken, ja nur zum Schein leiden und sterben. Der mögliche Anstoß, den der Inkarnationsgedanke mit der Konsequenz des wirklichen Todes bereiten konnte, war ausgeräumt.

Beim Seher Johannes ist diese Konsequenz keinesfalls gezogen. Er insistiert auf der Bedeutung des heilswirksamen Todes Jesu, der durch sein Blut Menschen aus allen Völkern für Gott losgekauft hat (Offb 5,9). In der soteriologischen Konzentration auf den Heilstod des geschlachteten Lammes hat er für sich selbst ein christologisches Widerlager gegenüber zugespitzten angelomorphen Konsequenzen seiner Christologie geschaffen. Zu fragen ist allenfalls, ob nicht sein mögliches Desinteresse an der Schilderung des irdischen Jesus, den er (in Abhängigkeit vom Mythos der Geburt des Gottes Horus bzw. Apollon) sofort nach der Geburt zu Gott entrückt sein lässt (Offb 12,5), ob hier nicht ein (weiterer) Ansatzpunkt liegen könnte, der doketische Tendenzen zu fördern in der Lage war.

Die vorliegenden Überlegungen haben ein merkwürdiges Ergebnis hervorgebracht. Der Seher Johannes, den man gemeinhin der sog. Rechtgläubigkeit zurechnet, verdankt seinen Rigorismus gegenüber einer heidnischen Umwelt, die er als satanisch infiziert verurteilt, im wesentlichen einer paränetischen Tauftradition, die die Welt in dualistischen Kategorien betrachtet (2Kor 6,14 – 7,1). Dementsprechend greift er seine innergemeindlichen Gegner als häretisch an: In ihrem Verhalten, das zur Assimilation gegenüber der heidnischen Gesellschaft bereit ist, sieht er eine Lehre wirksam, die er im Fall der Prophetin „Isebel" gar als Erkenntnis der Tiefen des Satans brandmarkt (Offb 2,24). Seiner eigenen Rechtgläubigkeit ist Johannes dabei in höchstem Grade gewiss, wenn er die Sendschreiben als Worte des erhöhten Christus und des Geistes präsentiert. Derselbe Johannes scheint andererseits im Blick auf angelomorphe Züge seiner Christologie, die sich auf die Vorstellung des erhöhten Christus beziehen, ein prophetischer Lehrer in der Asia gewesen zu sein, der – sicher unbeabsichtigt – doketistischen Tendenzen in den Gemeinden Vorschub leistete, wenn es um das Wirken des irdischen Jesus ging und damit um die Konsequenzen einer realen Inkarnation. Historisch betrachtet sind theologische Positionen wie Gegenpositionen jeweils recht individuell geprägte Phänomene. Erst Synoden und Konzilien haben dann dogmatisch entschieden, was bleibend als wahr gelten solle, was falsch.

Bibliographie Ulrich B. Müller

(zusammengestellt von Jörg Rauber und Wolfgang Kraus)

U. Müller, W. Schmücker, H. Stegemann, „Nachträge zur ‚Konkordanz zu den Qumrantexten'," hrsg. v. K.G. Kuhn, *RdQ* 4 (1963/64), 163 – 234.
Messias und Menschensohn in jüdischen Apokalypsen und in der Offenbarung des Johannes (StNT 6), Gütersloh 1972.
„Die christologische Absicht des Markusevangeliums und die Verklärungsgeschichte," *ZNW* 64 (1973), 159 – 193.
„Die Parakletenvorstellung im Johannesevangelium," *ZThK* 71 (1974), 31 – 77.
„Die Bedeutung des Kreuzestodes Jesu im Johannesevangelium," *KuD* 21 (1975), 49 – 71.
Die Geschichte der Christologie in der johanneischen Gemeinde (SBS 77), Stuttgart 1975.
Prophetie und Predigt im Neuen Testament. Formgeschichtliche Untersuchungen zur urchristlichen Prophetie (StNT 10), Gütersloh 1975.
Zur frühchristlichen Theologiegeschichte. Judenchristentum und Paulinismus in Kleinasien an der Wende vom ersten zum zweiten Jahrhundert n. Chr., Gütersloh 1976.
„Die griechische Esra-Apokalypse," *JSHRZ* V/2, Gütersloh 1976, 85 – 102.
„Vision und Botschaft. Erwägungen zur prophetischen Struktur der Verkündigung Jesu," *ZThK* 74 (1977), 416 – 448 (= *Christologie und Apokalyptik*, 2003, 11 – 41).
„Krankheit und Heilung," in: K. Seybold / U.B. Müller, *Krankheit und Heilung* (UB Biblische Konfrontationen 1008), Stuttgart u. a. 1978, 80 – 169. 174 – 176.
Amerikanische Ausgabe: *Sickness and Healing*, Translated by D.W. Stott, Biblical Encounter Series, Nashville (Tennessee) 1981, 97 – 194.202 – 205.
„Neutestamentliche Wundergeschichten als Gegenstand des Religionsunterrichts," in: K.D. Wolff (Hg.), *Glaube und Gesellschaft*, FS W.H. Kasch, Bayreuth 1981, 263 – 272.
„Zur Rezeption gesetzeskritischer Jesusüberlieferung im frühen Christentum," *NTS* 27 (1981), 158 – 185 (= *Christologie und Apokalyptik*, 2003, 59 – 88).
„Literarische und formgeschichtliche Bestimmung der Apokalypse des Johannes als einem Zeugnis frühchristlicher Apokalyptik," in: D. Hellholm (Hg.), *Apocalypticism in the Mediterranean World and the Near East*, Tübingen 1983, 599 – 619 (= *Christologie und Apokalyptik*, 2003, 291 – 311).
Die Offenbarung des Johannes, ÖTK 19, Gütersloh/Würzburg 1984.
„Apokalyptische Strömungen," in: J. Becker (Hg.), *Die Anfänge des Christentums. Alte Welt und neue Hoffnung*, Stuttgart u. a. 1987, 217 – 254 (= *Christologie und Apokalyptik*, 2003, 223 – 267).
Amerikanische Ausgabe: „Apocalyptic Currents," in: J. Becker (Hg.), *Christian Beginnings. Word and Community from Jesus to Post-Apostolic Times*, Louisville, Kentucky 1993, 281 – 329.
„Der Christushymnus Phil 2,6 – 11," *ZNW* 79 (1988), 17 – 44 (= *Christologie und Apokalyptik*, 2003, 179 – 205).
Die Menschwerdung des Gottessohnes. Frühchristliche Inkarnationsvorstellungen und die Anfänge des Doketismus (SBS 140), Stuttgart 1990.

Brasilianische Ausgabe: *A encarnação do Filho de Deus. Concepções da encarnação no cristianismo incipiente e os primórdios do docetismo*, Biblica Lodola 44, São Paulo, Brasil 2004.

Der Brief des Paulus an die Philipper (ThHK 11/I), Leipzig 1993.

„Apokalyptik im Neuen Testament," in: F.W. Horn (Hg.), *Bilanz und Perspektiven gegenwärtiger Auslegung des Neuen Testaments*, Symposion G. Strecker, BZNW 75, Berlin/New York 1995, 144–169 (= *Christologie und Apokalyptik*, 2003, 268–290).

Die Offenbarung des Johannes (ÖTK 19), Gütersloh/Würzburg ²1995.

„‚Sohn Gottes' – ein messianischer Hoheitstitel Jesu," *ZNW* 87 (1996), 1–32 (= *Christologie und Apokalyptik*, 2003, 91–123).

„Zur Eigentümlichkeit des Johannesevangeliums. Das Problem des Todes Jesu," *ZNW* 88 (1997), 24–55 (= *Christologie und Apokalyptik*, 2003, 144–175).

Die Entstehung des Glaubens an die Auferstehung Jesu. Historische Aspekte und Bedingungen, SBS 172, Stuttgart 1998.

Italienische Ausgabe: *L'origine della fede nella risurrezione di Gesù. Aspetti e condizioni storiche*. Traduzione di R. Carelli, Cittadella Editrice, Assisi 2001.

Spanische Ausgabe: *El origen de la fe en la resurrección de Jesús. Aspectos y condiciones históricas*. Traducción M. Montes, Editorial Verbo Divino, Estella (Navarra) 2003.

„‚Das Wort Gottes'. Der Name des Reiters auf weißem Pferd (Apk 19,13)," in: B. Kollmann u.a. (Hg.), *Antikes Judentum und Frühes Christentum*, FS H. Stegemann (BZNW 97), Berlin/New York 1999, 474–487 (= *Christologie und Apokalyptik*, 2003, 312–325).

„Biblischer Schöpfungsglaube in der Spannung zwischen Schöpfung und Neuschöpfung," in: K. Hilpert / G. Hasenhüttl (Hg.), *Schöpfung und Selbstorganisation*, Paderborn u.a. 1999, 54–67.

„Der Brief aus Ephesus. Zeitliche Platzierung und theologische Einordnung des Philipperbriefes im Rahmen der Paulusbriefe," in: U. Mell / U.B. Müller (Hg.), *Das Urchristentum in seiner literarischen Geschichte*, FS J. Becker (BZNW 100), Berlin/New York 1999, 155–171 (= *Christologie und Apokalyptik*, 2003, 206–220).

„Parusie und Menschensohn," *ZNW* 92 (2001), 1–19 (= *Christologie und Apokalyptik*, 2003, 124–143).

Johannes der Täufer. Jüdischer Prophet und Wegbereiter Jesu (Biblische Gestalten 6), Leipzig 2002.

Christologie und Apokalyptik. Ausgewählte Aufsätze (ABG 12), Leipzig 2003.

„Johannes der Täufer und Jesus von Nazaret. Ein Vergleich," in: *Christologie und Apokalyptik*, 2003, 42–58.

„Jesus als ‚der Menschensohn'," in: D. Sänger (Hg.), *Gottessohn und Menschensohn. Exegetische Studien zu zwei Paradigmen biblischer Intertextualität* (BThSt 67), Neukirchen-Vluyn 2004, 91–129.

„Jesus, Menschensohn oder Gottessohn? Ein Übermensch?," in: K. Horstmann (Hg.), *Zwischen Bibel und Wissenschaft. Gottesdienstliche Reden*, Münster 2005, 19–26.

„Die Heimat des Johannesevangeliums," *ZNW* 97 (2006), 44–63.

„Zwischen Johannes und Ignatius. Theologischer Widerstreit in den Gemeinden der Asia," *ZNW* 98 (2007), 49–67.

„Auferweckt und erhöht: Zur Genese des Osterglaubens," *NTS* 54 (2008), 201–220.

„Jesu eschatologische Überzeugung, seine Gerichtsankündigung und die Zukunft Israels," in: W. Kraus (Hg.), *Studien zur frühchristlichen Theologiegeschichte* (BZNW 163), Berlin/Boston 2009, 11–35.

„,Die Tiefen des Satans erkennen'. Überlegungen zur theologiegeschichtlichen Einordnung der Gegner in der Offenbarung des Johannes," in: W. Kraus (Hg.), *Studien zur frühchristlichen Theologiegeschichte* (BZNW 163), Berlin/Boston 2009, 465–478.

„Jesu Heilsverkündigung und das Problem der Gerichtsverzögerung," *ZNW* 102 (2011), 1–18 (auch in: Zager, Werner (Hg.): *Jesusforschung in vier Jahrhunderten*, Berlin/Boston 2014, 709–728).

„Die Gerichtsankündigung Q 13,34 f. als authentisches Wort Jesu," in: Busse, Ulrich u. a. (Hg.): *Erinnerung an Jesus. Kontinuität und Diskontinuität in der neutestamentlichen Überlieferung* (BBB 166), Göttingen 2011, 133–141.

„Die Lebenswende des Apostels Paulus und seine bleibende Orientierung am Kyrios Jesus," *BZ NF.* 56 (2012), 161–187.

„Der apokalyptische Prophet Johannes als Judenchrist," *ZNW* 104 (2013), 98–117.

„Frühchristliche Prophetie und Johannesoffenbarung," *NovT* 56 (2014), 174–195.

„Jesus von Nazareth," in: W. Kraus / M. Rösel (Hg.), *update Exegese 2.1. Ergebnisse gegenwärtiger Bibelwissenschaft*, Leipzig 2015, 112–121.

„Die Offenbarung des Johannes – ein umstrittenes Buch der Bibel," in: W. Kraus / M. Rösel (Hg.), *update Exegese 2.1. Ergebnisse gegenwärtiger Bibelwissenschaft*, Leipzig 2015, 211–220.

Namensregister

Aejmelaeus, L. 136
Allison, D. C. 93, 95, 102
Aune, D. E. 140, 141, 143, 144, 147, 148, 149, 152, 156, 162, 163, 173, 174, 175, 177, 180, 181, 193, 219, 224, 225

Backhaus, K. 200, 205
Baldensperger, W. 202
Bauer, T. J. 190, 193
Bauer, W. 102, 139, 174, 196, 203, 228
Becker, J. 23, 32, 44, 47, 49, 51, 54, 58, 62, 71, 72, 73, 96, 97, 102, 103, 116, 122, 126, 133, 180, 195, 196, 211, 213, 222, 229, 237, 238
Beckwith, J. T. 152, 186
Berger, K. 174, 181
Bergmeier, R. 208
Betz, H. D. 116, 123, 133
Beyer, H. W. 130
Beyerle, S. 105, 106
Bieringer, R. 91, 134, 155, 224
Bietenhard, H. 10, 11, 18, 61
Böhlemann, P. 200
Bousset, W. 139, 148, 151, 181
Bovon, F. 37
Brandenburger, E. 36, 98
Broer, I. 112, 117, 119, 197
Brox, N. 229, 233
Bultmann, R. 12, 136, 159, 202
Burchard, C. 133

Campenhausen, H. v. 103
Casey, M. 9
Charles, R. H. 152, 176, 181
Chilton, B. 16, 21
Collins, J. J. 7, 106
Colpe, C. 5, 9, 11, 12, 14, 28
Conzelmann, H. 126, 168, 197, 199
Crossan, J. D. 92

Dehandschutter, B. 217
Delling, G. 28, 52, 53, 84
Dibelius, M. 12

Dietzfelbinger, C. 116, 118
Dochhorn, J. 144, 146, 150, 159, 162
Dunn, J. D. G. 10, 11, 92, 111, 118, 122

Ebner. M. 43, 48, 49, 65, 66, 71, 72
Elliger, K. 38, 171
Erlemann, K. 37

Fee, G. D. 120
Feldmeier, R. 220
Fitzmyer, J. A. 27, 98, 101, 127
Frenschkowski, M. 196, 214
Frey, J. 99, 116, 118, 190, 196

Gathercole, S. 41
Gräßer, E. 35, 113, 135, 136, 137, 224
Guttenberger, G. 165, 178, 184

Haacker, K. 117, 121
Haenchen, E. 56, 201
Hahn, F. 1
Hampel, V. 10
Haufe, G. 61, 227
Heckel, U. 136
Heil, C. 155, 224
Heil, C. 23
Heininger, B. 101, 102, 113, 116, 117, 119, 132, 136
Hemer, C. J. 165
Hengel, M. 19, 47, 93, 94, 96, 99, 108, 122, 128, 129, 133, 148, 195, 196, 209, 211
Herzer, J. 220
Hirschberg, P. 149, 152, 154, 213
Hoffmann, M. R. 233, 234
Hoffmann, P. 23, 31, 55, 56, 59, 65, 80, 81, 93
Hofius, O. 208
Horn, F. W. 126, 141, 143, 162, 165, 177, 184, 221, 238
Hurtado, L. W. 8, 10, 32, 127

Jeremias, Gert 130
Jeremias, Joachim 11, 14, 74, 76, 187

Jeremias, Jörg 27, 97
Jervell, J. 199
Jülicher, A. 76, 77

Karrer, M. 16, 91, 100, 139, 140, 141, 142, 143, 147, 152, 161, 164, 178, 179, 187, 192, 222, 223, 233
Käsemann, E. 134, 169
Klauck, H. J. 155, 182, 198, 214, 219, 221
Klinzing, G. 158, 226
Koch, D. A. 207
Koch, K. 3, 106
Kollmann, B. 43, 54, 71, 112, 238
Körtner, U. H. J. 196, 214
Kraft, H. 172, 176, 181, 182, 228
Kraus, W. 40, 42, 56, 58, 80, 112, 122, 123, 124, 126, 141, 144, 147, 166, 178
Kreplin, M. 4, 6, 7, 11, 15, 20, 22, 29
Kuhn, H. W. 129
Kümmel, W. G. 196, 197, 201

Labahn, M. 18, 179
Lampe, P. 193
Leivestad, R. 15, 20
Lichtenberger, H. 93, 106, 201
Lindemann, A. 17, 60, 82, 86, 94, 101, 120, 129, 131, 168, 169
Lohfink, G. 123
Lohse, E. 20, 56
Luz, U. 13, 38, 48, 52, 53, 58, 79, 82, 84, 85

Meinhold, A. 38, 39
Merklein, H. 185, 193
Merz, A. 19, 20, 21, 33, 35, 39, 40, 45, 46, 57, 68, 80, 100, 102
Molland, E. 231
Müller, K. 3, 97
Müller, M. 5, 7, 14, 30
Müller, P. 162, 164
Müller, U.B. 3, 20, 27, 32, 42, 45, 52, 56, 59, 61, 63, 65, 69, 70, 75, 88, 92, 95, 98, 109, 143, 147, 148, 151, 152, 155, 156, 157, 159, 162, 166, 167, 169, 172, 174, 175, 176, 177, 178, 179, 181, 182, 192, 193, 200, 204, 209, 210, 222, 223, 224, 227, 229, 230, 232
Mussner, F. 65, 79

Nagel, T. 197
Nickelsburg, G. W. E. 66, 67
Niebuhr, K. W. 123

Otto, R. 45
Owen, P. 9

Paesler, K. 80, 81
Pesch, R. 93
Philonenko, M. 108, 128, 209
Plöger, O. 105, 107

Radl, A. 28
Räisänen, H. 118, 124
Rau, E. 57, 58, 65, 74, 75, 77, 121, 124, 125, 126, 131
Reichardt, M. 112
Reichert, A. 222, 223
Reiser, M. 25, 27, 65, 78, 98
Riesner, R. 122
Riniker, C. 24, 26, 56, 58, 62, 75, 77, 78, 82
Roloff, J. 111, 122, 127, 139, 144, 148, 149, 152, 153, 173, 174, 175, 181, 197, 198, 220
Roose, H. 86, 146, 159, 164, 177, 191, 193, 223

Sänger, D. 129, 139, 148, 161, 176, 227
Saß, G. 155
Satake, A. 140, 142, 145, 148, 150, 151, 152, 174, 179, 182, 190
Sato, M. 22, 28, 56, 78
Schlatter, A. 130, 195, 215
Schlier, H. 186
Schmeller, T. 155, 224
Schmithals, W. 200, 214
Schnackenburg, R. 214
Schoedel, W. R. 217, 230, 231, 232
Schröter, J. 5, 10, 17, 52, 68, 79, 91, 99, 100
Schüssler Fiorenza, E. 182, 213
Schweitzer, A. 79
Schweizer, E. 13
Schwemer, A. M. 19, 99, 122, 129

Shepherd, D   9
Sjöberg, E.   5
Speigl, J.   231, 232
Steck, O. H.   28, 55, 56, 59
Stegemann, H.   45
Steudel, A.   36
Stowasser, M.   203, 204, 207
Strecker, C.   116
Strobel, A.   39, 40
Stuckenbruck, L. T.   233, 234
Stuhlmacher, P.   111, 118

Taeger, J. W.   181, 183, 187, 192, 210, 215, 219
Theisohn, J.   31
Theissen, G.   19, 20, 21, 33, 35, 39, 40, 45, 57, 68, 77, 80, 86, 87, 100, 101, 102, 130
Theobald, M.   41, 42, 43, 69, 71, 95, 132, 133, 168
Thompson, L. L.   219, 222
Thraede, K.   222
Thrall, M. E.   134
Thyen, H.   198, 203, 211
Tilly, M.   177
Tödt, H. E.   1, 15, 15, 22, 24
Tödt, H. E.   1, 15, 22, 24
Toth, F.   162, 163
Trebilco, P.   162, 165, 195, 201, 219, 228, 232
Tuckett, C. M.   17

Ulrich, J.   222, 223, 237, 238, 239

Vermes, G.   10, 18, 148
Vögtle, A.   14, 20, 27, 32, 93
Vollenweider, S.   49, 50, 94, 233

Walter, N.   224
Wedderburn, A. J. M.   95
Weder, H.   16, 19
Wellhausen, J.   148
Wengst, K.   154, 201, 211
Westermann, C.   58
Wilckens, U.   185
Wildberger, H.   40
Windisch, H.   158, 226
Witulski, T.   179, 182, 188
Wolff, C.   113, 120, 130, 135, 155, 224
Wolff, H. W.   126
Wolter, M.   38, 41, 50, 52, 53, 57, 59, 63, 64, 68, 71, 77, 78, 79, 84, 85, 87, 98, 99, 141, 143, 155, 162, 165, 177, 185, 192, 197
Wright, N. T.   92, 93

Zeitlinger, F.   113
Zeller, D.   60, 62, 82, 86, 87, 91, 93, 108, 110, 126, 127
Zimmerli, W.   167, 170
Zimmermann, J.   7, 104

Stellenregister

Altes Testament

Genesis
8,2 ff.	24
9,11	24

Exodus
8,22 f.[18 f.]LXX	128

Leviticus
26,11 f.	157, 226

Deuteronomium
4,1 f.	177
13,2–5	129
21,23	130

Zweites Samuelbuch
7,14	157, 226

Psalmen
29,1 f.	152
80,2 f.	97
110,1	31
122,4 f.	87
13,2 f.	36
144,5	27, 32, 97
110,1	108, 127

Jesaja
13,22LXX	35
49,23	172
52,11 f.	155 f., 225
54,9	24
56,3–8	57, 124
63,19	27, 32, 97

Jeremia
15,2	173
48,6–8	225

Ezechiel
1	234
37,27	157, 226

Daniel
2,22LXX	186
7	105 f.
7,13 f.	1–8, 16, 21, 23, 29 f., 31, 233
7,21	150
8,13 f.	36, 66, 146
9,19	36, 66, 146
10	105 f.
10,5 f.	234
12,1–3	104–107, 110
12,6	36, 66, 107, 146
12,11 f.	36, 66
12,13	107

Joel
3,1–5	110, 132
3,5	126–128, 137

Amos
9,11 f.	123

Habakuk
2,3	39 f.

Zephanja
3,8	39 f.

Sacharja
2,14 f.	124
14,1–5	27 f.

Maleachi
3,1	38–40
3,2	27 f.
3,23	39 f.
3,23 f.	61

Antike jüdische Literatur

Assumptio Mosis
7,1	36, 67
8,1–5	37
9,7	37, 67
10,1	49 f., 70–72, 159
10,3–6	27–29
10,3–7	96

Baruch, syrischer
8,2 f.	81
20.5	35
29 f.	190
48,39	35

4 Esra
7,26 ff.	190
13,2–13	6–8, 23

Henoch, äthiopischer
1,3–9	96
1,3 f.	27–29
1,9	27–29
46	3–5, 23
62,5 f.	59
62,6	152
71,14	5, 60

Josephus
Bell II 409	223
Bell VI 299	81

Jubiläenbuch
4,24	61
23,29	44

Makkabäerbücher
1Makk 2,59	61
2Makk 15,12–16	91
3Makk 6,9.12.15	97
4Makk 13,16 f.	180

Philo von Alexandria
Philo, Abr. 118	230

Psalmen Salomos
2,25	35
11,2–7	144
11,7 f.	58, 82

Qumranschriften
1QM XVII 5–8	159
1QpHab VII 4–8	36, 45, 146
4QMidrEsch[a.b]	36
4Q521	7, 46, 104
11Q19 B LIV	129

Sibyllinische Orakel
IV 158–169	201
V 154.226.413	151

Sirach
44,16	61
48,9	61

Talmud Jeruschalmi
jBer 3b	9
jSchebii 38 d	9

Testament Hiobs
37,6	185

Testamente der Zwölf Patriarchen
TestLevi 18,10–13	44
TestLevi 18,12	49
TestJud 25,4	107
TestDan 5,10 f.	59, 70
TestBenj 10,6–10	108

Tobit
12,19	230, 235
13,13	144

Weisheit Salomos
4,7–18	180

Griechisch-römische Literatur

Plinius
Ep. 10,96 f.   221

Sueton
Domitian 13,2   222

Neues Testament

Matthäusevangelium
5,17 f.	19 f.
5,21 f.	19 f.
10,23	29 f.
11,5 f.	19
19,28	31
21,31	74
23,23–27	75
23,26	75
24,37	24
25,31	31

Markusevangelium
2,10	13 f.
2,17	73
3,22	47
3,24–26	47 f.
3,27	43–45, 47–50, 71 f.
4,26–29	98
4,30–32	98
8,11 f.	13
8,33	17
10,45	14, 17
11,15 f.	79
13,2	79 100
13,21 f.	22, 100
13,26	31
14,25	62, 88, 100, 102, 108
14,50	100
14,58	100
14,62	31, 33
15,26	33

Lukasevangelium
3,15	200
3,16	98, 101
3,16 f.	37, 67, 83
3,7–9	37, 67, 75
7,18 f.	37
7,19	38 f.
7,22 f.	19, 37 f., 46, 70
7,28	20
7,30	21 f.
7,33 f.	11–13, 17
9,58	12, 17, 21
10,13–15	77–79
10,17–20	41 f., 68–70, 72 f.
10,18	41–45, 49 f., 65 f., 88, 95
10,23	38
10,23 f.	95
11,2	32, 75, 88, 96, 98
11,19 f.	49 f., 70 f.
11,20	18, 78, 80, 83, 85, 96
11,23	58
11,30	13
11,31 f.	20, 52, 99, 109
12,32	171
12,40	29 f.
12,49	80
12,49 f.	52–54, 63, 83–85
12,8 f.	14–17, 19, 29
13,1–5	25 f., 75–77
13,6–9	76 f.
13,18 f.	98
13,20 f.	98
13,28 f.	87
13,31 f.	79
13,32	102
13,34 f.	80–83
15,8 f.	73
15,11–32	74
17,23 f.	21–24, 29–31
17,26 f.	23–26, 28–31
17,30	23, 26, 31
18,9–14	74
22,28.30	86 f.
24,13–35	103
24,39–43	230

Johannesevangelium
1,6–8	202, 204
1,15	203

1,19–23	203, 205	14,29	167 f.
1,29–34	205	14,30 f.	175
1,29	207 f.	14,37 f.	168 f.
3,22	68	15,23	108
3,30	203	15,3–5	88, 91–95, 100–104, 108–110
4,10	210	15,8	113, 121, 130, 132
5,24–26	209	16,22	27, 32, 98, 101, 109, 127
9,35	33		
10,30	209	Zweiter Korintherbrief	
10,41 f.	202	4,6	112 f., 116 f., 121, 132
12,42	211	6,14–7,1	155–158, 193, 224–227
16,2	210 f.	12,1–10	134–138
20,22	110	12,8 f.	120

Apostelgeschichte

		Galaterbrief	
2,21	124, 126 f.	1,13 f.	117
6	122	1,15 f.	115–118
8	122	1,22	123
8,1–3	139	1,23	128, 131
15,14–18	123	2,2	133
15,29	142	2,16	133
18,13–18	198	2,20	116
19,1–7	197–201, 205 f.	3,13	129
21,25	142	3,28	132
26,9.11	130	6,16	144

Römerbrief

		Epheserbrief	
1,3 f.	33, 110	1,21 f.	185
1,16	125	1,22 f.	192
3,22 f.	125	5,3–14	158, 226 f.
8,38 f.	185	6,10 f.	192
10,8–13	124–127		
10,12 f.	137	Philipperbrief	
12,6	169	3,2–11	114 f., 121
13,1–7	220		
		Kolosserbrief	
Erster Korintherbrief		2,15	185
1,23	129	2,9–15	192
1,7	120		
2,10	181 f., 184, 186	Erster Thessalonicherbrief	
3,16	149	1,9 f.	28
5,9 f.	219	2,19	28
8,4–6	182	3,13	28
9,1	113, 118–121, 124 f., 132	4,16 f.	28
9.14	119	5,2	28 f.
12,3	129	5,21 f.	167 f.
14,23–25	131		

Zweiter Timotheusbrief		7,1–8	143, 149, 153
2,18	185, 191 f.	7,16 f.	209 f.
		10,1–11,14	144–147
Erster Petrusbrief		11,1	149 f.
1,18 f.	208 f.	11,2	147–150
2,13–17	220	11,3–13	150–154, 179
5,13	220	12,12	219
		12 f.	187 f.
Erster Johannesbrief		12,5	235
2,25	210	12,7	234
		12,7–12	145–147, 159
Dritter Johannesbrief		12,9	154
15	214	12,20	154
		13	221
Johannesoffenbarung		13,1 f.	218
1,1–3	164, 179	13,2	219
1,9	164, 178 f., 221	13,2.4	154 f.
1,9 f.	140 f.	13,9 f.	173
1,10 f.	159	13,11–17	222
1,12–16	233	14,6–20	234
1,19	187	14,13	174
2,9	211 f.	15,2–4	144
2,10	171	16,13	188
2,12–17	193	16,15	175
2,13	151, 179, 221	17 f.	219 f.
2,14	142 f., 154, 157, 219, 223	18,4	143, 155–158, 162, 193, 219, 225–227
2,14 f.	183		
2,18	208 f.	19,10	179
2,18–29	165–167, 170, 193	19,11–22,5	189–191
2,19	183	19,14	234
2,20	142 f., 154, 157, 188, 219, 223	19,20	188
2,20–24	177, 183 f., 187	20,4–9	153
2,24	142 f., 159, 181, 189, 219	20,10	158
3,7–13	172 f., 212	21,1–22,5	153 f.
3,9	211 f.	21,6	209 f.
3,21	209	21,7	157
4,1	180, 187	21,22	161 f.
5,8	223 f.	22,6–21	164, 176
5,9	208 f., 235	22,9	163 f.
6,10	159, 191	22,20	27, 32, 98, 101, 109
6,9–11	222		

Christliche Schriften

Didache
   Did 11,7–11   170

Ignatiusbriefe
   IgnEph 5,3   228
   IgnEph 6,1   228
   IgnEph 7,2   230
   IgnEph 12,2   214
   IgnEph 17,1   218
   IgnMagn 8–11   232
   IgnPhilad 6,1; 8,2; 9,2   232
   IgnPhilad 8,2   217
   IgnSmyrn 2   229
   IgnSmyrn 5,2   229–231
   IgnSmyrn 7,2   231
   IgnTrall 9f.   229f.

Justin
   dial. 32,1   129
   dial. 81   196

Ierenaeus
   haer. III 1,1; 3,4   195f.

Hippolyt von Rom
   Ref. V 6,4   185

Evangelium Veritatis NHC I/3
   p. 22,25f.   185

Eusebius von Caesarea
   h.e. III 31,3   139
   h.e. III 39,4   196, 214

www.ingramcontent.com/pod-product-compliance
Lightning Source LLC
Chambersburg PA
CBHW031726230426
43669CB00007B/259